Andreas Müller   Die Schule schwänzt das Lernen.

Andreas Müller

Die Schule schwänzt das Lernen.
Und niemand sitzt nach.

der bildungsverlag
www.hep-verlag.com

Andreas Müller
Die Schule schwänzt das Lernen.
Und niemand sitzt nach.
ISBN Print: 978-3-03905-513-5
ISBN E-Book: 978-3-03905-965-2

Grafische Gestaltung, Zeichnungen & Layout:
Roland Noirjean, Beatenberg, www.noirjean.ch

Bibliografische Information der Deutschen Nationalbibliothek:
Die deutsche Nationalbibliothek verzeichnet diese Publikation
in der Deutschen Nationalbibliografie; detaillierte bibliografische
Daten sind im Internet über http://dnb.dnb.de abrufbar.

1. Auflage 2013
Alle Rechte vorbehalten
© 2013 hep verlag ag, Bern

www.hep-verlag.com

Inhaltsverzeichnis

1 Der falsche Dschungel 9
1.1 Die Entdeckung des Wassers 10
1.2 Zurück – das ist die Blickrichtung 11
1.3 Vertrautes Unglück 12
1.4 Nebenthemen 14
  Beispiel 1: Lektionen erteilen 14
  Beispiel 2: Für wen sind eigentlich Ferien? 15
  Beispiel 3: Mit dem Fächerkanon auf Spatzen schießen 15
  Beispiel 4: Der metaphorische Löwenzahn 18
  Beispiel 5: Absurdes Sortieren 19
  Beispiel 6: Die Schule als Rüttelsieb 21
  Beispiel 7: Schein-Welt 23
  Beispiel 8: Vorschriften schalten den Verstand aus 25
  Beispiel 9: Oh du eilige Einfalt 27
  Beispiel 10: SuS 28
  Seitenblick 1: Digitale Kreidezeit 30
1.5 Falscher Dschungel 32

2 Es geht ums Lernen 35
2.1 Von Zecken und Menschen 36
2.2 Also lautet der Beschluss, dass der Mensch was lernen muss 38
2.3 Lernen ist ein Verb 44
  Seitenblick 2: Erinnerungen für die Zukunft 48
2.4 Bock auf Leistung 50
2.5 Ameisenhaufen 52
2.6 Neurowissenschaftliche Binsenweisheiten 54
2.7 Lernen braucht einen Eigenwert 56
2.8 Autagogik – die Wissenschaft vom selbstkompetenten Lernen 58

3 Es geht um Menschen 63
3.1 Schule – ein Beziehungsgestrüpp 66
  3.1.1 Wer mischt mit? Und wie? Und weshalb so? 67
  3.1.2 Eine Frage der Passung 72
  3.1.3 Erwartungen, Wünsche und Interessen 73
  3.1.4 Der Sinn liegt nicht im Ende 75
  Seitenblick 3: Schonen schadet 76
  3.1.5 Menschen müssen sich mögen 79
  3.1.6 Leistung und Erfolg – in dieser Reihenfolge 85
  3.1.7 Das Ende der Weichspüler 86

3.1.8 Etwas wollen heißt: es wollen   88
3.1.9 Identifikation stiften   91
3.1.10 Ein paar alte Tugenden können nicht schaden   92
3.2 Gesellschaftliche Megatrends   94
   3.2.1 Diversität: Matthäus-Prinzip   95
   3.2.2 Virtualität: Welt aus der Steckdose   98
   3.2.3 Relativität: Informationsflut schafft Wissenswüsten   104
   3.2.4 Disponibilität: Supermarkt des Lebens   107
   3.2.5 Instabilität: Amorphes Wildwasser   111
   3.2.6 Singularität: Trophäenjagd   112
   3.2.7 Personalität: Renaissance der Tugenden   117
3.3 Von Fachleuten umzingelt   121
   3.3.1 Eltern: Von der Statuspanik in die Berechtigungshysterie   122
   3.3.2 Bildungspolitiker: Wer mit der Herde geht, kann nur den Ärschen folgen   123
   3.3.3 Gewerkschafter und Verbandsfunktionäre: Klassenkampf fürs Klassenzimmer   125
   3.3.4 Erziehungswissenschaftler: Von der Praxis der Theorie   126
   Seitenblick 4: Erfahrungs-Autismus   128
3.4 Schulleiter: Vorangehen, indem man dahintersteht   131
   3.4.1 Lernende Organisation   132
   3.4.2 Willigkeit x Fähigkeit x Möglichkeit   135
   3.4.3 Verbindlichkeitskultur: Teil der Lösung   136
   3.4.4 Schlüsselspieler   138
   3.4.5 Gruppenkohäsion   140
   3.4.6 Kreativer Umgang mit Rahmenbedingungen   141
3.5. Aus Kindern und Jugendlichen werden Schüler   143
   3.5.1 User oder Loser?   145
   3.5.2 Schweinehund-Phasen   146
   3.5.3 Social Brain   151
3.6 Eine Schule ist nur so gut wie der einzelne Lehrer   153
   3.6.1 Wenig Schmeichelhaftes   155
   3.6.2 Schicksale des Scheiterns   156
   3.6.3 Die drei Mal zwei A des Lehrerberufs   157

4 Es geht um Kompetenzen   163

4.1 Lernen muss man können wollen   164
   4.1.1 Zu etwas fähig sein   164
   4.1.2 Kompetenzen – ein Modell   165
4.2 Fachkompetenz: Ahead to basics   169
   4.2.1 Armierungswissen   171
   4.2.2 Das Pareto-Prinzip des Schulwissens   171
4.3 Lernkompetenz: Gewusst wie   174

      4.3.1 Nachhaltiger Ertrag statt bulimischer Aufwand   175
      4.3.2 Eine Handvoll Lernen – denn Lernen ist mehr Handwerk als Mundwerk   176
  4.4 Selbstkompetenz: Auf die Dauer nützt nur Power   183
      4.4.1 Sirenengesänge des Alltags   184
      4.4.2 Selbstdisziplin macht den Unterschied   184
      4.4.3 Exekutive Funktionen – Schlüssel zum Lernerfolg   186
      4.4.4 Selbstkompetenz – trennt die Spreu vom Weizen   188
      Seitenblick 5: Fünftes Gebot   196
  4.5 „Es geht nicht" geht nicht   198
      4.5.1 Das Potenzial liegt unten   199

5 Und was braucht es dazu?   201

  5.1 Sag mir, wo du bist. Und ich sag dir, wie du wirst   202
  5.2 Effektive Lernumgebungen   204
      5.2.1 Individuelle Verbindlichkeiten   205
      5.2.2 Aktives Engagement   206
      5.2.3 Hohe Anforderungen   206
      5.2.4 Wirkungsvolle Kooperation   207
      5.2.5 Formative Rückmeldungen   207
      5.2.6 Relevanter Lebensbezug   208
      5.2.7 Motivierende Beziehungen   209
      Seitenblick 6: Energie für die Beziehung   210
  5.3 Lernrelevante Faktoren   212
      5.3.1 Orientierung / Referenzwerte   212
      5.3.2 Auseinandersetzung / Verstehen / Nachhaltigkeit   215
      5.3.3 Arrangements / Lernorganisation   219
      5.3.4 Evaluation / Bezugsnormen   224
      5.3.5 Lernort   227
      5.3.6 Interaktion   228
  5.4 Rahmenfaktoren   231
      5.4.1 Menschenbild   231
      5.4.2 Rollenverständnis   233
      5.4.3 Lernverständnis   239
      5.4.4 Funktionsverständnis   241

6 Genuss des Nutzens   245

  6.1 Fehlinvestitionen   246
  6.2 Gebrauchsorientierte Bildung   249

Quellenverzeichnis   253

1 Der falsche Dschungel

Die Schule liefert Stoff für zahllose Diskussionen. Und davon wird denn auch rege Gebrauch gemacht. Innerhalb und außerhalb der Schule. Aber: Dabei geht es vorwiegend um Nebensächlichkeiten. Und vor allem: um Formales. Um Strukturen wird diskutiert, über Klassen und Klassengrößen, über Stundenzahlen, über Schulformen, über Schulabschlüsse und Berechtigungen, über Vorschriften und Zuständigkeiten. Doch eigentlich geht es um ganz andere Fragen.

Es erinnert an die Geschichte des Mannes, der unter einer Straßenlampe offensichtlich nach etwas sucht. Jemand geht hin und fragt: „Kann ich Ihnen helfen? Haben Sie etwas verloren?" „Ja", sagt der Mann, „mein Schlüsselbund ist weg." „Und den haben Sie hier verloren?" „Nein", antwortet der Mann, „dort hinten." „Aber warum um Gottes Willen suchen Sie denn hier?" „Hier hat es Licht, da sieht man mehr."

Ähnlich ist es in und mit der Schule. Erörtert werden nicht jene Fragen, die quasi im Dunkeln liegen. Diskutiert werden die Dinge, auf die der Lichtstrahl gerichtet ist. Aber das sind eben nicht die, auf die es ankommt. Allerdings findet man auch immer etwas: teure Lösungen für nicht existierende Probleme.

1.1 Die Entdeckung des Wassers

Die Aufgabe ist alt: Verbinden Sie die neun Punkte mit vier Linien – ohne den Stift abzusetzen.
Wie ging jetzt das auch schon wieder? Da war doch etwas …

Und wie war das auch noch mit dieser Aufgabe? Machen Sie aus römisch Neun mit einer Linie (ohne abzusetzen), ohne etwas zu verschieben, eine Sechs.

Auch diese Aufgabe ist nicht neu: Legen Sie eine Münze so um, dass anschließend auf jeder Achse vier Münzen liegen.

Solche Knobelaufgaben können herausfordernd wirken, den Ehrgeiz anstacheln. Sie können aber auch gehörig auf den Keks gehen, so dass man entnervt den Bettel hinschmeißt. Denn meistens muss man ein paar geistige Verrenkungen machen und um drei Ecken denken, damit man zu einer Lösung kommt. Apropos Lösung: Seite 252.
Und in der Tat, den Aufgaben wohnt eine Gemeinsamkeit inne: Sie lassen sich nur knacken, wenn man den gewohnten (vermeintlich gesteckten) Rahmen verlässt, wenn man sich außerhalb des „Systems" und der gewohnten Denkmuster begibt.
Er wisse nicht, wer das Wasser entdeckt habe, hat Marshall McLuhan einst erklärt, aber es sei sicher kein Fisch gewesen. Denn Fische haben – zumal wenn es um Wasser geht – eine beschränkte Sicht der Dinge.
Und auch Menschen sind von Natur aus beschränkt. Manche mehr, manche weniger. In die Kategorie „mehr" gehören in der Regel jene, die einerseits Teil eines Systems und andererseits nicht fähig oder willens sind, dieses System gelegentlich auch aus anderen Perspektiven zu betrachten. Denn jedes System hat die Tendenz, sich selbst immer wieder zu reproduzieren. Aber: „Das haben wir immer so gemacht" heißt erstens nicht, dass das, was gemacht wird, auch gut und richtig ist, und ist zweitens kein Grund, es weiterhin so zu tun. Das gilt auch für das Schulsystem – ohne jeden Abstrich.

„Wir sind Schüler von heute, die durch Lehrer von gestern in einem System von vorgestern auf die Probleme von übermorgen vorbereitet werden sollen."

Die öffentliche Rache eines sprayenden Schulversagers? Oder eine treffliche Analyse des heutigen Bildungssystems?

1.2 Zurück – das ist die Blickrichtung

Die Schule kann auf eine lange Tradition zurückblicken. Und das tut sie auch. Zurück – das ist die Blickrichtung. Die tragenden Säulen der heutigen Schule stammen denn auch aus einer völlig anderen Zeit. Und einer völlig anderen Welt. Es war die Zeit, in der in England zum letzten Mal ein Mensch öffentlich geviertelt wurde. Es war die Welt, in der mehr als zwei Drittel der erwerbstätigen Bevölkerung ihren Lebensunterhalt in der Landwirtschaft verdienten. Es war die Zeit, in der Napoleon auf St. Helena dahinschied, die erste Fotografie entstand und sich die Postkutschen über den Gotthard mühten. Und es war die Welt, in der die Fabrikarbeit für Kinder unter zwölf Jahren verboten wurde. In dieser Zeit hat Caspar Melchior Hirzel die wichtigsten Merkmale der Volksschule des 19. Jahrhunderts beschrieben (Bild rechts): Wer die Aufzählung liest, stutzt vielleicht ein winziges Momentchen bei „Jahresbesoldung". Aber sonst? 19. Jahrhundert? Nein, die Liste beschreibt doch mehr oder weniger die Merkmale der heutigen Schule. Zwar hat sich innerhalb dieser Strukturelemente das eine oder das andere geändert. Aber eben: innerhalb. Die Grundstrukturen sind mehr oder weniger die gleichen geblieben. Noch immer werden die Lernenden fein säuberlich nach Alter sortiert. Immer noch grenzt der Stundenplan die Fächer streng voneinander ab. Immer noch sind es die Lehrpersonen, die das Wissen repräsentieren – und es in einheitliche Häppchen gliedern. Immer noch werden Lehrer vorrangig im Blick auf ihr Fach ausgebildet. Immer noch ist die Stundenzahl die Bemessungsgrundlage für alles und jedes – sogar für die Lohnberechnung der Lehrer. Und immer noch sollen Prüfungen und Zensuren Auskunft über das Lernen und die Leistungen der Schüler geben.

Mit anderen Worten: Die Schule will die Lernenden auf das Leben im späten 21. Jahrhundert vorbereiten – mit den strukturellen Denkmustern aus einer Zeit, in der Friedrich Wilhelm III. König von Preußen und Alexander I. Zar von Russland war, der erste Mensch die Zugspitze bestiegen hat und – eben – als in England vor den Augen der Öffentlichkeit zum letzten Mal ein Mensch geviertelt wurde.

1.3 Vertrautes Unglück

Man muss nicht zweihundert Jahre gelebt haben, um zu erkennen: die Welt hat sich verändert. Radikal. Und in einem Affentempo. Doch während „draußen" kaum ein Stein mehr auf dem anderen bleibt, zeigt sich die Schule trotz aller Verfallssymptome beeindruckend innovationsresistent.

Bei Lichte besehen kann das eigentlich nicht überraschen: „Ein Schulsystem ist per se einerseits durch seine zwangsläufig rückwärtsgewandte Programmatik (Reproduktion der Kulturgüter), andererseits durch seine institutionelle Struktur in der Tendenz kein Ort besonders ausgeprägter Innovationskraft oder gar beseelt von auffallendem Pioniergeist. Jedoch müssen wir Kinder und Jugendliche auf eine Welt vorbereiten, von der wir nicht wissen, bestenfalls erahnen können, dass andere Kompetenzen in einer ungewissen Zukunft gebraucht werden als diejenigen, die für die Vergangenheit oder Gegenwart erforderlich waren und sind." (Ruep 2011)

> **Das Gehirn ist ein Organismus zur Abwehr unwillkommener Neuerfahrungen.**
> (Peter Sloterdijk)

Oder anders: „Schulen funktionieren nur", meint Wilfried Schley, „weil sie strukturkonservativ sind. [...] Bereits kleinere Veränderungen an der Stundentafel im Rahmen der Schulprogrammentwicklung bringen Unruhe und Unsicherheit mit. Ängste werden wach und mobilisieren Abwehrkräfte. Das vertraute Elend ist häufig näher als das unvertraute Glück" (Schley 2001). Ähnliches hat William Shakespeare schon Hamlet in den Mund gelegt: „Dass wir die Übel, die wir haben, lieber ertragen als zu Unbekanntem fliehn."

Ein Grund für die zwanghafte Besessenheit, ein gestriges Paradigma immer wieder aufzupolieren: Die Schule hat keine Veränderungstradition. Sie hat keine Übung darin, mit Wandel umzugehen. Und der Umstand, dass es nicht (mehr) um kleine Veränderungen geht, macht die Sache auch nicht einfacher. Rhetorisch ein bisschen am System herumzudoktern, das reicht ganz einfach nicht mehr. Es braucht einen radikalen Wandel, eine Art Entwicklungssprung. Der Blick zurück fördert dazu jede Menge an Geschichten zutage. Ein paar Beispiele gefällig?

Beispiel 1: Gotthardpost

Obwohl den Römern der Gotthard als Pass unter dem Namen Adula Mons bekannt war, nutzten sie ihn kaum. Grund: Eine Voraussetzung für einen Waren- und Personenverkehr über den Gotthard war es, die Schöllenenschlucht zu erschließen. Erst um 1230 wurde die erste hölzerne Brücke über die Reuß, die Teufelsbrücke, gebaut und 1595 durch eine steinerne ersetzt. Dann, in der Folge entwickelte sich der Gotthardsaumweg im ausgehenden Mittelalter zu einem der bedeutendsten Alpenübergänge. Ab Ende des 18. Jahrhunderts wurde die mittlerweile ausgebaute Straße auch von den Kutschen der Gotthardpost genutzt. Der stetig steigende Verkehr machte es nötig, den Gotthardsaumweg mit seinem mittelalterlichen Standard zu einer veritablen Passstraße auszubauen. Und so geschah es.

Dennoch wird heute niemand mehr mit der Postkutsche den beschwerlichen Weg über die holprige Passstraße auf sich nehmen wollen. Muss er auch nicht. Die Eisenbahn und das Auto haben die Kutsche verdrängt, der Tunnel (und bald auch der Basistunnel) führen durch den Berg und nicht darüber. Deshalb käme wohl niemand bei lichtem Verstand auf die Idee, sich mit der Frage zu beschäftigen, die Postkutschen blau zu streichen oder Leuchtstreifen am Treppchen anzubringen. Denn es geht überhaupt nicht mehr um Kutschen. Es geht um neue Verkehrskonzepte. Denn die Welt der Menschen, die von Nord nach Süd reisen, hat sich grundlegend verändert. Und entsprechend mussten und müssen zu den Verkehrsfragen am Gotthard ganz andere Fragen gestellt und ganz neue Antworten gefunden werden.

Beispiel 2: Belichtungszeit

1816 gelang es Joseph Nicéphore Nièpce mithilfe einer Camera obscura ein Bild festzuhalten und auf Chlorsilberpapier zu bannen. Problem nur – er konnte es nicht fixieren. Aber schon 1826 präsentierte er das erste Foto der Welt: ein Blick aus seinem Arbeitszimmer. Die Belichtungszeit betrug acht Stunden.

Zwanzig Jahre später wurde es dann möglich, Negative herzustellen und daraus Positive zu entwickeln. Das heißt: Fotos konnten vervielfältigt werden. Damit war der Siegeszug der Fotografie praktisch eingeleitet: Das aufstrebende Bürgertum und die Möglichkeit der massenhaften Vervielfältigung ebneten dafür den Weg. Ende des 19. Jahrhunderts machte die Fotografie große Schritte in ihrer Entwicklung. Der Zelluloidfilm wurde erfunden (1887) und bessere Linsen machten noch bessere Fotos mit kürzerer Belichtungszeit möglich. Bereits 1907 entwickelten die Gebrüder Lumière den ersten Farbfilm. Schließlich landete diese Entwicklung bei der Digitalfotografie. Bereits 1981 gab es einen ersten Versuch. 1990 fiel dann der eigentliche Startschuss in die digitale Ära.

Innerhalb von relativ kurzer Zeit war also alles anders: Noch vor ein paar Jahren musste man den Film sorgfältig aus der Kamera nehmen, ihn zum Entwickeln bringen und dann gespannt mehrere Tage auf die Schnappschüsse warten. Der Wandel kam durch die Ära der Sofortbilder. Zuerst konnte man innerhalb eines Tages, später sogar innerhalb von Stunden seine Fotos abholen. Aber das ist Schnee von gestern. Die digitale Fotografie macht es heute zu einer Selbstverständlichkeit, mit allen möglichen Geräten Bilder zu machen, sie sofort anzuschauen, zu bearbeiten, zu verschicken.

Die Welt des Fotografierens hat sich grundlegend verändert. Und entsprechend grundlegend verändert haben sich die Angebote und der Umgang der Menschen mit Bildmaterial.

1.4 Nebenthemen

Im Gegensatz zur „richtigen" Welt hat sich im Bildungswesen substanziell wenig getan. Zwar wurde und wird verbal allenorts kräftig und gebetsmühlenartig zum Aufbruch geblasen. Aber wenn es dann ans Eingemachte geht, erlahmt der Eifer schnell einmal und die Klagelieder der Ohnmacht klingen vielstimmig aus den Schulhausfenstern. Die meisten noch so großspurig angekündigten Reformen wirken wie eine Grippe: ein bisschen Hüsteln, erhöhter Puls und rote Köpfe. Und dann kann man wieder zur Tagesordnung übergehen. Eben, wie bei einer Grippe. Doch wenn die Symptome stärker werden, sich häufen, geht die Taktik „sich stillhalten und warten, bis es vorbei ist" nicht mehr auf. Denn die Welt hat sich nicht nur am Gotthard und beim Fotografieren verändert. Die Bildungssysteme sind nämlich von den gleichen Menschen bevölkert, die nicht mehr mit der Postkutsche zu fahren und nicht mehr acht Stunden auf die Entwicklung eines Schwarz-Weiß-Films zu warten gewohnt und bereit sind.

Das heißt: Eigentlich stünden der Schule ganz fundamentale Veränderungen ins Haus. Doch die (öffentliche) Diskussion verläuft vornehmlich an der Oberfläche und es sind Strukturen oder Formalien, die für Schlagzeilen und rote Köpfe sorgen. Und: Sie entfalten eine Eigendynamik. Denn alle Themen haben eine Lobby im Hintergrund, Menschen, die aus unterschiedlichsten Gründen daran interessiert sind, dass bestimmte Themen und Strukturen immer wieder hartnäckig und zur besten Sendezeit auf den Bildschirmen des kollektiven Bewusstseins erscheinen.

Beispiel 1: Lektionen erteilen

Ein Blick in die Medien macht schnell deutlich, was die schulischen Schwerpunktthemen sind. Immer wieder beliebt sind Strukturdiskussionen. Beispiel: Schulstunden (die ja nur so heißen und eigentlich gar keine Stunden sind). Angenommen, es wird zur Diskussion gestellt, die wöchentliche Unterrichtsverpflichtung für das pädagogische Personal um eine Stunde zu erhöhen. Da geht die Post ab. An Demonstrationen und Versammlungen (während der Schulzeit natürlich) wird nicht weniger als der Zusammenbruch des Bildungssystems und als Folge davon der Untergang des Abendlandes beschworen. Und wie bei römisch Neun: kein Blick über die hohen Zäune des Systems. Niemand stellt die Frage, ob denn Bildung überhaupt in Lektionen verabreicht werden muss. Ob Schulstunden wirklich der Rhythmus sind, der das Lernen im Innersten zusammenhält?

„Schule wird von Monopolisten organisiert. Stellen Sie sich vor, auch Supermärkte würden seit über 100 Jahren von einem Monopolisten gestaltet. Nur zwischen acht und neun Uhr kann der Konsument Milchprodukte kaufen, zwischen neun und zehn Uhr frische Früchte, zwischen zehn und elf Uhr Trockenfrüchte. Selbstverständlich gäbe es eine umfassende wissenschaftliche Literatur zur Rechtfertigung dieser heiligen Organisation und die Menschen hätten schon seit Generationen ihr Leben auf dieses absurde Regelsystem eingestellt." (Feldmann 2011)

Beispiel 2:
Für wen sind eigentlich Ferien?

Schulferien dienen der Erholung der Lernenden und helfen, den Stress abzufedern. Klar! Und sie folgen in ihrer Staffelung einer Art pädagogischem Biorhythmus. Auch klar. Quatsch! Alles Quatsch! Die Sache ist viel profaner. Und sie hat mit Schule und Lernen nicht im Entferntesten etwas zu tun. Schulferien sind zur gleichen Zeit eingeführt worden wie die Grundstrukturen des heutigen Schulwesens. Und man erinnert sich: Damals haben zwei Drittel der erwerbstätigen Bevölkerung in der Landwirtschaft ihr Auskommen gefunden. Und hier liegt der Grund für die Schulferien: Damit die Kinder im Sommer und im Herbst bei der Ernte helfen konnten.

Die anderen Ferien (an Weihnachten und Ostern) waren eine Referenz an die Kirche. Wenn also die Ferien der Ernte dienten, weshalb haben wir sie denn heute noch? Mit dem Ergebnis, dass viele Eltern nicht wissen, was sie während so vieler Wochen mit den Kindern machen sollen. Denn noch immer sind die Schulen so organisiert, als wären alle Mütter den ganzen Tag zu Hause und würden die Kinder zum Ernteeinbringen benötigt. Die Zahl der Mütter (oder Väter), die tagsüber zu Hause auf die Kinder warten, hat aber ebenso drastisch abgenommen wie die Zahl der Jugendlichen, die in den Ferien Kartoffeln auflesen.

Beispiel 3: Mit dem Fächerkanon auf Spatzen schießen

Inhaltlich bilden die Schulfächer das Strukturgerüst des gesamten schulischen Bildungswesens. Und dieses Denken in Fächern ist beileibe keine Errungenschaft der heutigen Zeit. Im Gegenteil: Die Septem artes liberales (Grammatik, Rhetorik, Dialektik, Arithmetik, Geometrie, Musik, Astronomie) bildeten bereits im Mittelalter eine Art Fächerkanon. Gegen Ende des Mittelalters wurde der Rahmen erweitert. Mit dem Einfluss der Reformation wurden nicht nur die Lateinschulen gefördert, auch die deutsche Sprache in Form von Lesen und Schreiben sollte den Menschen nahegebracht werden. Dann im Zeitalter des Barocks begann eine stärkere Hinwendung zu naturwissenschaftlichen Gegenständen und zur realen Welt. Wesentliche Bereiche des heutigen Fächerkanons waren schon auf den Stundenplänen der Schüler im Barock zu finden: Latein und Griechisch, Französisch, Naturwissenschaften („Realien"), Musik, Deutsch und Mathematik. (Spahn-Skrotzki 2010)

Schulfächer standen gleichsam immer auch in einem gesellschaftlichen Kontext und dahinter standen die Interessen von Teilen dieser Gesellschaft – der Kirche, des Militärs, der adligen Obrigkeit. Damit stellt sich die Frage: Welche Interessen stecken heutzutage hinter dem Fächerkanon?

Bei „Religion" kann man sich leicht vorstellen, dass nicht der Bundesverband der Atheisten das Kreuz hochhält. Aber bei den anderen Fächern gestaltet sich die Spurensuche nach den Interessen schwieriger. Sie stecken heute vornehmlich im System selber. Die Bildungsbürokratie ist ebenso wie die Lehrerausbildung aufs engste verzahnt mit dem Denken in Fächern. Fächer infrage stellen heißt gleichsam, das System infrage stellen. Und das grenzt dann schon ein bisschen an Gotteslästerung.

Deshalb harmonieren die Interessen der Erziehungswissenschaftler zuerst und vor allem mit den Interessen der Lehrer und kaum mit jenen der Lernenden. So kommt beispielsweise Fend zur Erkenntnis: „Eine Schule ‚läuft' schließlich, wenn zu festen Zeiten in definierten Räumen Lehrpersonen Schülern gegenüberstehen und das fächergegliederte Inhaltsprogramm in genau geplanten methodischen Schritten umsetzen." (Fend 2008)

Und Tenorth hält fest, dass Unterricht sich „vereinigt unter der Erwartung, am gleichen Ort und zur gleichen Zeit das Gleiche mit dem möglichst gleichen Ergebnis zu lernen". Kein Wunder, dass sich für ihn daraus die Feststellung ergibt, dass Unterricht schwierig sei, weil „Schüler an ihm beteiligt sind" (Tenorth 2006). Fast wie beim Fußball: Da verkompliziert sich auch alles durch die Anwesenheit der gegnerischen Mannschaft. Entsprechend definieren sich viele Lehrpersonen nicht in erster Linie darüber, Lernenden zum Erfolg zu verhelfen – sondern zuerst und vor allem über ihr Fach. Dieser Logik folgend organisieren sie sich in Fachschaften und in entsprechenden Verbänden. Und die wiederum rangeln um den Glanz des Sozialprestiges ihrer Fächer, damit ihre Mitglieder etwas mitglänzen können.

Die Teds-M-Studie (Teacher Education and Development Study: Learning to Teach Mathematics) stellte angehende Mathematiklehrer (Sekundarstufe I) vor die Aufgabe, ihr fachliches Wissen unter Beweis zu stellen. Die nebenstehende Aufgabe (siehe links) ist ein Beispiel daraus. Der Schweizer Lehrernachwuchs erhielt in dieser Studie gute Noten. Super, könnte man meinen. Doch es offenbarte sich eine ganz andere Seite: Wenn es um die Arbeit mit den Lernenden ging, gleichsam um den Umgang mit Menschen, fehlte es ihnen an Erfahrung und an Kompetenz. Mit anderen Worten: Sie können zwar gut rechnen, aber mit den Schülern haben sie nicht gerechnet. Vor diesem Hintergrund ist es nur allzu verständlich, dass der Unterricht deshalb schwierig ist, weil Schüler an ihm beteiligt sind. Schließlich haben die Lehrer schon genug mit ihren Fächern zu tun, da können sie sich ja nicht auch noch um die Lernenden kümmern.

Beweisen Sie folgende Aussage: Wenn sich die Graphen zweier linearer Funktionen $f(x) = ax + b$ und $g(x) = cx + d$ in einem Punkt P auf der x-Achse schneiden, dann geht der Graph der Summe der Funktionen $(f + g)(x)$ ebenfalls durch P.

Zwei Männer treffen sich. Fragt der eine: „Was machen Sie beruflich?" „Ich bin Lehrer, ich unterrichte Mathematik." „Interessant, ich habe gemeint, Lehrer unterrichten Schüler."

Dabei ist es längst klar: Wenn ein Lernender in der Schule erfolgreich lernt, hat das relativ wenig mit der Fachkompetenz des Lehrers zu tun. John Hattie bescheinigt in seinen Metaanalysen der Fachkompetenz nur gerade eine Effektstärke[1] von .09 zu (Hattie 2009). Im Klartext: praktisch nichts.

Also müsste eigentlich die Lehrerbildung ganz andere Akzente setzen. Das sehen auch die schweizerischen Experten so: „Im Blick auf die Lehrerbildung herrscht weitgehende Einigkeit, dass die Grundausbildung nicht nur Kenntnisse, Fähigkeiten und Fertigkeiten des künftigen Berufs zu vermitteln, sondern zugleich, für manche Experten wesentlich, die Persönlichkeit der angehenden Lehrkräfte zu bilden habe. Für das Bestehen im Beruf seien Haltungen oder Einstellungen wie ‚innere Gelassenheit', ‚Lernfähigkeit' oder ‚Offenheit' von zentraler Bedeutung." Aha! Und jetzt? Nichts! „Niemand hat allerdings aus dieser Annahme abgeleitet, dass der Vorrang der Fachorientierung aufzugeben sei." (Oelkers/Oser 2000) Noch einmal: Die Fachorientierung steht nicht zu Diskussion.

Eine Arroganz sondergleichen. Denn im Klartext heißt das: Die Experten sind sich be-

wusst, dass in der Lehrerausbildung eigentlich ganz andere Akzente zu setzen wären. Es fehlt aber an der Fähigkeit oder an der Bereitschaft, dieser Erkenntnis auch Taten folgen zu lassen. Eigentlich verrückt! Apropos verrückt – wie hat Covey das genannt: „Es ist eine moderne Form von Geisteskrankheit, etwas anderes zu wollen und weiterhin das Gleiche zu tun." Man kommt vor diesem Hintergrund um ein paar Fragen nicht herum: Wie sinnvoll ist eigentlich in einem modernen Bildungsverständnis das Denken in abgegrenzten Fächern? Weshalb dieses durchgängige Prinzip des Trennens? Und wie sinnvoll ist die Akzentuierung der Fachdidaktik in der Lehrerbildung? Solche Fragen stören den Gottesdienst in den heiligen Hallen der Lehrerbildung. Aber sie stellen sich deswegen nicht minder drängend.

---

[1] Die Effektstärke ist ein Maß für die Größe eines Effektes. Eine Effektstärke kann groß sein, wie z.B. 0,72 für den Zusammenhang zwischen Lehrer-Schüler-Beziehung und der Schülerleistung. Sie kann auch negativ sein, wie z.B. -0,18 für den Zusammenhang zwischen TV-Konsum und Schülerleistung. Und eine Effektstärke kann vernachlässigbar klein sein, wie 0,09 für den Zusammenhang zwischen Fachkompetenz der Lehrer und Schülerleistung.

Beispiel 4:
Der metaphorische Löwenzahn

Immerhin: In der strukturkonservativen Pseudoinnovationswelt der Schule ist vor Jahren zaghaft ein neuer Begriff aufgetaucht: fächerübergreifend. Doch auch hier: zuerst kommt das Fach, dann, wenn noch etwas übrig bleibt, das Übergreifende. Das Fach hat sich als eine der Strukturdeterminanten im Unterrichtsbrauchtum fest etabliert.

Doch Fach ist nicht einfach Fach. Nein, nein, da gibt es mehr oder weniger klare Hierarchien. Da gibt es Haupt- und Nebenfächer, Wahl- und Wahlpflichtfächer, Prüfungsfächer und dergleichen mehr. Wichtiges wird von Unwichtigem unterschieden. Und so wird deutlich gemacht, worauf es ankommt – ein wahrer Dienst an den Schülern, denn das hilft ihnen, sich zu optimieren.

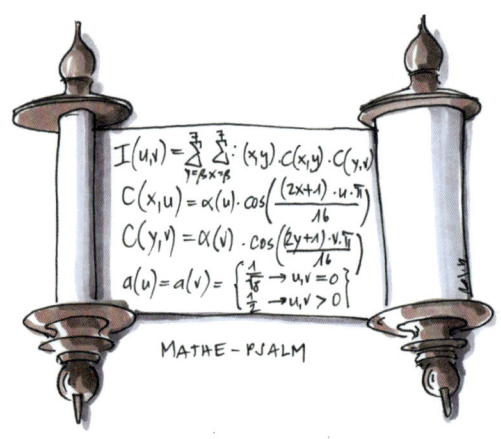

Eine bestimmte Position auf der schulischen Bedeutungsskala bezieht sich auf das Fach an sich, sie färbt aber auch ab auf die Personen, die das Fach repräsentieren. Klar, wie soll der ewig braun gebrannte Sportlehrer der Mathematik und ihren Exponenten das Wasser reichen können. Rechnen muss man können, dann kann man mit einem vergleichsweise hohen Ansehen rechnen.

Mathematik bietet sich als Beispiel geradezu an. Denn die Mathematik hat es geschafft, sich mit einem Hauch des Sakralen und Mystischen zu umweben. Schwierig und wichtig heißt die Botschaft. Sehr wichtig sogar.

Man weiß zwar, dass kaum jemand in seinem Leben je den Graphen einer Summenfunktion im Punkt p nachweisen, den Sattelpunkt einer kubischen Funktion bestimmen oder die Kegelschnittgleichungen für achsenparallele Lage zum Koordinatensystem einsetzen muss. Trotzdem wird Mathematik in den Schulen so unterrichtet, als würde männlich dieses Fach studieren wollen. Dabei – auch das weiß man – wollen das lediglich eine verschwindend kleine Anzahl von Schulabgängern. Aber immerhin: Wenn alle sagen, Mathematik sei wichtig, dann findet diese Botschaft flugs ihren Niederschlag in den bildungspolitischen Sonntagsreden und damit in allen möglichen Medien. Und wenn die Medien sagen, es sei wichtig, dann wird es wohl wichtig sein.

Das heißt: Etwas, das im Rufe steht, ungemein schwierig und ungemein wichtig zu sein, schafft es sogar auf einen Spitzenplatz des medialen Bedeutungsrankings – gleich neben Heidi Klum und Dieter Bohlen.

Und was die Mathematik schafft, das wollen natürlich auch andere Fächer. Deshalb zimmern auch sie ständig an ihrem Prestigegerüst. Und als Folge davon werden die Schüler mit allen Ausnahmen der Grammatik traktiert, sie beschäftigen sich mit der Rolle der Frau im ausgehenden Mittelalter, bilden das Gerundium und sollen verstehen, dass es in einem Haiku, einer japanischen Gedichtform, um den Löwenzahn geht, der dort metaphorisch als „Künstler" bezeichnet wird.

Doch: Je mehr die Fächer bedeutend erscheinen wollen durch den Anspruch, schwierig zu sein, desto mehr entfernen sie sich von der

Alltagstauglichkeit. Das gilt für die Fächer wie für deren Exponenten in den Schulen und Hochschulen.

Oelkers kommt denn auch zur Feststellung: „Ich gehe davon aus, dass es einen *negativen* Zusammenhang zwischen Lehrplan als organisierter Zeit und schulischer Effizienz gibt. Die starre Verteilung von Zeit im Blick auf historisch sehr stabile Fächerhierarchien behindern die Schulentwicklung, weil die Zeit nach Privilegien und nicht nach Lernnotwendigkeiten verteilt wird." (Oelkers 2006) Voilà!

Beispiel 5: Absurdes Sortieren

Institutionalisierte Bildung und Erziehung (durch Schulen) auf Massenbasis ist in der Geschichte der Menschheit ein junges Phänomen. Sie hat sich erst seit etwa seit 200 Jahren ihren Platz in der Gesellschaft gesichert. 1788 führte Preußen die Reifeprüfungen „an den Gelehrten Schulen" ein. Das Abitur in der heutigen Form wurde im 19. Jahrhundert installiert, um staatliche bzw. staatsnahe Funktionsträger, insbesondere für die Beamtenaristokratie, auszuwählen.

Das heißt: Was für die Fächer und ihr krampfhaftes Streben nach Prestige gilt, gilt ohne Abstriche auch für die Schulformen. Denn da gibt es eben die „Gelehrten Schulen", die nicht Schulen heißen, sondern Gymnasien, und dann gibt es noch jene für die „handwerklich Begabten", wie man schön sozialverträglich unterscheidet zwischen denen da oben und denen da unten.

Dabei weisen auch hier eine Menge empirischer Daten darauf hin: Quatsch. Wenn in Heidelberg bald einmal vier Fünftel der Kinder ein Gymnasium besuchen, in den übrigen städtischen Agglomerationen etwa die Hälfte und in dörflichen Regionen Deutschlands nicht einmal ein Drittel der Schüler, dann hat das weniger mit den Fähigkeiten der Kinder zu tun als mit der Absurdität des Sortierens. Sortieren, das mag ja beim Müll sinnvoll sein. Dort gibt es für das Trennen und Sortieren wenigstens einsichtige Kriterien. Da hat der Müll dem Schulsystem offensichtlich einiges voraus. Wie sonst ist das Ergebnis einer Gesamtschulanalyse in Nordrhein-Westfalen im Jahre 2009 zu erklären, wonach mehr als 70 Prozent der Kinder, die in einer Gesamtschule mit Erfolg ihr Abitur schafften, keine Gymnasialempfehlung erhalten hatten? (Großbongardt 2011)

Die fragwürdige Willkür des Sortierens nach Schulformen zeigt sich auch in einem anderen Beispiel: Die Auswertung der PISA-Studien (Mathematik) in drei Schweizer Kantonen hat deutlich gemacht, dass in den meisten Fällen die Ergebnisse der Schüler nichts mit ihrer Schulform zu tun haben (siehe Grafik). So zeigt sich unter anderem, dass viele Sekundarschüler besser sind als der mittlere Gymnasiast und dass viele Realschüler durchaus auch

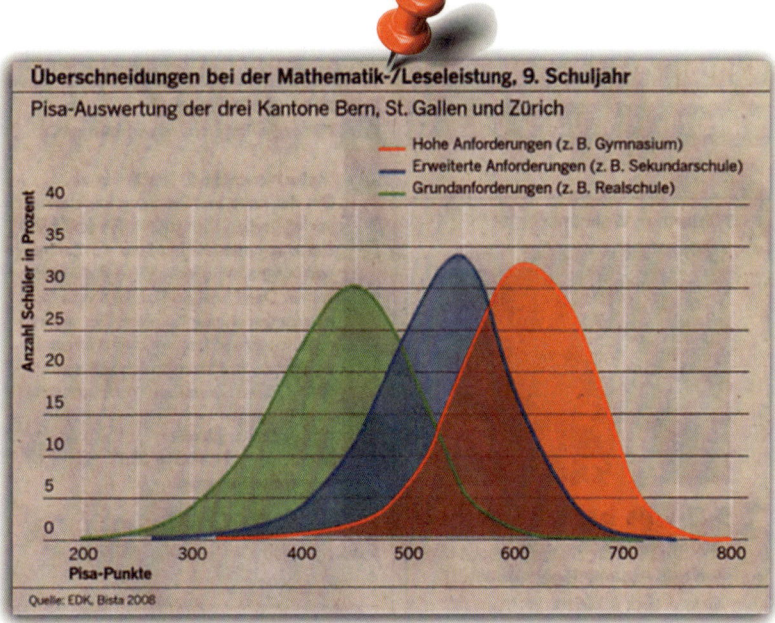

im Gymnasium ihren Platz haben könnten. Und man kann ruhig davon ausgehen, dass die Resultate sich noch weniger unterscheiden würden, hätte man in den „unteren" Schulformen ähnliche mathematische Fragestellungen bearbeitet wie in den „oberen". Mit „I have a dream" hat Martin Luther King in seiner denkwürdigen Rede 1963 vor dem Lincoln Memorial in Washington der Nachwelt eine Botschaft hinterlassen. Er hat davon geträumt, dass Menschen nicht nach ihrer Hautfarbe, sondern nach ihrem Charakter beurteilt würden. In Anlehnung daran könnte man vielleicht auch träumen, dass es weniger auf die Schulform und mehr auf die Kompetenzen und den Charakter eines jungen Menschen ankommt. Aber davon sind wir wohl noch weit entfernt. Jedenfalls kommt die NZZ am Sonntag zum Schluss: „Nicht so sehr, was Schüler in der Schule lernen, auch nicht, wie sie das tun und überhaupt, noch nicht einmal, bei wem sie es lernen – nichts von alledem erregt die Gemüter so stark wie die Frage, welche Schüler in welche Schule gehen." (Meier-Rust 2008)

Und das – zur Schule gehen – tun sie zwölfbis fünfzehntausend Stunden in neun Jahren. Das ist eine ganze Menge Lebenszeit. Aber immer mehr verkommt diese Zeit zu einem aufwändigen Durchgangsstadium, das dazu dient, Wegwerfprodukte für die Selektion herzustellen.

Schulisches Lernen ist etwas, das man tut „um zu". Das Lernen an sich hat kaum einen Eigenwert. In dieser prüfungs- und zertifikatsgesteuerten Anpassungs- und Entmündigungskultur geht es vor allem um sterilisierte Kenntnisse und Lernfiktionen, die nur für kleine Minderheiten im Leben eine gewisse Relevanz aufweisen. Damit prostituiert sich schulisches Lernen auf ein Niveau von Prüfungen bestehen, Noten erzielen, Selektionshürden zu den höheren Weihen schaffen.

Beispiel 6: Die Schule als Rüttelsieb

Die Schulen haben einen gesetzlichen Auftrag. Und die Einzelheiten dazu sind unter anderem im Lehrplan verankert. Es gibt aber – bewusst oder unbewusst – auch einen heimlichen Lehrplan. Will heißen: Die Schule hat, wie viele Institutionen, einen Doppelcharakter: zwar verspricht sie Emanzipation und Mündigkeit, veranlasst die Schüler aber zu Anpassung und stabilisiert damit das System. Um im System Schule zu (über)leben, lernen Schüler Strategien und Taktiken,

- wie man Erfolg bei Mitschülern oder bei der Lehrkraft hat,
- wie man Unwissen verheimlicht,
- wie man unangenehme Arbeit vermeidet,
- wie man als Leerlauf empfundene Unterrichtszeit effektiv für Nebentätigkeiten nutzt;

und Ähnliches. Somit geht es laut Meyer „beim heimlichen Lehrplan um die *lautlosen Mechanismen* der Einübung in die Regeln und Rituale der Institution" (Meyer 1988).

Es gibt also das, was geschrieben und verkündet, und es gibt das, was getan und gelebt wird. Das muss nicht immer deckungsgleich sein. Und ist es häufig auch nicht – auch weil Funktionen und Erwartungen sich zum Teil widersprechen. Das ist im System Schule nicht anders. Klassischerweise sind der Schule vier Funktionen zugeschrieben (Fend 1980):

- Qualifikation: Vorbereitung auf spätere Anforderungen in Beruf, Privatleben und Gesellschaft
- Sozialisation: Vermittlung gesellschaftlich erwünschten Verhaltens
- Selektion: Auslese und Zuweisung einer sozialen Position oder Berechtigung
- Legitimation: Vermittlung gesellschaftlicher Grundwerte zur Sicherung der Loyalität und Integration

Auf der einen Seite soll die Schule also alles daran setzen, dass die Lernenden möglichst viel wissen und können. Andrerseits und gleichzeitig muss sie immer eine Auslese treffen. Kein einfaches Unterfangen, denn die beiden Funktionen stehen im Widerspruch zueinander.

Eine Lehrerin in Bayern wurde sogar strafversetzt wegen guter Noten. Dazu das Magazin „Der Spiegel": „Ihr Fall machte Furore: Die Lehrerin Sabine Czerny wurde von bayerischen Schulbehörden strafversetzt – wegen guter Noten und spannenden Unterrichts. Jetzt hat die Lehrerin, die zu wenig Fünfen gab, einen Preis für Zivilcourage erhalten. Der Notenschnitt ist im Lehrerkollegium das Maß der Dinge. Geht ein normal begabtes Kind mit ein paar Mathe-Überfliegern in eine Klasse, hat es schlechte Karten. Die Arbeit kippt eher in Richtung vier als hinauf zur drei. Sitzen aber in den Bänken links und rechts nur Rechen-Luschen, kann derselbe mittelprächtige Grundschüler schon mal mit einer Zwei glänzen. Es gilt: Der Schnitt muss stimmen. Gerecht ist das nicht, aber das System ist unerbittlich. Und wehe, jemand versucht auszuscheren. Die Lehrerin Sabine Czerny hat eben das getan – und hätte damit beinahe ihren Job als Grundschullehrerin in Bayern verloren. Ihre Schüler wurden besser und besser. Die junge Lehrerin weigerte sich indes, deshalb ihre Notenstufen zu verschieben, nur damit die Kinder neben den Vergleichsklassen nicht zu gut dastehen." (Füller 2009)

Sabine Czerny ist zwar mit einem Preis ausgezeichnet worden und ihr Fall schaffte es in die Schlagzeilen, aber das war es dann – leider – auch schon. Und übrigens: Der Preis, den Sabine Czerny erhielt, war ein Preis für Courage. Was sagt das über ein System, in dem es Mut braucht, wenn die Schüler zu gute Leistungen erbringen …

Etwas wird hier deutlich: Aus der Tradition des Systems heraus hat sich die Selektionsfunktion als zentral herausgebildet. „Wir müssen uns das Schulsystem als ein riesiges Rüttelsieb vorstellen, das von Generation zu Generation die Lebenschancen neu verteilt. Es tut dies durch Zensuren, Zeugnisse und Prüfungen und indem es Berechtigungen – z.B. zum Besuch bestimmter Schulformen, Schulabschlüsse und Hochschulreife – verleiht. Der Schulweg wird durch den Erwerb von Berechtigungen bestimmt und die Schule ist so zur zentralen Zuweisungsinstanz von Sozialchancen geworden. Schulkritiker meinen, dies sei die real wirksamste Funktion der Schule, sie sei zur Berechtigungsanstalt verkommen: Wissen, Fähigkeiten und Fertigkeiten würden längst nicht mehr um ihrer selbst willen, nicht ihres eigentlichen Zweckes wegen, sondern lediglich ihres Tauschwertes wegen erworben." (Melzer/Sandfuchs 2001)

Zwischen Berechtigung und Kompetenz gibt es demnach keinen kausalen Zusammenhang. Wer eine Prüfung bestanden hat, hat sich einzig über die Kompetenz ausgewiesen, Prüfungen zu bestehen. Über die Fähigkeit, damit auch nach dem Prüfungstermin noch etwas anfangen zu können, wird freilich nichts ausgesagt. Gar nichts.

Eine Folge davon: „Alle Überprüfungen des Wissens, das junge Menschen fünf Jahre nach Schulabschluss noch besitzen, gelangen zu niederschmetternden Ergebnissen und lassen den zynischen Schluss zu, dass das deutsche Schulsystem einen Wirkungsgrad besitzt, der gegen Null strebt." (Roth 2011)

Aber das spielt offensichtlich keine Rolle. Für Schüler und meist auch für ihre Eltern geht es nicht darum, ob, was und wie gelernt wird. Es geht um Berechtigungen. Und es geht – für viele Eltern – um Prestige. Doch das ist nicht ganz fair. Es geht auch ums Gefühl (und ums Wissen), dass sich mit Berechtigungen Lebenschancen verbinden.

Das setzt alle Beteiligten unter massiven Druck. Die Politiker wollen wieder gewählt werden, die Eltern wollen, dass ihre Kinder „es" schaffen, die Kinder und Jugendlichen selber wollen vor allem keinen Zoff und die Lehrer wollen sich nicht rechtfertigen müssen. Möglichst gut dastehen heißt mithin die Devise in diesem Spiel um die knapp

gehaltenen Tickets für die Fahrt zu höheren schulischen Weihen. Lernen und Wissen erhalten erst durch Prüfungen und Noten einen gesellschaftlichen und ökonomischen Marktwert. Also werden Schüler mit Prüfungen auf Prüfungen vorbereitet, Noten auf drei Kommastellen ausgerechnet, Millionen für Nachhilfestunden ausgegeben.

Was heißt „Millionen"? Weit über eine Milliarde pro Jahr geben allein die Eltern in Deutschland dafür aus, dass ihre Kinder die Erwartungen zu erfüllen vermögen. Durchschnittlich etwa jeder achte Schüler in Deutschland erhält Nachhilfeunterricht. In der Sekundarstufe drückt sogar jeder dritte bis vierte Schüler auch nach Unterrichtsschluss die Schulbank. Und das Verrückte: Es geht nicht etwa darum, jenen Unterstützung zuteil werden zu lassen, die schulisch den Anschluss verloren haben. Nein, es geht in erster Linie darum, aus einer guten Note eine bessere zu machen. Und wenn es um bessere Schulnoten ihrer Kinder geht, sitzt das Geld bei deutschen Eltern besonders locker: Durchschnittlich lassen sich die Eltern den Extra-Unterricht etwa 1500 Euro pro Jahr kosten. Und die Erwartung ist keineswegs, dass die Sprösslinge Freude am Lernen entwickeln. Nein, eigentlich werden gute Noten erkauft. Das mutet an wie moderner Ablasshandel. Die guten Noten sichern zwar nicht gerade einen Platz im Himmel, aber immerhin den Zugang zu den heiligen Hallen einer höheren Bildung.

Erno Lehtinen gelangt deshalb zur ernüchternden Feststellung: „Den Schülern wird die generelle Auffassung vermittelt, dass das Ziel der Schularbeit darin besteht, sich, egal mit welchen Mitteln, um gute Noten und nicht um das Verstehen der Sache zu bemühen. [...] Wenn man die Ursachen für die Probleme des Schullernens analysiert, stellt man wiederholt fest, dass in der Schultradition hartnäckig gewisse Auffassungen von Wissen und Lernen

>> **Wer gute Eier will, muss sich um das Huhn kümmern.** <<

nen existieren, die vielfach zur heutigen wissenschaftlichen Denkweise in Widerspruch stehen." (Lehtinen 1997)

Beispiel 7: Schein-Welt

Die Schule ist dumm. Oder unfähig zu lernen. Oder eine Gefangene ihrer selbst. Anders kann man sich kaum erklären, warum eine Institution des Lernens entgegen besseren und ziemlich überschaubaren Wissens ihre Fehler immer wieder aufs Neue wiederholt. Quasi rituell. Die Probleme des Schulsystems sind weitgehend die Folge eines überholten Lehr- und Lernverständnisses. Das Schulsystem hat im Verlaufe der Jahrzehnte in eigentlich unverantwortlicher Weise eine Reduktion auf das Bemessbare, das Berechenbare eingeleitet. Und dieser Prozess ist noch in keiner Weise abgeschlossen. Im Gegenteil. Die wichtigste (und wohl auch häufigste) Frage von Schülern und Studenten heißt: Kommt das an der Prüfung? Gibt es Noten? Denn sie wissen: Worauf es im Kontext von Bildungsinstitutionen letztlich ankommt, ist das Papier, das Weiterkommen, das den guten Job und das gute Leben verheißt.

Die Bildungswelt hat sich zu einer Scheinwelt entwickelt – zu einer Welt der Scheine. Dahinter steckt ein Bedürfnis nach Sicherheit in Dingen, in denen es keine Sicherheit gibt – Lernen zum Beispiel. Und die Frage stellt

13 Jahre bis zur Matur?

MATUR Die bernischen Gymnasiallehrer mischen die Diskussion um das 9. Schuljahr auf: Die Schüler sollen bis zur Matur wieder ein Jahr länger pauken. Damit könnten sich Sek- und Gymerlehrer schadlos halten. Der Regierungsrat will im Herbst entscheiden.

sich, wie sich die Idee begründet, es gäbe eine Korrelation zwischen einem Zertifikat und einer Qualifikation.

Dieses inflationäre Zertifikatsdenken begünstigt geradezu eine Schulkultur, die sich beamtlich absichert mit Prüfungswissen, das in Lexikonmanier zum richtigen Zeitpunkt aufs richtige Blatt geschrieben werden muss. Die Wiedergabe von toten Wissensbeständen an Proben und Prüfungen mutiert gleichsam zum Hauptzweck der Bildung. Damit verbinden sich dann Begriffe wie „abarbeiten", „gemacht" und „gehabt" haben. Kein sehr differenziertes Verständnis von Lernen.

Bei einer Fußballmannschaft, die ähnlich auf Sicherheit bedacht zu Werk ginge, spräche man von Angsthasenfußball. Ja keinen Fehler machen, heißt die Devise. Alles bis ins kleinste Detail absichern.

ZERTIFIKATE FÜR BEGABTE

Doch hinter dem Zertifizierungsfetischismus und dem Ruf nach höheren papierenen Weihen steckt eigentlich ein ganz anderes Thema: Zertifikate dienen in erster Linie denen, die sie ausstellen dürfen.

Noch einmal: Zertifikate dienen in erster Linie denen, die sie ausstellen dürfen. Das war wohl nicht so vorgesehen. Es hat sich aber im Verlaufe der Zeit irgendwie verselbstständigt. Jedes Zertifikat, das Menschen an ein bestimmtes Bildungssystem bindet, dient der Systemerhaltung. Und je besser man solche Zertifikate (und die dazu führenden Ausbildungen) positionieren kann, desto mehr kann man als Institution die eigene Bedeutung (und damit Pfründe und Macht) rechtfertigen und sichern.

Und das muss man neidlos attestieren: In dieser Frage haben Politik, Bürokratie, Gewerkschaften und pädagogisches Personal trotz wechselnder Besetzung eine Mauer von Berechtigungen aufgebaut, hinter der sie sich nun bequem verschanzen können. Die jeweils unten liegenden Schulen haben die Macht, für die Lernenden die Türe zu öffnen an den nächsthöheren schulischen Lorbeertopf. Und so hat sich die Monopolstruktur des Zertifikats- und Berechtigungswesens in weiten Teilen des Bildungssystems als wirkungsvolles Bollwerk gegen Veränderungsansprüche von außen bewährt.

Doch: Die Schule selber ist ein Paradebeispiel für die monokulturellen Scheinheiligkeiten und inneren Widersprüche der Schein-Welt. Und sie bestätigt die These, dass alle Menschen denken können, dass es freilich vielen erspart bleibt. Denn „laut Versorgungsbericht der Bundesregierung aus dem Jahre 2001 erreichen 72 % der Lehrerinnen und Lehrer krankheitsbedingt nicht die Regelaltersgrenze. Im Bundesdurchschnitt treten 41 % der

Beamten aus Gründen der Dienstunfähigkeit vorzeitig in den Ruhestand" (Schaarschmidt 2004).

Im Klartext: Fast drei Viertel aller Lehrer in Deutschland fühlten sich also vom beruflichen Alltag in den Schulen überfordert. Doch: Alle konnten sie die nötigen Schulabschlüsse vorweisen. Das heißt: Sie hatten die Prüfungen mit Erfolg absolviert und sie verfügten über alle Scheine und Zertifikate.

Und trotzdem: Irgendetwas stimmt da nicht. Zur Frage, was da falsch läuft, gibt es auch ein paar plausible Antworten. Plakativ könnte man sagen: Die beruflichen Überforderungen sind nicht entstanden, *obschon* alle mit den nötigen pädagogischen Sakramenten versehen waren, sondern *weil* sie das waren.

Sie sind entstanden, weil Auswahl und/oder Ausbildung sich nicht an den Anforderungen des Alltags orientiert haben. Jene Dinge, die sich für ein Zertifikat berechnen und in Punkte fassen lassen, die Anzahl Schuljahre, die Anzahl Scheine, die Abschlüsse und Zertifikate sagen eben nicht viel über Qualifikation und Kompetenzen aus. Sie bestätigen einfach, dass jemand Zeit abgesessen und in Prüfungen bestimmte Punktzahlen erreicht hat. Mit einer schulischen Berufswirklichkeit hat das nicht viel zu tun.

Und die Kopflastigkeit fordert ihren Tribut. Apropos Kopflastigkeit: Der Kopf ist jener Körperteil, der am weitesten vom Boden weg ist. Da besteht die große Gefahr, die Bodenhaftung zu verlieren – und das, was man gesunden Menschenverstand nennt. Aber der lässt sich schlecht zertifizieren – wie auch vieles andere, was man braucht, um mit Kindern und Jugendlichen souverän umzugehen.

Beispiel 8: Vorschriften schalten den Verstand aus

„Alles strebt zum Gipfel, wenn es um Bildung geht. So scheint es zumindest", schreibt die Deutsche Bank in einem Grundlagenpapier. Und weiter: „Nach dem PISA-Schock ist Bildungspolitik für Wähler wichtiger geworden. Die Bildungspolitiker haben reagiert, indem sie nicht nur rhetorisch neue Gipfel erklommen, sondern auch Investitionen tätigten und Reformen anschoben. [...] Doch auch in anderer Hinsicht stürmten die Bildungspolitik und die Bildungsbürokratien neuen Gipfeln entgegen: So stiegen die Schulverwaltungsausgaben in vielen Bundesländern, während relativ gesehen weniger Geld für Schulen, Schulleiter und Lehrer ausgegeben wurde." (Dapp/Rollwagen 2009)

Das heißt: Die Bildungsbürokratie entwickelt sich weit überproportional. Die Regelungsdichte nimmt allenorts zu. Schulisches Lernen hat sich zum Verwaltungsvorgang entwickelt.

Das Wesen der Verwaltung – auch der Schulverwaltung – ist es, wie der Name sagt, zu verwalten. Wikipedia formuliert es so: „Die Verwaltung ist eine Organisation mit dem Auftrag des Verwaltens (Administration). Der

Auftrag des organisierten Verwaltens besteht aus einem Aufgabenkomplex, der das zeitnahe, aufgabenbezogene Erfassen, Betreuen, Leiten, Lenken und das Verantworten dynamischer Systeme nach stabilen Vorschriften verwirklicht." Klingt nicht gerade prickelnd, aber immerhin noch einigermaßen neutral. Doch meist spricht man im Zusammenhang mit Bildung ohnehin von Bürokratie, was – wiederum nach Wikipedia – als Herrschaft der Verwaltung die Wahrnehmung von Verwaltungstätigkeiten im Rahmen festgelegter Kompetenzen innerhalb einer festen Hierarchie beschreibt. „Eine Übersteigerung der Bürokratie wird als ‚Bürokratismus' bezeichnet: eine bürokratisch überzogene Handlungsorientierung, welche die Vorschrift über den Menschen stellt und ihn weitgehend als Objekt behandelt."

Oder wie Feldmann es beschreibt: „Bürokratie ist eine evolutionäre Molochentwicklung, die ihre Macht aus Depersonalisierung, rechtlicher Verdschungelung, politischer Korruption und Erzeugung von Ohnmacht auf der Seite der Betroffenen schöpft." (Feldmann 2011)

Und das trifft es wohl auch im Zusammenhang mit dem Bildungswesen nicht schlecht. In einer Art ausgeklügelter verwaltungspädagogischer Verfahrensplanung und begleitet von einer Flut von Begründungen, Erwägungen, Verordnungen und Paragrafen werden Schüler auf Klassen verteilt, Lehrer auf Schulen zugewiesen, Stunden pro Fach verfügt, Statistiken erstellt, Klassendurchschnittsgrößen auf Kommastellen genau festgelegt und die Anzahl Noten pro Fach und Jahr vorgeschrieben. Es gibt kaum etwas, das nicht reglementiert wäre. Dabei weiß man ja: Vorschriften schalten den Verstand aus – auch den gesunden Menschenverstand.

An sich ist die Bürokratie ja nicht gegen etwas oder jemanden installiert worden. Sie entwickelt sich vielmehr aus sich heraus und ist permanent damit beschäftigt, das System zu verwalten und damit zu stabilisieren. Aber gerade diese unentwegte Beschäftigung mit sich selbst führt zu wildesten Auswüchsen und einem absurden Papierkrieg. Das kostet! Im gesamten Bildungsbereich der Schweiz „sind die Ausgaben für die Lehrkräfte von 1999 bis 2004 um 22 Prozent gestiegen, diejenigen für übriges Personal (Technik und Administration) dagegen um satte 75 Prozent. Absolut stiegen die Kosten für Verwaltungsjobs und Ähnliches von 1,9 auf 4,2 Milliarden Franken" (Gut 2007). Tendenz zunehmend. C. Northcote Parkinson hat einige nach ihm benannte „Naturgesetze" zur Bürokratie formuliert. Eines davon besagt, dass Arbeit sich in genau dem Maß ausdehnt, wie Zeit für ihre Erledigung zur Verfügung steht. Ein anderes:

Angestellte schaffen sich gegenseitig Arbeit. Nach Parkinson beträgt die jährliche Zunahme des Personals ohne Rücksicht auf die Variationen der Arbeitsmenge zwischen fünf und sieben Prozent. Er geht sogar so weit zu behaupten, dass die Kernaufgaben auch ganz wegfallen könnten, ohne dass die Verwaltung deshalb schrumpfen würde.

In Wikipedia wird dazu festgestellt: „Parkinson formulierte seine Gesetze in den 1950er-Jahren. In modernen Verwaltungen wurden neue Begriffe eingeführt (Controlling, Steuerungsmodelle, betriebswirtschaftliche Kennzahlen etc.). Dabei steigt oft der Anteil des Personals in diesen Arbeitsbereichen, während für die eigentlichen Kernaufgaben das Personal stagniert oder gar sinkt."

Bürokratisierung bezeichnet gemäß historischem Lexikon der Schweiz „die Entwicklung, in deren Verlauf Entscheidungsprozesse bürokratischer Art sich ausweiten und zur Basis einer Machtstellung über Menschen und Organisationen werden."

Fazit: Wer nicht resigniert, führt einen verzweifelten Dauerkleinkrieg gegen die genormten Behinderungen.

Beispiel 9: Oh du eilige Einfalt

Die Bürokratie hat ihre Metastasen längst in alle Bereiche hinein entwickelt. Die Politik dagegen ist ein kurzlebiges Geschäft. Zwei Jahre nach der Wahl beginnt bereits wieder der Wahlkampf. Mit der entsprechenden Rhetorik. Und mangels echter Handlungsalternativen ist das Bildungswesen zum politischen Tummelfeld mutiert.

Erstens deshalb, weil alle etwas davon verstehen, sie sind schließlich selber ein paar Jahre zur Schule gegangen. Zweitens deshalb, weil man auf regionaler Ebene in diesem Bereich

noch verbale Akzente setzen und drittens, weil man auf diesem Feld mit ein paar Schlagworten die Medien in nützliche Seilschaften einbinden kann. Und umgekehrt. „Wir brauchen mehr Disziplin in der Schule." Oder: „Alle Schüler haben ein Recht auf Förderung." Oder: „Die Bildung ist der wichtigste Rohstoff in unserem Land."

Was solche Aussagen – nähme man sie wirklich ernst – in den Niederungen des Alltages letztlich bedeuteten, darüber muss man sich ja erst nach Wahlen Gedanken machen. Aber dann sind die Wahlen ja vorbei. Und nichts hat eine kürzere Halbwertzeit als politische Aussagen.

So werden die Menschen laufend mit bürokratischem, gewerkschaftlichem, politischem und wissenschaftlichem Sprachmüll zugeschüttet, der an argumentativer Schlichtheit manchmal kaum zu überbieten ist.

Die politischen Parteien, die Gewerkschaften, die Verbände, die Lobbys haben die Bildung zum Profilierungsthema erhoben. Und die Medien machen munter mit. Das Problem dabei: Niemand hat bei Lichte besehen ein längerfristiges Interesse an Veränderungen. Alles ist ausgerichtet auf schnelle Popularität, hohe Aufmerksamkeit und unmittelbare publizitätswirksame Verwertbarkeit. Nicht die seriösen Argumente werden gesucht. Damit holt man nämlich kaum einen Wähler hinter dem Ofen hervor. Gesucht werden Scheinwerferlicht und Kamera. Und eine solche Chance, die Werbetrommel für die eigenen Interessen und vor allem für die eigene Person zu rühren, die lässt sich kein Politiker entgehen. Sonst wäre er nicht Politiker geworden. Und da liegt der Hund begraben: Kurzfristige politische Eigeninteressen stehen meist in krassem Widerspruch zu den langfristigen Sachinteressen.

Das gilt auch für die Bildungspolitik. Ein struktureller und inhaltlicher Wandel darf nicht dieser eiligen Einfalt ausgesetzt, sondern muss auf lange Sicht angelegt sein. Veränderungen brauchen Perspektiven, die über den nächsten Wahlkampf hinausgehen. Wenn die Beteiligten (Lernende, Eltern, Lehrpersonen) sich auf Veränderungen einlassen sollen, brauchen sie Verlässlichkeit, brauchen sie Plausibilität und brauchen sie solide Argumente und nicht nur wohlklingende Leerformeln.

Deshalb müsste man eigentlich das Bildungswesen der Tagespolitik entziehen und es – ähnlich wie Post oder Bahn – in eine eigenständige Organisation überführen. Die Bahn kann schließlich auch nicht alle vier Jahre ihre Strecken neu planen und je nach politischer Großwetterlage die Löcher für die Tunnels in immer andere Berge bohren.

Beispiel 10: SuS

Es sind aber nicht nur die sprachlichen Nebelpetarden aus Politik, Verwaltung und Gewerkschaften, die die Bildungslandschaft mit einem diffusen Schleier des Unverbindlichen überziehen. Die Beteiligten selber tragen häufig selber ihren Teil zum fehlenden Bodenkontakt bei.

Die systemimmanente Rückwärtsorientierung schlägt sich auch im Sprachgebrauch nieder. Jede Interaktion kann sich ja auf die Vergangenheit oder auf die Zukunft beziehen, auf Probleme oder auf Lösungen. In den Bildungssystemen herrscht ein eher vergangenheits- und problemorientierter Sprachgebrauch vor. Wer mit einer neuen Idee daherkommt, scheitert meistens schon beim ersten Anlauf an der Ja-aber-Mauer. Es ist halt einfach bequemer, sich mit Dingen zu beschäftigen, die nicht ans Eingemachte gehen – das aber mit hohem moralischem Anspruch.

So hat sich in den letzten Jahren gerade in den Berufen, die sich sozial nennen, eine verkrampfte Gender- und Minderheitenlyrik etabliert. In Bern beispielsweise werden „geschlechtsabstrakte Personenbezeichnungen" bevorzugt. Der männlich kontaminierte Fußgängerstreifen wurde zum Zebrastreifen umbenannt, der Anfängerkurs zum Einstiegskurs, das Lehrerzimmer zum Pausenraum. Und eine Arbeitsgruppe hat sogar Formulierungen vorgeschlagen wie „die Turnstunde für die männlichen Schülerinnen fällt aus". Noch verhindert zum Glück das eine oder andere

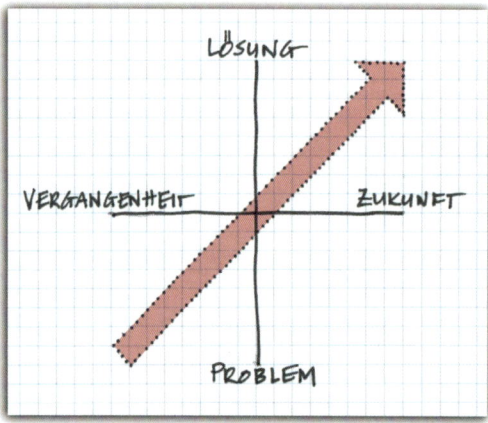

reale Problem die flächendeckende Ausbreitung der sprachlichen Absurditäten.
Aber immerhin: Mit einer gewissen Konsequenz wird von Fortbildungsschulrätinnen und Fortbildungsschulräten, von Vertrauenslehrerinnen und Vertrauenslehrern und natürlich von Schülerinnen und Schülern gesprochen. Aber wie es halt so ist: politische Korrektheit ist nicht ohne umständliche und gespreizte Formulierungen zu haben. Deshalb haben viele Lehrerinnen und Lehrer die Schülerinnen und Schüler der Einfachheit halber kurzerhand zu „SuS" umformuliert. SuS? Ein Klick zu Wikipedia – und man nimmt nicht ohne staunendes Schmunzeln zur Kenntnis: „Sus ist eine Säugetiergattung aus der Familie der Echten Schweine (Suidae). Die genaue Artanzahl ist immer noch umstritten, heute werden 10 Arten unterschieden, von denen das Wildschwein beziehungsweise dessen domestizierte Form, das Hausschwein, in Mitteleuropa am bekanntesten sind."

■ Fortsetzung auf Seite 32

Digitale Kreidezeit

Noch nicht lange ist's her, da war der neue Computerraum für die Schule mindestens eine Meldung in der Lokalzeitung und eine schulterklopfende Eröffnungsrede des Bürgermeisters wert. Der Bildschirm wurde zum Sinnbild einer modernen Bildung.
Das technische Wettrüsten an den Schulen ging und geht munter weiter. Mittlerweile zieren Smartboards die Wände. Doch die gelten schon wieder als gestrig. Der Trend geht zum mobilen Schülercomputer. Kinder und Jugendliche werden flächendeckend mit Notebooks, Tablets und iPads ausgestattet. Die digitalen Möglichkeiten verheißen eine lohnende Zukunft. Fragt sich nur: für wen?

Erinnerungen an die technische Zukunft werden wach. Vor ein paar Jahrzehnten war das Sprachlabor der Hoffnungsträger ganzer Lehrergenerationen. Auch damals waren die Lokalzeitungen und die Bürgermeister zugegen, wenn die Schule voller Stolz ihre Verbindung zur modernen Welt mit einem Sprachlabor unter Beweis stellen konnte. Die Idee ist gescheitert. Wie andere auch. Seit über zwei Jahrzehnten erspäht man nun schon in den jeweils neuesten Gerätschaften die Zukunft der Bildung. Die Moden kommen und gehen. Was bleibt, ist die Ernüchterung.
Der digitalen Schulzukunft droht ein ähnliches Schicksal. Dafür gibt es mindestens drei Gründe:

1. Schule ändert sich in den Köpfen – nicht auf den Bildschirmen

Allen digitalen Aufrüstens zum Trotz, gedanklich und strukturell ist die Schule in der Kreidezeit stehen geblieben. Jemand stand vorne und hat mit Kreide die Tafel vollgeschrieben. Hinten saßen die Schüler, lasen, schrieben ab – oder taten so. Aus dieser Kreidezeit stammt die vielzitierte Analyse: „Wenn alles schläft und einer spricht, so nennt man dieses Unterricht." Das Grundmuster dahinter heißt: (be)lehren.
Eine Abkehr von diesem Grundmuster hat erst einmal überhaupt nichts mit Technik zu tun. Es geht um Haltungen, um Einstellungen. Denn personalisierte und andere zeitgemäße Lernkonzepte verändern das Dasein der beteiligten Menschen. Und zwar grundlegend. Das ändert sich zuerst und vor allem in den Köpfen. Oder gar nicht.

2. Lernen passiert in den Köpfen – nicht im Computer

Lernen ist ein individueller Konstruktionsprozess. Es geht darum, aus etwas Fremdem etwas Eigenes zu machen. Und es geht darum, konstruktiv mit den entsprechenden Widerständen umzugehen. Daran ändern die digitalen Moden nichts. Man kann sich manchmal des Eindrucks nicht erwehren, als sollten die Lernenden auf andere Gedanken gebracht werden. Wie die Kinder, denen auf der Wanderung eine

Geschichte erzählt wird, damit sie gedanklich vom Wandern abgelenkt werden.

Mit der Gerätebegeisterung wird implizit oder explizit die Botschaft vermittelt: Lernen mit digitalen Medien geht einfacher, schneller, besser. Das ist ein Trugschluss. Denn es geht eben nicht darum, den Computer gut zu finden, sondern das Lernen. Und das gibt zu tun.

„Da verwundert es nicht, dass der verheißene Leistungsschub in der Schulbildung bislang ausgeblieben ist. Kaum eine Studie konnte nachweisen, dass Schüler durch Computer klüger werden – und das, obwohl Forscher in vielen Ländern schon lange nach Effekten fahnden. Einen besonders betrüblichen Befund steuerte der große Pisa-Leistungstest ‚Schüler online' im vergangenen Jahr bei: Der Computer im Unterricht verbesserte nicht einmal den Umgang mit dem Computer selbst." (Dworschak 2012)

3. Auf die Menschen kommt es an – nicht auf die Maschinen

Lernerfolg ist zu einem wesentlichen Teil abhängig von Beziehungen. Vor diesem Hintergrund kann es durchaus sein, dass digitale Medien sich positiv auf das Geschehen auswirken – bei jenen Lehrpersonen, die auch ohne Computer einen guten Job machen. Denn wer als Lehrer will, dass die Lernenden erfolgreich sind, den stören auch Computer nicht.

Dworschak, M. (2012): Gefangen in der Kreidezeit. In: Der Spiegel. 29/2012

1.5 Falscher Dschungel

„Investitionen in Lerninnovationen statt Geld für Bürokratie" heißt eine Forderung. Sie kommt bezeichnenderweise von der Deutschen Bank (siehe Seite 25). Und sie trifft einen wunden Punkt: Wenn es um Schule geht, wird unglaublich viel an den Rändern und an der Oberfläche diskutiert. Aber um die wirklichen Fragen, da drücken sich alle ganz vornehm herum.

Es ist so, als ginge es um den Neuanstrich der Kutschen für die Gotthardpost und alle diskutierten munter mit über die Farbe, die Anzahl der Pinselstriche, die Sicherheit beim Einsteigen in der Dunkelheit – und niemand stellt sich die Frage, ob Postkutschen überhaupt noch sinnvoll sind.

Diskussionen in Bildungsinstitutionen drehen sich vorwiegend um organisatorische und strukturelle Fragen: Stoffpläne, Rahmenbedingungen, Prüfungsverordnungen und was es an schönen Begriffen sonst noch so gibt. Man streitet erbittert über Klassengrößen – und niemand stellt sich die Frage: Warum überhaupt Klassen? Und warum eine Sortierung nach Jahrgängen? Und was soll das mit dem Kommafetischismus der Noten?

Seit Jahrzehnten schäpert die Diskussion in denselben Rillen. Doch eigentlich ist seit Caspar Melchior Hirzel viel Zeit ins Land gegangen. Und die Zeit ist überfällig, große Schneisen in den Bürokratiedschungel zu schlagen.

Apropos Dschungel: Die ganzen Diskussionen erinnern an die Geschichte jener Expedition, die sich verbissen durch den Dschungel kämpfte. Voran die muskulösen Typen mit den Macheten. Sie schlugen einen Pfad durch das Dickicht. Mit vollem Einsatz waren sie bei der Sache, schwitzend und aus vielen kleinen Wunden blutend kämpften sie sich Meter um Meter voran. Dahinter die Träger, schwer beladen. Sie hatten nichts als ihre Schultern, um das ganze Material zu tragen. Und dann in einem gewissen Abstand folgten die Planer: Sie hatten die Route ausgemessen, die Nach-

schub- und Verpflegungspläne ausgearbeitet. Sie gaben die Richtung an und kontrollierten das Einhalten der Marschtabelle. Irgendwann einmal kletterte dann einer der Expeditionsteilnehmer auf einen Baum. Und was er sah, irritierte ihn zutiefst. „He", rief er den anderen zu, „wir sind im falschen Dschungel." „Egal, aber wir kommen gut voran", war deren Antwort.

Richtiger Dschungel

Aber wo ist denn der „richtige" Dschungel? Es sind im Wesentlichen vier Fragen, die ins „Kerngeschäft" der Bildung hineinführen:

Frage: Um was geht es?
Antwort: Es geht ums Lernen. Und Lernen ist ein Verb.
Frage: Um wen geht es?
Antwort: Es geht um Menschen. Und denen geht es nicht sonderlich gut.
Frage: Was sind die Ziele?
Antwort: Es geht um Kompetenzen. Und die sollen fit machen fürs Leben.
Frage: Was braucht es dazu?
Antwort: Es braucht eine effektive Lernumgebung.

Es ist Zeit, die Nebenthemen zu verlassen und grundsätzliche Diskussionen über schulisches Lernen, über Unterrichtsentwicklung, über Veränderungsprozesse zu führen. Natürlich ist das angesichts der vielen Betonfraktionen in Politik, Gewerkschaft, Bürokratie und in den Schulen kein einfaches Unterfangen. Aber wie hat Georg Bernhard Shaw gesagt: „Man gibt immer den Verhältnissen Schuld für das, was man ist. Ich glaube nicht an die Verhältnisse. Diejenigen, die in der Welt vorankommen, gehen hin und suchen sich die Verhältnisse, die sie wollen. Und wenn sie sie nicht finden können, schaffen sie sie selbst." Gefragt sind also Mut und Geschick im Umgang mit Widerständen und Unbequemlichkeiten. Margaret Mead hat es treffend formuliert: „Bezweifle nicht, dass eine kleine Gruppe von engagierten Menschen die Welt verändern kann; das ist das Einzige, was je funktioniert hat."

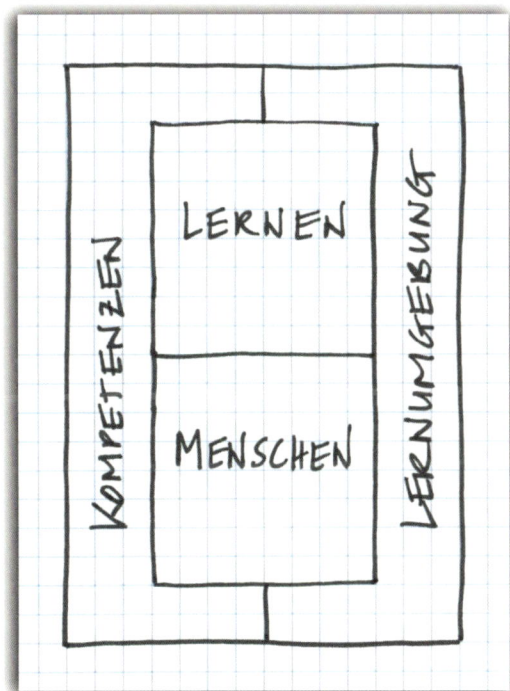

Lernen ist eine Überlebensstrategie. Deshalb kann der Mensch lernen. Und er tut es auch: selbst und ständig.

Die Vorstellung, was Lernen sei und sein soll, hat sich im Verlaufe der Jahrhunderte gewandelt. Doch im schulischen Kontext hält sich hartnäckig ein triviales Modell von Lernen. Es hat viel mit „Beibringen" zu tun, mit Lehren, mit der Idee, Wissen vom einen Kopf (jenem des Lehrers) in einen anderen (jenen des Schülers) zu übertragen.

Doch lernen ist ein Verb, eine Tätigkeit, eine Aktivität. Und zwar eine des Lernenden. Darauf weisen unter anderem auch die „Binsenweisheiten" der Neurowissenschaften hin.

2 Es geht ums Lernen
Und lernen ist ein Verb

Lernen ist damit an die Leistung des Schülers gekoppelt. Das heißt: Es muss einen Wert haben, einen Eigenwert. Autagogik heißt ein Stichwort dazu – die Wissenschaft des selbstkompetenten Lernens.

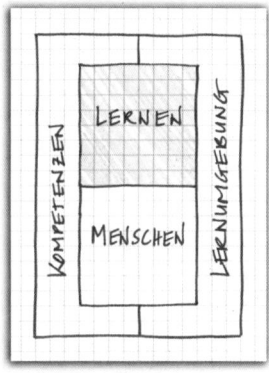

2.1 Von Zecken und Menschen

Was hat die Zecke mit Menschen zu tun? Und vor allem: mit Lernen? Die Fragen führen auf direktem Weg zu Jakob Johann Baron von Uexküll (1864–1944). Uexküll war Biologe und Philosoph und einer der wichtigsten Zoologen des 20. Jahrhunderts. Das Leben verstand er als biologischen Kommunikationsprozess. Aus diesem Verständnis heraus führte er den Begriff der Umwelt in die Biologie ein. Damit gilt er als eine Art Wegbereiter der Ökologie und zählt zu den Pionieren der Kybernetik, der Systemtheorie und des Konstruktivismus.

Für Uexküll war ein Lebewesen immer auch Teil seiner je besonderen Umwelt. Seine Grenzen sind nicht durch seine Oberfläche (Haut) gegeben, sondern durch seine Wahrnehmung und seine Aktivität, seine Bewegungen in Raum und Zeit. Die Umwelt des Lebewesens spiegelt sich in seiner Innenwelt, diese wiederum gliedert sich in eine Merkwelt und eine Wirkwelt. Die Merkwelt bedeutet das, was ein Organismus wahrnehmen kann, die Wirkwelt, was er zu tun imstande ist. Zwischen beiden besteht eine Wechselwirkung, die von Uexküll als „Funktionskreis" bezeichnet wird. Sein berühmtes Beispiel: die Zecke.

Zecken können drei Aspekte der Welt „merken": oben – unten, warm – kalt, Buttersäure: ja oder nein. Mehr braucht die Zecke auch nicht zu merken, um ihr gesamtes Verhaltensrepertoire (Warten, Krabbeln, Zupacken) angemessen abzuspulen. Umwelt und Zecke bilden somit ein einfaches Reiz-Reaktions-Modell. Die Zecke kann über Jahre leben (warten), ohne das etwas geschieht. Plötzlich erscheint ein Warmblüter (Buttersäure). Die Zecke lässt sich fallen, krabbelt zum Warmen und packt zu. Die Merkwelt der Zecke ist beschränkt, ihre Wirkwelt auch. Beides ist einfach und fest miteinander verdrahtet. Mit der Merkwelt der Menschen sieht es radikal anders und vor allem reichlich komplexer aus. Menschen können nicht nur fühlen, ob es warm oder kalt ist. Sie können auch die vielen andere Facetten des Wetters und der Außenwelt wahrnehmen. Sie können beispielsweise auch fühlen, ob sie hungrig oder durstig sind. Und sie können viele andere Aspekte ihrer Innenwelt für sich erfahrbar machen. Sie können sogar fühlen, wie sie auf die Außenwelt wirken – zum Beispiel, ob sie als Loser oder als toller Hecht wahrgenommen werden. Und auch die Wirkwelt gestaltet sich kolossal anders: Im Gefühl des tollen Hechts kann man sich hinter die Arbeit setzen, man kann

sich irgendwo zum Sehen und zum Gesehenwerden hindrapieren oder man kann mit anderen tollen Hechten Wände verschmieren. Das menschliche Repertoire an Möglichkeiten ist nahezu unbeschränkt. Und: Es unterliegt einem permanenten Wandel.

Der Clou beim Menschen ist nicht so sehr die riesige Merkwelt, sondern die riesige und sich ständig wandelnde Wirkwelt. Wenn einem kalt war, hat man früher ein Feuer gemacht. Heute dreht man die Zentralheizung höher. Wenn einem hungrig war, hat man etwas gesammelt oder gejagt. Heute geht man zum Kühlschrank oder zu einem der vielen Restaurants.

Eine feste Reiz-Reaktionsverdrahtung von „Hunger" und „Lebendiges jagen" oder von „Durst" und „zum Getränkeautomaten um die Ecke gehen" wäre in vielen Umwelten fatal.

Menschen sind keine einfachen Wenn-Dann-Wesen. Sie haben zu jedem Wenn eine Menge Danns. Deshalb hat die Natur den Menschen statt mit einer Menge fester Verdrahtungen mit der Fähigkeit zur umweltabhängigen Knüpfung von Verdrahtungen ausgestattet. Die Natur hat den Menschen wie kein anderes Lebewesen mit der Fähigkeit ausgestattet, Verknüpfungen zwischen Merk- und Wirkwelt mehr oder weniger permanent herzustellen. Und zwar selber. Mit anderen Worten: Die Natur hat den Menschen lernfähig gemacht.

Zu Uexkülls Jugendzeiten wurde die Gotthardbahn eröffnet, der Füllfederhalter wurde erfunden und Mark Twain schrieb die Abenteuer des Huckleberry Finn. Heute ist der Durchstich für den Gotthard-Basistunnel bewältigt, geschrieben wird vor allem mit Tastaturen oder Touchpads und von Mark Twain sind ein paar Zitate überliefert. Beispiel: „Als ich vierzehn Jahre alt war, war mein Vater für mich so dumm, dass ich ihn kaum ertragen konnte. Aber als ich 21 wurde, war ich doch erstaunt, wie viel der alte Mann in sieben Jahren dazugelernt hatte."

> » Was uns am Lernen hindert, ist das, **was wir zu wissen glauben.** «
> (Ingo Diem)

Aber nicht nur Mark Twain und sein Vater haben sich verändert. Die einzige Konstante in der Welt ist der Wandel. Und weil Menschen in Welten leben, deren radikale Veränderungen sie – im Unterschied zur Zecke – auch entsprechend wahrnehmen und weil sie zu allem, was sie wahrnehmen, praktisch unbeschränkte Handlungsoptionen haben, deshalb lernen sie. Der lernende Umgang mit der Komplexität ihrer Merk- und Wirkwelt unterscheidet die Menschen von der Zecke. Unter anderem.

2.2 Also lautet der Beschluss, dass der Mensch was lernen muss

Lernen hat also für die Spezies Mensch eine überlebensstrategische Bedeutung. Und dennoch (oder vielleicht gerade deswegen) ist der menschliche Umgang mit dem Begriff „Lernen" nicht ganz unverkrampft. „Also lautet der Beschluss", hat Wilhelm Busch gefordert, „dass der Mensch was lernen muss." Und um zu zeigen, was man sich darunter etwa vorstellen kann, haben Max und Moritz bei Lehrer Lämpel die Schule zu besuchen gehabt.

Die Schule hat ihren begrifflichen Ursprung in der Lehranstalt. In der Antike gab es noch diejenigen, die zu einer Bibliothek gewandert sind, um dort Bücher zu lesen und dann den Unwissenden davon zu Hause zu berichten. Nach der Erfindung des Buchdrucks waren die Wissenden diejenigen, die ein Buch besaßen und den Unwissenden daraus vorlasen. In einer Zeit, in der nur wenige Wissende Bücher besaßen, entstand die „Vorlesung". Die Unwissenden hörten diesen Vorlesungen mehr oder weniger andächtig zu. Deshalb baute man Hörsäle.

Comenius sah das so: „Die Kunst wird bloß sein, alle insgesamt und jeden einzeln so aufmerksam zu machen, dass sie glauben (wie es ja auch wirklich ist), der Mund des Lehrers sei die Quelle, von der die Bächlein der Wissenschaften zu ihm herabfließen, und dass sie sich gewöhnen, so oft sie die Quelle sich öffnen sehen, ihren Becher der Aufmerksamkeit unterzustellen, damit nichts ungenützt vorbeifließe."

Seit Johann Amos Comenius (1592–1670) sind zwar einige hundert Jahre ins Land gegangen und das „Bächlein der Wissenschaft" aus des Lehrers Mund gehört heutzutage ebenso wenig zur schulischen Alltagssprache wie der „Becher der Aufmerksamkeit". Doch: Die Grundannahmen dahinter halten sich hartnäckig bis in die heutige Zeit. Das manifestiert sich nicht nur in den vorherrschenden frontalen Beschulungs- und Beschallungsmustern (und der dazu passenden Architektur), es zeigt sich auch in der Sprache: Man hat etwas gehabt. Etwas war schon dran. Es gibt Lehrbücher und Lehrpläne. Es wird unterrichtet und beigebracht. Die Bächlein der Wissenschaft fließen aus dem Mund des Lehrers und

die Schüler sind gehalten, ihre Becher der Aufmerksamkeit darzureichen. Und wenn sie es nicht tun oder ihr Becher ein Leck hat, na ja, dann sind sie weiß Gott selber schuld.

Mittlerweile weiß man nicht nur, dass es komfortablere und schnellere Reisemöglichkeiten als die Postkutsche gibt. Man weiß auch mehr übers Lernen. Aber eigentlich wusste man es schon früher: Michel de Montaigne, ein Zeitgenosse von Comenius, hat es so dargestellt: „Der Schüler soll nicht nur über die Worte, sondern vor allem über den Sinn und Inhalt dessen, was er gelernt hat, Auskunft geben können; der Nutzen, den er davon gehabt hat, soll sich nicht im Gedächtnis, sondern bei der Anwendung im Leben zeigen; der Inhalt der neuen Unterweisung muss sich auf hundertfache Weise ausdrücken lassen, er muss sich auf ganz verschiedene Objekte anwenden lassen; dann erst kann der Lehrer sehen, ob der Schüler das Wesentliche wirklich erfasst und sich zu eigen gemacht hat. Es ist ein Zeichen von ungenügender Verdauung, wenn man die Speisen unverändert wieder von sich gibt, so wie man sie geschluckt hat; der Magen hat nicht funktioniert, wenn er das, was er zu verarbeiten hatte, nicht ganz und gar verändert und umgestaltet hat."

In der Schule geht es ums Lernen. Wirklich?

In der Schule geht es ums Lernen. Klar, was soll das. Ist ja logisch, dass es in der Schule ums Lernen geht. Zumindest wird immer davon gesprochen. Ein Beispiel: Die Eltern sitzen mit ihrer Tochter beim Klassenlehrer zum Gespräch. Es läuft in der Schule nicht alles rund. „Du musst halt unbedingt mehr lernen", verlangt der Lehrer. Die Mutter weiß zu berichten, dass das mit dem Lernen jeden Tag

ein Thema sei. Und der Vater sieht sich bestätigt: „Siehst du, ich sage es auch immer: mehr lernen." Und die Tochter verspricht angesichts der geballten pädagogischen Übermacht, dass sie jetzt mehr lernen werde. Das zumindest hat sie bereits gelernt: mehr lernen zu wollen, das kommt gut an. Nützen tut es zwar überhaupt nichts. Denn: Was heißt „mehr"? Und vor allem: Was heißt „lernen"?

„Mit kaum einem Begriff wird in der Schule so selbstverständlich umgegangen wie mit ‚Lernen'. Nur selten wird der Begriff im Alltag geklärt oder definiert, scheinbar verstehen alle das Gleiche darunter," schreibt Gerhard Eikenbusch. „Aber schon einfache Fragen können das scheinbar selbstverständliche Verständnis darüber erschüttern, was beim Lernen passiert: Wie kam es, dass etwas gelernt wurde? Und wie ist es gelungen, dass etwas nicht gelernt wurde? Wer war überhaupt daran beteiligt, dass etwas gelernt wurde? Wie wurde das Lernen in Gang gesetzt, gesteuert, reflektiert? [...] Die Unsicherheit wächst noch, wenn es zu Grundsätzlichem kommt: Was ist Lernen eigentlich? Was ist es nicht? Wie funktioniert es? Inwiefern werden Lernen oder gar Lernerfolg beeinflusst, durch Zeitperspektiven, soziale und kulturelle Umstände, durch die zu lernende Sache selbst und durch das eigene Bewusstsein? Welche Unterschiede bestehen zwischen selbst- und fremdbestimmtem Lernen? Wie kann (von wem) festgestellt werden, dass etwas (nicht) gelernt wurde?" (Eikenbusch 2010)

Und in der Tat: Das, worum es eigentlich geht, ist zwar verbal allgegenwärtig, aber wie dieses Lernen von sich geht, darüber macht man sich zum Teil nicht einmal Gedanken. „Lernt auf morgen diese Vokabeln!" – ein Auftrag, wie ihn Schüler in solcher oder ähnlicher Weise unzählige Male zu hören bekommen. Und was bitte sollen sie nun genau tun? Auswendig lernen? Kurzfristig, für den nächsten Vokabeltest? Oder sollen sie Sätze damit bilden können? Welche Art von Sätzen? Schriftlich? Oder mündlich? Und was können sie tun, damit sie die Vokabeln nicht nur für den nächsten Tag „gelernt" haben?

Was ist eigentlich „Lernen"?

Was ist Lernen? Eine junge, dynamische Frau, die soeben erfolgreich ins Berufsleben gestartet ist, erzählt, dass sie noch nie im Leben lernen musste. Wie das? Wer kann denn sprechen, laufen, seine Schuhe binden, geschweige denn einen Schulabschluss erwerben, sozial intelligente Gespräche führen, eine erfolgversprechende Karriere starten– wenn er nie etwas gelernt hätte?

Aber klar: Sie meinte, dass sie nicht hätte „pauken" müssen. In der Schule hat sie alles „einfach so" gekonnt. Sie musste sich keine Formeln einbläuen, keine Geschichtszahlen büffeln und keine Vokabeln pauken.

Und das ist der Punkt: Lernen ist eben viel mehr als pauken, büffeln, sich etwas einbläuen. Immer wenn man etwas kann, das man vorher nicht konnte, immer wenn man etwas weiß, das man vorher nicht wusste, dann hat dazwischen Lernen stattgefunden. Wenn man nachts im Dunkeln in seiner Wohnung die Treppe hochsteigt, den Kopf rechtzeitig einzieht, wenn die Stelle mit der Dachschräge kommt und mit schlafwandlerischer Sicherheit auf den Lichtschalter tippt, dann musste man dafür eine ganze Menge gelernt haben. Zwar gab's da niemanden, der vorgelesen hat, wie man die Ferse beim Treppensteigen korrekt abrollt. Trotzdem hat man Treppensteigen gelernt. Niemand hat Bilder gezeigt, wie wegen der Dachschräge der Kopf geneigt werden sollte. Trotzdem nimmt die Zahl der Beulen und blauen Flecken laufend ab. Auch wenn niemand dasteht und „bücken!" befiehlt. Es gab auch niemanden, der vorgerechnet hat, wie viel Kraft aufgewendet werden muss, damit der Schalter zwar kippt, man ihn aber nicht demoliert oder sich selbst weh tut. Trotzdem kann man es. All diese Tätigkeiten wurden gelernt, in dem sie wieder und immer wieder getan wurden – ohne dabei groß über das Lernen nachgedacht zu haben oder gar der Belehrung durch eine andere Person ausgesetzt gewesen zu sein.

Was man lernt, wenn man Treppensteigen und Lichtschalter im Dunkeln anknipsen lernt, gehört zum „Wissen wie", zum „prozeduralen Wissen". Wenn man von „Lernen" spricht, meint man (wie die junge Frau vom Anfang) aber oft „Wissen was". Wissen, dass

Tomaten rot sind und Stühle meist vier Beine und eine Lehne haben. Wissen, dass die Summenformel von Glukose $C_6H_{12}O_6$ ist und dass Napoleon 1815 die Schlacht bei Waterloo verlor. Erstes Wissen könnte man auch als generisch (die allgemeinen Eigenschaften einer Ansammlung von gleichen Dingen betreffend) und das letztere als singulär (die einzigartige Schlacht des einzigartigen Napoleon) bezeichnen.

Die unten stehende Tabelle gibt einen Überblick zu den Arten des Wissens und wie das Wissen der jeweiligen Art erworben, d. h. gelernt wird.

Man kann die Arten des Wissens und damit des Lernens auch noch weiter aufdröseln, doch letztendlich manifestiert sich alles Lernen im Gehirn auf dieselbe Art: in der Veränderung von Synapsen.

Synapsen (von griechisch synapsis = Verbindung) sind die Kontaktstellen, die die Nervenzellen miteinander verbinden. Diese Verbindungen leiten Impulse. Aber sie tun das nicht wie normale Strom- oder Datenübertragungskabel. Normale Stromkabel sind fest in die Steckdose gesteckt, um den Strom definitiv fließen zu lassen. Die Kontaktstelle zwischen Stecker und Steckdose ist so eng, dass die Übertragung des Stroms sichergestellt ist. Nicht so bei Synapsen. Auch Nervenzellen leiten Spannungen. Aber die Verbindung zur nächsten Nervenzelle ist keinesfalls so eng, dass auch wirklich immer die Übertragung garantiert ist. Vielmehr gibt es eine Lücke zwischen „neuronaler Steckdose" (der präsynaptischen Endigung) und dem „neuronalen Stecker" (der postsynaptischen Membran). In dieser Lücke findet allerhand Biochemie statt, die dazu führt, dass die Impulse weitergeleitet werden. Und je mehr und je häufiger die Impulse über die gleichen Verbindungen geleitet werden, desto mehr entstehen so etwas wie „Gebrauchsspuren". Diese Spuren sind quasi das Abbild dessen, was man gelernt hat. Und damit führt der Blick ins Gehirn weit zurück in die Entstehung des Begriffs „Lernen". Denn etymologisch bedeutet lernen ja so viel wie „einer Spur folgen".

Arten des Wissens	gehört zu	Beispiel	Lernen funktioniert durch …
Prozedurales Wissen	Wissen wie	Treppen steigen oder Tischtennis spielen	üben, beiläufig oder absichtlich
Allgemeines semantisches Wissen*	Wissen was	Stühle haben vier Beine und eine Lehne und man kann darauf sitzen	Erfahrungen mit vielen Objekten dieser Klasse
Singulär semantisches Wissen		1815 Waterloo oder $C_6H_{12}O_6$	pauken, assoziieren, Eselsbrücken
Episodisches Wissen		der erste Kuss, die erste Autofahrt	dabei sein und persönliche Bedeutsamkeit

*Die Einteilung in allgemein semantisch und singulär semantisch geht auf Goldberg (2005) zurück.

Entscheidend ist: Lernen findet im Gehirn immer statt. Man kann gar nicht Nichtlernen. Das ist ein wichtiger Aspekt. Und der andere: Lernen ist eine Aktivität, die sich in vielfältigen Formen manifestiert.

Lernen kann in einem formellen Rahmen stattfinden – zum Beispiel in einer Schulstunde – oder es kann informell geschehen – zum Beispiel in allen Alltagssituationen. Es gibt explizite Lernsituationen („Heute lernen wir das Gerundium") und es gibt implizite Lernsituationen – all das, was man rings um sich herum mit seinen Sinnen wahrnehmen kann. Alle Formen des Lernens sind zwar auch im schulischen Kontext wirksam und verhaltensbestimmend. Aber freilich, es kommt sehr darauf an, wie schulisches Lernen organisiert und gestaltet ist. Und es kommt darauf an, was die Lernenden tun und wie sie es tun. Denn schulisches Lernen ist nicht einfach schulisches Lernen. Zwischen einer passiven Sitz-Buch-Zuhör-Schule und einer aktivitätsorientierten „neuen" Lernkultur liegen Welten. Und entsprechend anregend und inspirierend (oder eben nicht) können die Arrangements gestaltet sein – je näher beim

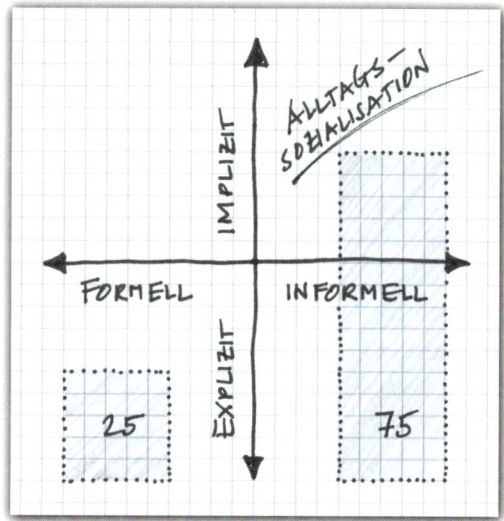

Menschen und seinen Alltagsinteressen, desto besser.

Denn: Das allermeiste, was die Menschen wissen und können, haben sie ohnehin implizit erworben – im ganz normalen Leben halt. Fast drei Viertel des Lernzuwachses, so schätzt man, haben ihren Ursprung außerhalb von Bildungsinstitutionen. Dieses Lernen mit dem Leben als Lehrmeister spielt also eine zentrale Rolle, wenn es um die Kompetenzerweiterung von Menschen geht.

Aber wenn in der Schule von „Lernen" die Rede ist, bezieht sich das sehr häufig und hartnäckig auf singulär semantisches Wissen – auf explizite Inhalte (zum Beispiel das Gerundium) in einem formellen Setting (zum Beispiel im Deutschunterricht).

Trivial – aber weit verbreitet

Dem menschlichen Lernen ist es ja eigentlich völlig Wurst, was die Schule unter dem Begriff versteht. Denn Menschen lernen ohnehin selbst und ständig. Sie lernen die Kegelschnittgleichungen für achsenparallele Lage zum Koordinatensystem, um keinen Ärger mit den Eltern oder dem Lehrer zu kriegen. Oder um sich als toller Hecht zu fühlen.

Oder um eine gute Note zu erhalten, die sie unbedingt brauchen, um im Zeugnis auf einen genügenden Durchschnitt zu kommen. Oder einfach aus Freude an der Lösung einer kniffligen Fragestellung.

Oder sie lernen in der gleichen Situation so zu tun als ob, sie lernen abzuschreiben, sie lernen, dass die Mutter Recht hat, wenn sie sagt, dass alle in der Familie mathematische Tiefflieger seien, oder sie lernen, dass Schule Schwachsinn ist. Sie sind zwar lernfähig – aber nicht belehrbar.

Das heißt: In der gleichen Situationen lernen Menschen völlig unterschiedliche Dinge. Doch die Idee, dass Lernen (zumindest die schulische Variante davon) die Reaktion auf Lehren sei, hat sich irgendwann einen festen Platz in der gesellschaftlichen Vorstellungswelt gesichert. Irgendwie ist dem Trivialmodell des Lernens nicht beizukommen. Bis in die heutige Zeit.

„Schule (lat. Schola, Ursprungsbedeutung: „freie Zeit", „Müßiggang, Nichtstun", „Muße", später „Studium, Vorlesung"), auch Bildungsanstalt oder Lehranstalt genannt, ist eine Institution, deren Aufgabe das Lehren und Lernen ist, also die Vermittlung bzw. Weitergabe von Wissen und Können durch Lehrer an Schüler." So erklärt zum Beispiel Wikipedia, wie schulisches Lernen zu funktionieren hat. Also, da haben wir es: „Weitergabe von Wissen durch Lehrer an die Schüler." Und wohlverstanden: im Jahr 2012.

Dabei hat schon vor ein paar hundert Jahren der Nürnberger Dichter Georg Philipp Harsdörffer den Trichter beschrieben und nach seiner Stadt benannt, der zur Darstellung bringt, wie Lehr- (etwas eintrichtern) Lern- (etwas eingetrichtert bekommen)-Prozesse funktionieren.

Zwar lächelt man heute müde, wenn jemand den Nürnberger Trichter bemüht, doch so ganz ist das „Eintrichtern" als handlungsleitendes Prinzip schulischen Lernens noch nicht abgestreift worden: Jemand (Lehrer) verfügt über Wissen und vermittelt es an Schüler, die es aufnehmen, einlagern und bei Bedarf wieder hervorholen.

Quatsch! Wissen und Können lassen sich nicht bequem vom einen Kopf (jenem des Lehrers) in einen anderen (jenen des Schülers) übertragen. Lernen, das können Menschen nur selber tun. Aber es lässt sich gestalten, ermöglichen und behindern.

2.3 Lernen ist ein Verb

Etymologisch gehört das Wort „lernen" zur Wortgruppe von „leisten", das ursprünglich „einer Spur nachgehen, nachspüren" bedeutet. Im Gotischen heißt lais „ich weiß" bzw. genauer „ich habe nachgespürt" und laists „Spur". Die Herkunft des Wortes deutet darauf hin, dass Lernen ein Prozess ist, bei dem man einen Weg zurücklegt und die entsprechenden Erfahrungen sich in Erkenntnissen zeigen. Es geht also offensichtlich darum, etwas zu unternehmen, um zu etwas zu kommen.

Lernen hat dann funktioniert, wenn jemand nachher mehr weiß oder kann, als er vorher gewusst oder gekonnt hat. Wie und wie gut das gelingt, hängt ziemlich direkt mit den Aktivitäten des Lernenden zusammen. Wie macht er sich Dinge „zu eigen", wie schafft er es, Dinge „ganz und gar zu verändern und umzugestalten"? Das ist mit Tätigkeiten verbunden, mit Aktivitäten, mit Handlungen. Das führt zur Frage: Welche Tätigkeiten kennzeichnen erfolgreiches Lernen? Oder anders gefragt: Wie soll ich wissen, was ich kann, bevor ich sehe, was ich tue?

Die Bloom'sche Taxonomie (siehe Grafik) ist ein Beispiel, das Hinweise liefert, mit welchen Tätigkeiten sich Lernen verbinden kann. Und sie macht deutlich: Lernen ist weniger ein passives Aufnehmen als vielmehr ein aktives Gestalten.

Niemand lernt schwimmen, wenn er an einer Vorlesung über Schwimmen teilnimmt – auch nicht, wenn ihm da fünf oder zehn Bücher über Schwimmen vorgelesen werden. Schwimmen lernt man nur – durch schwimmen. Und je mehr man schwimmt, desto besser wird man es können, desto sicherer wird man sich im Wasser fühlen.

Und Lesen wird niemand lernen, wenn man ihm erklärt, wie man liest. Lesen lernt, wer liest. Und gut lesen lernt, wer viel liest. Oder wie Mark Twain es ausgedrückt hat: „Wer eine Katze am Schwanz festhält, weiß mehr über Katzen, als wer ein Buch darüber gelesen hat." Lernen ist also eigentlich mehr Handwerk als Hör- und Mundwerk.

Denkstufe	Schlüsselwörter
Stufe 1: WISSEN	**Wiedergeben von Fakten und Informationen** wer, was, wie, warum, finden, zeigen, wiederholen, erzählen, aufzählen, beschriften, zuordnen, markieren
Stufe 2: VERSTÄNDNIS	**Verstehen und Erläutern von Informationen und Ideen** vergleichen, erklären, umschreiben, übersetzen, klassifizieren, gegenüberstellen, illustrieren, ableiten
Stufe 3: ANWENDUNG	**Lösen von Problemen in einem neuen Zusammenhang durch Anwenden des erworbenen Wissens** anwenden, auswählen, bilden, konstruieren, organisieren, identifizieren, modellieren, entwickeln
Stufe 4: ANALYSE	**Prüfen und Gliedern von Informationen, Schlussfolgerungen ziehen, Beweise finden, Verallgemeinerungen treffen** analysieren, klassifizieren, kategorisieren, unterscheiden, reduzieren, schlussfolgern, Vermutungen formulieren
Stufe 5: SYNTHESE	**Verbinden von Informationen zu einem neuen Zusammenhang, Formulierung alternativer Lösungen** bilden, kombinieren, herstellen, einschätzen, sich vorstellen, konstruieren, eine Theorie aufstellen, testen, Lösungen entwickeln
Stufe 6: BEURTEILUNG	**Erstellen eines Kriterienkataloges, Darstellen und Verteidigen einer Meinung durch Beurteilung von Informationen** wählen, kritisieren, bewerten, verteidigen, interpretieren, widerlegen, einschätzen, ableiten, beweisen

Sich zu einer Erkenntnis vorwärtsdenken

Wer lernt, generiert etwas Neues. Generieren heißt: erschaffen, erzeugen, herstellen. Damit verändert sich ein Zustand: Man weiß oder kann nachher mehr, als man vorher gewusst oder gekonnt hat. Die Herausforderung liegt in der Strukturierung, liegt darin, sich mit tauglichen gedanklichen und praktischen Hilfskonstruktionen eine Brücke zu bauen zwischen Herkunft (vorher) und Zukunft (nachher). Das ist ein Prozess des aktiven Gestaltens. Es geht darum, einen Gedanken, eine Spur aufzunehmen und sich (handelnd) zu einer Erkenntnis vorwärtszudenken. Dieser Suchprozess von der Herkunft über die Gegenwart zur Zukunft findet in einer Gemengelage von ganz unterschiedlichen biografischen Faktoren statt:

■ Vorerfahrungen

Welche Erinnerungen an das Thema oder die Person lösen welche Emotionen aus? Welche Erfahrungen hat ein Lernender mit einem Thema gesammelt? Was kommt in ihm hoch, wenn er „Gerundium" hört? Welche Erfahrungen prägen seine Beziehung zum Lehrer? Empfindet er ihn als „streng" oder als „gerecht" oder als „cool"? Hat er offene Rechnungen mit ihm?

Welchen emotionalen Erfahrungsbezug zu eigener Wirksamkeit (gewusst wie) hat der Lernende? Wie war das in früheren Situationen in diesem Fach? Hat er das Gefühl, in Deutsch sowieso nichts zu können? Oder nicht zu wissen, wie „man" das macht? Auf welche positiven Erfahrungen im Umgang mit dieser Art von Thema kann er sich stützen?

■ Vorwissen

Wie hoch ist der Grad der aktiven Verfügbarkeit des Vorwissens? Was weiß der Lernende noch? Wie vielfältig kann er die relevanten Aspekte eines Themas zu seinem Vorwissen in Beziehung setzen? Wie viele „Aha-Effekte" entstehen?

■ Lernkultur/Kontext

Wie wird mit Fehlern umgegangen? Ist es besser, nichts zu sagen, um sich nicht zu blamieren? Oder werden Fehler gar dankbar aufgenommen, um daraus Erkenntnisse für alle zu generieren?

Wie geht die Institution mit den Peers um? Schafft man ein Klima des Voneinander- und Miteinanderlernens? Wie verhält „man sich hier", wenn es um Lernen und Leistung geht? Läuft man Gefahr, ein Streber zu sein? Ist es „in", sich normverletzend zu verhalten? Welchen „Stallgeruch" hat die Leistung?

■ Situative Dispositionen

Wie steht es um die inneren Befindlichkeiten? Welche Gefühle (z.B. Angst) beeinflussen das Verhalten? Welche Interessen (an wem? an was?) lenken die Aufmerksamkeit? Wie sind die äußeren Dispositionen gestaltet? Wie ist das Lernen arrangiert? Welche zeitlichen Möglichkeiten sind gegeben? Wie sieht es aus mit den Möglichkeiten, Dinge selber entscheiden zu können? Wie anregend sind die „Aufgaben" gestaltet?

Methodisches/strategisches Repertoire: Wie schnell hat der Lernende das Gefühl, etwas nicht zu verstehen? Wie geht er mit Widerständen um? Wie elaboriert ist sein aktives Repertoire an Methoden und Werkzeugen? Wie gut versteht er sein Lernen? Wie ist es um seine metakognitiven Fähigkeiten bestellt? Wie gut gelingt es ihm, mit begrenz-

tem Wissen und begrenzter Zeit Lösungen zu finden (heuristische Kompetenz)?

Prinzipien hinter Computerspielen

Erfolgreiche Lernprozesse entwickeln sich gleichsam aus dem Zusammenspiel von ganz unterschiedlichen internen und externen Faktoren. Bei Computerspielen scheinen ein paar wichtige Faktoren offenbar besonders gut miteinander zu harmonieren. Wer sich spielend durch die virtuellen Welten klickt, weist sich jedenfalls sehr häufig über ein hohes Maß an Ausdauer, Konzentrationsfähigkeit, Engagement und entsprechendem Lernzuwachs aus.

Schade ist, dass es dabei um Computerspiele geht, über die man eigentlich nicht allzu viele gute Worte verlieren sollte. Aber, nüchtern betrachtet, stecken hinter den Computerspielen offensichtlich einige wichtige Lernprinzipien. Katrin Hille attestiert den Computerspielen, dass sie lerntheoretisch meist geschickt aufgebaut sind. „Sie machen Kindern und Erwachsenen Spaß. Dieser Spaß entsteht aus Erfolgserlebnissen. Die Spiele wecken den Ehrgeiz und stärken das Selbstwertgefühl. Man kann sich darüber streiten, ob die Spieler dabei etwas Nützliches lernen. Ich bin die Erste, die das stark bezweifelt. Aber man kann nicht darüber streiten, dass sie etwas lernen – und zwar äußerst effektiv und selbst motiviert." (Hille 2009)

James Paul Gee setzte sich deshalb auf die Spur der Frage, was wir in Bezug auf schulisches Lernen von Videospielen lernen könnten (siehe Grafik). Und da zeigt sich: Computerspiele sind sehr clever aufgebaut. Und es lohnt sich für schulisches Lernen, die eine oder andere Idee aufzunehmen. Beispielsweise der Aspekt, dass die Einstiegshürden tief und damit das Beginnen einfach ist. Oder das man weiter kommt, weil die Anforderungen individuell angepasst sind. Oder dass man Optionen hat und selber etwas beeinflussen kann. Und es zeigt sich eben: Wenn die Prozessvariablen stimmen, ist die Bereitschaft zum Engagement hoch.

Vom einen Anknüpfungspunkt zum nächsten

Das bezieht sich auf das Lernen in der Schule ebenso wie auf das Leben insgesamt. Ein Beispiel dazu: Jemand sitzt vor dem Fernseher. In der Tagesschau wird verkündet, dass die vorberatende nationalrätliche Kommission die Initiative zum Schutz der Alpenflora einstimmig abgelehnt habe. Diese Nachricht kann ganz unterschiedliche Impulse und Reaktionen auslösen.

Vielleicht entsteht das Gefühl „keinen blassen Schimmer vom Dunst einer Ahnung". Und jetzt? Die Meldung wird nach dem Göschen-Airolo-Prinzip (hier rein, da raus) einfach durchgewunken.

Der begeisterte Bergwanderer dagegen wird

Was Computerspiele attraktiv macht

- beginnen ist einfach (Einstiegshürde tief)
- man kommt schnell weiter (easy wins)
- (Neu-)Gier wird geweckt: Wie geht das Spiel (aus)?
- emotionale Beteiligung: etwas beeinflussen können
- es läuft etwas (keine Langeweile)
- mehrere Möglichkeiten haben
- unmittelbare Erfolgserlebnisse/Rückmeldung
- transparente Beurteilung
- Misserfolg hat keine Konsequenzen
- Attraktivität von Design und Approach
- angepasste Herausforderung
  (schwierig, aber machbar)

Nach James Paul Gee (2007):
What video games have to teach us about learning and literacy

beim Begriff „Alpenflora" hellhörig. Und jetzt? Jetzt kommt ihm vielleicht in den Sinn: Da war doch was mit dem Schutz der Alpenflora. Und jetzt? Jetzt wendet er sich etwas anderem zu. Oder aber er geht zum Computer und gibt „Initiative zum Schutz der Alpenflora" in die Suchmaschine ein. Und so weiter. Und so fort. Jeder wahrgenommene Impuls löst eine Kaskade von bewussten und unbewussten Entscheidungen aus.

Wer sich aber aus irgendeinem Grund betroffen fühlt, findet sich an einem Ausgangspunkt. Das kann sich verbinden mit einem „eher ja" zu einer irgendwie gearteten Beschäftigung mit dem Thema. Und diese kleine Einzelentscheidung kann zu einem weiteren Schritt führen. Und der führt zu weiteren Anknüpfungspunkten. Und zu weiteren Schritten. Und zu weiteren Anknüpfungspunkten ... Aus einer kleinen Betroffenheit wird aktive Beteiligung an etwas Eigenem.

Lernen findet so gesehen immer in einem Spannungsfeld von Herkunft und Zukunft statt. Und jede Zukunft wird zur neuen Herkunft. In diesem Spannungsfeld trifft der Lernende laufend – bewusst oder unbewusst – eine Vielzahl von Entscheidungen. Die permanenten kleinen Entscheidungen in der Situation steuern die Richtung, in die der Prozess läuft von einer anfangs diffusen Ausgangslage zu immer mehr Klarheit. Und Klarheit, Verstehen, Zusammenhänge sehen, das sind ja wichtige Ziele schulischen Lernens. Dieser Weg des zunehmend verstehenden Lernens verläuft keineswegs schön gradlinig. Gerhard Roth: „Wir gelangen somit zu der höchst wichtigen Erkenntnis, dass ‚Verstehen' bedeutet, eine zumindest vorläufig stabile Deutung von Zusammenhängen (Wahrnehmung, Gedanken, Äußerungen, beobachteten Verhaltensweisen) zu erlangen. [...] Wir wissen also niemals abschließend, ob unsere vorläufig stabile Interpretation auch endgültig stabil ist – meist ist es sie nicht –, und deshalb ist Verstehen auch immer vorläufig, gleichgültig, wie stabil und endgültig wir es empfinden, und alles Verstehen kann sich als Missverständnis herausstellen." (Roth 2011)

Die häufige Schülerfrage „Können die, die fertig sind, früher gehen?" ist zwar vor dem Hintergrund des schulsozialisierten Lernverständnisses eines Jugendlichen durchaus verständlich. Sie liefert aber vor allem auch Hinweise auf die schulische Erledigungs- und Abarbeitungskultur. Denn: Lernen ist nie „fertig". The road to success is always under construction, sagen die Amerikaner. Das lässt sich telquel aufs Lernen übertragen. Oder wie es Manfred Spitzer auszudrücken pflegt: „Das Gehirn lernt immer. Es kann gar nicht anders und tut nichts lieber."

■ Fortsetzung auf Seite 50

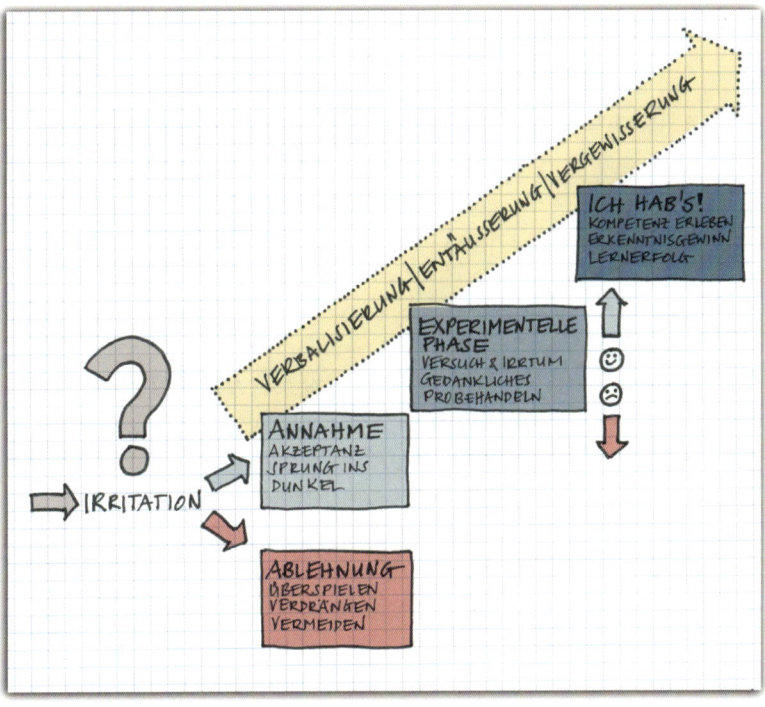

ERINNERUNGEN FÜR DIE ZUKUNFT

Menschen sind das Ergebnis ihrer Herkunft. Sie machen Erfahrungen – und die Erfahrungen machen sie. Dabei geht es nicht etwa um objektive Fakten. Der Stoff, aus dem die Vergangenheit gewoben wird, besteht aus Erinnerungen. Und vor allem: Er besteht aus der individuellen Stellungnahme dazu, der subjektiven Bewertung der Erinnerungen.
Hinzu kommt: Es gibt Erinnerungen, die verblassen im Verlaufe der Zeit. Und es gibt Erinnerungen, die aus einer gewissen Distanz oder im Kontext neuer Erfahrungen einen anderen Stellenwert erhalten. Erinnerungen, gute wie schlechte, bleiben keine isolierten Anekdoten. Sie fließen zusammen, bilden einen Erzählstrom und liefern das Wasser für die „eigene Mühle", die Mühle der eigenen Identität.

Wenn Menschen etwas in Angriff nehmen sollen, blättern sie permanent im Album ihrer Erinnerungen. Und das, was ihnen dabei gewahr wird, ist das, was sie als Person ausmacht. Es ist gleichsam der Ort, von dem aus ihre weitere Entwicklung diesen oder jenen Verlauf nimmt. Immer wieder neu. Jede Zukunft hat deshalb eine Herkunft. Wer im Album der Erinnerungen blättert, schreibt immer gleichzeitig auch am Drehbuch fürs eigene Leben.
Alle sind bestrebt, eine Geschichte zu haben, mit der sich einigermaßen leben lässt. Deshalb wird vieles geglättet, redigiert, erhält einen erzählerischen Dreh, bis hin zur Lebenslüge. „Erinnerungen können uns Ballast oder Anker, Rechtfertigung oder Selbsttherapie, Trost oder Ermunterung sein – und zuweilen alles zugleich. (Ernst 2012)

Die Schule ist ein Teil des Lebens. Für viele Kinder und Jugendliche sogar ein wichtiger – zumindest quantitativ. Das heißt: Auch die Gestaltung der schulischen Zukunft startet immer dort, wo die Lernenden sich hin erinnert haben.
Klingt nicht einfach. Und wird noch komplizierter. Denn vieles davon läuft unbewusst ab. Bei ihren Entscheidungen lassen sich die Menschen – ohne es zu wissen – von unbewussten Erfahrungen, Gefühlen und der damit verbundenen selektiven Wahrnehmung der Umwelt manipulieren. In die Entscheidungen (und damit ins Verhalten) „geht die gesamte bewusste und unbewusste kognitive und emotionale Vorerfahrung eines Menschen ein, die sich mit fortschreitendem Alter immer weiter kondensiert

und deshalb immer schwerer zu entpacken ist, aber umso effektiver unser Denken und Handeln bestimmt" (Roth 2001).

Wenn vor diesem Hintergrund von der Schule Diagnosekompetenz verlangt wird, mutet das etwas unbeholfen an. Unüberlegt dahergeredet einfach? Oder gut gemeint im Kontext eines defizitorientierten Systems? „Diagnose" ist stark konnotiert mit „Abhängigkeit" (jemand diagnostiziert, weiß also, …) und mit „Krankheit" (… was falsch gelaufen ist, was dem anderen fehlt). Das ist aber nicht Aufgabe der Schule.

Denn man kann ohnehin keine Sekunde der Vergangenheit verändern. Aber man kann die Erinnerungen daran beeinflussen. Und man kann die Schritte in die Zukunft so gestalten, dass sie Auswirkungen haben auf die Art und Weise, wie wir uns an die Dinge erinnern, auf die Erfahrungen, Emotionen und Beziehungen, die unbewusst die tagtäglichen Entscheidungen unterfüttern und lenken.

Aufgabe der Schule ist es also nicht, zu diagnostizieren und zu therapieren. Aufgabe der Schule ist es vielmehr, mit den Lernenden Wege zu finden und zu gehen, die zum Erfolg führen. Das liefert ihnen Stoff für gute Geschichten über ihr Lernen, für Geschichten, die man gerne erfindet und erzählt. Es ist der Stoff, aus dem die guten Erinnerungen sind. Die Erinnerungen für die Zukunft.

Ernst, H. (2012): Memories to go: Du bist, was du erinnerst. Psychologie heute. Juli 2012

Roth, G. (2001): Fühlen, Denken, Handeln. Die neurobiologischen Grundlagen des menschlichen Verhaltens. Suhrkamp. Frankfurt.

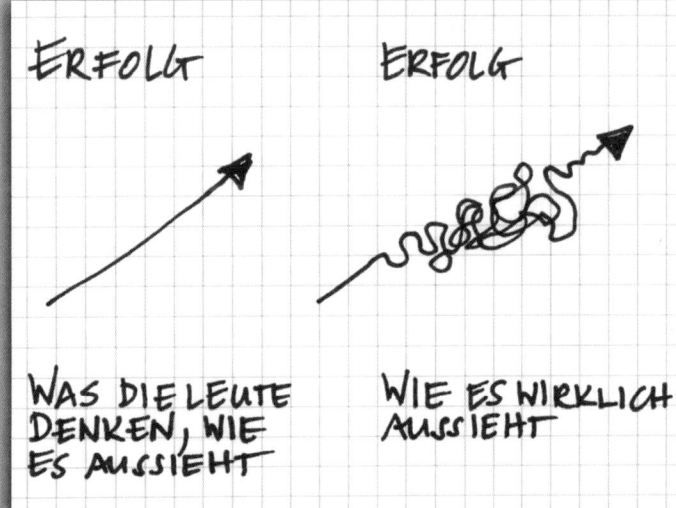

2.4 Bock auf Leistung

Der Mensch lernt, was er tut. Das hat Konsequenzen: Denn Tätigkeiten wie vergleichen, erklären, reduzieren, bewerten, beweisen, strukturieren sind gebunden an Leistungen – an eigene. Lernende müssen Energie aufbringen, um aktiv zu sein. Denn Aktivitäten sind immer auch begleitet von inneren oder äußeren Hindernissen. Damit gilt es konstruktiv umzugehen, Energien freizusetzen, Freude zu entwickeln am Umgang mit Widerständen und Schwierigkeiten.

Nun ist aber der Begriff „Leistung" nicht gerade sehr positiv besetzt – auch außerhalb der Schule. Vom Freitagmorgen an kriegt man im Radio regelmäßig zu hören, dass man – arme Socke, die man ist – noch soundsoviele Stunden zu arbeiten hätte, bis endlich das süße Nichtstun den Leistungsstress der Arbeit ersetze. Mit dem Slogan „Job out, fun in" macht die Reisewerbung deutlich, worauf es im Leben offensichtlich ankommt. Wer bei Google „meine Arbeit" eingibt, stößt gleich mal auf „kotzt mich an" und „macht mich krank". Und auf „Schule ist ..." folgt sogleich „doof".

Doch: All die Abwehrmechanismen – so plakativ oder subtil sie auch sein mögen – ändern nichts daran. Erfolg ist letztlich das Ergebnis vieler kleiner Siege über sich selbst. Das ist auch bei vielen Formen des Lernens so. Nicht nur etymologisch, sondern auch ganz praktisch ist Lernen untrennbar mit Leistung verbunden. Allerdings: Die Bereitschaft, aktiv zu werden, sich mit Dingen auseinanderzusetzen, eine Leistung zu erbringen, sich zu überwinden, ist gekoppelt an die Wahrscheinlichkeit, damit erfolgreich zu sein. Wer eine Situation als nicht beeinflussbar erlebt, meidet sie oder reagiert mit Angst oder Aggression. Wer aber glaubt, über die nötigen Kompetenzen zu verfügen, ist bereit, Herausforderungen anzunehmen und mit verstärktem Engagement sowie mit mehr Beharrlichkeit und Kreativität an die Dinge heranzugehen.

Das bedeutet: Lernen muss subjektiv als erfolgreich gewertet werden, sowohl in der Erfahrung als auch in der Perspektive. Zum Erfolg gibt es keine Alternative. Zur Leistung damit auch nicht.

Für Heiko Ernst ist denn auch klar: „Erfolg ist fast immer eine Frage der Ausdauer, und mit der Ausdauer kommt das Können, und mit dem Können entsteht die Lust, die wiederum die Ausdauer beflügelt. Diese positive Spirale in Gang zu setzen ist der Kern pädagogischer Kunst." (Ernst 2006)

Ergo: Die Schule muss ein Ort sein, wo Lernende lernen, Spaß an der Auseinandersetzung zu entwickeln. Dabei geht es allerdings gerade nicht um ein verkrampftes Auf-die-Zähne-Beißen. „Vielmehr ist Hartnäckigkeit als eine besondere Form der Selbstmotivation gefragt, als eine Kraft, die sich im Tun immer wieder selbst erneuert. Das ist eine wichtige

>> **Die Bereitschaft, eine Leistung zu erbringen, ist gekoppelt an die Wahrscheinlichkeit, damit erfolgreich zu sein.** <<

Erkenntnis gerade heute, wo sofortige Bedürfnisbefriedigung, Zerstreuung und die Sucht nach schnellen Erfolgen zu dominieren scheinen." (Doskoch 2006)

Vor diesem Hintergrund ist auch die Forderung zu relativieren, dass Schule Spaß machen soll. Nicht die Schule muss Spaß machen. Vielmehr sollen die Lernenden Spaß und Freude entwickeln an ihren Leistungen (in der Schule). Das heißt: Die Quelle der Freude sind nicht die anderen, sondern sie selber und ihre Leistungen. Damit wird „Leistung" positiv besetzt.

Das verbindet sich mit einer Art „Anstrengungskultur", mit der Lust, mehr zu tun als den Dienst nach Vorschrift, mit dem Bedürfnis, nicht mit der erstbesten Lösung zufrieden zu sein. Die Lernenden müssen „Arbeit" und „Leistung" als Quellen der Zufriedenheit und des Stolzes auf sich selber erleben. Bock auf Leistung ist gefragt.

2.5 Ameisenhaufen

Kein Tag geht vorbei, ohne dass jemand irgendwo einen verrückten Rekord aufstellt. Claudio Paulo Pinto aus Belo Horizonte beispielsweise kann seine Augäpfel sieben Millimeter aus den Höhlen herausdrücken. Die Bestmarke im Strohhalme-in-den-Mund-stecken steht bei 264 Stück – aufs Mal natürlich. Der stärkste Mann der Welt stemmte einen 600 Kilogramm schweren Helikopter 30 Sekunden lang auf seinen Schultern in die Höhe. Und ein Neuseeländer hält mit 114 782 Stück den Rekord im Büstenhalter-über-einen-Farmzaun-hängen.

Oder ein anderes Beispiel: Der Rekord im Dauervorlesen liegt bei 212 Stunden. Das ist viel Zeit. Etwa vier Mal so viel Zeit braucht man, um 40 000 Buchseiten zu lesen. Das sind etwa 100 Megabyte. Und das wiederum entspricht der Menge an Informationen, die das Gehirn pro Sekunde erreichen.

Hundert Megabyte pro Sekunde – das ist sauviel, eine rekordverdächtige Menge an Informationen, mit denen das menschliche Gehirn irgendwie umzugehen hat. Und was tut es damit? Es winkt die allermeisten einfach vorbei. Wir werden ihrer gar nicht gewahr.

Um Bestmarken zu finden, muss man also nicht nach Belo Horizonte oder nach Neuseeland fliegen. Es reicht, sich an die Stirn zu greifen. Das, was da dahinter liegt, stellt fast alles in den Schatten, wenn es um Rekorde geht.

Denn eben: Es ist eine gewaltige Datenmenge, die pausenlos um die Gunst der Aufmerksamkeit ringt. Und: 99 Prozent davon finden aus der individuellen Wahrnehmungsperspektive gar nicht statt. Weil das Gehirn aussiebt, was in diesem Moment nicht von Bedeutung ist.

Wenn wir sitzen, liefert der Hintern Dauersignale ans Gehirn. Aber die werden erst dann wahrgenommen, wenn etwas anders ist als vorher, wenn sich durch eine kleine Bewegung auf einmal die Hose zu eng anfühlt oder ein Pickel am Hintern zwickt.

Wenn wir unsere Wohnung betreten, erreichen uns Tausende von Impulsen. Ins Bewusstsein dringt jedoch nur das, was uns auffällt – das Bild, das schief hängt, beispielsweise. Und es fällt uns deshalb auf, weil es nicht der Erwartung entspricht, weil im Vergleich zu den gespeicherten Mustern Unstimmigkeiten auftreten. Das heißt: Die Wahrnehmung ist abhängig von unseren Vorerfahrungen und „Vorausberechnungen".

Noch einmal: 100 Megabytes pro Sekunde. Aber eigentlich ist dieses Datenschnellfeuer aus allen Rohren noch gar nichts. Denn hinzu kommt: Den allergrößten Teil der Zeit beschäftigt sich das Gehirn mit sich selber. Von außen betrachtet ist das Gehirn zwar nicht sonderlich spektakulär: Es wiegt knapp drei Pfund, hat die Form einer aufgeblasenen Walnuss und die Konsistenz eines Puddings. Aber drin verbirgt sich der wohl komplizierteste Mechanismus im ganzen Universum. 100 000 000 000 (hundert Milliarden) Nervenzellen beschäftigen sich gegenseitig. Un-

PAUKEN & BÜFFELN

vorstellbar, was da los ist. Da ist jeder Ameisenhaufen ein Friedhof dagegen.
Wie soll jemand in diesem gigantischen Durcheinander von Milliarden miteinander kommunizierender Gehirnzellen einen klaren Gedanken fassen können? Indem man ihn eben fasst. In Sprache zum Beispiel. Indem man die neuronale Kommunikation decodiert und sie übersetzt in einen eigenen Code.

>> **Wie kann ich wissen, was ich denke, bevor ich höre, was ich sage.** <<

In die eigene Form. Quasi nach dem Motto „Wie soll ich wissen, was ich denke, bevor ich höre, was ich sage?". Oder wie ein Aufsatz des Schriftstellers Heinrich von Kleist, um 1805 herum entstanden, es in seinem Titel verheißt: „Über die allmähliche Verfertigung der Gedanken beim Reden".
Oder auf den Punkt gebracht: „Denken ist reden mit sich selbst." Der dies sagt ist immerhin kein Geringerer als Immanuel Kant. Natürlich: Gedanken sind ja nicht einfach fertige Produkte des Gehirns. Zack – da sind sie. Nein, Gedanken werden gefasst. Und dazu müssen sie fassbar gemacht werden, entwickelt, konstruiert, formuliert.

> JEDE RATIONALE ZAHL $\frac{a}{b}$ LÄSST SICH IN EINE REIN- ODER GEMISCHTPERIODISCHE DEZIMALZAHL UMSCHREIBEN. UMGEKEHRT STELLT JEDER PERIODISCHE DEZIMALBRUCH EINE RATIONALE ZAHL DAR.*

*ORIGINALZITAT AUS EINEM SCHULBUCH

2.6 Neurowissenschaftliche Binsenweisheiten

Gesucht sind also handfeste Antworten auf die Frage, was das Lernen ausmacht und wie es sich modellieren lässt. Katrin Hille nennt solche Faktoren gelingenden Lernens „neurowissenschaftliche Binsenweisheiten" (Hille 2008).

Ausgangspunkt ist ein Phänomen, das die Wissenschaft „Neuroplastizität" nennt. Dahinter steckt die Erkenntnis, dass sich das menschliche Gehirn permanent an die jeweiligen Lebensumstände anpasst. Das heißt: Es ist plastisch, es verändert sich in Abhängigkeit von dem, was der entsprechende Mensch tut oder unterlässt.

Menschen unterscheiden sich also nicht nur bezüglich ihres Bauchumfanges, ihrer Augenfarbe, ihrer Kragenweite oder anderer körperlicher Merkmale. Menschen unterscheiden sich mindestens genauso sehr hinsichtlich ihrer Gehirne. Oder genauer: hinsichtlich ihrer im Gehirn gespeicherten Wirkweltoptionen und deren Verknüpfungen zur Merkwelt. Und: Die Unterschiede werden mit zunehmender Lebensdauer immer größer. Aber: Da man nicht ohne Weiteres ins Gehirn schauen kann, treten diese Unterschiede halt nicht so offensichtlich zutage wie die körperlichen. Doch sie sind da und sie sind, wenn es ums Lernen geht, quasi matchentscheidend. Denn es heißt im Klartext: Jeder Mensch ist anders, jeder Mensch hat andere Erfahrungen gemacht, jeder Mensch nimmt anders (und anderes) wahr. Lernen ist damit eine zutiefst individuelle Angelegenheit, die immer in Bezug steht zum biografischen Hintergrund des Lernenden.

Das heißt – so eine der neurowissenschaftlichen Binsenweisheiten – Lernen braucht Sinn und Bedeutung, Reizdarbietung allein reicht nicht. Lernen ist damit nicht einfach die Reaktion auf Lehren. Denn gesagt ist nicht gehört, gehört ist nicht verstanden, verstanden ist nicht getan, getan ist nicht wiederholt getan. Sich Dinge zu eigen machen heißt, sie zu einem Teil von sich selbst machen. Das entsprechende Stichwort heißt: Relevanz. Oder eben: Sinn.

Eine zentrale Rolle spielt die emotionale Aktivierung. Katrin Hille: „Man kann natürlich durch verschiedene Emotionen aktiviert sein: durch negative oder positive. Dabei stellt sich die Frage: Ist es egal durch welche? Um eine Antwort zu finden haben Neurowissenschaftler Menschen mit bildgebenden Verfahren untersucht. Es wurden jeweils positive und negative Bilder gezeigt. Nach jedem Bild wurde ein neutrales Wort eingeblendet. Hatten die Versuchspersonen viele Bilder und Wörter gesehen, kamen sie aus dem Scanner heraus und wurden gebeten, alle Wörter aufzuschreiben, an die sie sich noch erinnerten. Dabei zeigte sich: Die Einspeicherung der Wörter, die nach negativen Bildern präsentiert wurden, gingen mit einer Aktivierung der

Amygdala, dem Mandelkern, einher – dem Zentrum des Gehirns, das z.B. für Furcht und Flucht verantwortlich ist. Die Aktivierung bei Wörtern, die nach positiven Bildern behalten worden sind, sah anders aus. Hier waren Strukturen um den Hippocampus aktiviert. Der Hippocampus gilt, plakativ gesagt, als Eingangspforte ins Gedächtnis.

Also vereinfacht: Lernen wir neutrale Inhalte in negativen Situationen, ist das Furcht- und Fluchtzentrum aktiviert. Was mit Angst und Furcht gelernt wird, speichert sich gemeinsam mit dem Gefühl von Angst und Furcht. Lernen wir in positiven Situationen, ist die Eingangspforte ins Gedächtnis offen. Auch wenn man betrachtet, wie viele Wörter jeweils behalten wurden, zeigt sich ein Vorteil bei den positiven Bildern. Daraus folgt: Lernen braucht ‚Aktivierung', z.B. emotionale Beteiligung durch positive Emotionen" (Hille 2008).

Das Gehirn verändert sich (das heißt: es lernt) durch den Gebrauch. Was man tut, hinterlässt sozusagen neuronale Gebrauchsspuren. Und je mehr man sich damit beschäftigt, desto ausgeprägter werden diese Spuren. Und je intensiver man sich damit beschäftigt, desto tiefer werden diese Spuren.

Dahinter steckt das Prinzip der Verarbeitungstiefe. Sie wirkt sich entsprechend positiv auf die Nachhaltigkeit aus. Besser gesagt: Sie würde sich positiv auf die Nachhaltigkeit auswirken. Denn: „Eine Form des Lernens, die wir ‚Kulissenlernen' nennen, scheint für die Schulsituation typisch zu sein. Schüler und Studenten haben effektive Strategien erworben, die es ihnen ermöglichen, die äußeren Anforderungssituationen der Schule zu bewältigen, ohne ein gründliches Verständnis der zu lernenden Inhalte erreicht zu haben" (Reusser 1997). Anders gesagt: Die Schule schwänzt das Lernen.

2.7 Lernen braucht einen Eigenwert

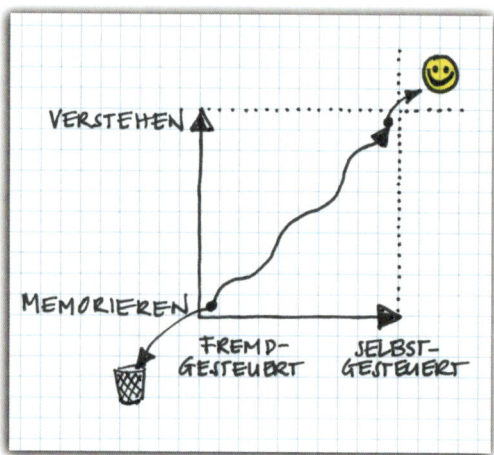

Er sei sich bewusst geworden, hat Peter Bichsel einmal selbstkritisch festgestellt, dass seine Rolle als Lehrer darin bestanden habe, Kinder mit Prüfungen auf Prüfungen vorzubereiten. Und so nehmen es viele Schüler auch heute noch wahr. Sie lernen irgendwelche Wissensfragmente auswendig, so dass sie sie an der nächsten Prüfung „kotzen" können. Bulimie-Lernen wird das auch genannt. Bulimie – rein mit dem Essen und wieder raus damit. Das, was gegessen wird, hat keinen Wert. Und die Tätigkeit – das Essen selber – natürlich auch nicht. Und so verhält es sich eben häufig auch mit schulischem Lernen. Die einzige Beziehung zum Inhalt ergibt sich aus der Frage, ob es relevant ist für die Prüfung, ob es Noten gibt. Und das Lernen selber als Tätigkeit hat logischerweise auch keinen Eigenwert. Lernen versteht sich zumeist als etwas, das man tut „um zu", also um irgendetwas zu erreichen – eben zum Beispiel gute Noten. Es ist eine Tätigkeit, die man überspringen würde, könnte man das Ergebnis (zum Beispiel eben gute Noten) auch ohne sie erhalten. Wenn man sich aber die vielen tausend Stunden vor Augen führt, die Kinder und Jugendliche zur Schule gehen, kommt man nicht um die Feststellung herum: Das ist viel Lernzeit – und viel Lebenszeit. Und man kommt eigentlich auch nicht um die Frage herum: Müsste diese Zeit nicht auch einen hohen Eigenwert haben? Müsste sich diese lange Zeit nicht mit Aktivitäten verbinden, die Freude machen. Und ob! Gesellschaft und Arbeitswelt verändern sich radikal und rasant. Das verlangt von den Menschen, sich darauf einzustellen, sich damit auseinanderzusetzen und auch, sich anzupassen und den Wandel mitzugestalten. Oder einfacher: Das verlangt, dass sie lernen – ihr Leben lang. Und es hat sich gezeigt: Der lernende Umgang mit Veränderungen im (späteren) Erwachsenenalter wird in hohem Maße geprägt von der Einstellung, die man als Jugendlicher zum (schulischen) Lernen gewonnen hat.

Eine zentrale Frage lautet demzufolge: Ist Lernen eine Aktivität, in der man sich selber positiv erleben kann? Damit ein solches positives Gefühl entstehen kann, muss Lernen per se auch (und vielleicht sogar vor allem) als lustvolles Handeln gestaltet sein: den Dingen auf die Spur kommen, sich einen Teil der Welt erschließen, Zusammenhänge verstehen, sich darüber austauschen, sich kompetent fühlen. Oder anders gesagt: Lernen muss eine Eigenwert bildende Aktivität sein.

Das verhält sich ähnlich wie mit dem Joggen. Wer laufen geht, „um zu", also beispielsweise um abzunehmen, wird das nicht lange tun. Das zeigt sich ja auch in der mickrigen Erfolgswahrscheinlichkeit von Neujahrsvorsätzen. Laufen gehen ist eben mehr als sich das entsprechende Outfit in den aktuellen Modefarben kaufen und ein bisschen Gel ins Haar schmieren. Wer dauerhaft läuft, tut es des Laufens wegen. Sonst wird dem Unterfangen über die Zeit wenig Erfolg beschieden sein. Auch Lernen ist eine Tätigkeit, die auf holprigen Pfaden in unwegsames Gelände führt. Auch Lernen ist häufig mit Schwierigkeiten und Hindernissen verbunden. Manchmal regnet es halt, wenn man laufen gehen will. Und manchmal führt halt beim Lernen nicht der erstbeste Weg zu einem Ergebnis. Das heißt: Wer keine Freude hat an der Tätigkeit und am unausweichlichen Umgang mit Hindernissen und Widerständen, wird diese Tätigkeit nicht lange und nicht erfolgreich ausführen – ob sie nun lernen oder laufen heißt.

Wenn es keinen guten Grund gibt, etwas zu tun, dann ist das einer, es nicht zu tun. Wenn also sowohl Prozess- wie Ergebniswert nicht lohnend erscheinen, führt das zum „Aus-dem-Feld-Effekt": nichts wie weg – und wenn es nur um eine innerliche Verabschiedung geht. Der „Messer-am-Hals-Effekt" stellt sich dann ein, wenn es ergebnismäßig um etwas geht – zum Beispiel um eine Prüfung. Dann werden zwar Aktivitäten unternommen – aber nur so lange, bis das Messer (beziehungsweise eben die Prüfung) nicht mehr drückt. Ein hoher Prozesswert mit bescheidenem Ertrag kann zwar als Spaßfaktor kurzfristig eine gewisse Wirkung haben, aber längerfristig bringt das auch keinen echten Wert. Deshalb: Soll Lernen als Tätigkeit – subjektiv – einen Wert haben, der über das übliche Notendenken hinausgeht, dann braucht es ein Wechselspiel von Ergebnis und Prozess, von Nutzen und Genuss. Anhaltspunkte dazu liefert auch das Erwartung-mal-Wert-Modell (Atkinson 1975), das Allan Wigfield und Jacquelynne Eccles in den achtziger Jahren in den pädagogischen Bereich übertragen und modifiziert haben. Demnach sind die Leistungsmotivation von Schülern, ihr Durchhaltevermögen und die Wahl, welche Aufgaben sie angehen, direkt mit ihren Erfolgserwartungen und dem subjektiven Wert verbunden, den sie den Aufgaben und Aktivitäten zumessen.

Es gibt Werte, die entstehen als eine Art Endprodukt einer Tätigkeit, als Ergebnis, als Resultat. Und in der Tat: Es ist ein saugutes Gefühl, sich nach dem Laufen in Kälte und Regen unter die warme Dusche stellen zu können. Und es ist ein ähnlich saugutes Gefühl, nach sieben Anläufen doch noch zu einer Lösung gekommen zu sein. Aber das saugute Gefühl entsteht in solchen Situationen nicht erst am Schluss. Bereits beim Laufen in Kälte und Regen klopft man sich gedanklich ein paar Mal auf die eigene Schulter. Und bei jedem neuen Anlauf, doch noch eine Lösung zu finden, ist man ein bisschen stolz darauf, den Bettel nicht hingeschmissen zu haben. Das Glück findet man eben nicht einfach am Ende des Weges, sondern bereits entlang der Strecke. Und das prägt. Menschen werden, was sie tun – und wie sie es tun. Oder anders formuliert. Wir machen keine Erfahrungen, die Erfahrungen machen uns. Es ist eben nicht einfach das nackte Ergebnis, das einen Wert erhält, es sind vor allem auch die Gefühle, die damit einhergehen. Und es ist das Tun an sich, das Sinn und Identität stiftet. Das gilt auch und ohne Abstriche für schulisches Lernen.

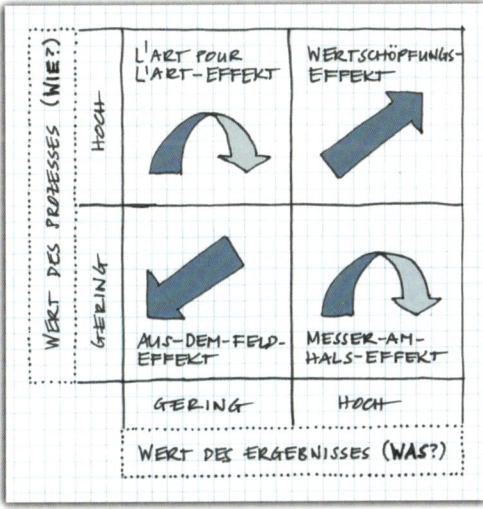

2.8 Autagogik – die Wissenschaft vom selbstkompetenten Lernen

Kinder, die 2012 eingeschult werden, können irgendeinmal kurz vor oder nach 2030 ihre Matura oder ihren Berufsabschluss schaffen. Die meisten von ihnen werden in Berufen tätig sein, von denen man heute noch nicht einmal die Namen kennt. Was braucht ein solches Kind von seiner Schule? Die Schule soll ihm helfen, sein Leben bis etwa 2090 erfolgreich zu meistern. Und was braucht es dazu? Wer kreativ und konstruktiv sein Leben gestalten will, braucht Kompetenzen. Kompetenzen sind Fähigkeiten und Fertigkeiten, die von Lernenden entwickelt werden und sie befähigen, bestimmte Tätigkeiten in variablen Situationen auszuüben. Oder ein bisschen genauer: Kompetenzen sind die bei Individuen verfügbaren oder durch sie erlernbaren kognitiven Fähigkeiten und Fertigkeiten, um bestimmte Probleme zu lösen, sowie die damit verbundenen motivationalen, volitionalen und sozialen Bereitschaften und Fähigkeiten, um die Problemlösung in variablen Situationen erfolgreich und verantwortungsvoll nutzen zu können.

Ein bisschen weniger kompliziert: Lebenstüchtigkeit heißt das Stichwort. Oder neudeutsch: fit for life. Soll die Schule das leisten? Kann sie es? Und tut sie es? „In neun von zehn Schulen, an neun von zehn Tagen, in neun von zehn Stunden sind Lehrende damit beschäftigt, eine dünne Informationsschicht über den kindlichen Verstand zu legen und sie nach kurzer Verweildauer wieder abzusahnen, um selbstzufrieden feststellen zu können, dass die Informationsschicht vorschriftsgemäß aufgelegt wurde." (Shute 1998)

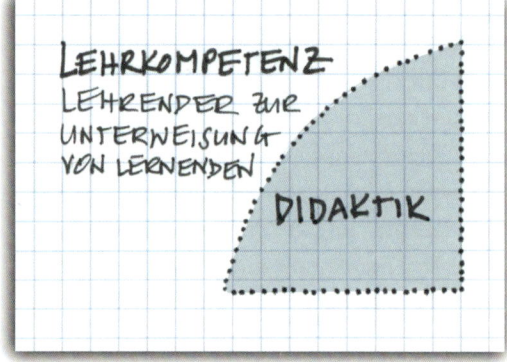

Dabei weiß man, dass es nicht so sehr darauf ankommt, was ein Lehrer im Unterricht tut, sondern vielmehr, was er seine Schüler tun lässt (Hattie 2009). Dieser Befund kann nicht überraschen. Deshalb, damit der Lehrer die Schüler etwas tun lässt, gibt es ja die Didaktik. Ihre Aufgabe ist es, die Grundlagen zu liefern für eine wirkungsvolle Unterrichtsgestaltung. Sie beschäftigt sich mit der Theorie und der Praxis des Lehrens und Lernens. Sagt man. Das stimmt aber bei Lichte besehen nicht so ganz. Die Reihenfolge ist denn auch nicht ganz zufällig. Nicht „und" sondern „damit" – Lehren damit Lernen passiert, das ist das Denken, das das Handeln steuert. Der Verantwortungs- und Aktivitätsschwerpunkt liegt beim Lehrer. Er macht sich im Voraus Gedanken, stellt Materialien zusammen, unterrichtet, erteilt Aufgaben, korrigiert und

gibt Rückmeldungen. Er lehrt, damit die Schüler etwas lernen. Und um die Lehrprozesse zu professionalisieren, dafür gibt es die Didaktik.

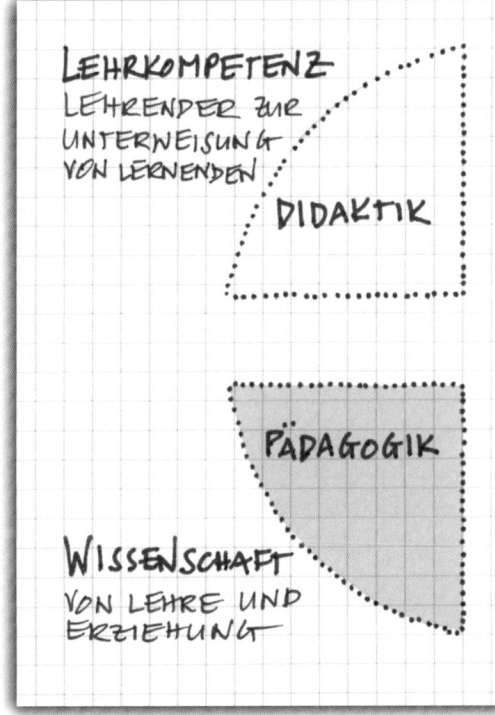

Zwar weiß man: Lernen ist ein individueller Konstruktionsprozess. Lernen, das können Menschen nur selber tun. Aber es lässt sich gestalten, ermöglichen und behindern.
Die Schule bedient sich dafür des Begriffs „Pädagogik". Der Begriff stammt aus dem Altgriechischen: pais (-idos) = Kind, Knabe und agein = führen. Der Paidagogos war der Kinderführer, ein Sklave, der die Kinder außer Haus begleitete. Diese bedeutungsmäßige Herkunft hat sich erfolgreich in die heutige Bildungslandschaft hinüber gerettet. Zwar führt der Lehrer (der mehrheitlich durch die Lehrerin abgelöst worden ist) die Kinder kaum mehr außer Haus. Sie kommen zu ihm. Und er führt sie auf verschlungenen Wegen entlang von Prüfungen und Tests. Der Lehrer weiß, wie weiland der „Knabenführer", wo es lang geht. Er kennt den Weg, er weiß, welches der richtige ist und welches der falsche.
Nach heutigem Verständnis kommt der Pädagogik die Doppelrolle zu, als Reflexionswissenschaft Bildungs- und Erziehungszusammenhänge zu erforschen, aber auch als Handlungswissenschaft Vorschläge zu machen, wie Bildungs- und Erziehungspraxis gestaltet und verbessert werden kann. Und eine Art Herzstück der Pädagogik (oder zumindest eine praxisrelevante Disziplin) ist eben die Didaktik.

Auf einem Auge blind

Wer eine Hand auf eines seiner Augen legt, merkt: Man sieht zwar durchaus noch gut, aber das Sichtfeld ist wesentlich eingeschränkt. Die menschliche Wahrnehmung hat ja ohnehin mit „wahr" nichts zu tun. Auch in der Schule. Und wer sich dann noch ein Auge abdeckt, der macht sich das Leben zusätzlich schwer. Denn viele Dinge haben schon gar nicht mehr die Chance, in den Aufmerksamkeitsbereich zu fallen. Und so ähnlich verhält es sich mit schulischem Lernen. Die Schule ist auf einem Auge blind. Zwar wird keine Gelegenheit ausgelassen, mit Vehemenz darauf hinzuweisen, dass man in Pädagogik und Didaktik kein Auge vor dem Lernen verschließe. Im Gegenteil: Es gehe immer um Lehren *und Lernen*. Doch auch hier ist der Unterschied zwischen Theorie und Praxis in der Praxis größer als in der Theorie. Denn: Die Blickrichtung der Schule und der dahinter oder darunter oder wo auch immer liegenden Wissenschaften hat einen Ausgangspunkt: die Lehrperson. Von dort aus wird gedacht und gehandelt. In diesem eingeschränkten Sichtfeld taucht vorwiegend das Lehren und

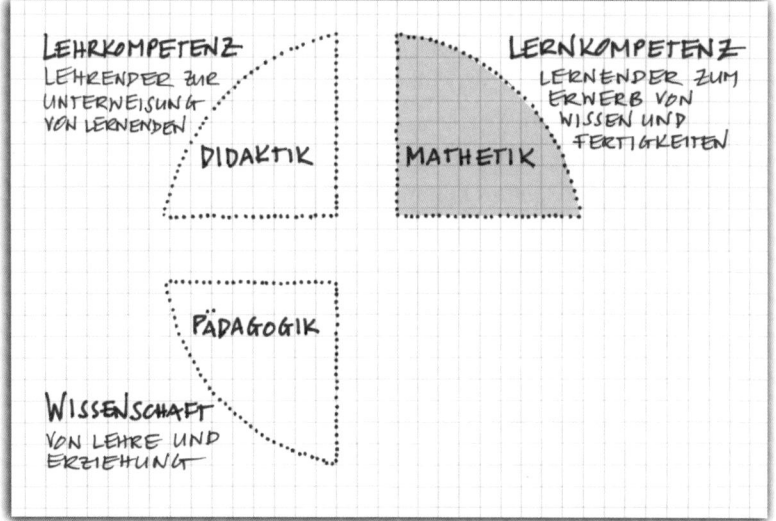

ihrer Konzeption geht die Mathetik auf den aus dem östlichen Mähren stammenden Jan Amos Komensky (= Johann Amos Comenius, 1592–1670) zurück, der in seiner ‚Großen Didaktik' die Didaktik als ‚Lehrkunst' und die Mathetik als ‚Lernkunst' bezeichnete. Damit befasst sich die Mathetik empfängerbezogen mit dem Lernenden, während sich die Didaktik senderbezogen am Lehrenden orientiert." Voilà! Bereits Comenius hat vor einigen hundert Jahren die Hand vom Auge genommen. (Hille 2011)

Belehren auf. Also: Weg mit der Hand, damit die Sicht frei wird auf die Mathetik.

Zwar will die Suchmaschine partout nur Ergebnisse zu „Mathematik" liefern. Wenn man ihr aber nicht folgt, sondern seinen Willen durchsetzt, wird man doch fündig: „Die Mathetik ist die Wissenschaft vom Lernen", lässt Wikipedia wissen. „Das Wort „Mathetik" aus dem griechischen ‚manthanein' bedeutet ‚lernen' sowohl im Sinne eines Prozesses als auch eines plötzlichen Erkenntnisgewinnes und wurde erstmals von Platon gebraucht. In

Deshalb zurück in die Zukunft des Jahres 2050 oder 2060 oder 2070. Dann zumal müssen die heutigen Kinder fähig sein, ihren Weg selber zu gehen. Und die „Gebrauchsspuren" dafür müssen (auch) in der Schule gelegt werden. Das bedeutet: Die Lernenden und ihr aktives, selbstkompetentes Lernen sind Dreh- und Angelpunkt der schulischen Arbeit. Und dann passt der Begriff „Autagogik" wesentlich besser.

Autagogik?! Der Begriff setzt sich zusammen aus autos = selbst, aus eigener Kraft und agein = führen. Autagogik bezeichnet ein übergeordnetes Konzept für selbstkompetentes, selbstwirksames Lernen (Müller 2002 und 2004/Fuchs 2005). Autagogik geht von einem grundsätzlich anderen Verständnis aus. Im Zentrum steht, die Kompetenzen der Lernenden zu nutzen und zu erweitern, damit sie ihr Lernen eben entsprechend selbstkompetent und erfolgreich zu gestalten in der Lage sind.

In einem autagogischen Denken braucht es nicht mehr den „Knabenführer". Vielmehr braucht es Menschen, die Lernende dabei unterstützen, sich auf eigenen Wegen die Welt zu erschließen, sie fassbar und lesbar zu machen, sich in dieser Welt zu erfahren und zu erproben.

Auf einer solchen Reise, so Renate Girmes, „wird er oder sie Fremdes kennen lernen und sich zu eigen machen können, wird neue Freunde und interessante Gesprächspartner finden, mehr wissen, Verständnisse überdenken und revidieren und neue Einsichten gewinnen. […] In Wirklichkeit ist unterrichtliches Reisen selten so – weil Unterricht selten ‚gut' ist? Weil man sich als lernbegieriger Unterrichtsreisender nicht selten wie ein Pauschaltourist in einer Reisegruppe von Busgröße mit einem festen gemeinsamen Besichtigungsprogramm und den dazu passenden Standarderläuterungen wiederfindet, immer zusammen als Gruppe, orientiert am jeweiligen Busparkplatz und den Hauptsehenswürdigkeiten." (Girmes 2004) Kommt dazu: Reiseführer, die schon zum hundertsten Mal gelangweilten Gruppen von Pauschaltouristen die gleichen Geschichten und Jahrzahlen heruntergespult haben, laufen mit der Zeit Gefahr, die Inspiration zu verlieren. Davor sind auch schulische Reiseführer nicht gefeit.

Die Schule ist ein System. Es gestaltet sich durch die Anwesenheit und den Einfluss von Menschen. Diese Menschen tragen direkt oder indirekt ihre Erfahrungen, Erwartungen, Interessen und Bedürfnisse zu Markte.

Letztlich möchten sich wohl alle selbstwirksam und erfolgreich fühlen. Nur: Die Schule kann nicht allen widersprüchlichen Interessen gleichzeitig dienen. Sie ist zuerst und vor allem für die Schüler da. Um ihren Erfolg geht es.

3 Es geht um Menschen
und denen geht es nicht sonderlich gut

Dieser Erfolg ist gekoppelt an Leistungen. Leistungen werden vorzugsweise dann erbracht, wenn es sich lohnt, wenn es subjektiv gesehen Sinn macht. Personalisierung heißt das Stichwort. Aber das verlangt nach Lehrpersonen, die dazu in der Lage sind.

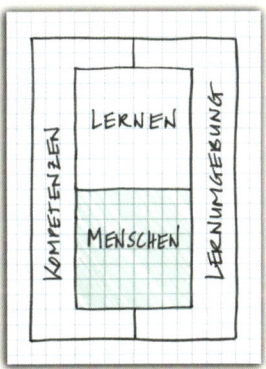

Susi ist schlecht drauf ...

Susi ist fünfzehn, und sie ist heute schlecht drauf. Richtig schlecht! Es ist sechs vor acht, Donnerstagmorgen, und sie hängt nicht wie geplant im Klassenzimmer rum, quatscht mit ihrer BF und wartet auf den Auftritt von Herrn Bommer, sondern sie sitzt auf einer Bank bei der Bushaltestelle, friert sich den Arsch ab und wartet auf den nächsten Bus. Das ist Scheiße, denn Susi wird zu spät kommen. Zu spät ... Susi zieht eine Packung Zigaretten aus ihrer Tasche. Ihre Mutter macht immer Riesenstress, wenn sie sie beim Rauchen erwischt. Susi dreht die Zigarette nachdenklich in den Fingern. Sie klaut die Teile von ihrer Mutter, aus dem Buffet in der Stube. Mutter kauft die Zigis stangenweise, so dass sie noch nie gemerkt hat, wenn Susi ihr ein Paket mopst.

Mensch, Herr Bommer, ihr Lehrer, wird sie killen! Sie hat sich in den letzten drei Wochen schon dreimal verspätet, und der Bommer hat sie verwarnt. Gerade eingetreten, und schon unzuverlässig, das gehe nicht... Dabei war's gar nicht ihr Fehler! Einmal hatte ihr Bruder sie nicht rechtzeitig geweckt, einmal wurde sie beim Schwarzfahren erwischt und musste auf die Station mit. Pennen kann sie sowieso momentan nicht, weil die in der oberen Wohnung seit ein paar Tagen bis spät am Morgen früh Party machen. Scheiß Plattenbauwohnung.

Und jetzt wird sie wieder, verschwitzt und mit hochrotem Kopf, in die Klasse hineinplatzen, wo alle doof grinsen, nur Bommer nicht. Der wird sie über seinen Brillenrand mustern, seine Augen zu schmalen Schlitzen zusammengezogen, und dann wird er ihr erklären, ob man bei ihm zu spät kommt oder nicht. Dabei lief's doch so gut, mit Noten und so. Susi hat voll gebüffelt. Sie will Friseuse werden, vielleicht fürs Theater oder so. Hoffentlich ruft Bommer nicht zu Hause an! Lieber ein Brief mit Unterschrift, und die macht Susi sowieso selbst. Mutter hat „keine Nerven für so'nen Scheiß!" Mutter arbeitet gerade wieder in einem Job, und zwar Schicht. Sie ist immer fix und fertig. Die dreht durch, wenn's Stress gibt in der neuen Schule, nach dem letzten Wochenende erst recht.

Das Wasser aus der Pfütze unter der Bank drückt durch die Sohlen von Susis „Allstars". Sie braucht neue Schuhe, jetzt im Winter, aber Kohle hat sie seit der Schwarzfahrerei keine mehr. Ihr Bruder hat sie auch schon wieder angepumpt. Der braucht abartig Geld, seit er mit seinen neuen Freunden abhängt. Susi glaubt, dass er durchkifft. Hat ja auch genug Zeit, ist in so 'nem Brückenjahr für eine Ausbildung, hat er gesagt. Schule sei easy, kein Mensch kontrolliere, wer da sei und wer nicht. Kein Wunder, verpennt der regelmäßig.

Es regnet. Aus ihrer Freitagtasche singt Beyoncé: „I'm in deep trouble ..." Der Rington passt voll zu einem Depromorgen! Susi kramt in ihrer Tasche, spürt ein Stechen in den Augen. Mensch, jetzt doch nicht weinen! Scheiße. Auf dem Display erscheint der Anrufer: „hey, warst voll crazy am Samstag, schreib, wenn du Bock hast, Dan." Wer zum Henker ist Dan? Der 12er fährt ein, Susi steigt in den Bus. Sie lehnt ihren Kopf an die beschlagene Scheibe. Letztes Wochenende ...

Ihre Mutter war ja Freitag auf Samstag arbeiten, und dann war sie bei ihrem neuen Freund. Susi mag den Typen nicht. Erstens ist er nicht ihr richtiger Vater, der zwar ein Arschloch, aber zum Glück weg ist. Zweitens versucht der andere immer, nett zu sein und so. Und wenn er da ist, dann spinnt Mutter. Sie putzt, versucht, witzig zu sein und schminkt sich sogar, wenn sie zu Hause ist. Total bescheuert.

Susi hat sich mit Mia getroffen, am Samstagabend. Mia war fürs WE voll am Start, mit sturmfreier Bude. Also kippten sie ein paar Bier, und dann ging's ab Richtung Bahnhof. Von dort zogen sie zum Stadtpark, wo ein Jugendkulturfest abging. Es hatte Massen Leute, Bands machten Musik. Susi und Mia hingen mit drei Jungs ab, die Mia schon seit letztem WE kannte. Die drei waren cool drauf, hatten auch richtig was zu trinken dabei, und Mia und Susi waren kurzum ganz schön dicht, schon nach einer Stunde. An den Rest des Abends kann Susi sich nicht mehr recht erinnern, nur ans Kotzen ... Sie ist am nächsten Morgen in einem der Samariterzelte aufgewacht, wo besoffene Jugendliche sich vom Fest erholen konnten. Die Sanis haben ihr gesagt, zwei Jungs hätten sie reingebracht. Mia kann sich nicht mehr erinnern, was genau abging. Ihre Mutter ist sie nicht holen gekommen. Sie hat sie zu Hause erwartet. Sie hat echt'n Problem mit Alkohol, wegen Susis Vater, sagt sie. Sie ist ausgetickt. Autsch.

Der Bus hält. Nix wie raus. Susi rennt hinten um den Bus rum, Bremsen quietschen, ein Auto hupt, Susi spürt einen Schlag. Sie stolpert, starrt durch eine Windschutzscheibe in das Gesicht einer älteren Frau. Die Frau starrt zurück. Sie beginnt zu sprechen, öffnet das Fenster, doch Susi rennt. Ihr Bein brennt. Egal, schnell ab in die Schule. Durch die Drehtür, die zwei Treppen hoch – Mensch, gerade wär ich beinahe überfahren worden – Jacke weg – krieg ich jetzt den nächsten Rausschmiss? – die nassen Haare mit den Fingern zurückkämmen – ich seh' scheiße aus, gleich lachen alle – die Tasche auspacken – Mutter hat gesagt, ich hab jetzt fünf Wochenenden Hausarrest – die Türklinke packen – die Frau vom Amt hat gesagt, die nächste Schule wär dann weit weg von Zuhause – nochmal Luft holen – cool bleiben, nicht weinen – und rein.

(Virgilio Crivelli)

3.1 Schule – ein Beziehungsgestrüpp

Gesellschaftliche Einflüsse

Sieben Megatrends, die das Verhalten der Menschen (im System) beeinflussen

„Experten"

Menschen und Gruppen, die direkt oder indirekt Einfluss nehmen (oder es zumindest versuchen)

› Eltern

› Politiker

› Journalisten

› Wissenschaftler

Akteure

Menschen im System, die durch ihr Handeln bestimmen, wie „Schule" funktioniert

› Schulleitung

› Lernende

› Lehrpersonen

Für wen ist die Schule? Dumme Frage, für die Schüler natürlich! Auch wenn man manchmal meinen könnte, Schulen seien dafür gebaut worden, dass Hausmeister und Reinigungsequipen etwas zu tun haben – so ist es nicht. Und auch wenn die Schulen den größeren Teil des Jahres leer stehen, das ist nicht eigentlich ihr Zweck. Die Schule als System entsteht durch die Anwesenheit und die Beteiligung von Menschen. Und dabei spielen die Lernenden die Hauptrolle. So ist es zumindest gedacht.

Ist das wirklich so? Ja! Zumindest, wenn es um den Einfluss auf den individuellen Lernerfolg geht. Dann kommt es zuerst und vor allem auf die Lernenden an. Jeder einzelne Lernende mit seinem Wissen, mit seinen Fähigkeiten und Fertigkeiten, mit seinen Haltungen und Einstellungen ist der eigentliche Dirigent seines Erfolgsorchesters. Und niemand kann ihm das abnehmen. Aber natürlich hat er noch ein paar Mitspieler. Die erste Geige spielen dabei die Lehrer (Hattie 2003). Nun sind diese beiden Hauptakteure ja nicht einfach so auf die Welt gekommen, wie sie jetzt sind und agieren – sie sind das Ergebnis ihrer Biografie. Und sie halten sich nicht auf einer einsamen Insel auf – sie sind eingebunden in ein undurchsichtiges Interessens- und Beziehungsgeflecht mit anderen Akteuren und ihren jeweiligen Systemen.

Das heißt: Was getan wird und was „hinten" raus kommt, wie Leistungen, Prozesse und Ergebnisse von wem und bei welcher Gelegenheit wahrgenommen und bewertet werden, wer mit wem wie umgeht, das ist die Folge eines wirren Zusammenspiels unterschiedlicher Einflussgrößen und Determinanten in einem sich dauernd verändernden Netzwerk von Wechselwirkungen.

Die direkt und indirekt beteiligten Menschen tragen dabei immer ihre ganze Biografie mit ins Spiel. Sie haben Erfahrungen gesammelt. Sie haben sich Meinungen gebildet. Sie haben Vorstellungen entwickelt, von sich, von anderen, von den Dingen. Sie stehen unter dem Eindruck von Ereignissen. Und sie stehen unter dem Einfluss von anderen Menschen. Sie haben mit körperlichen und emotionalen Befindlichkeiten umzugehen. Und im System „Schule" treffen all diese Faktoren und Phänomene in sich verändernden Konstellationen aufeinander und beeinflussen sich gegenseitig. Permanent. Nicht durchschaubar. Nur sehr beschränkt steuerbar.

Was eigentlich klar ist, wird damit noch klarer: Schulisches Lernen ist nicht einfach die Reaktion auf Lehren. Es ist die fortwährende Wechselbeziehung unterschiedlichster Handlungspartner. Und was sich dabei entwickelt ist abhängig davon, wer welche Absichten hat und mit welchen Mitteln diese Interessen verfolgt werden. Das gilt für alle Beteiligten – auch und vor allem für die Lernenden selbst.

3.1.1 Wer mischt mit? Und wie? Und weshalb so?

Wer in die Schule kommt, wer sich mit Schule beschäftigt, hängt seine Persönlichkeit ja nicht zu Hause in den Kleiderschrank. Er nimmt sich mit, mit allen seinen Eigenschaften und Eigenarten, mit seinen Erfahrungen, mit seinen Einstellungen zu sich, zu anderen Menschen und zu den Dingen. Er trägt aber auch das mit sich herum (und damit in die Schule), was ihn beschäftigt, freut, traurig macht, ärgert. Alle Beteiligten und Betroffenen wirken auf ihre je eigene Weise auf das ein, was rund um die Schule geschieht, wie das von den Protagonisten wahrgenommen

wird und was sie mit welchen Absichten damit anfangen. Wer da mit welcher Herkunft auf wen trifft, das beeinflusst die Zukunft. Es macht einen Unterschied, ob ein Kind von Therapeut zu Therapeut geschleift wird. Es macht einen Unterschied, ob ein Kind auf Bäume klettert oder ob es drinnen bei den Steckdosen spielt. Es macht einen Unterschied, ob ein Jugendlicher regelmäßig die Nacht mit Killerspielen vor dem Bildschirm verbringt oder ob er sich nach dem anstrengenden Sporttraining halb groggy schlafen legt. Es sind diese und ähnliche Unterschiede, die den Unterschied ausmachen. Oder wie Gregory Bateson es formuliert hat: „It is the difference that makes the difference."

■ Fortsetzung auf Seite 72

Lernende	
Intelligenz	Beschränkte Auffassungsgabe oder hohe gedankliche Beweglichkeit
Vorwissen/Vorerfahrungen	Wenig Vorwissen und negative Erfahrungen oder breites, elaboriertes Wissen und viele positive Erfahrungen
Selbstwirksamkeits-überzeugungen	Geringes Selbstvertrauen oder ausgeprägter Glaube an die eigenen Fähigkeiten
Exekutive Funktionen	Impulsiv und unstrukturiert oder zielorientiert und mit viel Selbstdisziplin ausgestattet
Bezogenheit	Ängstlich (z.B. Prüfungen) und scheu oder selbstbewusst und extravertiert
Aussehen und Auftreten	Unvorteilhaftes Äußeres und destruktive Art oder charmantes und gewinnendes Wesen
Gewissenhaftigkeit	Unorganisiert und unzuverlässig oder vertragsfähig und verlässlich
Lehrperson (als Individuum)	
Souveränität	Verkrampft und schnell überfordert oder locker und über der Sache stehend
Einstellung zur Berufsarbeit	Arbeit als Mittel zum Zweck oder hohe berufliche Motivation (etwas gestalten wollen)
Beziehungsgestaltung	Sich definierend über ein Fach oder Interesse am Einzelnen und an dessen Erfolg
Verantwortung	Die „Anderen" verantwortlich machend oder Bereitschaft, sich (auch mit Mut zur Unpopularität) hinzustellen
Dispositionen	Belastete familiäre Situation und zeitliche Blockierung oder familiär/persönlich unbelastet und zeitlich flexibel
Alter und Geschlecht	Unerfahren und direkt von der Uni kommend oder „gestanden" und lebenserfahren
Interaktionsgestaltung	Vergangenheits- und problemorientiertes oder lösungs- und entwicklungsorientiertes Feedback
Lehrpersonen (als Community)	
Grad und Art der Kooperation	Einzelkämpfer auf der einsamen Unterrichtsinsel oder synergetische Zusammenarbeit
Kommunikationskultur	Man spricht übereinander oder man spricht offen miteinander
Übereinstimmung der Ziele Transparenz	Ich und meine Klasse oder wir und unsere Schule Versteckspiel und so tun als ob oder Offenlegen von Erfolgen und Schwierigkeiten
Fehlerkultur	Fokus auf Defizite oder Ziel, die Lernenden beim Gutsein zu erwischen
Konnotation von Leistung	Sich unterstützen beim Jammern oder gesundes Leistungsklima
Arbeitszeitmodell	Lektionen geben und dann ab nach Hause oder Schule als Arbeitsort mit Präsenzzeit

Schulleitung	
Strategie	Reagieren auf Situationen oder längerfristiger und klarer Strategie folgend
Führungsverantwortung	Leben und leben lassen oder sich und die Mitarbeiter in die Pflicht nehmend
Pädagogisches Verständnis	Tradiertes Schul- und Lehrverständnis oder argumentative Sicherheit in neuer Lernkultur
Marketing	Rückzug hinter Verwaltungsaufgaben oder offensives und überzeugendes internes und externes Marketing
Systembezogenheit	Obrigkeitsgläubig verwaltend oder mutig und kreativ mit Rahmenbedingungen umgehend
Verbindlichkeit	Schule als Ort organisierter Unverantwortlichkeit oder klare Verbindlichkeiten in einer Einforderungskultur
Eltern/Erziehungssystem	
Kultureller Hintergrund	Im kulturellen Ghetto verharrend oder mit Sprache und Gebräuchen aktiv vertraut
Bildungsnähe	Lernen als Zeitverschwendung betrachtend oder aktives Engagement für Lernfreude und Lernerfolg
Verbindlichkeitskultur	Alles-was-du-machst-ist-gut-Erziehung oder verpflichtende Einbindung in familiäre Aufgaben
Zeitgestaltung	Zeitliche Offenheit auch morgens und nachts oder geregelte Tagesstruktur .
Wohnsituation	Beengte Wohnsituation im Grauen oder großzügige und freundliche Wohnsituation im Grünen
Soziale Situation	Belastende familiäre und soziale Situation oder entspanntes und förderliches Lebensumfeld
Medien	Mediale Dauerberieselung oder bewusste und beschränkte Nutzung
Peers	
Art des Freundeskreises	Null-Bock-Herumhängerclique oder aktive Lebensgestalter
Interessen	Destruktive Aktivitäten (z.B. Drogen, Alkohol) oder vielseitige und entwicklungsfördernde Interessen
Stellung in der sozialen Hierarchie	Frustrierter Prügelknabe oder anerkanntes und beliebtes Mitglied
Weltbezug	Gefangener der Cyberwelt oder direkter Weltbezug (z.B. Sport, Hobbys, Arbeit)
Verantwortung	Von anderen Lösungen erwartend (und zwar subito) oder eigenverantwortlich und verlässlich handelnd
...	

Cédric will es schaffen ...

Cédric trödelt auf seinem Schulweg. Das macht er immer. Er stellt sich dann vor, wie er den nächsten Level schafft. Er sieht genau, wie er endlich die ultimative Kriegerfigur der Chaosmächte besiegt. Sein Avatar wird die muskulösen Arme in die Luft recken, inmitten von gewaltigen Eruptionen von psionischer Energie, seine Armee wird ihre Schwerter über den Köpfen schwingen und ihm zujubeln ... „He!" Ein Stoß am Rücken, und sein Traum zerplatzt an einem vorübereilenden Passanten. Cédric hasst es, wenn er beim Träumen gestört wird. Alle stören ihn dauernd, wollen immer was von ihm. Seine Mutter: „Cédi, jetzt ist aber Schluss mit Compi, schalt aus und ab ins Bett!" Sein Freund Arri: „Hey Cédi, du Gamekopf, Stopptaste drücken! Los, wir gehen Baden!" Sein Lehrer: „Cédric, würdest du bitte wiederholen, was Angelina gerade gesagt hat, oder hast du wieder geträumt?" Und der schlimmste von allen ist der Turnlehrer: „Und jetzt Cédric, hopp hopp, an die Reckstange!" Alle wollen was, alle nerven!

Aber Cédric weiß, wie's geht. Einfach ignorieren, wenn jemand nervt. Manchmal stellt er sich auch dumm, dann wird's den Erwachsenen sowieso zu mühsam. Wenn jemand trotzdem weiternervt, nervt er zurück. Das funktioniert bei seiner Mutter prima. Meistens gibt sie zuerst auf, und dann kann er immer noch ein wenig weitergamen, oder er kriegt dann schließlich doch sein Lieblingsessen, Pizza Margherita. Mutter hatte da diese Phase mit Kartoffeln, Gemüse und so. Dabei weiß sie genau, dass er nur Pizza isst. Und Chips ... Na, da musste er mächtig stressen. Jetzt hat sich das jedenfalls geklärt.

Cédric steht vor dem Schulhaus. Er will nicht rein. Neuerdings extrem. In der Schule geht das mit dem Ausweichen nämlich nicht mehr so einfach. Wegen diesem neuen Lehrer ... Cédric hasst ihn. Aber irgendwie auch nicht. Eigentlich ist er cool, aber der Typ macht Stress. Seine Mutter war schon einmal bei ihm, zum Reden, denn Cédric macht seine Aufgaben nicht. Dabei ist er nicht dumm. Aber er träumt einfach. Vom nächsten Level. Darum war Cédric dann auch bei einem Doktor. Der war 'ne Null. „Der Lernende hat ein Aufmerksamkeitsdefizitsyndrom." Das bedeutet, Cédric könne sich nicht konzentrieren. Cédric hält das für einen Witz, gestern war er ja fünf Stunden am Stück voll am Gamen, voll konzentriert! Und warum kauft seine Mutter seit dem Besuch bei dem Arzt keine Cola mehr? Die Erwachsenen haben echt keinen Plan. Sie kennen ihn nicht.

Auch die anderen Kinder kennen ihn nicht. Alle lachen ihn aus, zum Beispiel im Sport. Außer Arri, der ist ok, weil er auch so schlecht in Sport ist. Aber bei Arri zu Hause dürfen sie nicht gamen, seine Mutter sagt immer, sie sollen raus, spielen gehen. Cédric hat Respekt vor der Mutter von Arri. Sie hat so 'nen Blick ... Bei ihr aß Cédric sogar einmal Blumenkohl! Er sei zu dünn und zu bleich, er müsse mehr Gemüse essen, basta! Schmeckte dann gar nicht schlecht, nach Butter, und mit Käse drüber. Arri hat schön gegrinst. Cédric sitzt am Pult. Er träumt vom nächsten Level. Aber es geht nicht. Der Lehrer hat nämlich irgendwas gemerkt. Es geht um Cédrics Geheimnis. Cédric ist in letzter Zeit viel krank. Er hat Bauchschmerzen. Die Schmerzen beginnen ungefähr um 06.55, wenn ihn seine Mutter weckt, und dauern bis etwa 07.25, wenn seine Mutter durch den Hausgang hetzt und die Türe hinter sich schließt. „Ich rufe in der Schule an, mein kleiner Schatz, du Armer, bis am Mittag!", dann sind die Schmerzen plötzlich weg. Und dann kann er seinen Computer starten und da weitermachen, wo er am Abend zuvor aufgehört hat. Aber nun hat ihn dieser Lehrer gemeldet. Irgendwo. Dann gab's das Gespräch. „... Zu viele Absenzen, verpasst trotz hoher Intelligenz stofflich den Anschluss ..." Auch Cédrics Mutter stresst nun seit dem Gespräch plötzlich wieder mehr wegen Aufgaben und in die Schule gehen, und manchmal muss er richtig anfangen zu toben und zu schreien, so wie früher, bis sie ihn in Ruhe lässt. Und dann weint sie. Das ist mühsam. Denn dann fühlt sich Cédi schlecht. Aber warum lässt sie ihn nicht einfach das nächste Level schaffen? (Virgilio Crivelli)

Alle sozialen Systeme reproduzieren sich über Kommunikation oder Handlungen. Dies gelingt nur, wenn die einzelnen Einheiten

>> **Der Lohn für unsere Bemühungen** ist nicht das, was wir dafür erhalten, sondern das, **was wir dadurch werden.** <<

aneinander anschlussfähig sind, was durch einen systemspezifischen Code geleistet wird, der als zentrale Logik aller Kommunikation zugrunde liegt und sie als systemzugehörig erkennbar macht. Sagt Niklas Luhman. Was heißt das für die Schule? Sie ist ein soziales System. Verschiedene Akteure sind zu unterschiedlichen Zeiten in unterschiedlicher Intensität und mit unterschiedlicher Wirkung am Entstehen unterschiedlicher schulischer Leistungen beteiligt. Und es ist wie bei einer Fußballmannschaft: Je besser das Zusammenspiel klappt, umso mehr können die Energien so aufs Feld umgesetzt werden, so dass es Spaß macht, dabei zu sein.

3.1.2 Eine Frage der Passung

Systemspezifischer Code nennt Niklas Luhman das, was man vereinfacht als gemeinsame „Sprache" bezeichnen könnte.
Als Adam auf Eva traf begannen die Probleme. Beim Turmbau in Babel ging das Theater weiter. Als Tarzan sich mit der Liane in Janes Arme schmiss, war es vorbei mit dem beschaulichen Leben im Urwald. Und als Gusti auf dem Schulhof die Streber verdrosch, da war echt der Teufel los, Mann. Das heißt: Wenn die Passung nicht stimmt, gibt es Zoff – ob im Paradies, im Urwald oder in der Schule.

Als Passung wird gemäß Wikipedia „die maßliche Beziehung zwischen zwei gepaarten, toleranzbehafteten Teilen bezeichnet, wobei beide Teile das gleiche Nennmaß aufweisen, jedoch Lage und Größe der Toleranzfelder unterschiedlich sein können. Eine Passung gibt immer eine Toleranz an, in der sich die Istmaße von Bohrung und Welle bewegen dürfen."

Aha!? I only understand railway station – ich verstehe nur Bahnhof. Für Nichttechniker fehlt die Passung zu „Passung". Also weg von Technik.

Das entwicklungspsychologische Modell der Passung besagt, dass Kinder unangemessenes Verhalten und Verhaltensstörungen entwickeln, wenn ihre persönlichen Fähigkeiten, Eigenarten (Temperament) und Bedürfnisse nicht mit den Verhaltensweisen und Vorstellungen ihrer Umwelt zusammenpassen. Und umgekehrt, lässt sich anfügen.

Ein Beispiel: Zur Passung der individuellen Interessen und der beruflichen Umwelten existiert die sogenannte Kongruenzhypothese. Diese Hypothese besagt, dass Personen, die sich in Umwelten befinden, die zu ihren Interessen kongruent sind, bessere Leistungen erbringen und ein positiveres Erleben zeigen. Schulisches Lernen gelingt also dann am ehesten, wenn alle Beteiligten in ihren Interessen ein gewisses Maß an Übereinstimmung erzielen. Das betrifft die Aktivitäten innerhalb des Systems. Und es betrifft die Verbindung mit dem Rest der Welt.

Dabei geht es vor allem um eines: um Erwartungen. Die Schüler haben Erwartungen an die Lehrer, die haben sie an die Eltern, die geben sie zurück an die Lehrer, die haben

Erwartungen an die Schüler, die wollen sie nicht, also sind sie wieder beim Lehrer, der zeigt auf den Sozialpädagogen, der erwartet, dass der Schulleiter endlich etwas tut, der richtet sich an die Bildungsministerin, und die hofft auf den lieben Gott. Oder auf ein Ereignis, das vom Thema ablenkt.

3.1.3 Erwartungen, Wünsche und Interessen

Die Organisation von „Schule" ist nicht zuletzt die Organisation von Erwartungen. Die Organisation von Interessen. Von Wünschen. Und die gehen zum Teil meilenweit auseinander. So hat weiland der Kanton Bern von den verschiedenen Akteuren wissen wollen, was denn eigentlich den „guten" Lehrer ausmache. Die Schüler wünschen sich Menschen mit Humor und mit originellen Ideen, die auf eine sportliche Art die Dinge (und sie) souverän im Griff haben. Für die Eltern dagegen zählen eher Dinge wie Objektivität, Unparteilichkeit, Verständnis und Einfühlsamkeit. Und die Lehrer selber waren der Meinung, sie müssten fachlich kompetent und vielseitig begabt sein und ein Herz für Kinder haben. Zu einem ähnlichen Ergebnis kommt eine Studie des Instituts für Demoskopie Allensbach. Zwar gibt es auch Gemeinsamkeiten: Lehrer sind ebenso wie die Eltern der Ansicht, dass Schulen mehr vermitteln sollen als Wissen, nämlich auch Selbstbewusstsein, Leistungsbereitschaft, Hilfsbereitschaft, Höflichkeit. Aber dann hat sich's auch schon mit der Passung. Denn die Eltern haben nicht das Gefühl, dass die Schule ihre Erwartungen bezüglich der Persönlichkeitsbildung zu erfüllen vermag. Kein Wunder: Nur etwa ein Drittel der Lehrer selber glaubt, dass das überhaupt möglich ist. Und lediglich etwa acht Prozent der Lehrer glauben, dass sie großen Einfluss auf die Schüler haben. Mit dem Glauben an die eigene Wirksamkeit scheint es nicht gerade weit her zu sein.

Drei von vier Lehrern halten die Eltern mit der Erziehung ihrer Kinder für überfordert, zu wenig Zeit würden sie sich für ihre Kinder nehmen. Gleichzeitig wächst die Zahl der Eltern, die versuchen, intensiv Einfluss zu nehmen auf das, was in der Schule geschieht – was von den Lehrern mehrheitlich als problematisch empfunden wird.

Ähnlich verhält es sich mit der Erwartung der Eltern, Kinder individuell zu fördern. Zwar zeigt sich die überwiegende Mehrheit der

Lehrer überzeugt von der Notwendigkeit personalisierten Lernens, doch nicht einmal ein Viertel ist der Ansicht, dass das in der eigenen Schule auch tatsächlich möglich und machbar sei. Die Schuldigen sind auch sofort identifiziert: Mit der Arbeit der Kultusministerien ist die Mehrheit der Lehrer nicht zufrieden, viele Vorgaben der Behörden würden sich im Schulalltag nur schwer umsetzen lassen.

Fazit: Die verschiedenen Beteiligten tragen Interessen, Wünsche, Hoffnungen und Erwartungen aufs Feld der Schule. Dieser Erwartungs- und Hoffnungsmix ist wie frisch gepresster Apfelsaft – trüb und undurchsichtig. Zudem: voll von Widersprüchen. „Ich kann Ihnen zwar nicht genau sagen, was ich von Ihnen erwarte, aber ich werde stinksauer, wenn Sie es nicht tun." Und es ist ja auch wirklich nicht einfach, konkrete Erwartungen an die Schule zu formulieren.

Zum Beispiel für Schüler. Wenn die in ein Schuhgeschäft gehen, ist es einigermaßen klar, was sie wollen: ein paar Schuhe (jene, die alle tragen), Größe 41. Aber wenn sie in die Schule gehen? Was ist es eigentlich, das sie sich erwarten von diesen vielen tausend Stunden? Die reflexartige Standardantwort: einen guten Schulabschluss. Aha! Dann ist es ja klar. Überhaupt nichts ist klar. Welche Hoffnungen und Wünsche verbinden sich mit jedem Schritt, mit dem sich ein Jugendlicher morgens der Schule nähert? Mit einem guten Schulabschluss? Quatsch! Mit zwölf? Mit dreizehn? Mit vierzehn? Ein „guter Schulabschluss" ist bestenfalls eine verbale Referenz an die drängenden Erwachsenen, die das zur eigenen Beruhigung gerne hören.

Und die Eltern? Was erhoffen und wünschen sie sich? Für ihre Kinder. Für sich selber. Gut, Gymnasium natürlich, das ist schon beim Eintritt in den Kindergarten klar. Aber sonst?

Oder die Lehrer? Was sind deren Erwartungen und Interessen? Wohl nicht nur der reservierte Parkplatz vor dem Schulhaus. Erwartungen sind häufig einseitige Verträge, von denen der andere nichts weiß. Und das ist eine schlechte Voraussetzung, wenn es um gutes Gelingen geht. Das Schlüsselwort heißt Transparenz. In einem System, in dem so viele Beteiligte mit so unterschiedlichen Bedürfnissen und Interessen mitmischen, ist Transparenz gefragt. Das sagt sich so einfach.

Von den Bildungspolitikern kann man alles erwarten, nur nicht Transparenz. Auf der Jagd nach Wählerstimmen hat genau das keinen Platz. Schließlich stellt sich ja auch kein Jäger mitten in den Wald und schießt ein paar Mal in die Luft, um Rehe und Hasen quasi auf seine eigene Fährte zu locken. Und die Schulen (und die Lehrer) selber sind ja nun wirklich auch nicht gerade die großen Hirsche, wenn es um Transparenz geht. So stehen die Türen zu den Klassenzimmern höchst selten sperrangelweit offen.

Zugegeben, Transparenz war auch lange Zeit überhaupt kein Thema. Denn: Bis vor ein paar Jahrzehnten war halt die Situation insofern noch anders, als die Verhältnisse rund um die Schule sich viel unkomplizierter und irgendwie klarer darstellten. Die Sozialisierungshintergründe der Lernenden waren ähnlich, die beruflichen Ausbildungsmöglichkeiten überblickbar. Man ging einfach zur Schule, weil das irgendwie dazugehörte. Und wenn der Vater Schreiner war, wurde man halt auch Schreiner.

Doch das sind Tempi passati. Die unterschiedlichen Voraussetzungen der Lernenden stehen weit oben auf der Problemliste der Schulen. Und die Welt der weiterführenden Ausbildungen ist für viele ein Buch mit mehr als nur sieben Siegeln.

Was macht ein „Vision Clearance Engineer"? Er putzt die Fenster. Womit beschäftigt sich ein „Stock Replenishment Adviser"? Er füllt Regale im Supermarkt auf. Und was ist ein „Waste Removal Manager"? Ein Mitarbeiter der Müllabfuhr. Bedeutend klingende Berufsbezeichnungen sind immer gut für einen Witz.

Aber was macht eigentlich ein Aktivierungsfachmann? Ein Agromatiker? Ein Audiometrist? Oder ein Bandagist? Ein Compliance Officer? Ein Geomatiker? Oder ein Kommunikationsdesigner? Oder ein Regulatory Affairs Manager? Hunderte von Ausbildungsberufen stehen mittlerweile zur Auswahl. Und Jahr für Jahr kommen neue dazu.

In einer solchen multioptionalen Gesellschaft steigt das Bedürfnis nach Klarheit, nach Orientierung, nach Transparenz. Nicht zuletzt deshalb haben Noten und Zertifikate Hochkonjunktur. Sie vermitteln ein Gefühl von Orientierung. Und sie sind so das Maß, mit dem sich Erwartungen formulieren lassen. Die Bildungsbehörden können sich mit Prüfungsresultaten schmücken, die Schulen können Durchschnittsnoten vorweisen, die Eltern wissen, ob sie das Taschengeld erhöhen müssen und die Schüler wissen, welche Erwartung sie zu erfüllen haben: Noten. Deshalb ist wahrscheinlich auch das Wort „Not" darin enthalten.

Zwar ist längst hinlänglich der Beweis erbracht, dass Noten zwar viel über die Lehrer, aber herzlich wenig über die Schüler (und ihre Kompetenzen) aussagen. Dennoch klammern alle ihre Erwartungen an die Zahlen vor und nach dem Komma. Die Formel ist einfach: Gute Noten – Erwartungen erfüllt! Abhaken!

Apropos „abhaken": In einem zweiten Punkt treffen sich die Erwartungen aller Beteiligten wie die Pfeile im schwarzen Zentrum einer Zielscheibe: Alle sind froh, wenn es (das schulische Lernen) vorbei ist. Wenn die Glocke erklingt, verlassen alle die Schule, als seien

>> **Wo alle das Gleiche denken**, denkt keiner besonders viel. <<
(Walter Lippmann)

sie auf der Flucht. Die Ferien lösen ein flächendeckendes Aufatmen aus. Und wenn das Ende der Schulzeit naht, schwebt der Geist der Erlösung durch alle Zimmer. Das sagt viel über das System aus. Und darüber, was die Beteiligten davon halten. Es ist vielleicht bezeichnend, wenn in einer renommierten psychologischen Zeitschrift den Lehrern geraten wird, sie sollen bei Ungemach einfach an etwas Schönes denken: ans Ende der Stunde …

3.1.4 Der Sinn liegt nicht im Ende

Erfolg kommt nur im Wörterbuch vor Leistung. Wer etwas will, muss etwas tun dafür. So war es früher. Und so ist es heute. So ist es im Leben. Und so ist es in schulischen Lernarrangements.

Was aber heißt „etwas wollen"?
Zumeist ist damit ein Abschluss gemeint. Oder ein Prüfungsergebnis. Die Schule ist das dafür notwendige Übel, das Opfer, das man halt erbringen muss. Der Wert entsteht durch den Abschluss, die bestandene Prüfung, die gute Note. Durch das Ende! Die Erlösung! Schulisches Lernen unterscheidet sich damit fundamental vom Leben. Denn der Wert des Lebens entsteht ja nicht erst durch das Ende. So ist es zumindest nicht gedacht.

■ Fortsetzung auf Seite 78

Schonen schadet

IM SCHONGANG UNTERWEGS

Der Mensch strebt nach Zerfall. Und alles, was den Zerfall aufhält, ist mit Anstrengung verbunden. Das beginnt schon am Morgen. Denn Liegenbleiben wäre rein physikalisch einfacher als Aufstehen. Doch: Wer einfach unter der Decke bleibt, wird zu irgendeinem Zeitpunkt vom Bett in den Sarg umgebettet. Das heißt: Die Idee, dass alles mit immer weniger Anstrengung zu haben sei, ist einmal im Leben maximal erfolgreich. Aber nur einmal.

Es braucht Energie, um ein System am Leben zu erhalten. Oder anders gesagt: Faulheit gefährdet das Wohlergehen. Die globale Gemeinschaft der Sitzenbleiber – auf der Couch, im Auto, im Büro, in der Schule – ruiniert ihre Gesundheit. Jeder zehnte Todesfall weltweit, so hat ein Forscherteam der Harvard University in Boston errechnet, ist auf Bewegungsmangel zurückzuführen. In Zahlen: Fünf Millionen pro Jahr. Im Klartext: Schonen schadet.

Viele Errungenschaften der Technik erleichtern das Leben, körperlich zumindest. Und jede Generation strebt danach, es noch ein bisschen leichter zu haben. Dieser Idee folgend ist die wöchentliche Arbeitszeit in Europa dauernd reduziert worden.
Es leichter haben – das braucht einen Vergleich. Und der bezieht sich immer auf die aktuelle Situation. Also: Leichter als jetzt soll das Leben sein. Aber eben: Wer der Anstrengung systematisch aus dem Weg geht, tut sich bestenfalls kurzfristig einen Gefallen. Bestenfalls! Denn der Weg des geringsten Widerstandes führt bekanntlich immer bergab – je geringer der Widerstand, desto rasanter die Talfahrt. Schonen schadet.

Wer also gut sein will, muss etwas tun dafür. Damit verbinden sich Begriffe wie Leistung, Einsatz und Anstrengung. Oder: Engagement. Das ist im Sport selbstverständlich. Und es gilt in gleicher Weise für schulisches

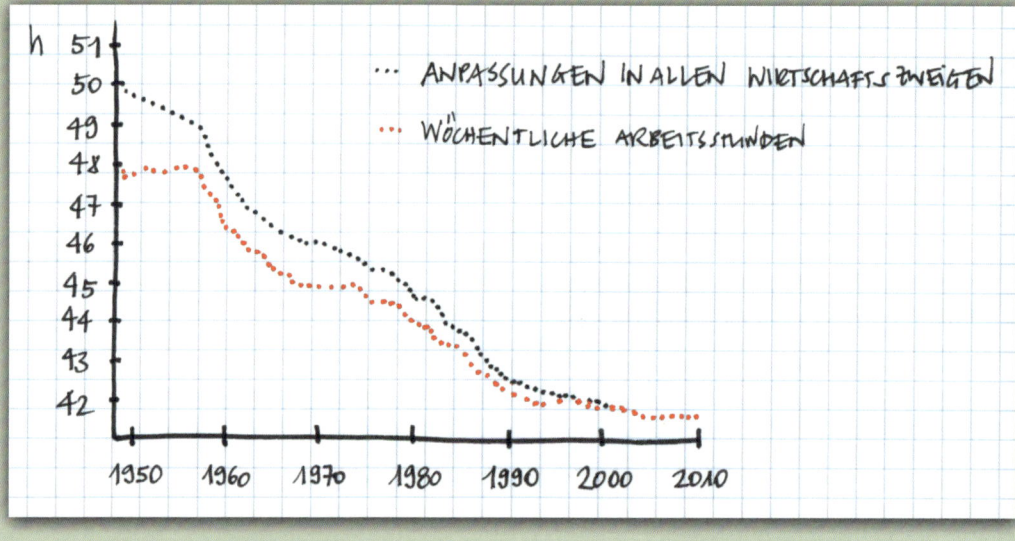

Lernen: Gefördert werden kann nur, wer gefordert wird. Ein „gutes" Leben braucht Unbequemlichkeit. Und es braucht die beglückende Erfahrung, diese Unbequemlichkeit überwunden zu haben. Kurz: Was es braucht, sind viele kleine Siege über sich selbst. Was für ein „gutes" Leben gilt, gilt auch für ein „gutes" Lernen: dem Zerfall Einhalt gebieten und etwas machen aus sich und seinen Möglichkeiten. Und das setzt voraus: sich von den entsprechenden Anstrengungen herausgefordert fühlen. Erfolgreiches Lernen ist nicht zum Nulltarif zu haben.

Das braucht mindestens zweierlei: Es braucht die Einsicht dazu. Und es braucht die positive Erfahrung damit. Das steht in wechselwirksamem Zusammenhang. Und es hängt – nicht immer, aber oft – mit dem Lebensalter zusammen. Denn mit zunehmendem Alter erwartet man ja gemeinhin auch eine zunehmende Reife. Oder zumindest ein zunehmendes Bewusstsein dafür, dass jedes Konsumverhalten seinen Preis hat.

Die Fähigkeit, kurzfristig auf etwas Verlockendes verzichten zu können zugunsten eines längerfristigen Ziels, setzt unter anderem voraus, überhaupt eine längerfristige Perspektive zu haben.

Und es ist verständlich, dass sich das für Kinder und Jugendliche anders anfühlt als bei Erwachsenen. Fünf Jahre sind für einen Fünfzigjährigen ein Klacks, für einen Fünfzehnjährigen ein Drittel seines Lebens – eine elend lange Zeit.

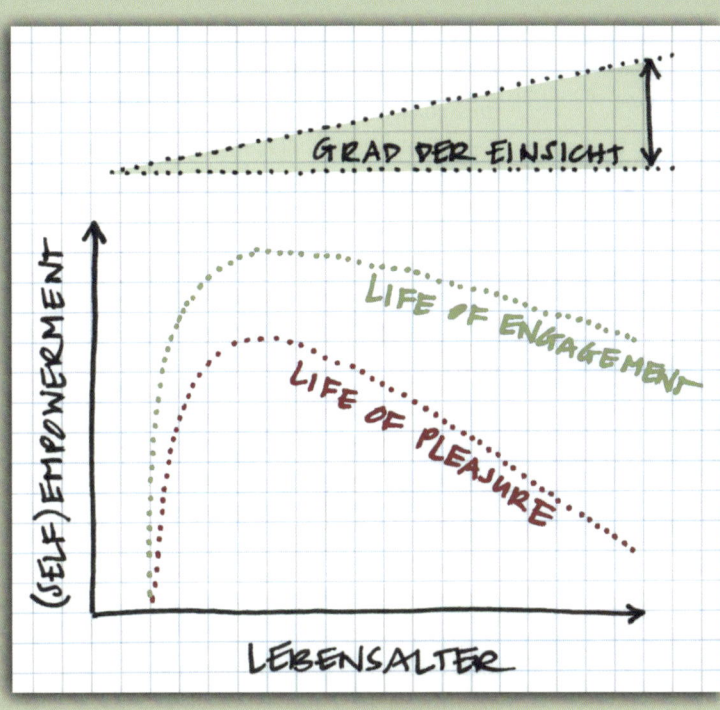

Deshalb: Vieles, was sich längerfristig in positiver Weise auswirkt, ist kurzfristig unbequem. Eben: Schonen schadet. Erziehung ist so gesehen Schadensbegrenzung.

Und so taugen die Weisheiten, die man für die Schüler bereithält, denn auch kaum als Lebensweisheiten. „Da musst du durch" wird dem Sinn des Lebens ebenso wenig gerecht wie „Wenn es fertig ist, wirst du froh sein". Und wer seinen Lebensentwurf unters Motto „Das ist halt so, aber es geht ja vorbei" stellt, wird eine eher trostlose Zeit hinter sich zu bringen haben.

Aber warum ist, was fürs Leben gilt, nicht auch selbstverständlich für Schule, Lernen und Arbeit? Auch hier müsste doch gelten: Der Sinn liegt nicht im Ende. Der Sinn liegt im Dazwischen. Und der Wert damit auch. Doch die Realität sieht anders aus. Das amerikanische Meinungsforschungsinstitut Gallup hat 2009 deutsche Arbeitnehmer zu ihrer Motivation befragt. Demnach machen 67 Prozent ihren Dienst nach Vorschrift, jeder Fünfte hat gar innerlich gekündigt. Nur 13 Prozent sind mit Begeisterung bei der Sache. Arbeit scheint sich zu etwas entwickelt zu haben, das man tun muss, um zu ... – um sich Freizeit und Ferien, ein neues Auto, die trendigeren Klamotten und weiß der Kuckuck was alles leisten zu können. Und in der Tat: Jeden Freitagmorgen verkünden die Mut- und Muntermacher vom Dienst auf allen Radiostationen ihre Durchhalteparolen: Nur noch ein paar quälend lange Stunden musst du (armes Schwein) arbeiten, dann endlich kommt das ersehnte Wochenende. Die Erlösung. Und am Sonntag folgt dann die Gegenattacke mit der eindringlichen Aufforderung, die letzten erlösungstrunkenen Stunden in Freiheit noch ausgiebig zu genießen. Denn am Montag sei die Herrlichkeit wieder für eine ätzend lange Woche vorbei.

Wenn das Wort Arbeit ins Spiel kommt, ist es rasch einmal vorbei mit Friede, Freude, Eierkuchen. Auch in der Schule. Da springt kein Funke, und kein Leuchten zaubert sich in die Augen. Logisch, bei Begriffen wie Arbeitsblatt, Schularbeit, Klassenarbeit ...

Die Einstellung zur Arbeit ist heutzutage bemerkenswert widersprüchlich. Eigentlich erleben sich Menschen bei der Arbeit im Allgemeinen herausgefordert und daher „gebraucht" und zufrieden. In der Freizeit fühlen sie sich vergleichsweise eher gelangweilt und unzufrieden. Dennoch wollen viele Menschen, wenn sie gefragt werden, weniger arbeiten und mehr freie Zeit haben.

Diese Widersprüchlichkeit zeigt sich auch in einer Studie der Europäischen Kommission: Über nichts sorgen sich die Menschen in der Europäischen Union so sehr wie über den Verlust ihres Arbeitsplatzes. Dahinter steht vor allem die Angst vor materieller Armut, aber auch davor, mit dem Verlust des Arbeitsplatzes vom gesellschaftlichen Leben ausgeschlossen zu werden. Auf der anderen Seite zählt Erwerbsarbeit heute für die meisten Europäer nicht mehr zu den wichtigsten Lebensbereichen. Freizeit ist der Mehrheit der Europäer mittlerweile viel wichtiger als Arbeit (Europäische Kommission 2007).

Als wir den Sinn unserer Arbeit nicht mehr sahen, begannen wir über Motivation zu spre-

chen. „Motivation", so Reinhard Sprenger, „soll mithin Sinn ersetzen. Wer nicht sein will, wo er ist, der leidet. Wer sein Handeln als sinnlos erlebt, aber dennoch meint, weiter handeln zu müssen, der leidet. Und für dieses Leid sucht er nach Kompensation. Also ruft er nach etwas, das es ihm erleichtert, etwas zu tun, was er eigentlich nicht tun will. Er ruft nach Geld, Lob, Karriere, Orden und Ehrzeichen. [...] Mitarbeiter werden so früher oder später zu nörgelnden Dauerpatienten am Belohnungs-Tropf. Es heißt ja nicht zufällig Motivations-‚Spritze'. Die Wissenschaft nennt dies den ‚Verdrängungs-Effekt': Belohnungen zerstören die Bindung an die Sache und ersetzen ihn durch die Bindung an die Belohnung. [...] Der Prozess des Arbeitens, aber mehr noch die Wertigkeit der geleisteten Arbeit werden gleichsam übersprungen mit Blick auf die winkende Belohnung. Motiviert also Belohnung? Absolut! Belohnung motiviert, belohnt zu werden." (Sprenger 2009)

Da gibt's doch die Geschichte vom alten Mann: Jeweils nach der Schule kam eine Gruppe Kinder beim ihm vorbei und ärgerte ihn furchtbar. Eines Nachmittags, als sich die Kinder davonmachen wollten, rief ihnen der alte Mann zu: „Hört mal Kinder, wenn ihr morgen Nachmittag wiederkommt und mich so richtig toll ärgert, kriegt jeder von euch einen Euro." Und natürlich: Am nächsten Tag rückten die Kinder an und ärgerten ihn kräftig. Bevor sie dann wieder loszogen, versprach der alte Mann: „Wenn ihr morgen wieder zum Ärgern kommt, kriegt jeder von euch fünfzig Cent." Die Kinder nahmen das Angebot an. Am nächsten Nachmittag gab es wieder Ärger für den alten Mann. Der ließ die Kinder wissen: „Wenn ihr morgen wieder kommt, um mich zu ärgern, kriegt jeder von euch zwanzig Cent." „Sie können sich selber ärgern, für zwanzig Cent kommen wir sicher nicht mehr." Und die Moral von der Geschichte: Belohnung verwandelt Wollen in Müssen. Anreize zerstören langfristig den Eigenantrieb. Folge: Die Arbeitsmoral geht in den Keller. Übrigens: Das schulische Synonym für Arbeitsmoral heißt Lern- und Leistungsfreude. Schon fast gebetsmühlenartig kommen deshalb immer die gleichen Fragen: Gibt es Noten? Kommt es an der Prüfung? Nicht? Dann lohnt es sich ja gar nicht, etwas zu tun ...

3.1.5 Menschen müssen sich mögen

„Es gibt Menschen, die arbeiten, und solche, die sich die Lorbeeren für diese Arbeit einheimsen", sagte Indira Ghandi. „Mein Vater riet mir, ich solle mich zur ersten Gruppe schlagen; es gäbe dort viel weniger Konkurrenz." Und in der Tat: Menschen, die einer Arbeit nachgehen, um sich quasi ein Leben nach der Arbeit leisten zu können, davon gibt es genug. Und mit Unzufriedenen und Frustrierten will man ja eigentlich lieber nichts zu tun haben. Denn wer sich selber nicht mag, sagt Nietzsche, ist fortwährend bereit, sich dafür zu rächen.

Aber was brauchen Menschen denn eigentlich, damit es ihnen gut geht, bei dem, was sie tun? Und vor allem: Was brauchen Menschen, damit es ihnen gut geht bei dem, was sie in der Schule tun? Unterschiedliches!

Kohärenzgefühl

Bei aller Unterschiedlichkeit, es gibt auch Gemeinsamkeiten – wichtige Gemeinsamkeiten. Menschen brauchen zum Beispiel das zuversichtliche Gefühl, dass das, was sie tun, für ihr eigenes Leben sinnvoll und relevant ist. Niemand tut gerne sinnloses Zeugs. Das ist auch in der Schule nicht anders. Damit verbindet sich die Forderung an die schulischen Arrangements, sinnvoll und interessant zu sein. Nur: Fast nichts auf dieser Welt ist per se sinnvoll. Sinn, Bedeutung, Wert, Interesse, die fallen nicht wie Schnee vom Himmel. Dafür muss jeder Einzelne etwas tun, er muss den Dingen, wie es treffend heißt, Sinn entgegenbringen. Die sprachliche Wendung zeigt die Handlungsrichtung: von sich aus den Dingen entgegen.

Ein zweiter Aspekt: Menschen müssen die Dinge verstehen, müssen das Geschehen irgendwo einordnen können. Wenn die Dinge intransparent erscheinen, wenn die Orientie-

rung fehlt, dann schleicht die Angst heran. Und Angst ist ein miserabler Ratgeber, wenn es um schulisches Lernen geht. Der Bergsteiger, der die Route durch den Fels kennt und weiß, wo die Haken eingeschlagen sind, fühlt sich in gewisser Weise sicher. Im unwegsamen Gelände des Lernens übernehmen ein elaboriertes Vorwissen und eine Menge positiver Vorerfahrungen die Funktion der Felshaken. Sie geben Orientierung und helfen, die Dinge verstehen und einordnen zu können.

Ob es darum geht, in einer Felswand herumzukraxeln oder irgendwelche schulischen oder beruflichen Herausforderungen zu meistern – Ausgangspunkt ist das subjektive Gefühl von Machbarkeit. Menschen haben ein vielfältiges Repertoire an Umgehungsstrategien entwickelt für jene Situationen, denen sie sich nicht ganz gewachsen fühlen. Wer die Latte beim Hochsprung auf einer Höhe von zwei Metern liegen sieht, zieht schon gar nicht erst die Sportschuhe an. Und wer schon ein Schulleben lang die mathematische Arschkarte mit sich rumträgt, dem steigt schon beim Öffnen des Mathematikbuches der beißende Dampf des Unlösbaren in die Nase. Und er wird sich einmal mehr nicht täuschen. Also: Wer sich mit einiger Aussicht auf Erfolg mit Dingen beschäftigen will (oder muss), braucht die Zuversicht, dass die Anforderungen zu bewältigen sind.

Sinn und Bedeutung (meaningfulness), Verstehbarkeit (comprehensibility) und Machbarkeit (managebility) beeinflussen sich gegenseitig und bilden zusammen eine Kraft, die als Kohärenzgefühl (sense of coherence) bezeichnet wird (Antonovsky 1997). Dieses Kohärenzgefühl versetzt die Menschen in die Lage, bei Auftreten von Belastungssituationen die erforderlichen Widerstandsressourcen zu aktivieren.

Übrigens: Das gilt für Schüler. Und es gilt für Lehrer. Und für Schulleiter. Und für Eltern.

Selbstwirksamkeit

Apropos Widerstände: Lernen ist häufig – wie das Leben halt – widerständig. Nicht alles fällt wie Schuppen von den Haaren. Nicht jede Erkenntnis liegt gleich auf dem Silbertablett bereit. Und nicht von ungefähr sind Lernen und Leistung etymologisch eng verwandt. Auf die Dauer nützt deshalb nur Power. Wer aber irgendwo hingeht und denkt, „das kann ich sowieso nicht", wird genau dieses Ergebnis erzielen. Erfolg im Umgang mit Widerständen setzt voraus, an die eigenen Fähigkeiten zu glauben. Selbstwirksamkeitsüberzeugungen heißt das Konzept dahinter (Bandura 1997). Selbstwirksamkeit (self-efficacy) versteht sich als subjektive Gewissheit, neue oder schwierige Anforderungssituationen aufgrund eigener Kompetenz bewältigen zu können. Diese Überzeugungen sind letztlich das Ergebnis entsprechender Erfahrungen. Wer häufig die Erfahrung macht (und die damit einhergehenden Gefühle erlebt), den Dingen gewachsen zu sein, tritt anders in die Welt als wer sich dauernd in der Luschenecke findet. Deshalb wirkt sich natürlich der Grad der Überzeugung in die eigenen Fähigkeiten auf das menschliche Verhalten aus. Auch in der Schule.

1. Sie beeinflusst, in welche Situation wir uns begeben.
2. Sie reguliert die Anstrengungsbereitschaft in Lernsituationen.
3. Sie ist ausschlaggebend für die Art des Umgangs mit Widerständen/Hindernissen.

Individuen mit hoher Selbstwirksamkeitserwartung finden sich deshalb unter ihresgleichen auf der schulischen Sonnenseite. Sie stellen höhere Ansprüche an sich, zeigen mehr Anstrengung und Ausdauer und sind flexibler bei der Suche nach Lösungen. Zu-

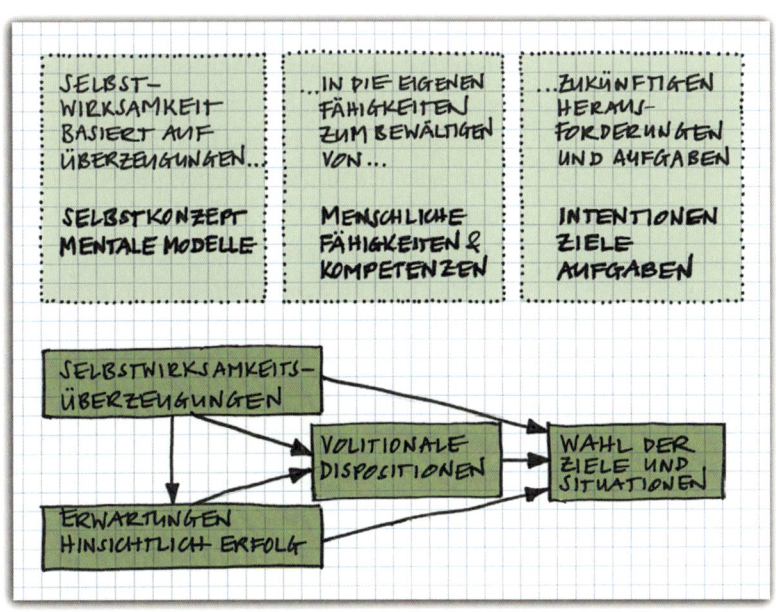

Quellen der Selbstwirksamkeit

Direkte Könnenserfahrung (mastery experience)
Erfolgreicher Umgang mit Widerständen,
Erfahrung des „Ich-kann-es"

Stellvertretende Erfahrungen (vicarious experience)
Beispiele/Vorbilder für den Erfolg
als Ergebnis einer Leistung

Verbale Unterstützung (social/verbal persuasion)
Empowerment in Form von Feedbacks und
lösungsorientierter Interaktion

Befindlichkeit (physiological and emotional states)
Wellbeing, positive Emotionen,
ein gutes Gefühl mit sich selbst

Erfahrungen nutzen (integration of efficacy-information)
Metakognitive Kompetenzen,
Fähigkeit zur Selbstreflexion

dem sind sie weniger gefährdet für Ablenkungen und gehen mit Misserfolgen konstruktiv um. Das Ergebnis: bessere Leistungen, mehr Zufriedenheit und eine Menge guter Gefühle mit sich selbst.

Übrigens: Das gilt für Schüler. Und es gilt für Lehrer. Und für Schulleiter. Und für Eltern.

Selbstbestimmung und Motivation

Hinter jedem (Lern-)Ziel steckt immer auch ein Grund. Es gibt eine bewusste oder unbewusste Absicht, sich ein Ziel zu stecken. Aus dieser Intention erwächst die eigentliche Motivation: der Antrieb ein Ziel zu erreichen. So sind beispielsweise Neugierde und Interesse, Belohnung und Gruppendruck wesentliche Motive im Lernumfeld.

Neugier und Interesse kommen aus einem selbst, quasi von innen. Der Lernende selber ist die Quelle seiner Motivation. In einem solchen Fall von intrinsischer Motivation brauchen die Menschen niemanden, der ihnen den Speck durch den Mund zieht (für Vegetarier tut es auch eine Karotte).

Anders verhält es sich mit Gruppendruck oder Belohnungen. Tue dies, dann kriegst du das, heißt das entsprechende Motto – mit Betonung auf „das". Die Motivation wird von außen – also extrinsisch – erzeugt. Und wenn Speck oder Karotte weg sind, sackt auch die Motivation in den Keller. Mehr noch: Die Halbwertzeit von Speck, Karotten und anderen Belohnungen ist relativ kurz. Dann ruft sich in Erinnerung, was eigentlich als sinnlos erlebt wird. Also muss man sich immer mehr Belohnungen ausdenken (oder Strafen androhen). Dieser Abnützungseffekt verlangt mit der Zeit ganze Schweineställe oder Gemüsefelder, damit die extrinsisch Motivierten überhaupt noch willens sind, den Hintern zu bewegen.

Und dann noch das: Man nehme eine Gruppe von Menschen, die etwas gerne und aus eigenem Antrieb und aus purer Freude an der Sache tun. Dann belohne man sie systematisch für das, was sie tun. Was wird der Effekt sein? Sie werden es nicht mehr aus Freude tun, sondern weil sie eine Belohnung erwarten. Und eine Belohnung, die ausbleibt, wird als Bestrafung wahrgenommen. Korrumpierungs- oder Crowding-out-Effekt wird dieses Phänomen genannt. Das Muster dahinter ist an sich einfach: Der Selbstzweck wird „verdrängt" (crowd-out) oder „korrumpiert", wenn Belohnungen ins Spiel kommen. Und fällt der äußere Anreiz weg, reduziert sich auch das ursprünglich gerne und freiwillig gezeigte Verhalten. Mit fatalen Folgen:

Folge 1: Eingeschränkte Selbstbestimmung (impaired self-determination): Handeln als „Selbstzweck" wird verdrängt durch eine als externe Kontrolle wahrgenommene Intervention.

Folge 2: Eingeschränktes Selbstwertgefühl (impaired self-esteem): Handeln als „Selbstzweck" wird durch externe Intervention als nicht „für sich wertvoll" gewertet, ein Gefühl der Bestechung oder Korrumpierung tritt ein. Auf Dauer kein gutes Gefühl, ein krank machendes sogar.

Doch: Diese Aspekte gelten nicht absolut. Sie haben immer auch eine subjektive Note. Das Schlüsselwort heißt Selbstbestimmung. Und die Formel dazu: E hoch 3. Ausgangspunkt sind die drei psychologischen Grundbedürfnisse des Menschen, das Erleben von Kompetenz, von Autonomie und von sozialer Zugehörigkeit (Deci & Ryan 1993). Die Frage ist also nicht, wie *ist* etwas, sondern wie *erleben* die Menschen aus ihrer je individuellen Perspektiven die Situationen. Und dabei dreht sich eben alles um die Formel E hoch 3.

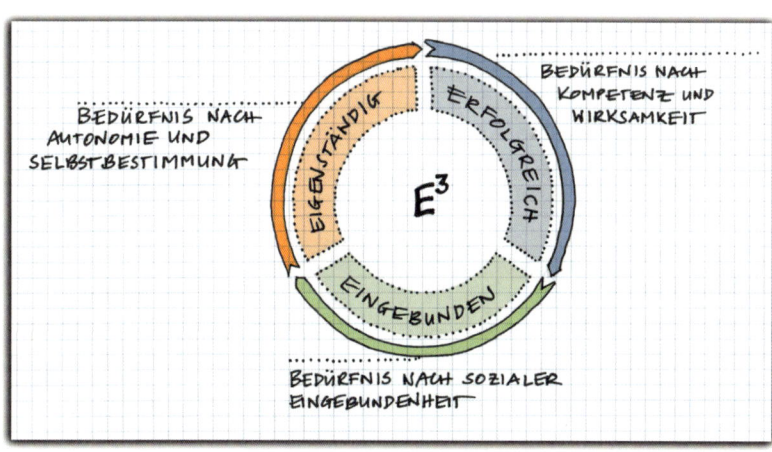

E Erfolg

Lernende müssen sich als erfolgreich und kompetent erleben. Sie müssen die Erfahrung machen, dass sich aufgrund eigener Leistungen erwünschte Effekte einstellen (Selbstwirksamkeitserfahrungen). Solche Erfahrungen gehen häufig einher mit dem guten Gefühl kleiner Siege über sich selbst. Und mit dem ebenso guten Gefühl von Stolz, dem Stolz, etwas hervorbringen und leisten zu können. Dabei geht es einerseits um positive Gegenwartserfahrungen, also das gute Gefühl des Kompetenzerlebens im Prozess selber. Andrerseits manifestieren sich Erfolg und Kompetenz auch im Ergebnis, also dem Gefühl, „es" geschafft zu haben.

E Eigenständigkeit

Wer autonom handelt, handelt „nach eigenen Gesetzen", also eigentlich frei von äußeren Einflüssen. Diese absolute Freiheit gibt es natürlich nicht, weder in der Schule noch sonst wo. Sogar auf der einsamen Insel sind die Naturgesetze stärker als die eigenen. Selbstbestimmtes Handeln steht im schulischen Kontext deshalb in enger Verbindung mit dem Gefühl, eine Wahl zu haben und entsprechende Entscheidungen treffen zu können. Wer wählt und entscheidet, gibt damit den Dingen gleichsam Sinn und Bedeutung. Und: übernimmt Verantwortung. Aus „man" wird „ich".

E Eingebundenheit

Menschen sind soziale Wesen. Das Gefühl der Zugehörigkeit hat deshalb erheblichen Einfluss auf das, was Menschen denken und tun. Die Schule muss gleichsam ein Ort sein, zu dem die Lernenden auch deshalb eine Beziehung haben, weil sie sich als anerkannten Teil von Beziehungen erleben. Es gibt andere, die sich für sie interessieren. Jemand will, dass sie erfolgreich sind. Jemand traut ihnen etwas zu. Sie sind für jemanden wichtig (und zwar nicht als Trophäe). Das tut gut. Gibt Sicherheit. Und macht Mut.

Das Erleben von Erfolg, Eigenständigkeit und Eingebundenheit ist eine notwendige Bedingung für intrinsische Motivation, Interesse und Selbstwertgefühl.

Übrigens: Das gilt für Schüler. Und es gilt für Lehrer. Und für Schulleiter. Und für Eltern.

LISTE DER HÄUFIGSTEN (NEBEN)TÄTIGKEITEN*

1 WEGSCHAUEN, FERIEN PLANEN
2 AKTIVITÄT VORTÄUSCHEN
3 GÄHNEN (LAUT)
4 SCHLAFEN
5 GRIMASSEN SCHNEIDEN
6 AUF TISCH KRITZELN
7 BRIEFCHEN SCHREIBEN
8 ZU SPÄT KOMMEN
9 ZUM FENSTER RAUSSCHAUEN
10 ZEICHNEN
11 GESICHTSMASKE VERBESSERN
12 HANDY BENUTZEN
13 SCHWATZEN
14 KICHERN
15 SÜSSES ESSEN
16 ETWAS WERFEN
17 FRECHE GESTIK
18 KAUGUMMI KAUEN
19 BLEISTIFT KAUEN
20 AUFS WC GEHEN
21 SINGEN
22 MIT LINEAL SCHLAGEN
23 FOTOS ANSCHAUEN
24 ÜBER ETWAS LACHEN
25 COMICS LESEN
26 BLAUMACHEN
27 UNANSTÄNDIGE LAUTE VON SICH GEBEN

*KEIN ANSPRUCH AUF VOLLSTÄNDIGKEIT

3.1.6 Leistung und Erfolg – in dieser Reihenfolge!

Ein gegent heißt schlauraffenlant,/ den faulen leuten wol bekant,/ das ligt drei meil hinter weihnachten,/ und welcher darein wölle trachten,/ der muß sich großer ding vermeßen/ und durch ein berg mit hirßbrei eßen,/ der ist wol dreier meilen dick;/ alsdann ist er im augenblick/ in demselbig schlauraffenlant,/ da aller reichtum ist bekant./ da sint die heuser deckt mit fladen,/ leckkuchen die haustür und laden,/ von speckkuchen dillen und went,/ die dröm von schweinen braten sent. Das ist der Anfang der Geschichte über das Schlaraffenland. Ein gewisser Hans Sachs hat sie verfasst. Anno salutis 1530. Fast dreihundert Jahre später haben die Gebrüder Grimm den Stoff in eine Märchenform gegossen. Bei Heinrich Mann wurde es ein Roman und Paul Hindemith komponierte eine Kinderoper. Pieter Brueghel der Ältere hat das Thema quasi ins Bild gerückt. Sein Gemälde ähnelt stark einem Schnappschuss in Facebook, der allen Freunden zeigt, wie es am Morgen nach der Jugendparty ausgesehen hat. Von Facebook und dem ganzen technischen Schnickschnack hat Breughel noch keinen Dunst vom Schimmer einer Ahnung gehabt. Stifte, Pinsel und Farben reichten. Und auch Hans Sachs konnte seinen Text nicht einfach irgendwo hinposten. Und dennoch ist es ihnen gelungen, ein Thema aufzugreifen, dem auch und gerade in der heutigen Zeit eine hohe Relevanz zukommt.

Menschen haben Ideen, Bedürfnisse, Wünsche, Erwartungen, Ziele. Damals wie heute. Zu Sachsens Zeiten ging es vor allem um Speis und Trank. Und ums Faulenzen. Heute präsentiert sich die Bedürfnispalette doch um einiges umfangreicher. Aber geblieben ist die Frage: Wer sorgt dafür, dass die Wünsche in Erfüllung gehen? Wer ist dafür verantwortlich, dass es den Menschen gut geht?

Damit die Zeit des Lernens und Arbeitens (das Leben überhaupt) von Erfolg und entsprechend guten Erfahrungen geprägt ist, müssen die Beteiligten etwas tun dafür. Und damit sie bereit sind, etwas zu tun, brauchen sie Erfolg und positive Erfahrungen. Also was jetzt? Erfolg? Oder Leistung? Keine Frage: Erfolg ist das, was er-folgt, was die Folge ist. Und zwar die Folge von Leistungen.

Das heißt: Es gibt einen direkten Zusammenhang zwischen Leistung auf der einen und Zufriedenheit auf der anderen Seite. Und da Zufriedenheit und Glück (oder wie man es immer nennen will) auch davon abhängen, inwieweit individuelle Bedürfnisse erfüllt und Ziele erreicht werden, ist der direkte Bogen geschlagen zur Leistung: Dem Wunsch muss eine Handlung, eine Leistung folgen, damit Menschen sich mögen können. Klingt einfach. Aber die längste Strecke, die es auf Erden gibt, ist die zwischen Absicht und Handlung. Und dazwischen liegt erst noch eine tiefe Schlucht – die Wunsch-Leistung-Schlucht. Englisch: Wishing-doing-Gap. Das Wollen ist halt einfach bequemer. Doch ein Bedürfnis zu haben, einen Wunsch, einen Vorsatz, ein Ziel, das ist das, was noch nicht reicht. Was es braucht ist volitionale Stärke. Unter Volition versteht man jene durch Willenskraft gesteuerten Fähigkeiten, die notwendig sind, um Motive und Ziele in Ergebnisse umzusetzen. Es geht also um die Überwindung von Unlustgefühlen oder anderen Handlungsbarrieren durch eine willentliche, gezielte Steuerung von Gedanken, Motiven, Emotionen und Handlungen zur Zielerreichung. Volition ist denn auch so etwas wie Umsetzungskompetenz. Motivation beschreibt das Streben nach Zielen oder Ergebnissen; erst wenn Volition (Willenskraft) hinzukommt, werden aus Vorsätzen auch Leistungen und Resultate.

„Der wichtigste Rohstoff des einundzwanzigsten Jahrhunderts, sagen die Politiker, sei die Bildung. Welch ein Irrtum: Die wichtigste, da knappste Ressource unserer Tage ist die Willenskraft." (Steingart 2006) Wer den inneren Schweinehund an der kurzen Leine führt und damit sich selber im Griff hat, startet jeden Tag mit einem kleinen Vorsprung ins Leben. Und das summiert sich.

Dreh- und Angelpunkt sind die bewussten und unbewussten psychischen Vorgänge, mit denen Menschen ihre Aufmerksamkeit, ihre Emotionen, Impulse und Handlungen steuern. Selbstregulation heißt das Stichwort. Wer in die Ferien fährt, kann sich die Blumen gießen und den Kanarienvogel füttern lassen. Wem die Zeit oder die Lust fehlt, regelmäßig mit Fido Gassi zu gehen, der überlässt das einem Hundespazierdienst. Wer sich für die nächste Einladung nicht in die Küche stellen mag, lässt sich durch den Partyservice bedienen. Und wem es stinkt, sich in die Schlange vor der Kasse einzureihen, überlässt den Einkauf bequem den Online- oder andere Diensten. Von überall her verbreiten die Schalmeien den Lockruf des leichten Lebens.

Beim Lernen funktioniert das nicht. Das kann man nur selber. Und dazu braucht es eben eines ganz besonders: die Fähigkeit zur Selbstregulation. Hinter diesem Begriff steckt all das, was man landläufig mit „sich und die Dinge im Griff haben" bezeichnet. Dazu gehört der sozialverträgliche Umgang mit Gefühlen und Stimmungen ebenso wie die Fähigkeiten, Absichten durch zielgerichtetes und realitätsgerechtes Handeln zu verwirklichen. Wer sein Lernen (und Leben) in erfolgreiche Bahnen lenken will, braucht zudem ganz besonders auch die Fähigkeit, kurzfristige Befriedigungswünsche längerfristigen Zielen unterzuordnen. Gut ausgeprägte Fähigkeiten zur Selbstregulation setzen intakte exekutive Funktionen voraus (siehe Seite 186).

3.1.7 Das Ende der Weichspüler

Es leuchtet eigentlich ein: Wer etwas erreichen will, in welchem Lebensbereich auch immer, muss mit konkurrierenden Impulsen umgehen können. Denn meistens hat man durchaus mehrere Optionen. Hausaufgaben machen ist die eine, mit den BF chatten eine andere. Beide Optionen haben ihre Vor- und Nachteile. Und ihre Konsequenzen. Wenn der kurzfristige Lustgewinn immer über die langfristigen Vorsätze siegt, wächst die Diskrepanz zwischen erwünschtem Zustand und wahrgenommener Wirklichkeit. Und das tut den Menschen nicht gut. Wer dazugehören möchte und sich ausgeschlossen fühlt, ist frustriert und leidet. Wer im Modeheft die auf schlank und schön Getrimmten anschaut und selber bei den Übergrößen einkaufen muss, ist frustriert und leidet. Wer schulisch

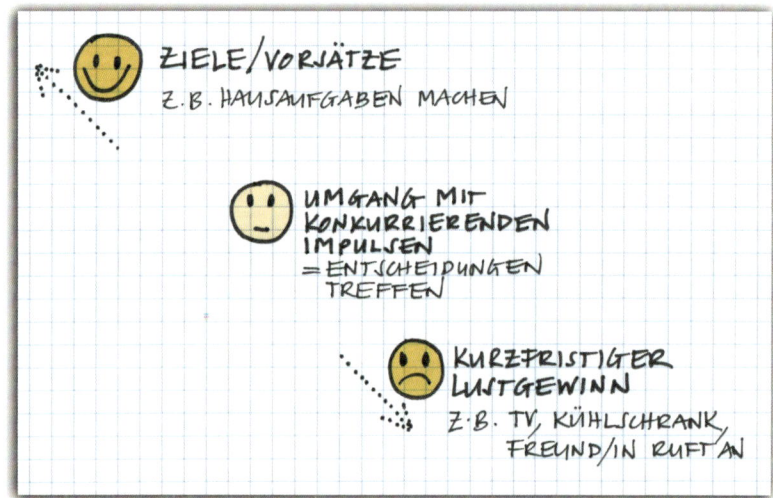

erfolgreich sein möchte, aber dem Reiz der Computerspiele nicht widerstehen kann, ist frustriert und leidet.

Und wer nicht frustriert und leidend sein will, muss weiß Gott etwas unternehmen dagegen. Unternehmen ist das Gegenteil von unterlassen. Das bedeutet: Der frust- und leidensverhindernde akademische, emotionale und soziale Erfolg mit dem damit einhergehenden positiven Lebensgefühl speist sich aus zwei Quellen: Impulskontrolle und Belohnungsaufschub. Damit wird die Fähigkeit umschrieben, kurzfristig auf etwas Verlockendes für die Erreichung langfristiger Ziele zu verzichten. Nun sind offensichtlich diese Fähigkeiten nicht schön gleichmäßig mit der Gießkanne über die Menschen verteilt worden. Der Grad an innerer Strukturiertheit ist sehr unterschiedlich ausgeprägt. Das heißt: Nicht alle Menschen können in gleicher Weise mit Optionen und Freiheiten umgehen.

Die moderne Gesellschaft hat das Land mit einer ganzen Armada von barmherzigen Samaritern überzogen, damit jene, denen es nicht gelingt, ihre Bedürfnisse mit ihren Möglichkeiten in Einklang zu bringen, fürsorglich belagert werden können. Und das Verrückte ist: Mit der Zahl der Samariter und Therapeuten steigt die Zahl der Bedürftigen. Das Angebot bestimmt die Nachfrage. Nicht etwa umgekehrt. „Die Hilfsindustrie" titelte denn auch die Zeitschrift „Stern". Und stellte fest: „Von wegen selbstlose Samariter. Helfen ist ein Geschäft – und was für eins. Es ist die größte Branche Deutschlands. Sie beschäftigt zwei Millionen Menschen, wächst siebenmal so schnell wie der Rest der Volkswirtschaft und verbraucht jeden sechsten Steuereuro." (Wüllenweber 2011)

Das weist darauf hin: Die Hilfsindustrie lebt von Problemen, nicht von Lösungen. Und:

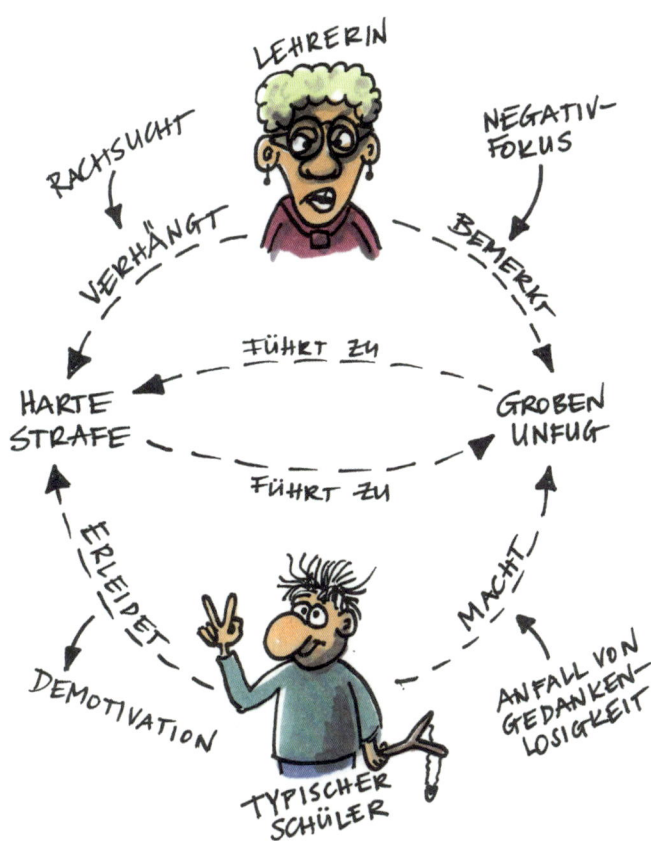

Es geht keineswegs nur um Barmherzigkeit, sondern auch um Geld.

Und es lenkt die Aufmerksamkeit noch auf ein anderes Thema: Die multioptionale Gesellschaft verlangt von den Menschen wahrscheinlich ein höheres Maß an Impulskontrolle und Belohnungsaufschub. An jeder Ecke gibt es etwas zu essen. Zu jeder Tages- und Nachtzeit lässt sich etwas auf den Bildschirm holen. Und viele Menschen, gerade auch Kinder und Jugendliche, sind schlicht und ergreifend überfordert mit den allgegenwärtigen verlockenden Impulsen.

Spätestens hier setzt die Verantwortung von Vorgesetzten, von Lehrern, von Eltern, von Freunden ein. Wer es nicht schafft, Nein zu sagen, braucht jemanden, er es für ihn tut. Bildung und Erziehung ist eine Art von Führungsaufgabe und von Erwartungsmanagement. Es geht darum zu klären, was sein soll. Und wie. Und weshalb. Es geht darum, Grenzen zu setzen, zu zeigen, was geht. Und was nicht.

Solange das nicht geklärt ist, werden in immer neuen und anderen Formen Aushandlungsprozesse inszeniert. Man stelle sich ein Fußballspiel vor, bei dem nicht klar ist, nach welchen Regeln gespielt wird. Da käme Stimmung auf – aber nicht etwa des Spiels wegen. War das jetzt Foul oder nicht? Darf der das? Nein, darf er nicht! Doch, darf er! Der andere durfte das vorher auch! Das ist ungerecht, letztes Mal war das auch Foul. Nein, stimmt gar nicht. Und überhaupt, mach doch kein Theater. Sag das nicht noch einmal, sonst gibt es Zoff. So ihr Zwei, hört doch einmal auf. Ich will aber nicht aufhören.

Übrigens: Dieser Dialog kann sinngemäß auf viele andere Situationen übertragen werden, auch wenn es um Arbeit, Erziehung oder Schule geht. Der Effekt ist der gleiche wie beim Fußball. Die Sache selber tritt in den Hintergrund, dafür rücken Regeln und Grenzziehungen in den Mittelpunkt eines aufreibenden Dauerringkampfes um Rechte und Vorteile und um die Gunst des Augenblicks.

Viele Eltern und Lehrer stellen sich solchen Diskussionen mit rasch nachlassender Entschiedenheit. Also gut, meinetwegen, aber nur einmal! Aber nur heute! Wer's glaubt … Damit stellen sie aber auch sich selber, ihre Autorität, ihre Expertise, zur Diskussion. Und vor allem: ihre Glaubwürdigkeit.

Das heißt: Spielraum und Spielregeln können zwar ausgehandelt werden. Aber irgendeinmal ist das Ende der Fahnenstange erreicht. Und damit auch das Ende der Diskussion. Dann werden die Vereinbarungen eingehalten. Dazu sind sie nämlich da. Und wie man das Recht sucht, über die Dinge zu diskutieren, gibt es auch ein anderes Recht: zu wissen, woran man ist.

Was aber implizit oder explizit zur Diskussion steht (und wenn es auch nur den Eindruck macht) ist nicht vom Tisch. Mit dem Ergebnis, dass unglaubliche Mengen an Energie und Emotionen für immer wieder die gleichen Dinge verschwendet werden. Dabei geht es eigentlich nur darum, eine Kultur aufzubauen, in der „nein" nicht „vielleicht" und „vielleicht" nicht „ja" heißt – und dass nein auch dann nein heißt, wenn die Jugendlichen ihr ganzes Repertoire an Hartnäckigkeit und Emotionalität auf die Bühne bringen.

3.1.8 Etwas wollen heißt: es wollen

„Der Begriff Erwartung", so steht es in Wikipedia, „spielt eine zentrale Rolle in der Soziologie. Zum einen beschreibt er die Annahme eines Handelnden darüber, was ein anderer oder mehrere andere tun würden (antizipatorische Erwartung) bzw. was er oder andere tun sollten (normative Erwartung)." Und gleichenorts ist zu lesen: „Soziologie (lat. socius ‚Gefährte' und -logie) ist eine Wissenschaft, die sich mit der empirischen und theoretischen Erforschung des sozialen Verhaltens befasst, das heißt die Voraussetzungen, Ab-

läufe und Folgen des Zusammenlebens von Menschen untersucht."
„Abläufe und Folgen des Zusammenlebens von Menschen" – das passt ausgezeichnet zur Schule. Und „Annahmen darüber, was andere tun sollten" – das passt auch. Die Schule ist denn auch permanent damit beschäftigt, die Abläufe und Folgen des Zusammenlebens der Menschen zu organisieren. Und zu diesem Behufe stellt sie Normen auf, damit die anderen wissen, was sie tun sollten. So weit, so klar. Nur: Es kommt nicht auf das Vorhandensein von Normen und Regeln an, sondern darauf, was die Menschen damit machen.
Nicht das, was gesagt und geschrieben wird, ist das Maß der Dinge, sondern das, was die beteiligten Menschen tun. Und wie sie es tun. Wer Normen aufstellt, muss sie auch einfordern. Walk the talk. Daran wird er gemessen. Und daran orientieren sich die Menschen bei dem, was sie tun. Wer etwas will (also Erwartungen formuliert und entsprechende Normen aufstellt), muss es auch wollen. Sonst heißt die Botschaft: Da wird zwar etwas gesagt, aber das gilt eigentlich nicht. Wenn in farbigen Lettern verkündet wird „Wir sind pünktlich", dann heißt das: Alle sind pünktlich. Alle! Denn sonst würden Normen verletzt. Und wenn Normen verletzt werden dürfen, steht Ärger ins Haus.
Einer, der dafür schlüssige Beweise liefern konnte, heißt Kees Keizer. In einer kalten Dezembernacht im Jahre 2005 verunstaltete er innerhalb einer Viertelstunde eine Hauswand in Groningen mit Graffiti. Sein Glück: Er wurde nicht erwischt dabei. Denn er hätte den Polizisten eine lange Geschichte erzählen müssen, eine Geschichte, die 1969 begann. In diesem Jahr nämlich parkierte Philip Zimbardo, Professor an der Stanford University, einen alten Oldsmobile in der New Yorker Bronx, entfernte die Nummernschilder und öffnete die Motorhaube. Aus sicherer Distanz konnte er dann beobachten, wie Plünderer und Vandalen das Auto innerhalb von 26 Stunden zu einem Wrack machten. Als Zimbardo das Experiment in der kalifornischen Universitätsstadt Palo Alto wiederholte, geschah erst einmal gar nichts. Im Gegenteil: Passanten schlossen sogar die Motorhaube, als es zu regnen begann. Doch als der Professor nachts mit dem Vorschlaghammer ein Loch in die Windschutzscheibe schlug, da

>> **Die größten Schwierigkeiten liegen** da, wo wir sie **suchen**. <<
(Johann Wolfang von Goethe)

war es auch im vornehmen Palo Alto vorbei mit der Zurückhaltung. Innerhalb kürzester Zeit war vom Auto nicht mehr viel übrig. Philip Zimbardo zog daraus den Schluss, dass Anzeichen des Verfalls die Bereitschaft zu destruktivem Verhalten erhöhten – auch in einer vornehm-beschaulichen Universitätsstadt.
Ein paar Jahre später griffen Georg L. Kelling und James Q. Wilson das Experiment wieder auf und entwickelten aus den Erkenntnissen die sogenannte „Broken-Windows-Theorie": Sobald bei einem leer stehenden Haus eine Scheibe eingeworfen wird, nimmt die weitere Zerstörung blitzartig ihren Lauf. Daraus zog man den Schluss, dass selbst harmlose Übertretungen wie Graffiti oder herumliegender Abfall eine Art Signal darstellten, sich nicht an Normen und Regeln halten zu müssen. Diese Hintergründe hätte Kees Keizer der Groninger Polizei erzählen müssen, wäre er dabei erwischt worden, als er in jener

Dezembernacht zum ersten Mal in seinem Leben eine Hauswand besprayte. Denn für seine Doktorarbeit hatte er sich ein paar eigenwillige Experimente ausgedacht. Und für eines davon brauchte er eben eine verunzierte Hauswand.

Ein paar Wochen zuvor hatte sich Kees Keizer schon einmal nächtlicherweise in der gleichen Gasse zu schaffen gemacht. Eigentliches Ziel war der große Fahrradparkplatz. Dort stellte er auf jeder Seite ein Verbotsschild für Graffiti hin. Dann befestigte er an allen abgestellten Fahrrädern einen Flyer eines nicht existierenden Sportgeschäftes mit der Aufschrift: „Wir wünschen allen frohe Festtage" – und beobachtete, was geschah. Da es keine Abfalleimer gab, hatten die Besitzer der Fahrräder nur zwei Möglichkeiten: Sie konnten den Flyer mitnehmen oder ihn einfach auf den Boden werfen – was ein Drittel der Radfahrer denn auch tat.

Keizer wiederholte die Aktion, nachdem er die Wand mit Spraydosen verunstaltet hatte. Und siehe da: Jetzt waren es plötzlich 69 Prozent, die den Zettel einfach achtlos wegschmissen. Die Bilanz erstaunte ihn: Wenn offensichtlich eine Norm verletzt worden war (Graffiti trotz Verbotsschild) setzten sich doppelt so viele ganz normale Menschen über die geltenden Konventionen (man schmeißt Abfall nicht einfach auf den Boden) hinweg. Das reichte Keizer aber noch nicht. Zusammen mit Siegwart Lindenberg und Linda Steg dachte er sich ein weiteres Experiment aus. Er schloss den Eingang des Parkplatzes eines Krankenhauses mit einem mobilen Gitter, so dass lediglich ein schmaler Durchgang offen blieb. Am Gitter befestigte er zwei Verbotstafeln: „Keine Fahrräder anketten" und „Kein Durchgang, bitte Nebeneingang benutzen". Dann kettete er vier Fahrräder ans Gitter – 82 Prozent der Passanten drängten sich trotz des Verbotsschildes durch den schmalen Durchgang. Ohne die angeketteten Räder waren es lediglich 27 Prozent – dreimal weniger. Die Erkenntnis hatte sich bestätigt: Normverletzungen animieren die Menschen, die Kinderstube zu vergessen und sich über Anstand und Regeln hinwegzusetzen. Mehr noch: Wird offensichtlich eine soziale Norm nicht eingehalten, sind ganz normale Bürger sogar bereit zu strafbaren Handlungen. „Keizer steckte einen Briefumschlag mit einem gut sichtbaren Fünf-Euro-Schein im Sichtfenster zur Hälfte in einen Briefkasten der holländischen Post, so dass der Geldschein gut zu sehen war. Den Briefkasten versah er im ersten Fall mit Graffiti, im zweiten verstreute er etwas Abfall in der Umgebung, im dritten war alles sauber. Wieder waren die Resultate eindeutig: Wenn der Briefkasten sauber war, stahlen 13 Prozent der Passanten das Geld, in den beiden anderen Fällen doppelt so viele. ‚Was ich sah, ließ mich an der Menschheit zweifeln', sagt Keizer heute. Selbst alte Mütterchen wurden unter dem Eindruck des verdreckten Briefkastens zu Diebinnen." (Schneider 2011)

Was heißt das für die Schule? Sie muss klar „lesbar" sein für die Beteiligten. Die Lesbarkeit bezieht sich keineswegs nur auf das, was von den Hauspoeten an Leitbildern und Regeln zusammengedichtet wird. Es bezieht sich auch und gerade auf das, was an Verhaltensnormen unausgesprochen erwartet wird. Und im Prinzip gibt es nur zwei Möglichkeiten. Eine Norm, eine Regel wird entweder eingefordert – oder abgeschafft. Wer zulässt, dass trotz eines Verbots geraucht wird, muss sich nicht wundern, wenn auch der Umgangston rüder wird.

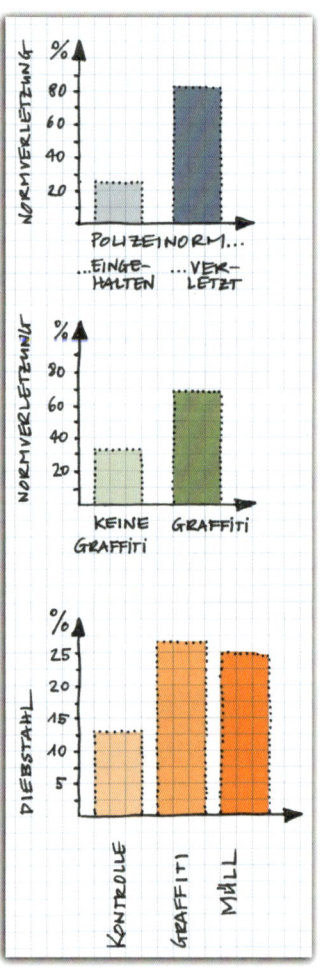

3.1.9 Identifikation stiften

Führen – und die meisten Arbeiten im Kontext von schulischem Lernen sind Führungsaufgaben – führen heißt also unter anderem: Entscheidungen treffen (auch für andere). Es heißt: Optionen beschränken. Wer den Sumpf trockenlegen will, darf nicht die Frösche fragen. Das setzt auch einen gewissen Mut zur Unpopularität voraus. Menschen brauchen manchmal halt Menschen, die sich verantwortlich fühlen und bereit sind, sich hinzustellen und Entscheidungen zu treffen. Die entscheidende Frage ist allerdings, wie man das macht und auf welcher Grundlage. Man kann ja hinten anfangen, dann wenn jemand sich in einen Schlamassel geritten hat. In einem solchen Fall kann man als rettender Engel erscheinen. Das ist dem eigenen Ego sicher nicht abträglich. Und wenn sich jemand immer und immer wieder durch alle Fettnäpfe hindurch in irgendeinen Schlamassel reitet, kann man immer und immer wieder den rettenden Engel mimen. Da tut man sich selber auf jeden Fall etwas Gutes. Den Kindern und Jugendlichen hilft man überhaupt nicht, wenn man ihnen immer alle Steine aus dem Weg räumt und schon vorauseilend eine Entschuldigung für jedes Verhalten bereithält. Aber eines ist klar: Es ist für alle Beteiligten die bequemere Tour.

Denn grundsätzlich gilt: Wer helfende Hände sucht, findet sie am Ende seiner Arme. Deshalb ist es ungemein schwieriger, jemandem

zu helfen, gar nicht erst in den Schlamassel zu kommen. Das artet nämlich schnell einmal in Arbeit aus, in Leistung, in Anstrengung. Und die Bereitschaft, sich in den Hintern zu kneifen, die hängt natürlich direkt zusammen mit der Erwartung und der Gewissheit, dass die Anstrengung sich lohnen wird. Schön und gut: Aber viele machen selten bis nie die Erfahrung, dass es sich in vielerlei Hinsicht lohnen kann, die kuschelige Wohlfühlzone zu verlassen und sich am Riemen zu reißen. Wem diese Erfahrung als häufiges positives Erlebnis fehlt, weiß zumindest Anstrengungen weit-

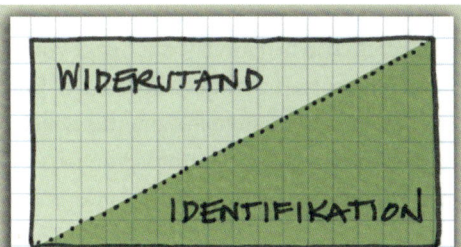

Widerstand:

Konfrontation, Kompensation, So-tun-als-ob, Depression, Umgehung
Widerstand abbauen heißt: Identifikation schaffen

Identifikation:

mit Personen, Sachen, Kontexten (Peers, Normen …)
Förderung der Beziehung zu sich, zu anderen, zu Sachen

räumig zu meiden. Umgehungsstrategien sind nur eine Form von Widerstand. Und klar: Je größer der Widerstand, desto geringer ist die Identifikation.

Wer die Anstrengungsbereitschaft fördern will, muss sich nicht gegen den Widerstand stemmen, sondern Identifikation stiften. Und das heißt: Wer Menschen helfen will, die Unbequemlichkeit zu mögen, muss Identifikation stiften. Für die Schule heißt das: Unbequeme Entscheidungen brauchen ein

>> **Wer seinen Kindern einen schlechten Dienst erweisen** will, räume ihnen alle Steine aus dem Weg. <<

Gegengewicht: Beziehung. Denn Menschen akzeptieren nur dann freiwillig einen Auftrag, wenn sie den Menschen akzeptieren, von dem er kommt. Das Vertrauen in die fachliche und vor allem menschliche Kompetenz und Integrität des Lehrers ist deshalb eine der Grundlagen dafür, dass Lernende sich auf den unbequemen, anstrengenden Weg ins steile Gelände schulischen Lernens zu begeben bereit sind. Und dass sie das sogar mit einem gewissen Stolz tun. Jemand traut ihnen etwas zu. Und das will man nicht ohne Not leichtfertig aufs Spiel setzen.

3.1.10 Ein paar alte Tugenden können nicht schaden

Dinge, die gelingen, machen Spaß und Freude. Etwas geschafft zu haben, das ist ein saugutes Gefühl. Das Gefühl ist deshalb so saugut, weil das, was man geschafft hat, auch hätte scheitern können. „Wann ist Freude des Lernens möglich, Freude wörtlich ge-

nommen, im Unterschied zu Behagen oder Zufriedenheit?", fragt Reinhard K. Sprenger. Und seine Antwort: „Nur unter der Bedingung des Scheiterns. Nur das mögliche und bewusst in Kauf genommene Scheitern – und das meint das Übende, Experimentierende, Risikoreiche – lässt die Explosion der Freude und der Selbstwirksamkeit spürbar werden. Wo Effizienz und schneller Gebrauchswert im Vordergrund stehen, da gibt es keine Freude, sondern Grinsen." (Sprenger 2009)

In Kauf nehmen, dass es auch misslingen kann, es trotzdem (oder gerade deswegen) versuchen, vielleicht im zweiten oder dritten oder fünften Anlauf erfolgreich sein damit – das ist Lernen, das Spaß macht.

Doch: Es gibt mehr Menschen, die aufgeben, als solche, die scheitern. Und häufig kommen Lernende nicht einmal dazu, aufgeben zu können, weil sie schon gar nicht erst begonnen haben. „Sie, ich verstehe das nicht." Oder: „Sie, ich kann das nicht."

Lernen ist halt – wie jede andere Tätigkeit auch – mit Anforderungen verbunden. Es gibt Anforderungen, die mehr oder weniger von außen kommen, also Dinge, die man tun muss. Und es gibt selbstinitiierte Anforderungen, also Dinge, die man tun will. Anforderungen, das ergibt sich aus dem Wort selber, fordern heraus, eine Leistung zu erbringen. Nun sind aber Anforderungen nicht so, wie sie sind, sondern so, was die einzelnen Menschen aus ihnen machen. Ob Anforderungen hoch sind oder tief, schwierig zu erfüllen oder einfach, das hängt vom Menschen ab, an die sie gestellt werden. Für eine kleine querschlanke Person, die vielleicht nicht übergewichtig, aber untergroß ist, lohnt sich schon der Anlauf nicht, wenn die Hochsprunglatte auf zwei Metern liegt. Jesse Williams dagegen beginnt auf dieser Höhe mit dem Training. Ähnlich verhält es sich mit andern – zum Beispiel schulischen oder beruflichen – Anforderungen. In welchem Ausmaß eine Anforderung – zum Beispiel einen Text verfassen – für jemanden zur Belastung wird, hängt weniger von der Anforderung ab als vielmehr vom betroffenen Individuum. Ausschlaggebend sind sogenannte Vulnerabilitäts- oder Resilienzfaktoren.

Vulnerabilität (lateinisch vulnus ‚Wunde') bezeichnet Faktoren der Verwundbarkeit oder Verletzbarkeit. Solche Menschen tun sich schwer mit Anforderungen. Sie gehen nicht konstruktiv mit ihnen um, sie umgehen sie. Sie neigen dazu, Dinge aufzuschieben und Probleme statt Lösungen in den Fokus zu nehmen. Die Aufgabe, einen Text zu schreiben, ist also erst einmal schwierig. Eigentlich unlösbar. Und es ist im Fall voll unfair, immer dermaßen schwierige und zeitraubende Aufgaben zu stellen. Die Mutter (oder der Vater oder die BF oder der Therapeut) ist auch der Meinung, das sei unzumutbar. Zudem ist das ja nicht das Einzige, was ansteht. Und ausgerechnet heute, wo noch „Dschungelcamp" und „Deutschland sucht den Superstar" im Fernsehen kommen. Außerdem weiß ich gar nicht, wie ich das machen soll. Und überhaupt ...

Resilienzfaktoren dagegen sind jene Stärken, die Menschen in die Lage versetzen, mit Anforderungen konstruktiv umzugehen. Sie verfügen über die nötige Willenskraft, sind committed, also quasi Bekennende, können mit Widerständen umgehen und verfügen über ein elaboriertes methodisches und strategisches Repertoire.

Und: Sie verfügen über ein paar klassische Tugenden. Allgemein formuliert sind Tugenden – fast so etwas wie ein Unwort in der modernen Anything-goes-Gesellschaft – einfach positive menschliche Eigenschaften. Neugier und Freude am Lernen zum Beispiel gepaart mit einer großen Portion Enthusiasmus und gewürzt mit einer Prise Humor sind Eigenschaften, die einen öffnen für Neues, für Ungewohntes. Das Neue, die „Kür", braucht als Pendent die „Pflicht", also Eigenschaften wie Fleiß, Beharrlichkeit, Disziplin. Und wenn dann noch Charakterzüge wie Bindungsfähigkeit, Bescheidenheit und Dankbarkeit dazukommen, dann ist man mit diesen leicht antiquiert und verstaubt klingenden Tugenden beileibe nicht schlecht gerüstet für die Reise ins unwegsame Gelände des modernen Lebens.

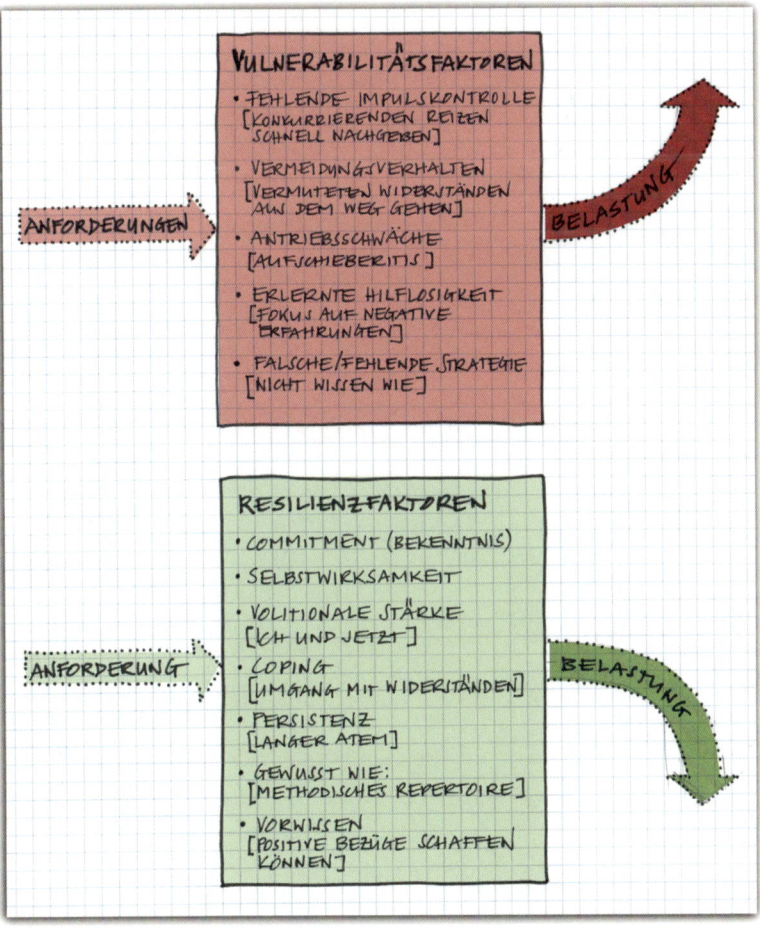

3.2 Gesellschaftliche Megatrends

Tugend, Pflichtgefühl, Dankbarkeit, Bescheidenheit – das sind Begriffe, die anmuten wie Szenen einer Bergpredigt in einem uralten Heimatfilm. Aber wahrscheinlich war nicht jede Bergpredigt in jedem Heimatfilm schlecht. Und ähnlich verhält es sich mit der Schule. Sie steckt in einem Dilemma. Einerseits kann sie ihre Herkunft nicht verleugnen. Das ist an sich kein Problem. Aber sie reproduziert sich selbst. Das hingegen ist ein Problem. Denn sie kann auf keine eigentliche Veränderungstradition zurückblicken. Strukturen und Muster dahinter sind oft wie aus Beton gegossen und mit maximaler Angstarmierung verstärkt. Gründe: Die Bildungsbürokratie hat das System fest im Griff und das Berechtigungsmonopol hat sich mit einer Aura des Unantastbaren umgeben können.

Andrerseits ist die Schule Teil einer Gesellschaft, die sich in einem umwälzenden Veränderungsprozess schwindlig wandelt. Im letzten halben Jahrhundert ist kaum ein Stein auf dem anderen geblieben. Das Beispiel der Kommunikationstechnologie macht deutlich, wie innerhalb von ein paar wenigen Jahren eine Gesellschaft sich neu erfindet (sagen die einen) oder auf dem Weg ist, sich abzuschaffen (sagen die anderen).

Die wirtschaftlichen, sozialen und technischen Entwicklungen der letzten fünfzig Jahre stellen eine Projektionsfläche für die zukünftige Gesellschaft dar und geben Auskunft darüber, wie sehr – oder wie wenig – es selbst bei sorgfältigster Berücksichtigung aller Prognosen gelingen wird, zutreffende Aussagen über die Welt in fünfzig Jahren zu machen. Aber genau das wird die Welt sein, auf die das heutige Bildungssystem die Kinder und Jugendlichen vorzubereiten hat.

Die junge Generation kommt immer stärker unter Druck. Vielfältige Faktoren (politische und wirtschaftliche Situation, soziales Umfeld, ökologischer Ausblick) beeinflussen die Zukunftsperspektiven der Jugendlichen. Bildung wird zwar immer als erfolgversprechendster Weg in die Zukunft dargestellt.

Aber die Menschen im System (vor allem die Jugendlichen) sind ja auch nicht blind und blöd. Eines entgeht ihnen deshalb nicht: Die vielen tausend Stunden, die sie in der Schule auszusitzen haben, haben mit ihrer Lebenswelt meist herzlich wenig zu tun.

Die besten Propheten warten zuerst die Ereignisse ab. Doch: Der geschärfte Blick in die Kristallkugel und die eingehende Lektüre des Kaffeesatzes lassen die Vermutung zu, dass die Dynamik der Veränderungen nicht am Abflauen ist. Im Gegenteil! Diese veränderte und sich verändernde Gesellschaft prägt die Menschen. Und diese Menschen bevölkern die Bildungssysteme. Auch ohne genau hinzuschauen sind ein paar Trends (Trend = Grundtendenz, Richtung, in die eine Entwicklung geht) auszumachen, die das Bildungswesen heute und in Zukunft vor Herausforderungen stellen, die ans Eingemachte gehen.

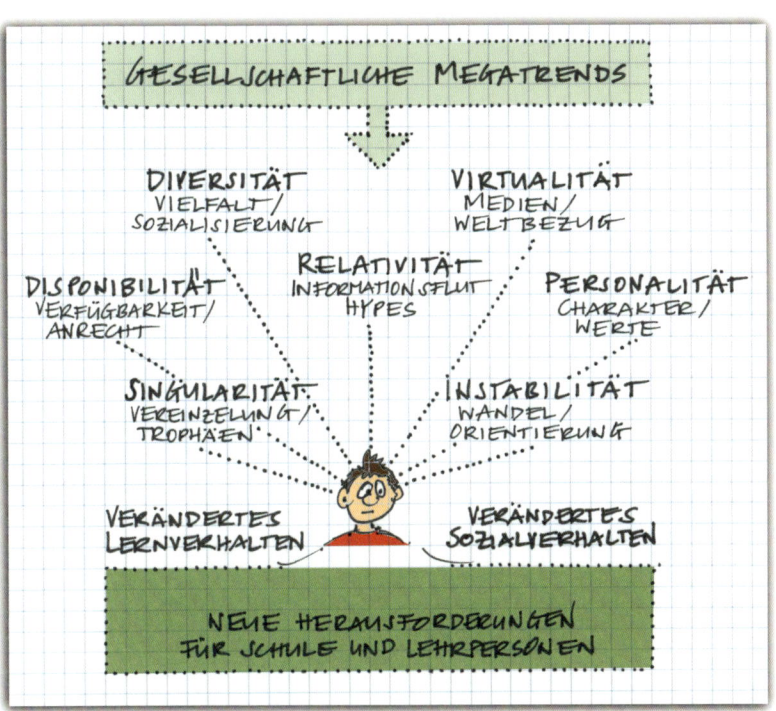

3.2.1 Diversität: Matthäus-Prinzip

„Oft beklagen sich die deutschen Fans darüber, dass Nationalspieler die Hymne vor den Partien nicht singen, nicht einmal summen – ja, meist sogar gänzlich schweigen. Und in diesen Tagen kommt es recht häufig vor, dass bei ‚Einigkeit und Recht und Freiheit' die Münder der Spieler geschlossen bleiben. Denn im deutschen Kader, der gerade bei der U21-Europameisterschaft in Schweden um den Titel kämpft, befindet sich ein Dutzend Spieler, deren Vorfahren nicht aus Deutschland kommen." (WeltKompakt vom 18.06.09) Das ist nur ein Beispiel von unzähligen, das zeigt: Die Sozialisierungshintergründe von Kindern und Jugendlichen weichen zunehmend voneinander ab. Das beschränkt sich keineswegs auf die offenkundigen kulturellen und ethnischen Unterschiede. Es geht um prägende Lebensgewohnheiten. Und diese Lebensgewohnheiten haben sich radikal verändert.

Natürlich waren die Kinder und Jugendlichen schon früher unterschiedlich. Aber sie kamen aus ähnlichen Sozialisierungssystemen. Es waren ähnliche Themen, um die es ging. Es waren ähnliche Bedeutungen, die mit der Sprache transportiert wurden. Das hat sich durch die gesellschaftlichen Umwälzungen radikal verändert. Die explosionsartig zunehmende Menge an Möglichkeiten führt auch dazu, dass die Art und Weise, wie Menschen ihre Zeit gestalten, ebenso vielfältig ist. Und vom Papierfalten weiß man: Viele Falten ergeben auch viele unterschiedliche Formen und Betrachtungsweisen. Vielfalt eben.

Wenn die Menschen (zum Beispiel in der Schule) so viele unterschiedliche Herkünfte haben, so viele unterschiedliche Dinge tun, dann wissen sie auch sehr unterschiedlich viel über unterschiedliche Dinge. Und sie haben sehr unterschiedliche Erfahrungen gemacht. Der kurzen Rede langer Sinn: Vorwissen und Vorerfahrungen können kaum unterschiedlicher sein.

Ein Beispiel: „Für die Schule bereit?", fragte sich die Bildungsdirektion des Kantons Zürich und gab eine Lernstandserhebung in Auftrag. Beim Eintritt in die ersten Klassen wurde geklärt, welche Kenntnisse und Fähigkeiten die Kinder bereits mitbringen. Knapp vier Fünftel aller Erstklässler hatten den Lernstoff des Schuljahres schon intus. Beim Start! Ein weiteres Fünftel hätte sich bereits am ersten Schultag mit dem Stoff der zweiten Klasse beschäftigen können.

Beim Lesen sah es nicht wesentlich anders aus. Nur etwa fünf Prozent der Kinder kennen beim Schuleintritt noch keine Buchsta-

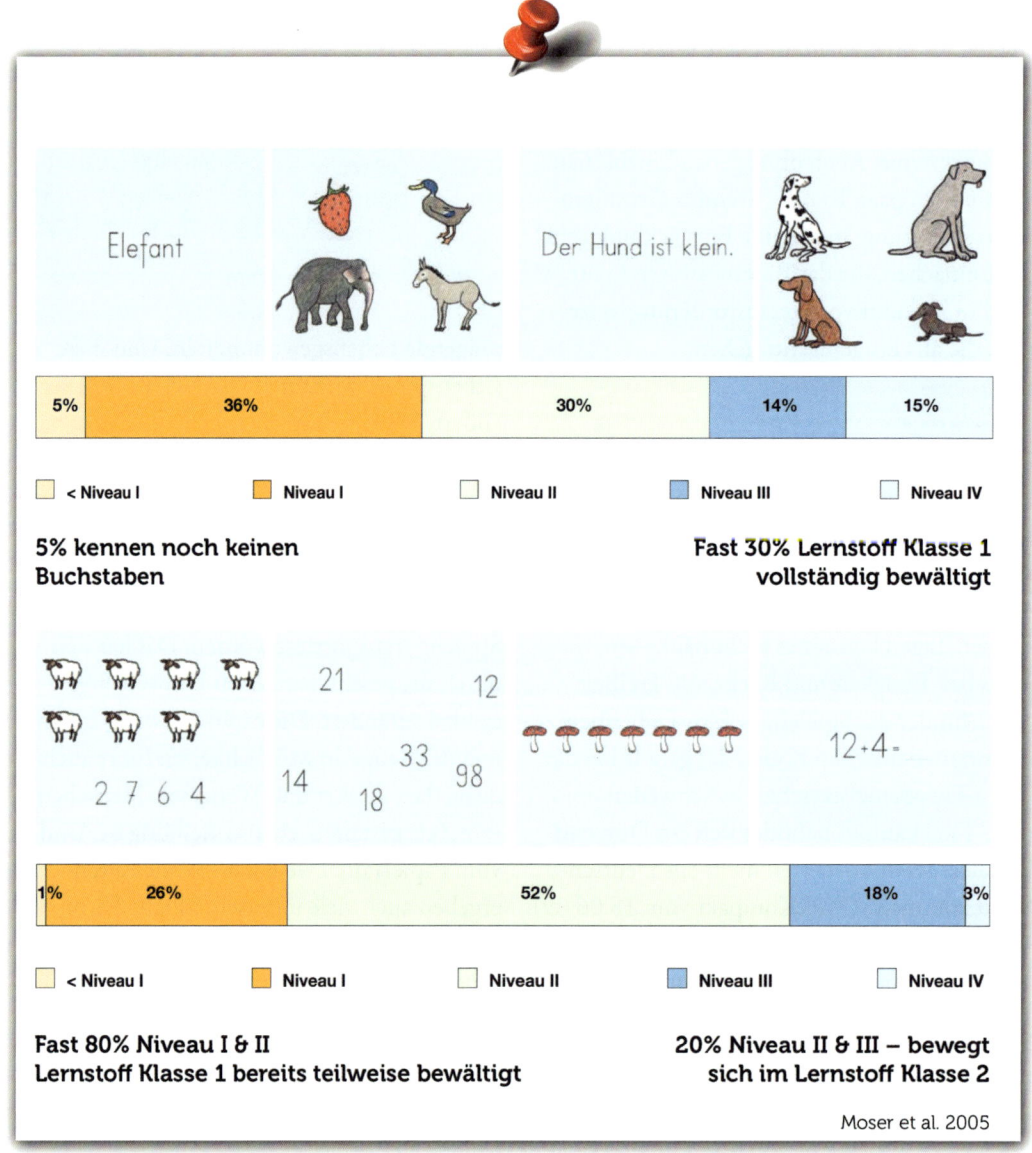

Moser et al. 2005

ben. Etwa ein Drittel steigt mit gewissen Vorkenntnissen ein, ein weiteres Drittel verfügt bereits über einen Teil der Kenntnisse der ersten Klasse. Und wiederum fast ein Drittel könnte das Schuljahr überspringen und gleich mit den Zweitklässlern arbeiten (Moser/Stamm/Hollenweger 2005). Die Kinder bringen also schon beim Eintritt in die Schule in allen Bereichen sehr unterschiedliche Voraussetzungen mit. Sie passen damit weder in einen Lehrplan noch in eine Jahrgangsklasse. Und das hat fundamentale Konsequenzen. Denn: Lernen ist – zugegebenermaßen etwas plakativ ausgedrückt – eigentlich nichts anderes, als etwas Neues gedanklich zu verbinden mit etwas, das schon da ist. Wenn nichts „da" ist, also kein Ankerpunkt, keine neuronale Andockstelle, dann wird das „Neue" im Prinzip einfach durchgewunken.

Wer „Hobart" hört oder liest und keine Ahnung hat, dass es eine Insel namens Tasmanien gibt und dass diese Insel südlich von Australien liegt, wird auch nicht auf die Idee kommen, dass es sich bei „Hobart" um die Hauptstadt eben dieser Insel handelt.

Wer aber schon die eine oder andere Reise nach Down Under mit Abstechern nach Tasmanien unternommen hat, der wird bei „Hobart" ganz andere Gedanken und Gefühle haben. Assoziationen heißt das Stichwort – Dinge, also Sinneseindrücke, Gedanken, Erinnerungen, Erfahrungen, bewusst oder unbewusst miteinander in Beziehung setzen. In der gedanklichen Welt des Lernens spielen Assoziationen, Verbinden und Vernetzen eine zentrale Rolle. Lernen ist gleichsam Spinnerei, das Weben von Netzen und das Knüpfen von Zusammenhängen. Das bedeutet: Je unterschiedlicher die Menschen, desto unterschiedlicher ihr Vorwissen und ihre Vorerfahrungen. Das bleibt nicht ohne Wirkung. Denn:

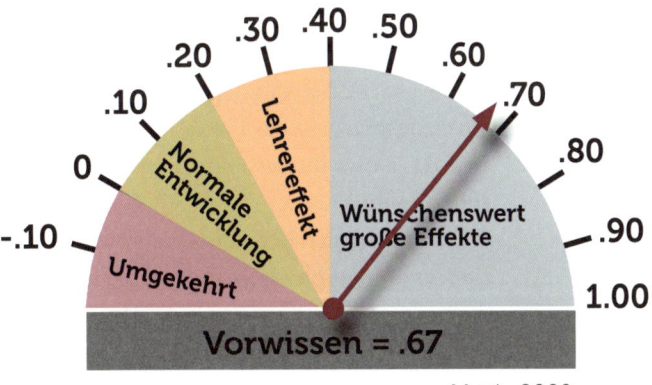

Hattie 2009

Vorwissen und Vorerfahrungen sind mit von den wichtigsten Faktoren, wenn es um erfolgreiches Lernen geht. Matthäus-Prinzip wird das auch genannt: „Denn wer hat, dem wird gegeben, und er wird in Fülle haben; wer aber nicht hat, dem wird auch, was er hat, genommen werden." (Matthäus 25.29) Das heißt: Unterschiede akkumulieren Unterschiede akkumulieren Unterschiede akkumulieren Unterschiede …

● **Blickpunkt Schule:**
Wer also will, dass Lernende ihre Arbeit in der Schule erfolgreich gestalten können, muss das Prinzip der geschlossenen Marschkolonne

Situation	Wo stehst du? Ausgangslage Vorwissen/-erfahrungen
Erwartungen	Wo willst/musst du hin? Ziele Erfordernisse
Wege	Wie kommst du dorthin? Optionen Lösungsansätze
Ressourcen	Was brauchst du? Gelingensbedingungen Unterstützung

auflösen. Denn es gibt nichts Ungerechteres als die gleiche Behandlung von Ungleichen. Ausgangspunkt ist das Interesse am Einzelnen, das aktive Interesse am Lernenden als Individuum.

› Er befindet sich in einer bestimmten Situation, er kommt physisch und mental irgendwo her. Er bringt Kenntnisse, Erfahrungen und mentale Modelle mit.

› Er trägt – bewusst oder unbewusst, explizit oder implizit – irgendwelche Ziele, Intentionen, Bedürfnisse zu Markte. Er will etwas oder hat das Gefühl, etwas wollen zu müssen. Er sieht sich mit unterschiedlichen Erwartungen konfrontiert.

› Bekanntlich führen ja verschiedene Wege nach Rom (oder zum Ziel). Welche Möglichkeiten bieten sich, den Zielen und Erwartungen gerecht zu werden? Der Lernende muss erkennen, welche Wege sich auftun. Er muss erkennen, welche Lösungsansätze sich ergeben. Und er muss abzuschätzen in der Lage sein, was die jeweiligen Folgen sein könnten.

› Damit aus einer Absicht eine Handlung wird, braucht es eine gewisse Erfolgswahrscheinlichkeit. Damit stellt sich für den Lernenden (und die Lehrperson) die Frage nach den Gelingensbedingungen. Was braucht es, damit das Vorhaben zum Erfolg führt? Welche Ressourcen sind erforderlich? Welche Unterstützung? Der konstruktive Umgang mit Vielfalt versetzt die Schule in die Pflicht, wegzukommen von kollektiven Verbindlichkeiten (alle tun dasselbe in gleicher Weise) hin zu individuellen Verbindlichkeiten.

3.2.2 Virtualität: Welt aus der Steckdose

Casablanca gehört zu den wahren Klassikern der Filmwelt. Unvergänglich die melodramatischen Szenen in Rick's Café. „Play it once, Sam. For old times' sake", bittet Ilsa. Sam, der Pianist gibt sich ahnungslos: „I don't know what you mean, Miss Ilsa." Doch Ilsa lässt nicht locker: „Play it, Sam. Play ‚As Time Goes By'." Als eines der bekanntesten Zitate ist diese Szene – leicht verfälscht – in die Filmgeschichte eingegangen: Play it again, Sam. Und „spiel es noch einmal" kommt auch

DAMIT WIR EINE GERECHTE AUSLESE HABEN, LAUTET DIE PRÜFUNGSAUFGABE FÜR SIE ALLE GLEICH: KLETTERN SIE AUF DEN BAUM!

heute als unausgesprochene Aufforderung den (jungen) Menschen aus allen Bildschirmen entgegen. Und wie Sam Ilsas Wunsch nicht abschlagen konnte, fällt es auch den jungen Menschen schwer, sehr schwer sogar, den Verführungen der Bildschirmmedien zu widerstehen.

Zitat eines Viertklässlers: „Ich spiele lieber drin, wo die Steckdosen sind." Und tatsächlich: Etwa 90 Prozent ihrer Zeit verbringen Kinder und Jugendliche drinnen. Und damit es ihnen nicht langweilig ist, sitzen oder liegen sie vor Bildschirmen. „Gamen" heißt das Zauberwort. Stundenlang und bis in den Morgen hinein, jenseits aller Grenzen des guten Geschmacks. Ein Beispiel: Fünfzehnjährige, die sich dem Spiel World of Warcraft verschrieben haben, beschäftigen sich durchschnittlich fast vier Stunden damit. Pro Tag, wohlverstanden! Aber das ist ja nur ein Teil. Wem dieser Schwachsinn zu anstrengend ist, wälzt sich einfach vor die Glotze.

In praktisch jedem Haushalt, in dem Kinder aufwachsen, stehen ein Fernseher und ein Computer mit Internetzugang. Fast die Hälfte der Kinder haben ein eigenes Gerät in ihrem Zimmer.

Und es ist sonnenklar: Wenn junge Menschen so viel Zeit sitzend oder liegend oder etwas dazwischen vor Bildschirmen verbringen, bleibt das nicht ohne Folgen. Manfred Spitzer gibt zu bedenken: „Die negativen Effekte der Medien auf den Körper werden nur noch von einem übertroffen: den negativen Auswirkungen auf den Geist, nimmt man die kognitiven, emotionalen und personalen Prozesse zusammen. [...] Jugendliche haben zunehmend Schwierigkeiten, sich zu konzentrieren, etwas zu lesen und zu verstehen oder gar einen zusammenhängenden Text zu Papier zu bringen. Ihre Fähigkeit zur Konzentration und zur Versprachlichung von Gedanken hat ebenso abgenommen wie ihre soziale Kompetenz. Denn zur Dummheit gesellt sich eine merkwürdige Dumpfheit. Viele Jugendliche wissen nicht mehr, wie man sich verhält und benimmt: Wenn zwei sich streiten, dann schreitet man nicht ein, sondern zückt das Handy und filmt das Ganze." (Spitzer 2010)

Den digitalen Menschen kommt die Welt abhanden: Bewegungsarmut, eine zunehmende Beziehungslosigkeit ist eine, die abnehmende „Bodenhaftung" mit entsprechender Entfremdung zur realen Welt eine andere Begleiterscheinung. Vor den Bildschirmen treffen nämlich drei Faktoren aufeinander, die maßgeblich das Verhalten der Menschen beeinflussen: die Qualität der Inhalte, die Menge an Zeit und der Grad an Eigenaktivität.

■ Stichwort Qualität:

Der amerikanische Medienkritiker Neil Postman ahnte schon vor vielen Jahren: „Wir amüsieren uns zu Tode". Und in der Tat: das mediale Dauerfeuer des belanglosen Schwachsinns gibt ihm Recht. Kein Thema scheint den heutigen Quotenjägern zu seicht und keine Show zu einfältig zu sein. Es gibt deshalb eigentlich nur einen passenden Ort für die Lektüre des Fahrplans durch diese Seichtgebiete (also des Fernsehprogramms): die Toilette. Doch das klassische Fernsehen wird ohnehin mehr und mehr verdrängt durch immer neue Varianten digitaler Onlinedrogen. Die Verbreitung des Internets über alle möglichen Kanäle und handlichen Geräte hat eine neue Dimension in die Mediennutzung gebracht. Bereits kleine Kinder sind in der hochgetakteten Cyberwelt zu Hause. Sie haben die Möglichkeit, sich von überall her alles Mögliche und Unmögliche auf Bildschirme und Displays zu holen. Das tun sie auch. Unkon-

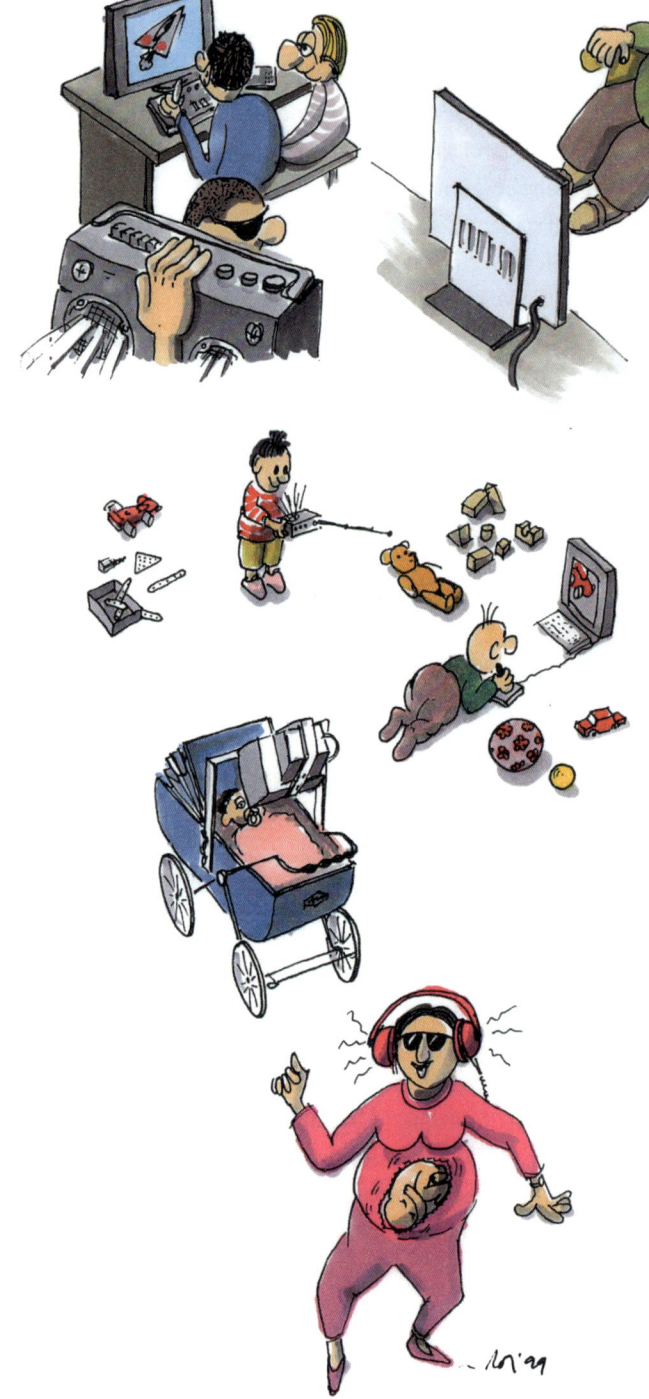

Medien – lebenslang

trolliert. Und ohne Maß. Das hat zur Folge, dass bereit die Jüngsten mit Themen und Situationen konfrontiert werden, die schlicht und ergreifend nicht für sie bestimmt sind. Kein Wunder, dass im Sorgenbarometer der Schweizer Bevölkerung dubiose Geschäftspraktiken und Pornografie im Internet weit oben rangieren – zusammen auch mit „Überschuldung durch unkontrollierten Konsum". Allein schon der ungehemmte Zugang zu all den digitalen Müllhalden auf dem Internet stellt für die meisten (jungen) Menschen eine Überforderung dar. Immer mehr öffnen sich aber auch die Abgründe über der interaktiven Mitgestaltung der Cyberwelt. Es klingt fast ein bisschen tränenrührig, wie die Menschen dank der modernen Technik endlich wieder kontaktfreudig werden und sich quasi permanent digital in die Arme fallen. Doch im Cyberspace werden keineswegs nur Nettigkeiten ausgetauscht. Im Gegenteil: Der Rufmord im Netz gehört zum normalen Alltagswahnsinn. Wer früher auf dem Schulhof seinen besten Feind beschimpfen wollte, musste sich immerhin noch persönlich zu erkennen geben. Das ist vorbei. Das Netz akzeptiert auch Fantasienamen. Und es deckt damit die „Anonymitäter", die sich auf den digitalen Netzweg begeben, um anderen zu schaden. Und zynischerweise bezeichnen sich die entsprechenden Cyberwelten als „soziale Netzwerke". Was daran ist wohl sozial, wenn versteckte und offene Verunglimpfungen zur Tagesordnung gehören und fast jedes zweite Mädchen mehr oder weniger direkt mit sexuellen und pornografischen Themen konfrontiert wird?

■ Stichwort Zeit:

Der amerikanische Neurologe Daniel Levitin war der geistige Vater der sogenannten 10 000-Stunden-Regel. Er hat nämlich herausgefunden, dass Menschen, die in irgendeiner Sache wirklich Spitze sind, sich etwa zehntausend Stunden damit beschäftigt haben.

In den Vereinigten Staaten verbringen Kinder und Jugendliche bereits fast ein Drittel des Tages mit digitalen Medien. Hierzulande bringen es die Kids im Durchschnitt immerhin auch auf stattliche fünf Stunden. Pro Tag. Siebenmal die Woche. Um auf die ominösen zehntausend Stunden zu kommen, reichen also gut fünf Jahre. Die meisten Kinder sind also schon veritable Experten im Konsumieren von digitalem Fastfood, wenn sie den ersten Fuß in die Schule setzen.

In diesen zehntausend Stunden haben sie viel gelernt. Sie haben zum Beispiel gelernt, per Knopfdruck oder Mausklick dafür zu sorgen, dass es ihnen nicht mehr langweilig ist. Damit haben sie sich zu Experten entwickelt für den sofortigen Lustgewinn. Die Folge dieses flächendeckenden Subito-Trainings ist ein Verlust an Gratifikationsaufschub. Dabei ist klar: Gerade diese Fähigkeit, also auf etwas kurzfristig Verlockendes zugunsten eines längerfristigen Ziels verzichten zu können, ist eine der Grundlagen des Lernerfolges. Übrigens: Die Zeit, die Kinder und Jugendliche in der Schule verbringen, beläuft sich im Durchschnitt eines Kalenderjahres auf etwa drei Stunden pro Tag. Das ist damit ein bisschen mehr als die Hälfte der Zeit, die die digitalen Medien in Anspruch nehmen …

■ Stichwort Aktivität:

Einen erschreckend großen Teil ihrer Lebenszeit werden Kinder und Jugendliche mit digitalem Müll zugeschüttet. In einer Art von Erfahrungs-Autismus verlernen sie vor allem eines: das Tun. Ihre Erlebniswelt schrumpft auf die Größe eines Flachbildschirms oder eines Handydisplays zusammen.

Wer Tag für Tag etliche Stunden vor dem Bildschirm sitzt, muss ja die Zeit anderswo wettmachen. Gespart wird vor allem an Schlaf und Bewegung. Körper und Geist brauchen aber für eine gesunde Entwicklung genau das: Schlaf und Bewegung. Die Bewegung hat dabei sauschlechte Karten: Sie ist kein Konsumgut. Da muss man schon etwas tun dafür. Und das ist um einiges unbequemer als drin bei den Steckdosen.

Die sitzende und liegende Lebensweise der heutigen Jugendlichen bleibt nicht ohne Folgen: 90 Prozent gehören zu den Couch-Potatoes: Sie kommen nicht annähernd auf den täglichen Bewegungsumsatz, den sie eigentlich nötig hätten. Oder anders gesagt: Dürftige zehn Prozent bewegen sich ausreichend. In Zahlen: 10 %! Der ungesunde Fastfood setzt dann noch so richtig einen drauf. Für Manfred Spitzer ist deshalb klar: „Fernsehen macht dick, dumm und aggressiv." (Spitzer 2010)

Kinder bewegen sich also viel weniger als früher. In der digitalen Welt sind vor allem Zeigefinger und Magen aktiv. Und auch der Schulweg hatte noch vor ein paar Jahren ein anderen Stellenwert: „Jeden Morgen wartete Roberto vor den Briefkästen, dann gingen wir los: 1242 Schritte bis zur Schule, 1242 Schritte voller Abenteuer. Durch die Unterführung hoch zu den grauen Blockbauten, vorbei an einem Holzzaun, der heute noch genauso riecht wie damals, vorbei am Haus der Freulers, von denen es hieß, sie hätten eine zwei Meter große Dogge, obwohl, gesehen haben wir sie nie, vorbei am Haus der Niederwiesers, unserer Religionslehrerin, deren Wintergarten wir je nach Jahreszeit mit Schneebällen oder Erde bewarfen.

Neben meinem Siegestor gegen den fiesen FC Dübendorf und den Sommersprossen meiner Nachbarin von schräg gegenüber blieb mir aus meiner Kindheit nichts lebhafter in Erinnerung als mein Schulweg. Jede Straßendelle, jeder Riss im Beton, jedes Gebüsch erzählt eine Geschichte: die Treppenstufe, über die ich fiel, als ich nach Hause rannte, um die Abfahrt der Herren nicht zu verpassen: Peter Müller wurde Vierter, ein Österreicher verlor seinen Stock, gewann trotzdem, und mein Knie, das blutete.

Der Gang zur Schule ist die erste Reise ohne Eltern. Zum ersten Mal allein unterwegs, zum ersten Mal alleine entscheiden: Wo geh ich durch? Welche Abkürzungen nehme ich? Und: Wie schaffe ich es, dass mich Jasmin bemerkt? Der Schulweg ist das Initiations-Ritual der Kindheit – und er stand noch nie so im Verruf wie heute.

Deshalb beginnt für viele der 74 500 Erstklässler in der Schweiz morgen der erste Schulweg nicht auf dem Fußweg, sondern in der Tiefgarage. ‚Autofahrten ersetzen zunehmend den Schulweg zu Fuß', heißt es in einer umfassenden Erhebung zum Verkehrsverhalten in der Schweiz. Und: Dieser Trend hat wohl erst begonnen." (Batthyany 2007)

Also: Zurück auf die Bäume! Kinder und Jugendlichen fehlt die Zeit in der Natur. „Im Wald gibt es Zecken. Und Mücken. Die Angst der Eltern lässt den Aktionsradius ihrer Kinder schrumpfen. Ohne Abenteuer im Lebendigen aber gehen die Glanzmomente der Kindheit verloren. [...] Ein perfektes Biotop ist dafür nicht vonnöten. Ein Stück Brachland um die Ecke reicht. [...] Was Kinder benötigen, sind sinnliche Erfahrungen in Freiheit. Nicht mehr, nicht weniger. Und so schwer wir es akzeptieren können: Zu dieser Freiheit gehört auch ein bisschen Risiko, ein bisschen echte Gefahr." (Weber 2010)

● **Blickpunkt Schule:**

Vor wenigen Schülergenerationen gehörte die Bewegung im Freien zum normalen Alltag. Da war das Sitzen in der Schule eine Art Ausgleich. Heute ist es genau umgekehrt. Daraus ergeben sich entsprechend neue Aufgaben. Schulen müssen zu Orten der Aktivierung werden. Des Tuns. Des Herstellens. Des Handelns. Dabei geht es mitnichten um die Frage einer zusätzlichen Turnstunde. Vielmehr geht es darum, sich als handelndes Wesen überhaupt wahrnehmen zu lernen, Aktivität und

Bewegung als integrale Bestandteile des täglichen Schullebens Zeit und Raum zu geben. Zeigen, vergleichen, erklären, illustrieren, konstruieren, entwickeln, gestalten, modellieren, herausfinden, sichten, schneiden, messen ... – Lernen ist ein Prozess von sich wechselseitig beeinflussenden Tätigkeiten. Ein Wie, nicht ein Was. Apropos Tätigkeiten: Sitzen und zuhören sind die am wenigsten geeigneten, wenn es um Lernen geht! Es geht darum, eigenaktiv etwas hervorzubringen. „Wenn diese Koppelung mit konkreter Sinneswahrnehmung für einen Begriff nicht vorhanden ist, nie gelernt wurde, bleibt dessen Bedeutung vage. [...] Begriffe sind verarmt, wenn während des Lernens nie die Möglichkeit bestand, die Gegenstände, auf die sie sich beziehen, auch zu hören, zu sehen, zu riechen und zu fühlen. Das Wissen bleibt dann blutleer, so dass Menschen sich nicht wirklich einen Begriff von ihrer Umwelt machen können." (Kiefer 2008)

Das Ziel heißt also: offline gehen, Aktivitäten initiieren. Dazu gehört einmal der Sport. Ein regelmäßiges Clubtraining beispielsweise, das nicht der körperlichen Fitness zuträglich ist, sondern darüber hinaus auch soziale und personale Kompetenzen (z.B. sich zur Teilnahme verpflichtet fühlen) stärkt.

Aber es ist eben nicht nur der Sport, schon gar nicht einfach die zusätzliche Turnstunde. Es geht einerseits um ein umfassenderes Verständnis von Aktivität und andererseits um eine Verstärkung des unmittelbaren Weltbezuges. Dazu gehören besonders auch echte Kontakte mit echten Menschen. Lernen durch Engagement beispielsweise heißt eine breit angelegte Initiative, die Schulen einlädt, sich aktiv an Projekten zu beteiligen. Etwas Sinnstiftendes tun, sei es im Naturschutz, in der Landwirtschaft, im sozialen Bereich – überall dort, wo man froh ist um helfende Hände. Das tut den Jugendlichen nicht nur gut, das macht sie auch stolz. Der Schule bieten sich aber auch im ganz normalen Rahmen eine Menge Möglichkeiten, die Lernenden aktiv und forschend Erfahrungen machen zu lassen – von der Physik im Bach über die Chemie beim Feuer entfachen und die Biologie unterwegs in der Natur.

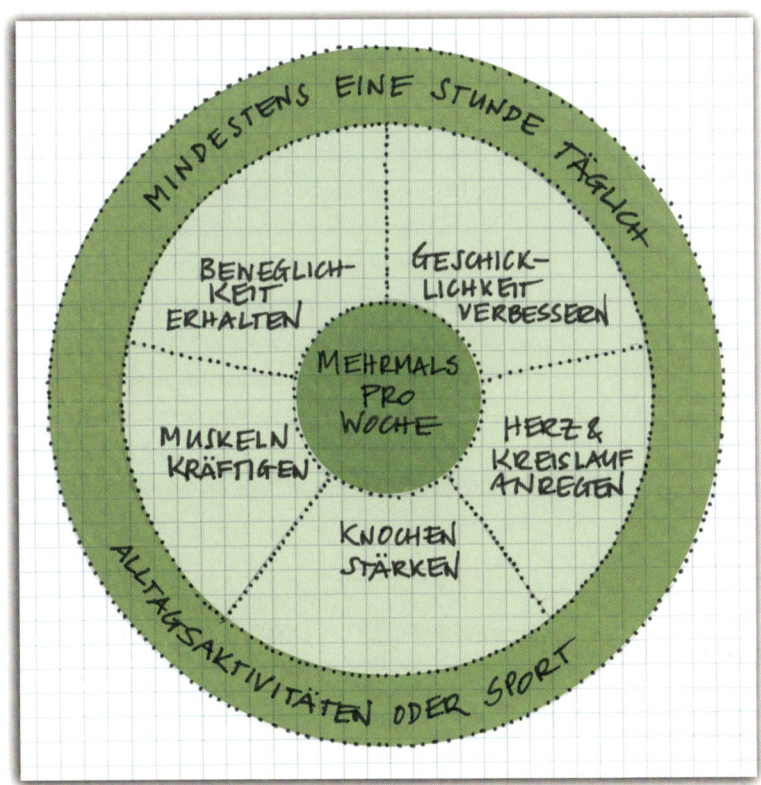

3.2.3 Relativität: Informationsflut schafft Wissenswüsten

Pierre Victurnien Vergniaud war einer der Führer der Girondisten in der Französischen Revolution. Doch es kam zum Umsturz. Die Jakobiner unter Robespierre und Marat schafften es, die Girondisten verhaften und hinrichten zu lassen. 21 von ihnen verloren innerhalb von vierzig Minuten ihren Kopf unter dem Fallbeil. Pierre Victurnien Vergniaud erlebte die Hinrichtung seiner politischen und persönlichen Freunde und wurde als Letzter zum Schafott geführt. Erschüttert stellte er fest: „Die Revolution ist wie Saturn, sie frisst ihre eigenen Kinder."

Ein kleiner Blick in die Geschichte zeigt: Die Französische Revolution war nicht die einzige. In den letzten paar Jahrhunderten sorgte der eine oder andere Umsturz für neue Verhältnisse. Und nicht immer für bessere.

Die Revolution freilich, die vielleicht am meisten verändert und umgestürzt hat, ist jene der Information. Die Menschen haben es geschafft, immer wirkungsvollere Medien zu erfinden, um Informationen zu speichern und zu transportieren.

Seit etwa 1450 gibt es den Buchdruck mit beweglichen Lettern, seit etwa 1600 Zeitungen im heutigen Sinne, seit etwa 1850 die elektrische Telegrafie, seit etwa 1880 das Fernsprechen, seit etwa 1920 den Hörrundfunk, seit etwa 1950 das Fernsehen, zuerst in Schwarz-Weiß, dann in Farbe, und seit etwa 1970 kennen wir die Datenübertragung.

Auf der Liste der einflussreichsten Menschen der letzten tausend Jahre nimmt Johannes Gutenberg den Spitzenplatz ein. Der Erfinder des Buchdrucks löste eine eigentliche Informationsrevolution aus. Und von da an ging im wahrsten Sinne des Wortes die Post ab. Neue, immer komplexere und wirkungsvollere Medien kamen hinzu: Satellitenfernsehen, Kabelfernsehen, Faksimilezeitung, Teletexte, Datenbanken, schließlich das Internet. Menge und Umschlagsgeschwindigkeit von Wissen explodierten.

1845 hat Alexander von Humboldt alles Wissen über die physische Welt in einer Enzyklopädie namens Kosmos zusammengetragen. Fast tausend Seiten umfasst die alle Bände vereinigende Neuauflage mit allen Vor- und Nachworten.

Die aktuellste Auflage der Brockhaus Enzyklopädie dagegen hat heute 30 Bände, 24 500 Seiten und 300 000 Artikel.

2006 umfasste die deutsche Ausgabe der Online-Enzyklopädie Wikipedia 300 000 Artikel. Bis Mitte April 2012 hatte sich die Zahl auf 1 390 114 Artikel mehr als vervierfacht. Humboldts Kosmos ist für einen eifrigen und geübten Leser noch einigermaßen verkraftbar. Auf dem Weg durch die Artikel-Million von Wikipedia würde ihm aber nicht nur die Lust, sondern auch das Leben ausgehen. Wie hat

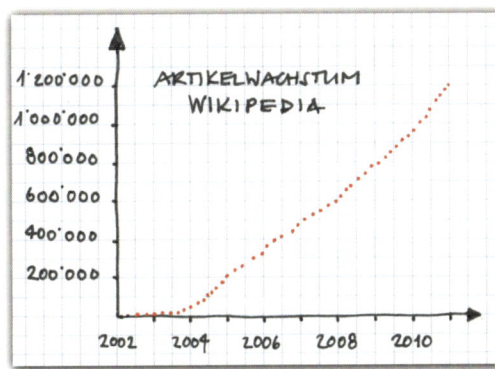

Vergniaud gesagt: Die Revolution frisst ihre Kinder.

In einer unvorstellbaren Menge werden heutzutage Informationen produziert und unters Volk gebracht. Rund um die Uhr. Ohne Unterbruch. Zeitverzugslos werden sie bis in den hintersten Winkel der Erde gepumpt. Diese Flut bewältigen zu wollen ist etwa ähnlich Erfolg versprechend wie der Versuch, aus einem voll aufgedrehten Feuerwehrschlauch einen Schluck Wasser zu trinken.

Der tägliche kommunikative Overkill nutzt sich an den Nutzern ab. Folge: Ein Kampf um die begrenzt verfügbare Gunst des allseits umworbenen Informationskonsumenten.

Und es ist ein Kampf mit harten Bandagen. Denn es steht viel Geld auf dem Spiel. Also muss man sich etwas einfallen lassen, um die Nutzer auf seiner Seite und damit auf seinen Seiten zu haben: Große Buchstaben, laute Töne, schnelle Schnitte.

Aufmerksamkeit um jeden Preis heißt die Devise. Eine mediale Hysterie jagt die nächste. Sie dauert immer so lange, bis eine Kuh mit größeren Hörnern durchs Dorf gejagt wird. Dann muss ein neuer Überbrüller her. Oder ein alter wird aufgewärmt. Damit schafft die mediale Überdosis eines: Sie kultiviert die Aufregung zum gesellschaftlichen Dauerzustand. Aber bis weit unter die Oberfläche der Schlagzeilen werden Information meist nicht zur Kenntnis genommen. Eigentlich paradox: Die Flut an Informationen befruchtet nicht, sie führt zu Wissenswüsten. Denn je mehr Informationen den Menschen zugemutet werden, desto weniger davon werden genutzt. Die mehr oder weniger professionelle Medienflut ist aber nur ein Teil des Problems. Denn die Werbung ringt ja auf allen Seiten und Kanälen auch noch um einen Teil des knappen Guts namens Aufmerksamkeit. Und Methoden und Botschaften der Werbung sind ja nicht gerade das, was man als unaufdringlich und zimperlich bezeichnen könnte. Dazu kommt, dass die staatliche Regulierungsmaschinerie den Menschen eine exponentiell ansteigende Flut von Vorschriften zumutet, dass Gebrauchsanweisungen ganze Bücher füllen und die Deklarationsvorschriften auf einem profanen Joghurtbecher als Manuskript für wissenschaftliche Vorlesungen dienen können.

Schnuller am Ohr

Und nicht zu vergessen: Ein erheblicher Teil der täglichen Desinformation ist hausgemacht. Denn schließlich ist man online und phont smart. Welche weltbewegenden Themen über die Datennetze ausgetauscht werden, wird gewahr, wer zum Beispiel Zug fährt. Denn die Menschen lassen einen ja ungeniert an ihren Gesprächen teilhaben. Man vernimmt, was es zu essen gibt. Man erfährt, wer mit wem und wie lange schon. Man muss nicht mehr zum Fenster rausschauen, denn die Mitreisenden lassen ja per Handy den interessierten Rest der Welt immer wissen, auf welchem Bahnhof der Zug gerade zum Stehen kommt. Und wann er wohl abfahren wird. Und dass es hier auch regnet. Auf diese Weise werden digitale Medien nicht nur zu kommunikativen Heinzelmännchen des belasteten

Alltags, sondern auch und vor allem zu veritablen sozialen Netzwerken. Denn die Teilhabe an den Freuden und Sorgen der redseligen Mitmenschen mit dem Handy am Ohr und dem Herz auf der Zunge vermitteln das tiefe Gefühl sozialer Eingebundenheit.

Das ist nicht alles: Man kann ja auch noch Mails empfangen. Deshalb piepst und zirpt es in einem Zugabteil immer so, als säße man inmitten einer Überpopulation von Grillen in einer Heuwiese. Kein Wunder, dass Google allein zum Thema „Mailflut" 120 000 mehr oder weniger hilfreiche Beiträge liefert. Das hat fast ein bisschen eine medizinische Komponente, drohen die Mails doch zur Arterienverkalkung moderner Lebensformen zu werden.

Die Jugendlichen scheinen in besonderer Weise von Smartphones und anderen poppigen Varianten von technischem Schnickschnack fasziniert zu sein. 98 Prozent der 12- bis 19-jährigen Schweizer besitzen ein multifunktionales Handy. Und mehrere Zehntausend von ihnen gelten als süchtig im Sinne einer Verhaltenssucht. Sie kennen kein Maß mehr, verlieren die Kontrolle, leiden unter Entzugserscheinungen – kurz: Sie sind vom „Stoff" aus dem Handy abhängig. Tendenz zunehmend. Das heißt: Die Jugend simst und phont, was das Zeug hält, zu jeder Tages- und Nachtzeit – ein virtuelles Sehen und Gesehenwerden. Man trifft sich, ohne sich zu treffen. Das heißt aber auch: Es ist für Kinder und Jugendliche heutzutage nicht mehr nötig, mit Eindrücken allein zu sein wie früher, als die Welt noch ein einziges Funkloch war. Das Handy wird mithin zur Nabelschnur mit der Welt oder – wie man will – zum Schnuller am Ohr. Denn immer ist jemand da, der sich um einen kümmert. Kinder und Jugendliche gewöhnen sich damit an den seelischen Kokon eines Kleinkindes. Bei der kleinsten Kleinigkeit brauchen sie jemanden, dem sie sich mitteilen können. Oder jemanden, der ihnen Zuspruch gibt. Oder beides. Damit verlernen sie, mit Alleinsein, mit Freuden, aber auch und vor allem mit Niederlagen eigenständig umzugehen.

● **Blickpunkt Schule:**
Lernende stehen tagtäglich bis zum Hals in einer Flut von Informationen. „Absitzen" wäre in einer solchen Situation der falsche Auftrag. Und „zuhören" ginge dann auch nicht mehr. Die Schule muss folglich wirkungsvolle Strategien entwickeln, um dem medialen Overload nachhaltig zu begegnen. Die falsche Strategie wäre: in Konkurrenz treten und medial noch eins draufsetzen zu wollen. Da zieht die Schule gegenüber den

professionellen Anbietern wohl immer den Kürzeren. – Und ebenso falsch wäre: sich digital anbiedern und über diese neuen Schläuche den alten Wein feilhalten zu wollen. Das durchschaut der Dümmste. Ergebnis: Zwar machen die Jugendlichen medial munter mit und nehmen die neuen Schläuche auf, den alten Wein lassen sie aber nach wie vor stehen. Die mediale Offensive der Schule verkommt leicht zur Beschäftigungstherapie – mit dem technischen Spielgerät, nicht mit Inhalten. Die Devise muss deshalb heißen: Weniger (und zwar viel weniger) ist mehr. Oder neudeutsch: ahead to basics. Lernende könnten mehr, wenn sie weniger vom faden Informationsbrei vorgesetzt kriegten. Weniger heißt aber nicht einfach: weniger vom Gleichen. Sondern mit „weniger" verbindet sich die Forderung nach „besser". Also: Qualität vor Quantität.

Qualitätsstichwort 1: beteiligt

Die schulische Informationsgestaltung muss dem Ziel dienen, die Lernenden zu aktivieren – mit allen ihren Sinnen. Sie verstehen sich nicht als passive Empfänger von vorgedachtem abstraktem Wissen. Sie verstehen sich als aktive Gestalter und sie fühlen sich als Teil davon, indem sie aus etwas Fremdem etwas Eigenes machen. Sie erwecken die Informationen zum Leben. Schon vor 200 Jahren gab Gottfried Herder zu bedenken: „Seine Gedanken kann mir der Lehrer nicht eingeben, eintrichtern. Meine Gedanken muss er wecken, damit sie meine, nicht seine Gedanken sind."

Qualitätsstichwort 2: persönlich

Der Sinn der Botschaft entsteht immer beim Empfänger. Lernende müssen sich angesprochen fühlen, persönlich angesprochen. Sie brauchen Antwort auf die Frage, wahadamimizutu – was hat das mit mir zu tun? Weg von kollektiven (alle tun) hin zu individuellen Verbindlichkeiten heißt die Melodie. Oder wie Bruce Springsteen sagt: Play to the individual, not to the crowd.

Qualitätsstichwort 3: direkt

Die Welt ist der beste Lehrmeister, heißt ein altes Sprichwort. Klar: Der direkte Weltbezug liefert jede Menge Bits und Bytes für alle Sinne. Für alle Sinne! Damit ist die Unmittelbarkeit des „Ernstfalls" gleichsam eine natürliche Triebfeder für sinnstiftendes Lernen. Denn Lernen ist an Erlebnisse, an Erfahrung, an Begegnung, an Betroffenheit und Sinnstiftung gebunden. Und nicht zu vergessen: Der direkte Weltbezug ist das einzige Medikament gegen den grassierenden Erfahrungs-Autismus.

3.2.4 Disponibilität: Supermarkt des Lebens

Meike lebt in einer Wohngemeinschaft – in einer fiktiven. Drehbuchautoren haben für die Leute von heute über die Jugend von heute (so wie sie sie sich vorstellen) eine Reality-Soap geschrieben. Und die „Welt kompakt" hat reingeschaut: „Meikes Horizont reicht bis zum nächsten Nagelstudio. Ihr Wortschatz besticht durch den redundanten Gebrauch der Vokabel ‚Ey'. Meike kann nicht zeichnen, träumt aber von einem Praktikum in einem Tattoo-Studio. Es könnte der Beginn einer wunderbaren Karriere werden. In der neuen Fernseh-WG befindet sich Meike in bester Gesellschaft. Es ist ein eigener Kosmos, der von spätadoleszenten Checkern und Chicks bevölkert wird. Als Barkeeper, Promoter oder Fitnesstrainer können sie es sich leisten, so herumzulaufen, wie sich RTL-Drehbuchautoren die Jugend von heute vorstellen. ADHS-geplagt, hormongesteuert und exhibitionistisch veranlagt. Gemeinsam stellen sie sich der größten Herausforderung, der Berufsanfänger seit dem Zweiten Weltkrieg ausgesetzt waren: Wohin mit der vielen Tagesfreizeit?" (Hildebrandt 2011)

Solche Fernsehwirklichkeiten liegen in der Regel weitab vom Stoff, aus dem das normale Alltagsleben das Drehbuch schreibt. Ein Thema aber hat weniger mit „Soap" und mehr mit „Reality" zu tun: Was machen (junge) Menschen mit ihrer Zeit?

sinnerfüllter Tagesablauf

Langeweile

Und in der Tat: Mit seiner freien Zeit sinnvoll umzugehen, das fällt offensichtlich nicht allen Menschen leicht. Denn es braucht ein gewisses Maß an Bereitschaft und Fähigkeit, dem inneren Schweinehund sagen zu können, wo's lang geht – und zwar so, dass er es auch glaubt. Und tut! Wer dazu nicht ausreichend fähig und willens ist, hat ein Problem: zu viel unausgefüllte Zeit. Die Folge: Langeweile. Das ist nun aber ein schlechter Begleiter in einer Welt des ungehinderten Zugangs zu den gepriesenen Lustbarkeiten. Viele Kinder und Jugendliche konsumieren digitale Überdosen – aus Langeweile. Sie konsumieren Drogen und Alkohol – aus Langeweile. Und aus der gleichen Langeweile heraus werden Vandalenakte begangen. Ganz oben auf dem Sorgenbarometer des Schweizerischen Konsumentenforums steht denn auch das Thema „Alkoholmissbrauch und die zunehmende Gewaltbereitschaft der Jugendlichen" (Konsumentenforum 2011). Und in Deutschland wird alle elf Minuten ein Jugendlicher zwischen 15 und 25 wegen Cannabis- oder Alkoholkonsums ins Krankenhaus eingeliefert (news4teacher 2012). Alle elf Minuten. 365 Tage im Jahr. Damit hat sich die Zahl der Fälle allein in den letzten zehn Jahren verdoppelt.

Die Menschen verfügen heutzutage über zeitlichen Freiraum – eine ätzend lange Weile. Das hat mit veränderten Lebensbedingungen zu tun. Wer ein paar Tage in freier Natur verbringt, merkt sofort, wie viel Zeit es in Anspruch nimmt, für die allernötigsten Dinge zu sorgen. Selbstverständlichkeiten – essen beispielsweise – arten sofort in Arbeit aus: Holz sammeln, Feuerstelle bauen, Feuer entfachen, Wasser holen und abkochen ... Auch wenn man den Fisch nicht selber fangen und das Reh nicht selber jagen muss, sondern sie in Filetform mitgenommen hat, es gibt viel zu tun. Und es braucht viel Zeit.

Bis vor ein paar Jahrzehnten beschränkte sich das nicht auf die Wildniswoche oder die Campingferien. Das ganz normale Alltagsleben war mit Arbeit verbunden. Wer es warm haben wollte in der Stube, wer etwas essen und wer das auch noch aus sauberem Geschirr tun wollte, alles gab zu tun. Und die Kinder hatten sich an dieser Arbeit zu beteiligen. Die Menschen waren eingespannt in die Bewältigung des Alltags.

Die fortschreitende Modernisierung der Lebensformen nötigt den Menschen immer weniger Alltagsarbeit ab. Und: Sie gibt ihnen mehr Zeit. Viel mehr Zeit. Die Frage ist: Was machen sie damit? Antwort: konsumieren. Die Gesellschaft hat sich zu einer Konsumgesellschaft entwickelt. Synonyme dafür sind Überflussgesellschaft, Wohlstandsgesellschaft oder auch Wegwerfgesellschaft.

Alles ist vorhanden, nicht nur Zeit. Konsumenten können im Supermarkt aus einem Sortiment von 40 000 Artikeln auswählen. Erdbeeren gibt es im Winter. Skifahren kann man im Sommer in der Halle. Die Illusion der unbeschränkten Verfügbarkeit begegnet einem auf Schritt und Tritt. Gegessen wird nicht mehr am Morgen, am Mittag und am Abend, gegessen wird, wenn man gerade Lust hat – Döner hier, Hamburger da, Sushi dort. Ein Gang durch die Stadt ist ein Gang entlang des internationalen All-you-can-Eat.

Prozesslose Gesellschaft

Vor noch nicht allzu vielen Jahrzehnten war zwar das Leben aufwändiger, nicht nur in Haus und Garten, auch im Handwerk. Aber: Die Dinge hatten dadurch einen erkennbaren Weg. Die Karotten wurden gesät, gepflegt, geerntet, gegessen. Für den Tisch wurde Holz getrocknet, gesägt, verarbeitet, geschliffen. Dabei geht es nicht um einen verklärten Blick in die gute alte Zeit. Die ist erstens noch nicht so alt und war zweitens auch nicht nur gut.

Es geht um etwas anderes: Die Menschen hatten einen Bezug zu den Dingen. In der Kleinräumigkeit der Lebenswelten haben sie mitbekommen, wie die Sachen entstanden sind. Hinter den Dingen stand eine Geschichte. Heute weiß man zwar, dass die Milch auf dem Regal im Supermarkt steht. Und wie ist sie dorthin gekommen? Natürlich, mit dem Lastwagen. Aber wo Pommes Frites wachsen und in welchem Land Spaghetti geerntet werden, das wissen schon nicht mehr alle.

Die technische Modernisierung der Gesellschaft hat dazu geführt, dass die Entstehungsprozesse sich der Wahrnehmung entziehen. Die Gesellschaft ist auf eine Art prozesslos geworden. Produkte entstehen nicht, sie sind einfach da. Massenweise. Und wenn etwas defekt ist, wird es ersetzt. Flicken? Fehlanzeige. Die Gesellschaft wird deshalb nicht nur Konsum-, sondern auch Wegwerfgesellschaft genannt. Für diesen achtlosen Umgang mit den Dingen gibt es seit ein paar Jahren sogar einen unverdächtigen Begriff: Littering. Dazu das Bundesamt für Umwelt auf seiner Homepage: „Littering, das unbedachte oder absichtliche Fallen- und Liegenlassen von Abfall unterwegs, verursacht den Gemeinden Mehrkosten. Erstmals werden für die Schweiz die durch Littering im öffentlichen Raum und in öffentlichen Verkehrsmitteln verursachten Reinigungskosten systematisch erhoben. Die Studie zeigt, dass in der Schweiz gesamthaft jährlich rund 200 Millionen Franken durch Littering anfallen." Zweihundert Millionen pro Jahr. Einfach weil Menschen zu faul oder

zu achtlos sind, um ein paar Schritte zum nächsten Abfalleimer zu gehen. Eine konsumsatte dumpfe Bequemlichkeit macht sich breit. Die „Zuvielisation" geht einher mit einer exponentiell ansteigenden Vernachlässigung des Verursacherprinzips. Irgendjemand wird schon dafür sorgen, dass aufgeräumt wird. Und wenn nicht – auch egal.

Alles was Recht ist

Auf allen Kanälen und auf allen Seiten wird pausenlos die unbeschränkte Verfügbarkeit der Lustbarkeiten im Supermarkt des Lebens suggeriert. Damit wird gleichzeitig auch ein Anrecht suggeriert, sich aus den scheinbar so prall gefüllten Regalen bedienen zu können. Einfach so. Doch Mark Twain ist da anderer Meinung: „Die Welt schuldet Ihnen nichts, denn sie war vor Ihnen da!" Recht hat er. Dennoch: „Recht" scheint den heutigen Menschen weitaus wichtiger zu sein als „Pflicht". Ein paar kleine Beispiele: Zum Stichwort „Bürgerpflichten" liefert Google 28 700 Nennungen. Für „Bürgerrecht" ist die Auswahl mit 2 800 000 hundert Mal größer.

Noch viel häufiger, deutlich über drei Millionen Mal, ist „Patientenrechte" zu finden. Eine Pflicht auf gesundes Leben findet dagegen kein Recht auf Erwähnung.
Hoch im Kurs ist dagegen das Recht auf Arbeit. Nach Artikel 23 der Allgemeinen Erklärung der Menschenrechte wird es als elementares Menschenrecht betrachtet. Eine Pflicht auf gute Arbeit sucht man da freilich vergebens.
Dieser Logik folgend dürfen nach geltender Rechtsprechung die Arbeitszeugnisse nur wohlwollend formuliert sein – so als gäbe es niemanden, der eine lausige Arbeit abliefert. Um den Schein zu wahren, finden sich dann in den Arbeitszeugnissen vor den Kulissen wohlklingende Formulierungen, die hinter den Kulissen ins Gegenteil verkehrt werden. Eine verkehrte Welt. Aber immerhin: Der rechtliche Schein bleibt gewahrt.

● Blickpunkt Schule:

Auch wenn man manchmal das Gefühl haben könnte, einem parlamentarischen Untersuchungsausschuss und nicht einem Elternabend beizuwohnen – Lernen passt schlecht in die gängigen Schemata von „Recht" und „Anrecht". Lernen, schulisches zumal, lässt sich nicht einfach vom Regal holen. Es lässt sich nicht bestellen. Es lässt sich nicht konsumieren. Keine einfache Situation für die Schule. Sie muss Gegensteuer geben. Es fällt ihr die unbequeme Aufgabe zu, der Unbequemlichkeit zu Attraktivität zu verhelfen. Dazu gehört: sich verantwortlich fühlen, eine Art Verursacherprinzip auch auf das eigene Lernen anwenden. Und dazu gehört: das Konstruieren, das Erzeugen, das Hervorbringen ins Zentrum zu stellen. Es geht darum, ein Lernen zu kultivieren, das Werte entstehen lässt. Es geht darum, die Erkenntnis zu evozieren, dass hinter dem Lernen ein Prozess steckt. Es geht darum, die Lernenden zu Experten für diesen Prozess zu machen. Sie müssen möglichst häufig die Erfahrung machen dürfen, dass sie ihr Lernen beeinflussen können. Sie müssen lernen, stolz sein zu können auf ihre Arbeit. Stolz, weil sie etwas hervorgebracht haben. Stolz, weil sie Schwierigkeiten gemeistert haben. Stolz, weil sie sich selbstwirksam fühlen.

Der Stolz entspringt der (subjektiven) Gewissheit, Anerkennenswertes geleistet oder daran mitgewirkt zu haben. Aufgabe der Schule ist es, gleichsam ein Klima zu schaffen, in dem etwas leisten (statt konsumieren), Pflichtbewusstsein (statt Anrecht) und Sorgfalt (statt wegschmeißen) Werte sind, an denen Lernende sich orientieren. Und an denen sie sich orientieren wollen. Weil es sich lohnt.

3.2.5 Instabilität:
Amorphes Wildwasser

„Alles bewegt sich fort und nichts bleibt" soll Heraklit von Ephesos einmal gesagt haben. Sein Vergleich des menschlichen Daseins mit einem Fluss führte ihn zur Erkenntnis, dass niemand zweimal in denselben Fluss steigen könne.

Und in der Tat: Das menschliche Dasein hat sich verändert. Da muss man nicht bis Heraklit zurückblicken.

Die Agrargesellschaft, die von der Jungsteinzeit bis in die frühe Neuzeit hineinreichte, war wirtschaftlich geprägt von Ackerbau und Handwerk. Die Menschen lebten in Groß- und Vielgenerationenfamilien. Die Menschen waren eigentlich sehr sesshaft. Und auch eine soziale Mobilität gab es kaum.

Bis in die Mitte des 20. Jahrhunderts gab dann die Industrie den Takt an. Fließband und Massenproduktion waren sichtbare Zeichen einer sich radikal verändernden Gesellschaft. Die soziale Mobilität nahm zu. Die Lebensformen veränderten sich. So wurde beispielsweise die Großfamilie immer mehr abgelöst. Eltern und Kinder blieben unter sich, allerdings häufig noch unter dem gleichen Dach (oder zumindest in räumlicher Nähe) mit den Großeltern.

Seit ein paar Jahrzehnten beherrscht die Informationstechnologie die Szene. Die meisten Menschen in den modernen Gesellschaften arbeiten in Dienstleistungsbereichen. Die soziale Mobilität hat sich ebenso verstärkt wie das räumliche Nomadentum. Die Welt ist zum Dorf geworden. Das Zusammenleben ist durch „Restfamilien", Lebensabschnittspartner und Alleinerziehende geprägt. Übersichtlichkeit und Stabilität, das sind nicht gerade die Begriffe, mit denen sich das Leben in der heutigen Zeit treffend beschreiben lässt. Im Gegenteil: Es scheint alles immer weniger kalkulierbar. Was gestern galt, gilt heute nicht mehr.

Wie sagte Heraklit: Panta rhei – alles fließt. Aber seitdem ist nicht nur viel Wasser geflossen, es sind auch zweieinhalbtausend Jahre ins Land gegangen. Und die heutige Gesellschaft hat entsprechend wenig mit einem ruhig dahinfließenden Strom als vielmehr mit einem amorphen Wildwasser zu tun. Die wichtigste Fähigkeit, die den Lebenslauf eines Menschen bestimmt, ist es, neue Fähigkeiten zu erwerben, um den stets neuen Anforderungen gewachsen zu sein.

● Blickpunkt Schule:

Heute arbeiten die meisten Menschen hierzulande in Berufen, die es bei ihrer Geburt noch gar nicht gab. Das ist nur ein Beispiel. Die Dynamik der Veränderungen ist allgegen-

wärtig. Um damit konstruktiv umgehen zu können, brauchen (junge) Menschen Boden unter den Füßen.

Daraus entwickelt sich eine vornehme Aufgabe für die Schule. Sie muss ein Ort der Identifikation sein, eine Art Homebase (um nicht den Begriff „Heimat" bemühen zu müssen). Das ist heute meist anders. In die Schule geht man, um sie möglichst rasch wieder verlassen zu können. Die Glocke ruft zur Flucht – ein paar Minuten nach dem Klingeln ist die Schule wie ausgestorben.

Aber statt ein Fluchtpunkt muss die Schule

>> **Das Tor zur Veränderung lässt sich nur von innen öffnen.** <<

ein Beziehungspunkt werden – ein Ort der Orientierung, der klaren Strukturen, ein Ort der Verlässlichkeit, der Berechenbarkeit, ein Ort der stabilen Beziehungen, kurz: ein Ort, wo man gerne hingeht. Die Schule muss zu einem Ort werden, wo man deshalb gerne hingeht, weil man spürt, das ist gut, weil es mir gut tut.

Vielleicht ist die zunehmend schrill wirkende gesellschaftliche Lebenswelt ein Grund dafür, dass Reisen zu sogenannten Kraftorten voll im Trend sind. Als Kraftort wird ein Ort bezeichnet, dem eine positive psychische Wirkung im Sinne einer Stärkung und einer persönlichen Entwicklung zugeschrieben wird. Mal abgesehen von allem esoterischen Krimskrams – wie wäre es mit dem Bild der Schule als Kraftort? Kraft – Power – Empowerment. Die Schule muss sich als ein Ort des Empowerments verstehen, wo die Menschen Bodenhaftung finden, einen sicheren Stand, so dass sie ihre Stärken zum Tragen bringen können.

3.2.6 Singularität: Trophäenjagd

Eigentlich dürfte es die Menschen, die in der Mitte des letzten Jahrhunderts geboren worden sind, gar nicht geben. Wenn man sich vorstellt, unter welchen lebensbedrohenden Gefahren sie aufwachsen mussten. Es gab zu der Zeit Kinder, die sollen Lagerfeuer entfacht und Würste gebraten haben – Würste ohne Herkunftsdeklaration wohlverstanden. Und gebraten wurden sie auf einem richtigen Feuer, eines mit gefährlich heißen Flammen und beißendem, krebserregendem Rauch. Aber das ist nicht alles: Es gab Kinder – viele sogar – die sind auf Bäume geklettert, auf Bäume die von keiner Amtsstelle auf ihre Kindertauglichkeit geprüft worden waren. Unglaublich! Und in luftiger Höhe haben sie Hütten gebaut. Mit Sägen, Hämmern und Nägeln. Man muss sich das vorstellen: mit Sägen! Und mit Nägeln! Aus tödlich spitzem Stahl!

„Wie haben wir das nur überlebt?", fragt Michael Paetow in seiner humorvollen, illustrierten Zeitreise. Und er liefert Beispiele zur lebensgefährlichen Situation der Kinder vor ein paar Jahrzehnten. „Die Autos hatten keine Sicherheitsgurte, keine Kopfstützen und schon gar keine Airbags. Auf dem Rücksitz war es für uns Kinder lustig und nicht gefährlich. Dank hochgiftiger Lackfarben waren Gitterbetten und Spielzeuge wunderschön bunt. Man konnte ohne Helm Fahrrad fahren. Unsere Eltern ließen uns bis Einbruch der Dunkelheit draußen spielen. Wie alle Kinder holten wir uns Schürfwunden oder brachen uns ab und zu einen Zahn aus. Aber niemand wurde deswegen verklagt. So lernten wir, auf uns selbst aufzupassen. Wir hatten keine Playstations, keine Computer, keine iPods, keine Internet-Chats ... sondern Freunde. Die Jungs spielten Fußball. Manchmal wurde einer nicht in die Mannschaft gewählt. Er musste dann aber nicht gleich zum Kinderpsychologen. Wir erlebten Siege und Niederlagen, Freude und Schmerzen, wir hatten unsere Freiheit und unsere Aufgaben und lernten, damit umzugehen. Doch wenn man von heute aus zurückblickt, fragt man sich: Wie haben wir das nur überlebt?" (Paetow 2005) Offensichtlich hat sich in einer relativ kurzen Zeitspanne vieles verändert. Und man kann sich fragen: Wie kam es dazu? Weshalb werden Kinder heute in wattierte Ritterrüstungen gesteckt, wenn sie sich vom Bildschirm weg bewegen. Die Antwort ist klar: zum Schutz natürlich vor den vielfältigen Gefahren, die hinter jeder Ecke lauern. Da wird allerdings die Ursache mit der Wirkung verwechselt. Das wird augenfällig, wenn Kinder und Jugendliche durch den Wald laufen. Kein einfaches Unterfangen. Viele stolpern bei jeder Wurzel. Und: Sie können nicht mehr umfallen, ohne sich gleich irgendwelche Verletzungen zuzuziehen. Fazit: Es liegt weniger an den Gefahren als vielmehr an den Kindern selber. Vielen fehlt es an koordinativen Fähigkeiten. Sie verfügen über die Beweglichkeit einer Kehrichtschaufel.

Nun gibt es natürlich verschiedene Möglichkeiten, sich dieser zunehmenden physischen Unbeholfenheit anzunehmen. Man kann die Wälder abholzen oder zumindest alle Wurzeln einebnen. Oder man kann verlangen, dass Kinder beim Betreten eines Waldes einen Helm tragen und ihre Gelenke mit speziellen Schonern stabilisieren. Und dann ist es auch wichtig, die Schutzmaßnahmen durch eigens dafür geschaffene Amtsstellen zu überprüfen. Die andere Möglichkeit: Man kann Kindern helfen, fit zu werden für ein Leben abseits der Bildschirme. Simple – but not easy.

Denn eben: Vieles ist anders geworden. Sich

in der freien Natur bewegen, sich raufen, etwas konstruieren und bauen, das sind immer seltener werdende Aktivitäten. Als moderne Form der Mutprobe hat sich Horrorvideos anschauen etabliert.

Gebrauchte Kinder

Aber auch sonst hat sich viel verändert. Vor drei Generationen wurden die Kinder gebraucht. Sie hatten Aufgaben und trugen Verantwortung. Vor zwei Generationen gaben die Eltern, die als Kinder gebraucht wurden, ihren Kindern kleine Aufgaben. Vor einer Generation machten die Errungenschaften der Moderne (zum Beispiel der Geschirrspüler ...) es nicht mehr erforderlich, dass Kinder Aufgaben und Verantwortlichkeiten zu übernehmen hatten. Und heute geben Eltern, die als Kinder keine Verantwortlichkeiten zu übernehmen hatten, ihren Kindern ebenfalls keine. Folge: Viel Zeit, wenig echte Aufgaben. Doch, eine Aufgabe ist den heutigen Kindern übertragen: Sie sollen ihre Eltern glücklich machen. Und glücklich machen heißt unter anderem: Erwartungen erfüllen.

Das ist keine einfache Aufgabe. Und zudem ist sie erschwert durch viel Ambivalenz und Doppelbödigkeit. Die Kinder sollen ihre Eltern glücklich machen. In vorauseilender Dankbarkeit werden sie von den Eltern verwöhnt. Also erwarten die ein Vorzeigeverhalten. Meistens schließt sich aber dieser Kreis nicht.

Kinder sind heute viel mehr als früher Wunschprodukte. Nach dem Zweitauto leistet man sich auch noch ein Kind. Und das arme Wesen muss dann die geballte Aufmerksamkeit über sich ergehen lassen. Der Vater nimmt alle erdenkliche Elternzeit in Anspruch und arbeitet nur noch 72,5 Prozent, damit er „etwas hat vom Kind". Und die Mutter kann und will da nicht hintanstehen. Auch sie will ja ihre Mühen belohnt sehen durch das sonnige Wesen. Princess on board steht fortan hinten am Auto. Hyperparenting nennt sich wissenschaftlich der Tanz ums goldene Kind.

Eine Folge davon: Das Wunschkind wird zur Projektionsfläche für alle möglichen Wünsche der treu besorgten Eltern. Und die lassen es an nichts fehlen: Mozart-Beschallung im Mutterleib, Kinesiologie im Kinderwagen, Frühenglisch in der Windelgruppe, musikalische Früherziehung mit dem Kinderbesteck, archäologische Spiele im Sandkasten – die Trophäenjagd nimmt ihren Lauf. Man will ja schließlich nur das Beste für das Kind. Für das Kind? Die Überförderung wird zur Überforderung – trotz (oder vielleicht gerade wegen) der flächendeckenden Kinder- und Elternbeschäftigungsindustrie.

„Wenn man mitbekommt, dass Kinder aus dem Bekanntenkreis auf eine Privatschule geschickt werden," sinniert Heinz Bude, „gerät man, ganz unabhängig, wie zufrieden man mit der Schule seiner Kinder ist, ins Grübeln. Fragen, ob Latein als zweite Fremdsprache nicht doch besser als Französisch ist, ob Judokurse der Konzentration aufs Wesentliche nicht doch förderlicher sind als das Handballspiel oder ob ein Sommercamp in Palästina für die Entwicklung von sozialem Engagement nicht doch besser geeignet ist als eine Studienfahrt zu den Vernichtungslagern nach Polen, lösen innere Unruhe aus. Es beschäftigt die Menschen nicht, was ihnen absolut fehlt, sondern in erster Linie, ob sie im Vergleich mit anderen, die sie kennen und mit denen sie zu tun haben, in einer für wichtig gehaltenen Hinsicht zu kurz kommen. Es ist nicht der Neid, der die Menschen martert, sondern einfach nur die soziale Angst, nicht mithalten zu können, den Anschluss zu verlieren und am Ende als die Dummen dazustehen. Und das auf Kosten der eigenen Kinder." (Bude 2011)

Macht korrumpiert

Das Kind wird zum Label. Das Täschchen von Gucchi, der Mantel von Armani, der Schal von Hermes und das Kind als Klassenprimus im besten aller Gymnasien. Und da in der Regel die Kinder nicht gerade scharenweise in den eigenen vier Wänden herumlaufen, richtet sich halt der Scheinwerfer aufs Einzelne. Diese ungeteilte Aufmerksamkeit beginnt schon früh und zeigt sich in vielfältigen und subtilen Formen. Beim Einkaufen werden die roten Getränke gekauft, weil der kleine Liebling nur die roten Getränke mag. Die grünen Früchte bleiben im Regal, weil die ihm eben gerade nicht munden. Und die Ferien verbringt die Familie dort, wo der süße Kleine im Reiseprospekt mit seinem niedlichen Händchen hinpatscht. So erleben Kinder häufig eine Welt, die sich in selbstverständlicher Weise ihren Bedürfnissen anpasst. Und sie erleben Erwachsene, die den Zeitpunkt verpassen, an dem sie auch mal hätten Nein sagen müssen.

Kinder werden zu Jugendlichen, die sich vergeblich bemühen herauszufinden, wo die Grenzen sind. Weil es offensichtlich keine gibt.

Der überfördernde Tanz ums goldene Kind hat eine bedenkliche Nebenwirkung: Er verleiht den Kindern Macht, Macht über die Erwachsenen. Und Macht kann leicht korrumpieren.

Sicher ist: Die Rolle der Kinder hat sich innerhalb weniger Jahrzehnte radikal verändert. Die erzieherische Gelassenheit aufgrund der Lebensumstände in Verbindung mit einer großen Portion gesunder Selbstverständlichkeit (auch und gerade was schulische Dinge anbelangt) ist immer weniger gesellschaftsfähig. Kinder werden zur (Selbst-)Inszenierung und die Castingshows liefern die entsprechenden Rollenvorbilder. Nicht erst die Zukunft, auch schon die Gegenwart gehört den Kindern und Jugendlichen.

Die sind damit einem expliziten oder impliziten Erwartungsdruck ausgesetzt. Die Eltern glücklich machen heißt der Job, Erwartungen erfüllen. Doch mit dem familiären Erwartungsmanagement hapert es teilweise bedenklich. Häufig schwingen Erwartungen nur nebulös bei allem mit, was gesagt und getan (oder nicht gesagt und nicht getan) wird. Und dann: Erwartungen müssen auch eingefordert werden. Das bedarf manchmal auch eines gewissen Muts zur Unpopularität. Beispielsweise wenn es darum geht, Nein zu sagen. Oder wenn es darum geht, Grenzen zu setzen. Das muss man können. Und wollen.

Bitte, eine Diagnose

Und wenn die Zahlen vor und nach dem Komma nicht ausreichen, um damit Staat zu machen im Kreise des nächsten Gesellschaftsabends bei Mehlwurm-Habersackers, dann werden die Kinder ergo-, psycho- oder sonst wie therapeutisch halt ein bisschen aufgetunt. Denn es fällt ja sonst auf einen selber zurück, wenn man nicht mithalten kann im prestigeträchtigen Dauerwetteifer um die guten Zensuren als Wegmarken auf der Erfolgsspur des eigenen Nachwuchses.

Und sollte das mit dem Auftunen nicht reibungslos funktionieren, dann gibt es ja immer noch den Ausweg zur Diagnose. Welche, das spielt eigentlich keine große Rolle. Sie muss einfach gesellschaftlich akzeptiert sein. ADHS hat sich in dieser Beziehung als sehr praktisch erwiesen. Denn von dem Moment an, wo das Kind, wie man so schön sagt, diagnostiziert ist, von dem Moment an sind alle Beteiligten aus dem Schneider. Die Eltern wissen: Wir können nichts dafür. Und,

das ist sehr entlastend, man hat dann schon vorauseilend einen Grund zur Hand, wenn die Dinge nicht wunschgemäß laufen. Die Kinder können damit in der Regel auch sehr gut umgehen. Immer dann, wenn es in Unbequemlichkeiten ausarten sollte, kann man flugs den Trumpf aus dem Ärmel zaubern: Ich kann mich halt schlecht konzentrieren. Ich bin diagnostiziert. Und auch für die Lehrer entspannt sich die Situation spürbar – zumindest was die Erklärung sich selbst und anderen gegenüber anbelangt. Ergo: Das Konzept „Diagnose" funktioniert. Und es erfreut sich großer Beliebtheit. Die explosionsartige Zunahme der Verschreibungen von Methylphenidat – besser bekannt unter „Ritalin" – liefert durchaus schlüssige Hinweise darauf. Seit Anfang der neunziger Jahre hat sich die in Deutschland verschriebene Menge von Methylphenidat explosionsartig vervielfacht: von 34 Kilo im Jahr 1993 auf fast 1,8 Tonnen im Jahr 2010. Das ist mehr als die fünfzigfache Menge. Sie landet in den Körpern von Kindern – vor allem von Jungs. Die werden krankgeschrieben, damit sie Medikamente kriegen, um mit dem kranken System zurechtzukommen. Ist das nicht auch ein bisschen krank?

● **Blickpunkt Schule:**

Überbehütung und Vernachlässigung liegen oft nahe beieinander. Und neben biografischen Brüchen ziehen sich auch tiefe kulturelle und ethnische Brüche durch die gesellschaftlichen Erziehungswirklichkeiten.

Die Schule sieht sich konfrontiert mit unterschiedlichsten Erwartungen, Ansprüchen und Begehrlichkeiten: gute Noten, guter Abschluss, guter Ausbildungsplatz und natürlich ohne Stress und ein bisschen flott.

Sie sieht sich konfrontiert mit ebenso unterschiedlichen Strategien, damit sie den Erwartungen, Ansprüchen und Begehrlichkeiten mit gebührendem Ernst und Engagement begegnet: vom sanften Druck bis zur Drohung mit dem Anwalt oder mit einem Schulwechsel.

Sie sieht sich konfrontiert mit Heerscharen von Betreuern, Nachhelfern, Therapeuten, die alle in fürsorglicher Weise auch nur das Beste für die Kinder wollen.

Sie sieht sich konfrontiert mit unterschiedlichsten Biografien und entsprechend mehr oder weniger sozialverträglichen Verhaltensweisen.

Und immer mehr bereiten die tradierten Formen (sitzen, zuhören, üben) allen Beteiligten gehörig Mühe. Zu den herausragenden Problemen im Schulalltag zählen gemäß einer Studie der Universität Lüneburg denn auch die großen Leistungsunterschiede der Schüler, deren geringe Lernbereitschaft und die große Lärmbelastung (DAK-Leuphana-Studie 2011).

Nun, diese Probleme lassen sich nicht mit den Mustern lösen, die eigentlich die Probleme verursachen. Am gesellschaftlichen Erziehungsnotstand kann die Schule kaum etwas ändern. Und die Kinder und Jugendlichen sind so, wie sie eben sind. Sie bringen alle ihre

Geschichten in die Schule mit. Und damit hat sie konstruktiv umzugehen. Punkt!

Die Schule kann nur eines ändern: sich. Aber dazu müssen verschiedene heilige Kühe von den saftigen Weiden vertrieben und zur Schlachtbank geführt werden. Der konstruktive Umgang mit Vielfalt ist in klassischen Jahrgangsstufen unter den heutigen Evaluationsbedingungen nur sehr beschränkt möglich. Und ob die Schule das will oder nicht, das Zeitalter der Stoffvermittlung geht zu Ende, das Zeitalter der Beziehungsgestaltung ist angebrochen. Der Erfolg, nicht zuletzt auch der schulische, gründet auf sozialen und personalen Kompetenzen. Aber gerade in dieser Beziehung weisen viele Jugendliche erhebliche Defizite auf. Besser werden können sie, wenn jemand mit ihnen daran arbeitet. Das lässt sich nicht „vermitteln" und schon gar nicht „beibringen". Bildung durch Bindung heißt das Motto. Denn es gibt kein Lernen ohne Beziehung. Und professionelle Beziehungsarbeit ist vor allem eines: Zusammenarbeit. Das sind zwei Begriffe: „Zusammen". Und „Arbeit".

3.2.7 Personalität: Renaissance der Tugenden

Irakkrieg – die Soldaten des 2. Bataillons unter dem Kommando von Lieutenant Commander Christopher Hughes waren ausgelaugt. Auf ihrem Weg nach Najaf waren sie ständig in Kämpfe gegen Aufständische verwickelt gewesen. Es war Anfang April 2003. Ein paar Tage vorher war einer ihrer Kameraden getötet worden, kurz bevor er hätte nach Hause reisen können. Die Stimmung in der Truppe war entsprechend angespannt.

Nun waren sie auf dem Weg zur Moschee, um mit dem obersten Geistlichen der Stadt zu verhandeln. Man wollte ihn um Unterstützung bei der Verteilung von Hilfsgütern bitten. Dabei gab es ein Missverständnis. In der Annahme, die Soldaten wollten ihr religiöses Oberhaupt verhaften und das Heiligtum zerstören, rottete sich eine Menschenmenge zusammen. Sie umzingelten die Soldaten, fuchtelten mit den Händen in der Luft und drangen schreiend auf den schwer bewaffneten Militärverband ein. Die Situation drohte zu eskalieren.

Christopher Hughes, der befehlshabende Offizier, handelte sofort. Er ergriff ein Megaphon und gab den Befehl: „Aufs Knie!" Die Männer zögerten, knieten dann aber nieder. Dann befahl Hughes, die Mündung der Waffen auf den Boden zu richten. Und schließlich forderte er von seiner Truppe: „Lächeln!" Und siehe da: Die Situation entspannte sich. Hughes hatte in dieser explosiven Lage instinktiv richtig gehandelt. Nicht ganz einfach, denn er musste die Feindseligkeit der Menge einschätzen. Er musste sich überlegen, was die Menschen beruhigen könnte. Er musste auf die Disziplin seiner Männer setzen und auf ihr Vertrauen zu ihm und zu seinen Entscheidungen. Und er musste die Wirkung der Geste einschätzen im Hinblick darauf, die kulturellen und sprachlichen Barrieren zu überwinden. Und all das in Bruchteilen von Sekunden. (Goleman 2006)

Aber Christopher Hughes hat sich über ein feines Gespür ausgezeichnet. Das hat ihn in die Lage versetzt, die Situation richtig zu „lesen". Dahinter steckt die Fähigkeit zur Anpassung. Im Wechsel dazu hat er die Situation auch aktiv beeinflusst. Er hat Entscheidungen getroffen, Handlungen initiiert und vollzogen.

Je adäquater dieses permanente Wechselspiel von Anpassung und Beeinflussung gestaltet wird, desto wahrscheinlicher ist eine gelingende Interaktion mit der „Welt". Das gilt nicht nur für den Irakkrieg, das gilt auch für bedeutend weniger brenzlige Situationen. Aber es ist hier wie dort genau so wichtig. Wer sich nicht bis zu einem gewissen Grad anzupassen bereit oder fähig erweist, wer laufend mit beiden Füßen in alle Fettnäpfe tritt (und sie sich noch selber hinstellt), wird ein eher mühseliges Leben führen. Und wer das ihn umgebende System mit seinem Verhalten über Gebühr strapaziert, dem wird früher oder später die rote Karte vors Gesicht gehalten.

Umgekehrt wird wohl auch nicht jeden Morgen mit einem Lachen auf dem Gesicht zur Arbeit oder zur Schule fahren, wer sich permanent zu verbiegen und den Druck der Anpassung zu schultern hat. Anpassen oder Einfluss nehmen? Die richtige Mischung macht's aus.

War for Talents

Die Arbeitswelt entwickelt sich immer mehr zu einer Zusammenarbeitswelt. Damit nehmen auch die sozialen und personalen Kompetenzen in ihrer Bedeutung zu. Das zeigt sich beim Blick in die Stellenanzeigen. So exotisch und futuristisch die Berufsbezeichnungen manchmal klingen, so traditionell, ja fast ein bisschen verstaubt wirkend sind die Tugenden und Persönlichkeitseigenschaften, die im Kern immer gefordert werden: Verantwortungsbewusstsein, Verlässlichkeit, Engagement, Leistungsfreude (früher hätte man dazu Fleiß gesagt), Teamfähigkeit, um nur ein paar zu nennen.

Ähnlich gestaltet sich die Gewichtung der Selektionskriterien beim Übertritt von der Schule in eine weiterführende berufliche Ausbildung. In einer Arbeitswelt, die sich so schnell verändert, dass die neu gekauften Geräte schon veraltet sind, wenn man sie zur Ladentüre hinausträgt, sind lebenstaugliche Menschen gefragt – und junge Menschen, die bereit sind, Zeit und Energie in ihre Ausbildung zu investieren. Gut, das setzt natürlich die Bereitschaft voraus, die steile Karriere als Supermodel sausen zu lassen und sich stattdessen mit Arbeit zu beschäftigen. Und das auch noch entspannt und mit Power. Diesen leistungswilligen Nachwuchs gibt es durchaus. Vielleicht nicht gerade wie Sand am Meer. Denn: Sie sind umworben. So ortete die NZZ online einen veritablen „war for talents" – also einen Krieg um Talente – bei der Beschreibung der Lehrstellensituation in der Schweiz. Und in der Tat: Die beruflichen Ausbildner sind bereit, den fitten jungen Leuten etwas zu bieten: „Novartis ermöglicht ihren Nachwuchsleuten nach der Lehre ein Auslandsjahr in einer ihrer Niederlassungen. Das Maschinenunternehmen Bühler schickt seine besten Polymechaniker und Apparatebauer schon nach dem zweiten Lehrjahr für zwei Monate ins Ausland, in seine Niederlassungen in China oder Südafrika." Aber sie verlangen auch etwas: „Die Lehrlinge pauken dafür ein halbes Jahr lang Fremdsprachen und Landeskunde. Den Stoff an der Berufsschule lernen sie während ihres Aufenthalts über eine Internetplattform." (Furger 2011) Moderne berufliche Aus- und Weiterbildung versteht sich immer mehr als eine Art von

SELEKTIONSKRITERIEN	
NOTEN	80%
BEWERBUNGSGESPRÄCH	90%
SCHNUPPERLEHRE	98%
HANDWERKLICHES GESCHICK	84%
SELBST- & SOZIALKOMPETENZEN	99%

WICHTIG BIS SEHR WICHTIG

partnerschaftlichem Investment in die persönliche Kompetenzentwicklung. Für die entsprechenden Institutionen stehen deshalb soziale und personale Kompetenzen ganz oben auf der Prioritätenliste, wenn sie ihren Nachwuchs auslesen, damit der Schritt in die Lehre nicht ein Schritt in die Leere wird.

Herzen gewinnen, nicht Meisterschaft

Aber das kann ja nicht weiter erstaunen. Denn wer mag schon Verkäufer, die dahergeschlichen kommen, motiviert wie ein Patient vor der Wurzelbehandlung beim Zahnarzt. Wer mag mit Menschen zusammenarbeiten, denen man von weitem ansieht, dass sie es als schwerwiegende Verletzung der Menschenrechte betrachten, den Hintern bewegen zu müssen. Und wer mag es, Arbeiten abgeliefert zu erhalten, die schon geflickt werden müssen, bevor sie fertig sind.

Wenn wir mit Menschen zusammenarbeiten, wenn wir Menschen einen Auftrag geben, dann erwarten wir etwas, dann haben wir Ansprüche.

Man ist vielleicht sich selber gegenüber ein bisschen nachsichtiger, wenn man (ausnahmsweise einmal) gerade keine Lust hat. Und man ist in der Freizeit und in den Ferien vielleicht ein bisschen toleranter, wenn nicht gleich alles klappt. Aber auch nur vielleicht. Denn wenn der charmante italienische Kellner in der Osteria am Meer sich ätzend viel Zeit lässt und dann noch das Falsche bringt – einmal ist fertig lustig. Wenn es um professionelle Beziehung geht, hat man lieber Menschen um sich, die integer sind, die einen drauf haben, auf die man sich verlassen kann.

Kommt dazu: Wenn man sieht, dass Menschen sich einsetzen, dass sie mehr tun als ihre Pflicht, dann ist man durchaus auch geneigter, Fehlleistungen mit Toleranz zu begegnen. Das ist ähnlich wie beim Fußball. Wenn die eigene Mannschaft sich arrogant und lustlos durch ein Spiel müht, dann fühlen sich die Fans betrogen. Wenn die Spieler aber mit Herzblut zu Werke gehen, wenn sie um jeden Ball kämpfen, wenn sie bis zur letzten Minute den Sieg wollen, dann verzeiht man auch eine Niederlage. Man muss eben die Herzen gewinnen, nicht die Meisterschaft.

● **Blickpunkt Schule:**
Viele Präambeln in vielen Lehrplänen nehmen den Faden aus der Arbeitswelt auf. Der Kanton St. Gallen beispielsweise gibt der Volksschule einen entsprechenden Auftrag:

„Die Schule ist eine Einrichtung unserer Gesellschaft. Für die Kinder und Jugendlichen ist sie prägender Teil ihres Alltags. Hier machen sie vielfältige Lebenserfahrungen. Die Schule ist ein Ort, wo Kindheit und Jugend gelebt werden, wo Gemeinschaft gestaltet und Lebensfreude gepflegt wir. Dies sind Voraussetzungen für Lernfreude und Leistungsbereitschaft. Wichtigste Aufgabe der Schule ist es, zielgerichtet und organisiert den jungen Menschen Kompetenzen zu vermitteln: Kenntnisse, Fähigkeiten, Fertigkeiten und Haltungen." Na also, Lebenserfahrungen sollen die jungen Menschen machen, Lernfreude und Leistungsbereitschaft sollen sie aufbauen und neben Kenntnissen sollen sie auch Fähigkeiten und Haltungen entwickeln. Das würde dann heißen, dass die schulischen Arrangements entsprechend gestaltet sind. Und man weiß ja: Der Mensch lernt, was er tut. Logische Konsequenz: Soziale und personale Kompetenzen werden nicht erworben, wenn die Schule ein Fach „Moral" einführt, oder ein Fach „Tugenden" oder „Selbstkompetenz". Und die Persönlichkeitsentwicklung der Jugendlichen erfährt keine nennenswerte Förderung durch die Abgabe von Arbeitsblättern zu diesem Thema.

Gerecht werden kann die Schule ihrem Auftrag nur, wenn sie eine Kultur aufzubauen in der Lage ist, in der soziale und personale Kompetenzen elementarer Teil der Alltagsgestaltung sind: Wenn Kinder und Jugendliche teamfähig werden sollen, müssen sie sinnstiftend zusammenarbeiten. Wenn sie lernen sollen, Verantwortung zu übernehmen, müssen sie Verantwortung für ihr Lernen übernehmen. Wenn sie lernen sollen, „danke" zu sagen oder „bitte", wenn sie lernen sollen zu teilen oder zu warten, dann muss das zu den Selbstverständlichkeiten der Arbeits- und Lebenskultur gehören. Aber noch einmal: Persönlichkeitsentwicklung ist kein Schulfach. Vielmehr geht es darum, die schulischen Umweltbedingungen so zu gestalten, dass sich Eigenschaften und Verhaltensweisen von jungen Persönlichkeiten positiv entwickeln können. Die Formel dazu: Lernen ist Persönlichkeitsentwicklung. Und umgekehrt.

3.3 Von Fachleuten umzingelt

Mitleid kriegt man geschenkt. Neid muss man sich erarbeiten. Oder andersrum: „Wer keine Neider hat, braucht Mitleid", sagt ein deutsches Sprichwort. Zurzeit stehen die Neider nicht gerade Schlange vor den Schulen. Im Gegenteil: Die Schulen und ihre Repräsentanten dürfen in den hiesigen Breitengraden eher mit zumindest unterschwelligem Mitleid rechnen. Aber „wo das Mitleid das Wort ergreift, weicht die Achtung lautlos zurück", gibt Wilhelm Vogel zu bedenken. Und in der Tat: Die Schule steht unter öffentlichem und medialem Dauerfeuer. Und da in den Schlagzeilen das Wort „schlagen" enthalten ist, wird auch munter draufgehauen: „Geht es nach den Berichten von Lehrern, haben sie den schwersten aller Jobs: Oft fühlen sie sich gegängelt von den Schulbehörden, in die Zange genommen von rüpelhaften Schülern und zanksüchtigen Eltern. Heldenhaft setzen sie sich zur Wehr gegen Randale auf dem Schulhof, den Terror rechter Schülergangs und den wachsenden Analphabetismus TV-geschädigter Konsumkids – das Klassen-

DAS LOS DES LEHRERS

schreitherapie, drei Monate Ferien pro Jahr, dazu stattliches Gehalt nebst satter Pension. Traumjob Lehrer?" (Leffers 2002)

Eigentlich kriegt die Schule das gratis, wofür die Werbung eine Unmenge Geld ausgibt: Medienpräsenz. Doch das Bild, das die politischen und professionellen Vertreter in der Öffentlichkeit von der Schule zeichnen, ist kaum dazu angetan, Vertrauen zu wecken und Zuversicht zu stiften. Ist es Ursache oder Wirkung, dass die Schule über die Jahre einen kontinuierlichen Bedeutungsverlust hinzunehmen gehabt hat? Ist es Ursache oder Wirkung, dass sie sich eher von der Klagemauer herunter und mit wenig Selbstbewusstsein in Szene setzt?

Und es trägt natürlich auch nicht gerade zum Prestigegewinn bei, wenn die Lehrer selber sich so wenig zutrauen. Die Online-Ausgabe

>> **Wer keine Neider hat, braucht Mitleid.** <<

zimmer als Folterkammer, der Platz am Pult ein Marterpfahl. Horrorjob Lehrer?
In der Öffentlichkeit wird Pädagogik indes häufig nicht als ‚richtige Arbeit' wahrgenommen, das Zerrbild vom Lehrerberuf fällt ganz anders aus. Deutschlands Pädagogen: Sie gelten als zickig und zimperlich, als Jammerlappen und Heulsusen. Sie nerven mit ihrer ewigen Besserwisserei. Man neidet ihnen die vielen Privilegien – als Beamte lebenslang unkündbar, eine Halbtagsstelle mit reichlich Zeit zum Tennisspielen oder für die Ur-

der Zeitschrift Stern (19.04.11) fragte sich und die Leser: „Wer spielt die entscheidende Rolle in der Entwicklung der Jugendlichen in Deutschland?" Und lieferte die Interpretation der Studie gleich nach: „Die Eltern setzen in erster Linie auf die Schule, doch laut einer Umfrage scheinen die Lehrer zu kapitulieren."

3.3.1 Eltern: Von der Statuspanik in die Berechtigungshysterie

Im Scheinwerferlicht stehen die Schulen zuerst und vor allem bei den Eltern. Die sind ja auch in unmittelbarer Weise betroffen. Für Heinz Bude hat sich das Bildungssystem zu einem bevorzugten Schauplatz des Kampfes unterschiedlicher Elterninteressen entwickelt. „Hier prallen die von den Kindern repräsentierten Statusansprüche der Elternhäuser aufeinander, woraus sich der eigentümliche Doppelcharakter des Schullebens ergibt. Für die Kinder selbst wird sehr schnell klar, dass sie in der Schule nicht allein für sich stehen, sondern stets auch ihr Zuhause mittransportieren. Siege und Niederlagen, Gewinne und Verluste gehen immer auch auf ein zweites Konto. Jeder Schüler trägt das Gepäck seiner Eltern mit in die Schule, und jede Schülerin ficht aus, zu was sie beauftragt ist." (Bude 2011)

Die einen Eltern und Lebensabschnittspartner fallen von einer Statuspanik in die Berechtigungshysterie, wenn das Kind nicht mit einer Bestnote nach Hause kommt. Es kann doch nicht sein, dass man Gymnasium bestellt und nur Sekundarschule geliefert erhält. Und viele Familien geraten in einen regelrechten Ausnahmezustand, wenn es darum geht, ob dem Sprössling mit der ersehnten Empfehlung fürs Gymnasium der Weg zum ewigen Glück geebnet wird.

Es gibt auch das andere Extrem: Eltern und Teile davon, denen es mehr oder weniger Wurst ist, was in der Schule geschieht. Hauptsache kein Stress. Die sind schon froh, wenn ihr Kind morgens aufsteht und sich ohne Zeter und Mordio in die Schule bequemt. Eine Welt heilloser Differenzen. Und bei jeder passenden und unpassenden Gelegenheit, am Stammtisch, bei der Kosmetikerin, in den Leserbriefspalten, vor dem Fernseher, per anwaltlichem Schreiben oder auf dem Golfplatz wird den Schulen ins virtuelle Aufgabenheft notiert, was sie gefälligst zu tun oder zu unterlassen haben.

Zum Beispiel so: „Grad jüngst hat mir doch meine Freundin erzählt, dass ihre Tochter im Buch schon auf Seite 67 ist. Und unser Sohn ist jetzt erst auf Seite 54. So kann doch das nicht weitergehen. Er ist ja so was von hochbegabt. Das liegt in der Familie. Aber wie soll er zu einem anständigen Studienplatz kommen, wenn in der Schule mit seinen Talenten dermaßen geschludert wird? Ich habe mich noch abgesichert und mich mit seinen Therapeuten besprochen. Die meinen auch, dass unser Sohn viel schneller vorwärtskommen könnte, bei seinem unzweifelhaft vorhandenen Potenzial."

Oder so: „Wir haben mit unserer Tochter die Mathematikaufgaben jeden Abend geübt. Und sie hat alle problemlos gekonnt. Jeden zweiten Tag geht sie zudem in die ganzheitlich-systemische Energie- und Bewusstseinsschöpfung bei Frau Professor Weißwein-Schorle. Dort sind sie die Mathematikaufgaben noch therapeutisch angegangen. Nur so nebenbei: Die Fachleute haben sich übrigens sehr über die Lehrmethode an Ihrer Schule gewundert. Und wohl zu Recht. Denn jetzt zeigt sich in der Prüfung, dass unsere Tochter nicht bei den Besten ist. Wir erwarten natürlich eine ausführlich Begründung. Und wir behalten uns weitere Schritte vor."

Oder auch so: „Haben die Kinder eigentlich nie mehr richtig Schule? Bei uns war das noch ganz anders. Da herrschte noch Zucht und Ordnung. Wir mussten noch still sitzen und von der Tafel abschreiben. Lernen ist schließlich kein Zuckerschlecken. Da muss man durch. Und uns hat das ja auch nicht geschadet. Unser Sohn muss lernen: Schule ist wie ein Medikament. Je scheußlicher es schmeckt, desto mehr nützt es."

Die eigene Biografie macht die Menschen zu Bildungsexperten. Gerade das ist keineswegs immer nur hilfreich. Aber es hindert niemanden im geringsten daran, punktgenau zu wissen, was die Schule zu leisten und liefern hat, damit der eigene Spössling alle Abschlüsse mit Auszeichnung schafft. Schule als Selbstbedienungsladen: Und wehe, wenn das, was man bestellt hat, nicht im Regal steht.

3.3.2 Bildungspolitiker: Wer mit der Herde geht, kann nur den Ärschen folgen

Eine zweite Kategorie von Fachleuten findet sich in der Politik. Deren Fachkompetenz speist sich aus dem Interesse an der eigenen politischen Karriere. Und die ist gebunden an die Parteiverträglichkeit. Wer gedanklich neue Wege geht und vielleicht auch die eine oder andere unpopuläre These vertritt, begibt sich schnurstracks ins politische Minenfeld. Nur mal angenommen: Der Bildungsminister schlägt vor, das Jahrgangssystem in den

Schulen zu überprüfen, weil man womöglich der Unterschiedlichkeit der Lernenden besser Rechnung tragen könne. Zudem will er klären lassen, ob der Verzicht auf Noten nicht vielleicht doch zu besseren Lernleistungen führen könnte. Und überdies will er ein Präsenzmodell für die Lehrer ausarbeiten lassen, weil, so der Bildungsminister, damit wahrscheinlich die Burn-out-Rate drastisch gesenkt und damit dem Bildungswesen massiv mehr Geld zur Verfügung gestellt werden könnte.

Das klingt ja nicht unvernünftig: individuellere Förderung, bessere Leistungen, gesündere Lehrer, mehr Mittel.

Aber keine Angst, soweit wird es nicht kommen. Auch wenn die Argumente noch so prüfenswert wären – das käme bildungspolitischem Kamikaze gleich. Das wäre ja, als würde man am helllichten Tag an die Grundpfeiler des Bildungswesens pinkeln.

Nicht anecken heißt die Devise, die politische Komfortzone nicht verlassen, abwarten und gut beobachten, woher der Wind weht. Wer politisch erfolgreich sein will, muss sich emportaktieren und artig im parteipolitischen Mainstream mitgehen. Aber wie heißt es doch: Wer mit der Herde geht, kann nur den Ärschen folgen.

Wichtig ist: die Moral für sich pachten und keine Unruhe stiften. Und: Ab und an ein paar schlagzeilenträchtige Allgemeinplätze von sich geben: „Bildung ist der wichtigste Rohstoff." Oder: „Es braucht mehr Individualisierung, denn kein Kind darf zurückbleiben." Oder: „Wir brauchen mehr naturwissenschaftliche Bildung."

Mit solchen deklamatorischen Leerformeln leistet man zwar keine substanziellen Beiträge zur Erweiterung der abendländischen Weisheit, aber es kommt gut an. Denn wer will dagegen etwas ins Feld führen. Und wichtig:

Es hilft, einen geistigen Waffenstillstand mit den Medien zu schließen. Beide Seiten entbinden sich mit ein bisschen pädagogischer Kampfrhetorik gegenseitig von der Verpflichtung, sich differenziert und vertieft mit den drängenden Bildungsthemen auseinandersetzen zu müssen.

Aber genau das wäre erforderlich. Denn Hand aufs Herz: Was bedeutet „Individualisierung"? Und vor allem: Was sind die Konsequenzen, wenn man die Sache zu Ende denkt? Solche Konzepte, die auf den ersten Blick noch unverdächtig klingen, ziehen einen Rattenschwanz von tief greifenden Konsequenzen nach sich. Deshalb politisiert sich's einfacher auf einer allgemeinen Ebene. Hier mal noch rasch einmal Zustimmung und Applaus. In den Niederungen der Umsetzung und der Maßnahmen ist es schnell vorbei mit Friede, Freude, Eierkuchen.

Denn dort unten, jenseits der bildungspolitischen Floskelsprache, hat „Individualisierung" Konsequenzen. Gleich wie „mehr naturwissenschaftliche Bildung". Auch das wird zwar die politische Entourage mit zustimmendem Kopfnicken quittieren. Aber eben: Was bedeutet das? Geht es einfach darum, mehr Stunden zu „geben"? Oder geht es darum, dass die Schüler mehr wissen? Oder dass sie mehr können? Nur „mehr"? Oder auch besser im Sinne von nachhaltiger? Und: Welche Schüler? Alle – unabhängig davon, ob sie Physik studieren oder eine Handelsschule besuchen wollen? Und widerspräche das nicht der Forderung nach Individualisierung? Zudem: Heißt mehr vom einen auch weniger vom anderen? Und wenn ja: Von was?

„Schul-Chaos, Zuständigkeits-Durcheinander, zersplitterte Lehrerbildung: Zehn Jahre nach dem Pisa-Schock geht es im deutschen Bildungssystem drunter und drüber", bilanziert denn auch der Spiegel. „Nach Pisa setzten die Schulminister auf ein runderneuertes Lehrerstudium. ‚Dann haben wir ja schon in 30 Jahren bessere Pisa-Ergebnisse', frotzelte Andreas Schleicher. Die Kultusminister rächten sich und erklärten den weltweit geachteten ‚Mr. Pisa' zur Persona non grata – Schleicher durfte in seinem Heimatland eine Zeitlang keine Pisa-Studie mehr vorstellen. Schleicher ist inzwischen rehabilitiert. Alle seine Vorhersagen trafen ein: Die Lehrerbildung ist zehn Jahre nach Pisa so wirr, dass auch Unionsbildungsexperten sie auf Podien als chaotisch bezeichnen und bereit sind, den Föderalismus infrage zu stellen. [...] Das deutsche Bildungsschiff ist steuerungslos. Auf der Brücke der Titanic stehen 16 Kapitäne und wollen alle in eine andere Richtung. Derweil spitzt sich demografisch wie ökonomisch die Lage zu. Deutschlands Schulen sterben, in den großen Flächenländern stehen Tausende Hauptschulen vor dem Aus – weil es nicht mehr genug Schüler für drei Schularten gibt. Am meisten leidet die Wirtschaft. Sie, die jahrelang die Kultusminister vor sich hinwursteln ließ, steht vor einem nie gekannten Fachkräftemangel. Nicht mehr nur Ingenieure oder Ärzte fehlen, inzwischen gehen sogar die Auszubildenden aus." (Füller 2011)

3.3.3 Gewerkschafter und Verbandsfunktionäre: Klassenkampf fürs Klassenzimmer

Eine dritte Expertengruppe mischt in den Schulen munter mit. Und zugegeben: Wenn es um Macht und Einflussnahme geht, ist ihnen die Expertise nicht abzusprechen. Gebetsmühlenartig werden die stets gleichen Forderungen in die Mikrofone diktiert. Denn die Gewerkschaften und Lehrerverbände wissen sehr wohl: Eine Angelegenheit muss nur ausreichend lange von hinreichend vielen behauptet werden, und schon wird sie für Realität gehalten.

Wenn also beispielsweise eine Studie zum Ergebnis kommt, dass viele Lehrer dem Beruf nicht gewachsen sind, wird reflexartig und wider besseres empirisches Wissen die Forderung nach einer Verkleinerung der Klassen und einer Reduktion der Unterrichtsstunden aufgestellt. Und die Presse echot nach Drehbuch.

Doch die lärmigen Forderungen der Freunde ehrlicher Empörung übertönen nur das eigentliche Problem. Denn im Grunde genommen ist allen bewusst: Wenn in einer Klasse 24 statt 28 Schüler sitzen, kostet das zwar schwindelerregende Summen, hat aber keinen nennenswerten Einfluss auf den Lernerfolg. Und wenn ein Lehrer wöchentlich eine Dreiviertelstunde weniger lang aufs Klingelzeichen wartet, wird er sich deshalb um keinen Deut gesünder fühlen. Im Klartext: Die machiavellistischen Feinmechaniker der Macht in den Lehrergewerkschaften hintergehen letztlich ihre eigenen Leute. Denn wenn wirklich etwas für einen gesunden „Arbeitsplatz Schule" getan werden soll, reicht die Klassenkampfrhetorik ebenso wenig wie die ewig gleichen plakativen Forderungen nach mehr und weniger – mehr Lohn und weniger Arbeit. Denn die Schule hat kein Mehr-Weniger-Problem. Die Steinzeit ist schließlich auch nicht an einem Mangel oder einem Überfluss an Steinen zu Ende gegangen.

> **Hinter jeder Ecke lauern ein paar Richtungen.**
> (Stanislaw Jerzy Lec)

Es geht um viel grundsätzlichere Fragestellungen. Und die lassen sich nicht mit den gewerkschaftlichen Korrekturschablonen ins Lot rücken. Die neuen Bilder von Schule und von den entsprechenden Professionalitäten wollen einfach partout nicht mehr in die alten Rahmen passen. Wenn man Bilder in einen Rahmen quetscht, in den sie nicht passen, gehen sie kaputt. Und den Menschen geht es ähnlich. So ließe sich denn frei nach Hans Magnus Enzensberger formulieren: Lies keine Gewerkschaftsprogramme, mein Sohn, lies Statistiken. Sie sind genauer.

3.3.4 Erziehungswissenschaftler: Von der Praxis der Theorie

Die schlechten Ergebnisse in internationalen Vergleichen sind für Reinhard Kahl und Martin Spiewak „nur der offensichtlichste Beleg für den beklagenswerten Zustand der deutschen Erziehungswissenschaften. Es dürfte schwer sein, an unseren Universitäten eine ähnlich erstarrte und international isolierte Disziplin zu finden. Kaum ein anderes großes Fach leistet es sich, seine wissenschaftlichen Standards und Aufgaben derart zu vernachlässigen" (Kahl/Spiewak 2005). Die Bildungswissenschaft sonnt sich im Luxus einer feuilletonistischen Welterklärungspädagogik. Aber eigentlich müsste sie sich viel handfestere Ziele ins Aufgabenheft schreiben. Eine davon: Die künftigen Lehrer für ihre Aufgaben fit zu machen. Die technischen Wissenschaften forschen und lehren, damit die künftigen Ingenieure Brücken planen und bauen, die nicht gleich beim ersten Belastungstest zusammenkrachen. Die Medizin forscht und lehrt, damit die künftigen Ärzte in der Lage sind, ihre Patienten bedürfnisgerecht zu behandeln. Und in vergleichbarer Weise müsste die Bildungswissenschaft die Lehrer in die Lage versetzen, sich den beruflichen Belastungen gewachsen zu fühlen. Das heißt unter anderem: Tausende von Professoren und wissenschaftlichen Mitarbeitern im deutschsprachigen Europa müssten sich eigentlich vorrangig mit jenen Fragen auseinandersetzen, die die Lehrer in ihrem beruflichen Alltag am meisten beschäftigen – und belasten. Denn wie die Brücken der Ingenieure den Belastungen standhalten müssen, muss auch die Arbeit der Lehrer belastungstauglich sein.
Ganz oben in der Belastungshierarchie rangieren jene Themen, die mit den Lernenden und ihrem Verhalten zu tun haben. Kevin

verhaut die Streber auf dem Schulhof. Marie-Louise findet die Primzahlen doof – und wird richtig zickig. Nikolai weigert sich laut vorzulesen und stört stattdessen den Unterricht mit Kraftausdrücken. Alex kommt schon zum dritten Mal zu spät und genießt die Kommentare der Mitschüler. Hanna hat die Hausaufgaben zu Hause liegen lassen – sagt sie und alle kichern. Peter und Paul kümmern sich einen Dreck um das, was der Lehrer sagt – und die ganze Klasse wartet gespannt auf die Reaktion. Die in der hintersten Reihe stören so sehr, dass man sich mehr um Ruhe und Ordnung als um Mathematik kümmern muss.

Eine zunehmende Heterogenität, die organisierte Unverantwortlichkeit, offene und versteckte Disziplinprobleme und Strukturen, die solche Verhaltensweisen hervorrufen, das sind Kernthemen in den Niederungen des schulischen Alltages.

„Kampfzone Klassenzimmer" titelt Focus Schule. Und berichtet: „Der Praxisschock ereilte die junge Pädagogin gleich in der ersten Woche. Nie habe sie gedacht, offenbarte die frischgebackene Lehrerin anonym in einem Online-Lehrer-Forum, dass sie so schnell der Verzweiflung nahe kommen würde. Eine ihrer Klassen an einer polytechnischen Schule bestehe ‚fast nur aus hyperaktiven, total aufgedrehten und wahnsinnig nervigen Schülern', die es nicht schafften, ‚auch nur mal kurz ihren Mund zu halten oder still zu sitzen, geschweige denn etwas zu arbeiten'. Schreien, drohen, gut zureden, sie habe alles probiert, berichtete die Lehrkraft entnervt. Ohne Erfolg: ‚Das kratzt die überhaupt nicht.'

Ein paar Klicks weiter schildert eine Kunstlehrerin das erzieherische Elend in einer vierten Klasse. Schon wegen des hohen Ausländeranteils sei diese sehr lebhaft, ‚aber auch

viele der deutschen Kinder scheinen noch nie was von Regeln gehört zu haben.' In der Klasse herrsche ein Lautstärkepegel, dass sie jedes Mal mit Kopfschmerzen rausgehe, klagt die Kunsterzieherin. ‚Die schreien sich quer durch die Klasse an, gehen echt über Tische und Bänke, wenn ich nicht abwechselnd hinter jedem Einzelnen stehe.'

Die Lamentos über eine zunehmend disziplinlose Schülerschaft gehören zum Standardrepertoire der Lehrer. Disziplinprobleme in der Klasse gelten als Krankmacher Nummer eins beim pädagogischen Personal. So bezeichneten mehr als 400 Lehrer, die für ‚Die Freiburger Schulstudie' befragt wurden, Klassenstärke und destruktives Schülerverhalten als die größten Belastungsfaktoren." (Esser 2007)

■ Fortsetzung auf Seite 130

ERFAHRUNGS-AUTISMUS

Wenn eine Katze eine Maus fangen will, dann hat sich das Drehbuch der Natur das etwa so ausgedacht: Die Katze schleicht sich heran. Ganz sachte. Dann wartet sie. Quälend lange. Und nichts regt sich. Sie wartet. Und wartet. Und wartet. Noch immer tut sich nichts. Wie gelangweilt sitzt die Katze da. Und sie wartet weiter. Dann, mit einem Mal spannt sie sich an, die Maus kommt, die Katze packt zu.

Die gleiche Szene im Fernsehen: Katze kommt, Maus kommt, Katze packt zu. Alles andere ist rausgeschnitten. Denn kein Fernsehsender kann es sich leisten, wartende Katzen zu zeigen.

Die Zuschauer müssen schließlich in den Bann gezogen und bei der Stange (beziehungsweise beim Sender) gehalten werden. Entsprechend effekthaschend und flüchtig ist das Leben in den künstlichen Welten – nicht nur bei mäusefangenden Fernsehkatzen.

In den elektronischen Medien dient auch die Natur letztlich nur einem Zweck: der Quotenjagd. Daher wird sie möglichst spektakulär in Szene gesetzt. Bequem vom Sofa aus kann man Schulter an Schulter mit dem mächtigen Löwen auf Antilopenjagd gehen, an der steilen Felswand die Adlerjungen aus dem Ei schlüpfen sehen, mit dem pfeilschnellen Barracuda durchs Korallenriff schwimmen. Immer hautnah dabei, mitten im Geschehen.

Die richtige Natur präsentiert sich dagegen vergleichsweise langweilig. Der Wurm, den man unter einem Stein findet, kann in Sachen Spektakel in keiner Weise mithalten – sprichwörtlich ein armes Würmchen.

Kein Wunder, dass Kinder und Jugendliche unendlich viel Zeit vor Bildschirmen verbringen. Dabei ziehen sie sich keineswegs nur jagende Löwen, schlüpfende Adler oder schwimmende Barracudas rein. Nein, sie zappen und klicken sich Tag für Tag stundenlang durch jede Menge geistigen Sondermüll.

Aber das ist nur ein Teil des Problems. Mindestens so wichtig ist die Frage, was sie während dieser Zeit nicht tun. Und das heißt auch: Was sie während dieser Zeit nicht erleben und nicht erfahren.

Es macht einen gewaltigen Unterschied, ob Kinder mit Steinen einen Bach stauen oder ob sie das Gleiche per Mausklick auf dem Bildschirm tun. Der richtige Damm erfordert, ins Wasser zu gehen, Steine anzufassen, ein Gefühl für deren Gewicht und Form zu entwickeln, nass zu werden, zuzuschauen, wie der angefangene Damm weggespült wird, gemeinsam Strategien zu entwickeln, wie man ihn stabiler bauen könnte, neu zu beginnen mit einem soliden Unterbau, dabei zu beobachten, wie das Wasser seinen Fluss verändert und Kräfte entwickelt, das Herbeischaffen der Steine zu organisieren, die klammen Finger und kleinen Schürfwunden zu vergessen, vom Ufer aus das Werk zu bewundern, zu Hause trockene Kleider anzuziehen, ein Pflaster auf die Schürfwunde kleben zu lassen.

Und es macht einen gewaltigen Unterschied, ob man eine virtuelle Fußballmannschaft über eine Spielkonsole dirigiert oder ob man mit einem echten Ball ein echtes Tor zu schießen versucht – in einem richtigen Spiel, in einem echten Team, das aus leibhaftigen Menschen und im besten Fall aus echten Freunden besteht – nicht im Gefängnis der Einsamkeit im abgedunkelten Zimmer vor dem Bildschirm. Wer richtig Fußball spielt, kann auf dem nassen Boden ausrutschen, muss sich wieder aufrappeln und weiterrennen, kann denn Ball verlieren und ihn wieder zurückerobern, dabei seinen Körper spüren, lernt nicht nur, mit dem Ball umzugehen, sondern auch mit seinen Mitspielern – und mit Gefühlen. Dabei tun sich ganz andere Erfahrungswelten auf, als wenn man eine Taste auf dem Computer betätigt.

Apropos Erfahrungen: Grundlage jeder Erkenntnis ist die Erfahrung. Wir machen Erfahrungen. Oder präziser: Die Erfahrungen machen uns. Das heißt: Die Menschen sind das Produkt ihrer Erfahrungen – und ihres Umgangs damit.

„Haben Kinder, die in der bestehenden Fernseh- und Computerwelt aufwachsen, überhaupt eine Chance, die Gegenwart des Gegebenen wahrzunehmen – des Mediums, in dem sie die Realzeit ihres Lebens verbringen?", fragt Helmut Schreier in seinem engagierten Plädoyer für eine Rückkehr zur Natur.[1] Er sucht dafür einen Begriff, „der mit Wörtern wie ‚Erfahrung des Ursprünglichen' oder ‚Begegnung mit dem Authentischen' nur unzureichend bezeichnet ist. Gäbe es ihn und wäre er gebräuchlich, so müsste allen Zeitgenossen auf Anhieb einsichtig sein, dass die Erfahrung, die das Fernsehen bieten kann, grundverschieden ist von der Erfahrung, die das Leben zu bieten vermag. Man würde die langen Zeiträume, die Kinder vor dem Bildschirm verbringen, nicht nur als Quelle von Übergewicht und als Gefahr sinkender Schulleistungen sehen, sondern vor allem als Ausgesperrt-Sein vom ‚richtigen Leben'.

So wie es die Geschichte von den beiden jungen Fischen illustriert, die einem älteren Fisch begegnen, der sie begrüßt: Guten Morgen, Jungs, wie ist das Wasser heute? Als sie weiter geschwommen sind, wendet sich der eine junge Fisch an den andern: Was zum Teufel ist Wasser?

---

[1] Schreier, Helmut: Krise der Kindheit. Warum wir in die Natur zurückfinden müssen. Rogner & Bernhard. 2012

Voilà! Das müssten dann ja auch die Themen sein, mit denen sich die Bildungswissenschaft forschend und lehrend prioritär beschäftigt. Und das wären dann auch die Themen, die in den wissenschaftlichen Publikationen den Ton angeben. Von wegen! Die Bezugswissenschaft[1] setzt aber offensichtlich ganz andere Schwerpunkte.

Im Bereich Schulpädagogik finden sich Artikel wie „Zufriedenheit trotz beruflicher Beanspruchungen? Anmerkungen zu den Befunden der Lehrerbelastungsforschung", „Lernen und Berufsbiographie. Wann erlernen Lehrkräfte ihre Profession?" oder „Eine Skizze zur Rahmenplangestaltung im Zuge einer Schulgesetzrevision im Land Berlin".

Die Artikel der Allgemeinen Pädagogik kommen noch etwas prickelnder daher. „Bildung und Imagination. Einige historische und systematische Überlegungen". „‚... in der Gestalt der Muse Xenophons und der moralischen Venus des Shäftesbury'. Erziehungskonzeptionen bei Christoph Martin Wieland". „Individualität und Gemeinschaft. Zur Ortlosigkeit der Freiheit in ausgewählten pädagogischen Diskursen".

Die Fachdidaktik Deutsch steht da nicht hintan: „Schreibgesten. Die Entdeckung des Schreibens im Akt des Schreibens". „Don Carlos von F. Schiller. Das Drama der Täuschungen und der Missverständnisse". „Die Mythenzertrümmerung der Elfriede Jelinek".

Die Veröffentlichungen der Geschichte und ihrer Didaktik setzen noch einen drauf: „Das Maulbronner Landesaufgebot im 16. und frühen 17. Jahrhundert. Militärgeschichtliche Aspekte der Musterungslisten von 1523 bis 1608". „Kaiser, Papst und Adelsmacht. Anlass für eine Flut von Ortsjubiläen: die Backnanger Urkunde vom 11. April 1245". „Die Mühlen im Rems-Murr-Kreis". (Hille 2010)

Wie heißt es doch so schön: Praxis ohne Theorie leistet immer noch mehr als Theorie ohne Praxis. Das ist nicht neu. Es stammt von Quintilian. Schon zu Zeiten der alten Römer gab es offensichtlich Menschen, die Wissen schafften ausschließlich für die Wissenschaften.

---

[1] Die folgenden Forschungsthemen stammen von Lehrstuhlinhabern einer zufällig ausgewählten deutschen Lehrerausbildungsinstitution. Die Aufstellung ist nicht repräsentativ. Aber es ist einfach, sich selbst ein Bild der Forschungsthemen zu machen. Die Webseiten der Lehrerausbildungsinstitution geben Auskunft.

3.4 Schulleiter: Vorangehen, indem man dahintersteht

„Die dienstlichen Aufgaben der … (je nach Bundesland eine oder auch mehrere Personen, meist … genannt) sind in Deutschland in den verschiedenen Schularten durch die verschiedenen Landesschulgesetze unterschiedlich geregelt. Im Einzelnen sind sie in den betreffenden Schulordnungen und in den sogenannten Dienstordnungen (beispielsweise in der Lehrerdienstordnung) niedergelegt. Bei den Grund- und Hauptschulen ist die … den Lehrkräften vorgesetzt. Bei den weiterführenden Schulen ist die … dienstvorgesetzt und hat insbesondere auch eine Beurteilungsfunktion. In Baden-Württemberg ist für alle Schularten der Regierungspräsident Dienstvorgesetzter. Der … ist nur für schriftliche Missbilligungen nach der Landesdisziplinarordnung als Dienstvorgesetzter tätig. Die geltenden Bestimmungen können sich im Einzelnen von Bundesland zu Bundesland unterscheiden. Neben dem eher formalen Aspekt der Funktion der … kann ein inhaltlicher Aspekt unterschieden werden."

So steht es in Wikipedia. Und es klingt nicht gerade prickelnd. Im Gegenteil: Wer das liest, kommt kaum umhin zu sagen: Scheißjob. Übrigens: Die Beschreibung bezieht sich auf die Schulleitung.

Die Aufgabe der Schulleitung ist so beschrieben, als ginge es in erster Linie darum, Formulare in Empfang zu nehmen, sie auszufüllen (oder in Verwaltungsdeutsch: für deren „ordnungsgemäßes Ausfüllen nach Dienstverordnung Art. 34 bis zum angegebenen Stichtag unter Berücksichtigung der Anrechnungsstunden und in Absprache mit dem Gleichstellungsbeauftragten und dem Präsidenten des Personalrates besorgt zu sein, wobei zu beachten ist, dass sich eine Trennung nach Geschlechtern erübrigt, wenn der Personalrat nur aus einer Person besteht") und sie dann an die weiterverarbeitenden Amtsstellen zurückzuschicken. Es klingt also nach einem etwas besser bezahlten Formularpostboten. Dabei geht es eigentlich um eine Führungsaufgabe. Das Gegenteil von unterlassen ist unternehmen. So gesehen ist die Schule ein Unternehmen. Und ein Unternehmen soll erfolgreich sein. Das ist ein Ziel seiner Existenz. Der Schulleitung kommt also die Aufgabe zu, ein Unternehmen namens „Schule" zum Erfolg zu führen.

Aber was ist Erfolg? Vordergründig liegen Welten zwischen einer Schule und einem Unternehmen. Aber nur vordergründig. Beim Unternehmen geht es nach gängiger Alltagslyrik einzig und allein darum, dass hinten gute Zahlen rauskommen. Und bei der Schule? Wann ist eigentlich eine Schule erfolgreich? Auch wenn hinten gute Zahlen rauskommen – in Form von Noten. Aber das ist in beiden Fällen zu kurz gegriffen. Zwar zeigen die Tendenzen durchaus in eine solche Richtung. Die durchschnittliche Aufenthaltsdauer von Spitzenmanagern in Unternehmen beträgt gerade mal drei Jahre. Da geht es wohl kaum um eine Identifikation

NICHT AUCH NOCH ZEIT FÜR DIE SCHÜLERINNEN

mit dem Unternehmen. Da geht es in der Tat vor allem darum, gute Zahlen zu präsentieren, entsprechend Kasse zu machen und dann weiterzuziehen. Dass eine solche Milchkuh-Philosophie längerfristig problematisch ist, zeigt sich jeden Tag in den Nachrichten aus der Wirtschaft.

Und eine ähnliche Entwicklung ist bei Schulen sichtbar. Immer mehr werden Schulen daran gemessen, welche Zahlen sie präsentieren können. Dabei geht es nicht um Geld, sondern um die Noten der Schüler in irgendwelchen Vergleichstests. Und ähnlich wie in vielen Unternehmen setzen die Schulen alles daran, sich zahlenmäßig in bestem Lichte präsentieren zu können. Und auch hier werden Bilanzen geschönt. Gängige Praxis: Man bereitet die Schüler mit Prüfungen auf Prüfungen vor – mit entsprechenden Konsequenzen. Der Blick richtet sich weg vom Spiel hin zur Anzeigetafel. Und wie kein Tennisspieler gut spielen kann, wenn er ständig mit einem Auge auf die Anzeigetafel schielt, wird kein Schüler gut lernen, wenn das Hauptaugenmerk dem Erreichen von Notendurchschnitten gilt.

Die Aufgabe eines Unternehmens besteht darin, eine Dienstleistung zu erbringen, die von den Kunden nachgefragt wird. Auch die Schule hat Kunden. Die werden zwar nicht sogenannt und sie haben häufig auch keine Wahl. Das ändert aber nichts daran: Schüler sind Kunden. Und sie nehmen die Leistungen der Schule in Anspruch. Oder sie lassen es sein. Dafür haben sie ein ganzes Repertoire an Strategien entwickelt – von offenem Widerstand bis hin zu sozialverträglichen Formen des So-tun-als-ob. Das Beste, was einer Schule also passieren kann: Wenn sich die Kunden mit den angebotenen Dienstleistungen identifizieren. Wenn sie das Gefühl entwickeln, dass das, was getan wird, für sie getan wird. Wenn sie sich persönlich angesprochen fühlen. Wenn das, was sie tagtäglich erleben, ihnen gut tut und sie weiterbringt.

Und hier setzt eigentlich die Aufgabe der Schulleitung an: ein Dienstleistungszentrum aufbauen, das zum nachhaltigen Nutzen der Kunden beiträgt. Zum nachhaltigen Erfolg! Kundenorientierung findet aber nicht auf Powerpoint-Folien an Marketingseminaren statt. Kundenorientierung hat mit Menschen zu tun. Im Falle von Schulen mit Schülern, Eltern, Ausbildnern, Nachbarn und anderen Beteiligten. Aber der Blick nach außen ist nur eine Richtung. Denn es gibt auch interne Kunden. Die Mitarbeiter. Und nichts kann außen funkeln, was innen nicht leuchtet.

3.4.1 Lernende Organisation

Schulleitungen haben nicht nur und nicht in erster Linie einen Verwaltungsauftrag. More pepper, less paper heißt vielmehr die Devise. Das bedeutet: Sie haben eine Führungsaufgabe. Führung ist allerdings begrifflich leicht kontaminiert. Leadership – oder noch besser: shared leadership – klingt da weitaus sozialverträglicher. Aber eigentlich braucht es keine Soziallyrik. Was es braucht, ist Führung – Führung gebunden an Menschen, die sich hinstellen und Verantwortung übernehmen. Führung als durchgängiges Prinzip. Das ist ungefähr das Gegenteil von einem Jekami, bei dem reihum alle ein bisschen sagen dürfen, wo es lang gehen soll. Fazit: Es braucht Autorität. Und Autoritäten. Denn Schule ist keine therapeutische Selbsthilfegruppe, wo sich alles so gut anfühlt und alle ganz fest froh sind, haben sie darüber sprechen können. Eine Schule muss sich als eine lernende Organisation verstehen. Das heißt: nicht nur Arbeit *im* System, sondern auch – geführte –

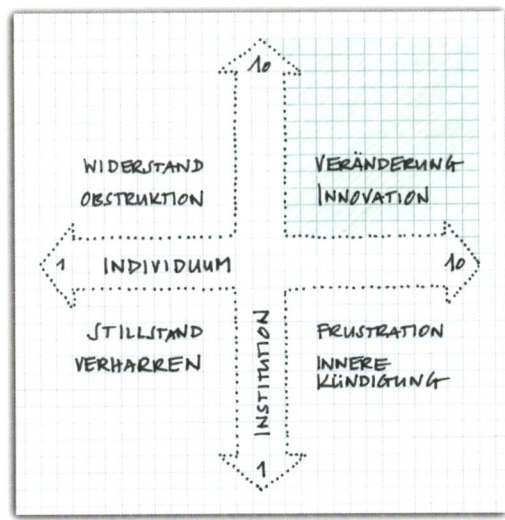

Arbeit *am* System. Denn die Schule – eigentlich die traditionelle Domäne des Lernens – ist trotz einer hyperaktiven Reformitis in den wesentlichen Strukturen nach wie vor zutiefst konservativ und innovationsresistent. Entwicklungsprozesse in Institutionen verlangen nach gemeinsamen Intentionen. Am bequemsten ist es, wenn das Individuum und die Institution keine Anstalten machen, sich mit Veränderungen auseinanderzusetzen. Dann bleiben sie eben schön beisammen. Und sorgen dafür, dass sich ja nichts bewegt.
Wenn ein Lehrer Veränderungen in die Wege leiten möchte, in seiner Schule aber die Betonfraktion das Sagen hat, werden die Bemühungen in Frust und innerer Kündigung enden.
Umgekehrt wird Widerstand und Obstruktion in offenen und verdeckten Formen erzeugt, wenn die Schule sich zu neuen Ufern aufmachen will, der einzelne Lehrer aber nicht fähig oder willens ist, seine Gewohnheiten infrage zu stellen. So richtig Zug in die Sache kommt dann, wenn die Institution die Fahne auf Veränderung stellt und die Mitarbeiter mit zupackender Genugtuung erkennen: Endlich geht es los.

Michael Fullan zeigt, wo eine tiefgreifende Veränderung des Bildungssystems einzusetzen hat: bei der Kultur des Lernens selbst. In diesem Sinne überträgt er das Konzept der lernenden Organisation auf die Schule. Zentrale Prinzipien für eine solch neue Lernkultur sind beispielsweise die Eigenverantwortlichkeit und Engagement jedes Einzelnen, aber auch Kooperation und die Bereitschaft der Lehrer, selbst permanent ein Lernender zu sein. Good teachers are good learners, sagt man in Kanada. Gute Schulen sind lernende Schulen. Entwickelt worden ist das Konzept der Lernenden Organisation von Peter Senge. Er vertritt den Standpunkt, dass fünf Disziplinen beherrscht sein müssen, um Lernende Organisationen zu entwickeln:

personal mastery – Kompetenzstreben

Individuelle Kompetenzentwicklung ist integraler und selbstverständlicher Teil der Professionalität. Wichtiger Fokus: Persönlichkeitsentwicklung. Ziel: sich den wandelnden Anforderungen in souveräner Weise gewachsen fühlen.

mental models – mentale Modelle

Explizite und implizite Wertesysteme und „geistige Landkarten" (z.B. Weltbild, Lernverständnis, Rollenverständnis, Funktionsverständnis) sind transparent und damit in identitätstiftender Weise nutzbar zu machen. Grundlage: vertieftes Interesse an einer „guten" Entwicklung der Organisation. Nötig sind geklärte gemeinsame Ziele und Vorstellungen, wohin die Reise führen soll (Roadmapping / Erwartungsmanagement). Das setzt eine emotionale Bindung an die Ziele voraus.

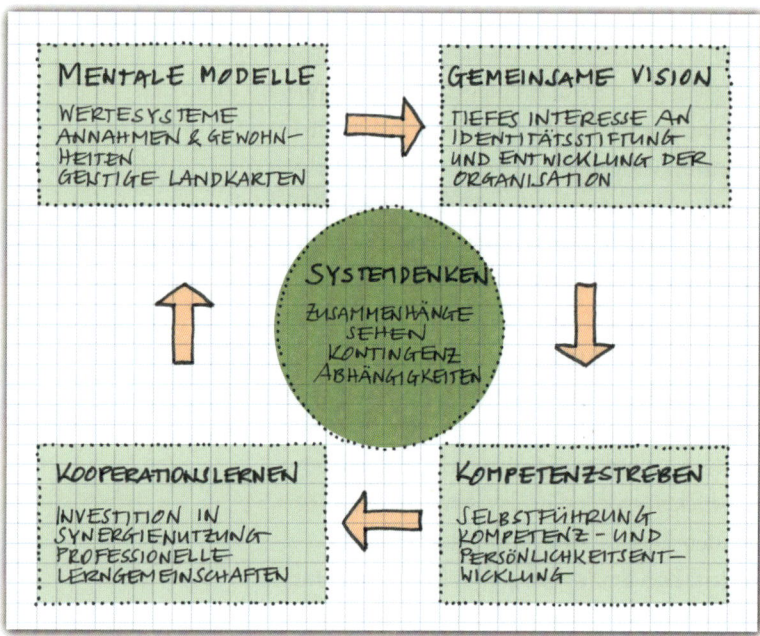

team learning – Kooperationslernen

Das Ziel heißt: voneinander und miteinander lernen (z.B. in professionellen Lerngemeinschaften / communities of practice). Lernen versteht sich als Form der gemeinsamen Arbeit am eigenen Unternehmen (Arbeit am System und nicht nur im System). Und wichtig: Synergien nutzen. Es macht keinen Sinn, dass alle jeden Tag das Rad neu erfinden.

system thinking – Denken in Systemen

Es geht nicht ohne ein Denken und Handeln in Zusammenhängen. Das verlangt, den Blick über den eigenen Gartenzaun hinaus zu richten. Es geht darum, Abhängigkeiten zu erkennen und zu sehen, welche Konsequenzen individuelle Handlungsweisen auf das Gesamtsystem haben.

Eine Schule im Sinne einer lernenden Organisation ist also alles andere als eine Ansammlung von Einzelkämpfern auf ihren einsamen Unterrichtsinseln. Aber diese Idee der Arbeit – ich komme, gebe meine Stunden, packe die Sachen ein und gehe nach Hause – hat natürlich eine Herkunft. Sie ist entstanden aus der Idee der Freiheit von Lehre und Forschung. Diese Freiheit von Lehre und Forschung ist nicht nur gesetzlich hoch aufgehängt, sie ist auch umgeben mit einem mythischen Glorienschein der akademischen Unfehlbarkeit. Unter diesem Deckmantel lässt sich viel Gutes tun – und es lässt sich allerhand verbergen. Denn jede Lehre ist nicht nur ein Produkt menschlichen Geistes, sondern auch ein Produkt menschlichen Charakters. Und auf die Idee, dass nur Gutmenschen im schulischen und universitären Lehrbetrieb beschäftigt sind, können nur Gutmenschen kommen.

Im Klartext: Die Lehrfreiheit ist im Grunde genommen ein Persilschein. Das muss nicht unbedingt schlecht sein. Es kommt halt drauf an, wem dieser Freibrief ausgestellt wird. Aber 1. geht es ja eigentlich nicht mehr nur um Lehre und 2. schon gar nicht um Freiheit, denn es geht 3. nicht primär um die Lehrer, sondern zuerst und vor allem um ihre Kunden.

3.4.2 Willigkeit x Fähigkeit x Möglichkeit

Der Weg muss wegführen vom „ich und meine Klasse" hin zu „wir und unsere Schule". Das bedeutet: Wenn Schulen sich als Organisationen der Kooperation und der Synergienutzung mit gemeinsamem Ziel verstehen, reduzieren sich automatisch die Freiheiten des Einzelnen zugunsten des Ganzen. Wenn die Fußballmannschaft in roten Hosen und weißen Dresses spielt, verliert der Einzelne das Recht, schwarze Hosen und ein grünes Dress zu tragen. Oder er wechselt zur schwarz-grünen Mannschaft. Oder er spielt nicht mehr Fußball. So einfach ist das.

Daraus ergibt sich eine wichtige Aufgabe für die Schulleitung in einer neuen Lernkultur: dafür sorgen, dass alle in der gleichen Mannschaft spielen wollen. Zusammen. Und aufs gleiche Tor. Damit finden sie sich in einer ähnlichen Situation wie Napoleon, als er auf dem Feldherrenhügel stand, von dieser Anhöhe auf die quirligen Marschkolonnen unter sich herabschaute und dann nachdenklich gesagt haben soll: „Da gehen meine Leute. Ich muss herausfinden, wohin sie gehen, damit ich sie führen kann." Der Kaiser der Franzosen liefert den heutigen Schulleitern noch eine andere Steilvorlage: „Was soll das heißen – die Umstände? Ich bestimme, welche Umstände herrschen."

Will heißen: Individuelle Commitments evozieren und sie auf ein gemeinsames Ziel hin führen ist ein Teil der Aufgabe. Für die Gelingensbedingungen sorgen der andere. Denn Leistung ist das Produkt aus Willigkeit mal Fähigkeit mal Möglichkeit.

Die Bereitschaft des Einzelnen kann durch die Institution nur beschränkt beeinflusst werden. Wer, aus welchen Gründen auch immer, keinen Bock auf Leistung hat, wird – zumindest über eine bestimmte Zeit – Mittel und Wege finden, den Anforderungen aus dem Weg zu gehen.

Anders sieht es bei den Fähigkeiten aus: Die Menschen in ihren Fähigkeiten weiterzubringen, dazu bieten sich der Institution verschiedene Möglichkeiten. Alle Formen der internen und externen Weiterbildung gehören dazu. Aber auch die informellen und impliziten Lernanlässe im Schulalltag – der Austausch mit anderen, das gelungene Beispiel des Kollegen, das Feedback nach einer Hospitation.

Eine zentrale Aufgabe der Institution (und damit der Schulleitung) besteht letztlich darin, Möglichkeiten zu schaffen und Bedingungen zu gestalten und zwar so, dass die Entwicklung guter Leistungen und entsprechender Erfolge systematisch gefördert wird. Und gefordert!

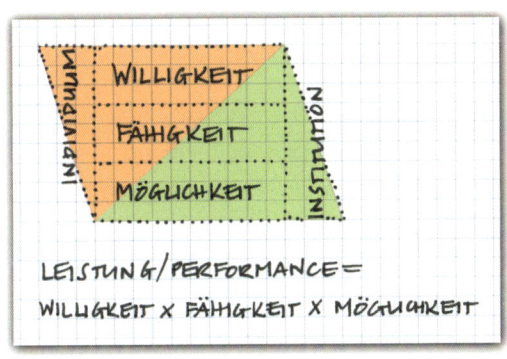

3.4.3 Verbindlichkeitskultur: Teil der Lösung

Kultur ist ähnlich schwer zu beschreiben wie die Persönlichkeit eines Menschen. Man spürt zwar, wie etwas wirkt, aber dieses Etwas in Worte zu fassen, das fällt nicht leicht. Und gleichwohl: Eine irgendwie geartete Kultur beeinflusst maßgeblich den Gang der Dinge in einer Organisation. Denn die Menschen in dieser Kultur verhalten sich eben entsprechend – kulturkonform quasi.

Eine Leistungskultur beispielsweise manifestiert sich darin, dass der Begriff positiv besetzt ist. Es ist cool, etwas zu leisten. Und es ist ein gutes Gefühl, etwas geleistet zu haben. Es ist erstrebenswert vor sich selbst und vor der Gruppe, eine Leistung zu erbringen und stolz darauf zu sein, etwas geschafft zu haben. Die Schule braucht eine Leistungskultur, eine Kultur des zupackenden Handelns, nicht nur weil lernen und leisten etymologisch auf die gleichen Wurzeln zurückgehen. Lernende müssen auch Streber sein dürfen. Und Lehrer

>> **Wer hilfreiche Hände braucht, findet sie am Ende seiner Arme** <<

auch. Menschen die den Erfolg anstreben und die mehr zu leisten bereit sind als das, was gerade mal verlangt wird. Wenn Freiwillige einen Schritt vortreten sollen, dann treten in einer solchen Kultur nicht alle sicherheitshalber schon mal einen Schritt zurück.

Und was es vor allem braucht: eine Verbindlichkeitskultur. Landauf, landab werden in den Schulen pädagogische Tage und ähnliche Veranstaltungen durchgeführt. Irgendein wichtiges Thema steht im Mittelpunkt des Programms. Nachdem alle Platz genommen, ihre Thermosflaschen auf den Tisch gestellt (etwa eine Viertelstunde nach dem offiziellen Beginn) und die Positionen bezogen haben, setzt man sich mehr oder weniger intensiv mit den Themen auseinander. Kurz vor dem davonlaufenden Erfolg wird vereinbart, was mit den auf den Flipcharts dargestellten Themen geschehen soll. Dann schaut man sich tief in die Augen und versichert sich gegenseitig, vom Montag an dieses zu tun oder jenes zu unterlassen. Und was passiert dann: nichts. Meistens bleibt es bei den guten Vorsätzen. Denn Vereinbarungen treffen ist das eine. Sie einhalten das andere. In Organisationen mit wenig ausgeprägter Verbindlichkeitskultur werden Absprachen selten eingehalten. Jeder geht davon aus, dass man sich ohnehin nicht daran hält. Und das Verheerende ist, dass es keine Konsequenzen nach sich zieht. Häufig wird das Fehlverhalten nicht einmal angesprochen. Eine Folge davon ist das, was man als organisierte Unverantwortlichkeit bezeichnet. Werte kann man nicht anweisen. Werte kann man nur vorleben – und einfordern. Denn eine Verbindlichkeitskultur ist auch eine Einforderungskultur. Aber Menschen beim Wort nehmen, das hat unter Umständen viel mit Unbequemlichkeit zu tun. Und einem gewissen Mut zur Unpopularität. Führungsstärke zeigt sich eben nicht darin, kernige Ziele zu vereinbaren, sondern knackige Resultate zu erreichen. Mehr Verbindlichkeit und weniger Befindlichkeit heißt die Formel.

Um knackige Resultate zu erreichen – individuell und institutionell – braucht es im Wesentlichen das Zusammenspiel von vier Dingen:

a. Klare und transparente Ziele (da wollen wir hin)

Ein institutionelles Entwicklungskonzept beschreibt klar und schnörkellos die Ziele, die es innerhalb eines bestimmten Zeitraumes (zum Beispiel fünf Jahre) zu erreichen gilt. Die Beschreibung zeichnet ein anschauliches Bild davon, wie die Schule dann zumal aussehen und wie sie arrangiert sein wird. Es geht klar daraus hervor, welche Kompetenzerwartungen an die Mitarbeitenden sich damit verbinden. Ein Entwicklungskonzept wird von der Schulleitung initiiert – eine Art Commanders Intent – und in Kooperation mit allen Beteiligten gestaltet. Und: Die grafisch-formale Aufmachung dieser erwünschten Zukunft dient nicht nur als Wegweiser für die Mitarbeiter. Sie macht sich auch gut in der Außendarstellung. Und sie schafft ein Gefühl von Sicherheit und Berechenbarkeit: Die Schule weiß, was sie will.

b. Periodisches Entwicklungsziel

Rom ist nicht an einem Tag erbaut worden. Und eine Schule wird nicht von einem auf den anderen Tag umgestaltet. Periodische Entwicklungsziele (z.B. über einen Zeitraum von drei bis vier Monaten) machen ein längerfristiges Ziel überschaubar und vor allem handhabbar. Die periodischen Entwicklungsziele verstehen sich mithin als Etappen auf dem Weg zum definierten Horizont. Sie beschreiben, worauf sich die Schule in den kommenden Monaten schwerpunktmäßig ausrichten will. Zum Beispiel: Konstruktiver Umgang mit Vielfalt. Also: Den unterschiedlichen Situationen und Möglichkeiten der Lernenden möglichst optimal Rechnung tragen.

c. Persönlicher Beitrag

Gemeinsame Ziele können nur erreicht werden, wenn die Beteiligten ihre persönlichen Beiträge dazu leisten. Und zwar jeder Einzelne. Die Bereitschaft, sich für eine gemeinsame Sache zu engagieren, wird umso größer sein, je höher der subjektive Nutzen eingestuft wird. Das heißt: Alle Mitarbeitenden setzen sich klare und verbindliche Ziele. Diese Ziele orientieren sich an der individuellen Situation und den entsprechenden Möglichkeiten. Der Mathematiklehrer wird sich für ein anderes

>> **Wege entstehen** dadurch, dass **man sie geht.** <<
(Franz Kafka)

Vorhaben entscheiden als der Sportlehrer. Die Ziele müssen subjektiv Sinn machen. Und sie müssen für den Einzelnen machbar sein. Sinnvollerweise beziehen sich solche Vorhaben auf den praktischen Arbeitsalltag. Faustregel: etwas, das man ohnehin macht, einfach besser machen. Entscheidend ist: Jeder leistet einen persönlich sinnstiftenden Beitrag zum gemeinsamen Vorhaben. Und: Er geht eine entsprechende Verbindlichkeit ein – schriftlich und öffentlich.

d. Professionelle Lerngemeinschaften

„Viele Lehrer arbeiten", so Gerhard Roth, „nach wie vor in einer selbstgewählten oder aufgezwungenen Isolation, und manche zeigen immer noch die Tendenz, sich nicht ‚in die Karten schauen zu lassen'. [...] Es spiegelt sich eventuell ein schlechtes geisteswissenschaftliches Erbe wider, nach dem jeder Philosoph und jeder Pädagoge die Welt selbst neu erfinden müsste. Stattdessen ist die Bildung von Lehrerteams dringend erforderlich, die gemeinsame Bildungs- und Unterrichtskonzepte vertreten und ausprobieren wollen." (Roth 2011)

Deshalb sind alle Lehrer Mitglied einer professionellen Lerngemeinschaft. Das ist nicht einfach eine lästige Pflicht, es versteht sich vielmehr als Chance, Unterstützung zu finden und Synergien zu nutzen. Denn in diesen Communities of Practice werden beispielsweise die individuellen Ziele zum Gegenstand der Kooperation gemacht. Damit findet der Einzelne auf dem Weg zu seinem Ziel immer wieder Ankerpunkte. Die sind nicht nur inhaltlich dienlich – sie helfen als eine Art „zwingende Arrangements" auch, den inneren Schweinehund an die kurze Leine zu nehmen.

Andiamo (www.learningfactory.ch) nennt sich die Systematik, die dahinter steckt. Sie unterstützt zielführend und stringent die schulischen Entwicklungsprozesse auf mehreren Ebenen.

Auf der einen Seite zwingt sie dazu, längerfristige Intentionen zu formulieren und sich darauf zu verständigen. Dabei erfordert sie ein Herunterbrechen dieser Perspektiven in individuell machbare Einzelschritte. Groß denken, aber klein handeln, heißt die Devise. Andrerseits verbindet sie individuelles und institutionelles Lernen in einer emergenten Wechselwirkung. Sie lässt persönlichen Spielraum zu und schafft gleichwohl Verbindlichkeiten, die von einem bestimmten Zeitpunkt an nicht mehr verhandelbar sind.

Das Ziel ist klar: Aus Betroffenen werden Beteiligte. Denn wer nicht Teil der Lösung ist, wird über kurz oder lang zum Teil des Problems.

3.4.4 Schlüsselspieler

Eine Eishockeymannschaft setzt sich aus ganz unterschiedlichen Spielerpersönlichkeiten zusammen. Die einen spielen sehr mannschaftsdienlich, dafür sind sie technisch vielleicht etwas limitiert. Andere sind wahre Kämpfernaturen und geben keinen Puck verloren. Wiederum andere haben das schnelle Auge für die Mitspieler und zirkeln die genialen, öffnenden Pässe. Und dann gibt es jene, die spüren förmlich, wie das Spiel laufen wird. „I skate to where the puck is going to be, not to where it has been." Das stammt von NHL-Legende Wayne Gretzky, auch The Great One genannt. Seine 894 Tore und 2857 Scorerpunkte in der regulären Saison sind unerreicht. Doch auch er schaffte es nicht alleine. Er hat für seine Erfolge eine Mannschaft gebraucht. Und sie ihn.

Eine Mannschaft wird erst dann zur erfolgreichen Mannschaft, wenn sie diese individuellen Stärken und Fähigkeiten in emergenter Weise zum gemeinsamen Nutzen miteinander verbinden kann. Die Frage ist also: Gelingt es dem Trainer, Leistungsträger einzubauen, ein Gefüge zu bilden, das mehr ist als die Summe der einzelnen Stärken?

Die gleiche Frage richtet sich an den Schulleiter. Nicht nur, dass sich auch die Schule manchmal auf glattem Eis bewegt. Auch in einem Lehrerzimmer treffen sich ganz unterschiedliche Charaktere mit höchst unterschiedlichen Profilen. Und wie beim Eishockey geht es auch im Unternehmen namens Schule darum, aus diesen Unterschiedlichkeiten ein Teamgefüge zu formen.

Man stelle sich vor: Glen Sather, der damalige Headcoach der Edmonton Oilers wäre in die Kabine gekommen und hätte die Anweisung gegeben, dass alle Spieler gleich lang auf allen Positionen zu spielen haben. Jeder habe damit auch je zehn Minuten das Tor zu hüten. Und angenommen, er wäre nicht sofort mit Schimpf und Schande zum Teufel gejagt oder in die Irrenanstalt gesteckt worden. Für Wayne Gretzky hätte das bedeutet, seine Stärken über weite Strecken nicht ausspielen zu können. Schade für ihn. Schade für die Mannschaft.

So ähnlich läuft es aber in der Schule. Zwar für unterschiedliche Fächer, aber alle sind angestellt für eine Anzahl Lektionen. Alle haben gleichviel vom Gleichen zu machen. Das heißt vor allem: Klassen unterrichten. Es heißt aber auch: Materialien herstellen. Arbeiten korrigieren. Gespräche mit Eltern führen. Projekte planen. Schüler in die Pflicht nehmen. Den Raum gestalten. Und so weiter. Und so fort.

Natürlich machen nicht alle alles gleich gerne. Und natürlich können nicht alle alles gleich gut. Aber das spielt – im Gegensatz zum Eishockey – keine Rolle. Dabei wäre genau das wichtig: Dass die Organisation der Schule den individuellen Stärken Rechnung trägt. Dass beispielsweise jener Kollege, der so sensationelle LernJobs produziert, das nicht nur für sich und seine Klasse tun darf. Oder allgemeiner: Dass die Menschen möglichst viel von dem machen können, was sie gut können und entsprechend gerne tun. Und möglichst wenig vom anderen. Das ist gut für sie. Es ist gut für die Schule. Und es ist gut für die Lernenden. Das setzt freilich zwei Dinge voraus: Erstens, dass nicht jeder sein eigenes Spiel spielt. Die oft und gerne beschworene Freiheit der Lehre endet genau dort, wo es um gemeinsame Zielsetzungen im Hinblick auf den individuellen Erfolg der Lernenden geht. Es kann nicht sein, dass alle selber und auf der Basis widersprüchlichster Konzepte entscheiden, was gut und schlecht ist. Es kann und darf nicht sein, dass eine Schule aus zwanzig, dreißig oder fünfzig kleinen autonomen Einzelschulen besteht, je nachdem, wie groß das Kollegium ist. Es kann und darf nicht sein, dass die Stundenplangestaltung abhängig ist von privaten Verpflichtungen der Lehrer. Denn die Schule ist keine soziale Einrichtung

>> **Wer den Sumpf trockenlegen** will, darf **nicht die Frösche fragen.** <<

für die Pädagogen. Sie ist ein Dienstleistungsunternehmen für die Schüler. An diesem Ziel – den Lernenden eine bedürfnisgerechte Leistung zu bieten – haben sich die personellen Kompetenzen und Dispositionen zu orientieren.

Zweitens, dass trotzdem jeder sein Spiel spielen kann. Im Kontext einer gemeinsamen Strategie braucht es nämlich genau die individuellen Stärken. Denn nicht die quantitative Verteilung der Arbeit führt zu Qualität. Dazu gehört nicht nur, dass es normal ist, dass die einzelnen Beteiligten in je unterschiedlichen Feldern besser und erfolgreicher sind als

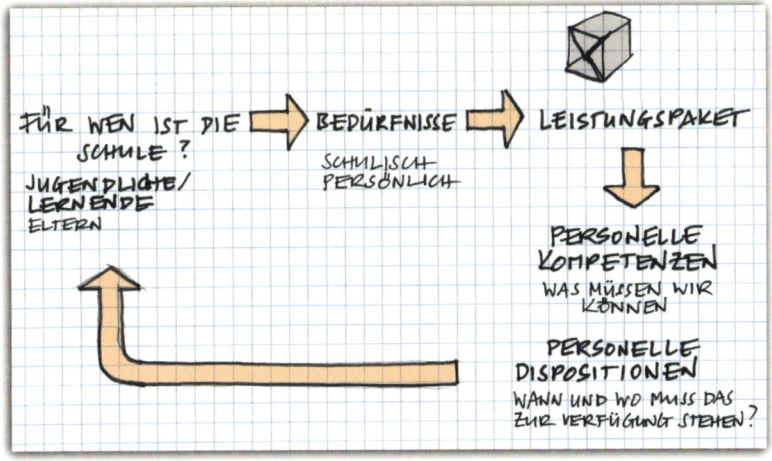

andere. Eben beispielsweise, dass der eine sich über elaboriertere gestalterische Fähigkeiten ausweist als der andere. Dazu gehört auch, dass es in jeder Organisation (auch in der Schule) Menschen gibt, die mehr zum Gesamterfolg beitragen als andere. Schlüsselspieler nennt man sie im Sport. Wayne Gretzky war so einer. Diese Spieler nehmen eine gewisse Sonderstellung ein. Das zeigt sich an ganz verschiedenen Dingen. Bei Wayne Gretzky beispielsweise auch darin, dass seine Rückennummer – die berühmte 99 – seit mehr als zehn Jahren ligaweit gesperrt und seither an keinen Spieler mehr vergeben wurde. Schlüsselspieler haben die Fähigkeit, das Spiel einer Mannschaft zu „machen", ihm den Stempel aufzudrücken. Sie stehen deshalb in der Gunst des Publikums meist auch ein paar Stufen weiter oben. Die Erwartungen an sie sind auch entsprechend höher. Das ist so lange kein Problem, als die anderen Spieler diese Konstellation nicht nur akzeptieren, sondern sie sogar – in ihrem eigenen und im Interesse des Teams – nach besten Kräften unterstutzen. Schwierig wird es dann, wenn Neid und Missgunst aufkommen. Natürlich gilt: Neid muss man sich erarbeiten, Mitleid kriegt man geschenkt. Aber wenn man sich gegenseitig den Erfolg nicht gönnt und mehr gegeneinander als miteinander spielt, dann ist der Misserfolg programmiert. Das ist im Sport dem Hintersten klar. Nicht ganz so klar ist es in einer Organisation wie beispielsweise der Schule. Dabei braucht es auch hier ein paar Menschen, die nicht nur fähig und willens sind, sich das Dress des Keyplayers überzustreifen, sondern auch fähig und willens, entsprechend Verantwortung zu übernehmen. Und wie weiland Wayne Gretzky bei den Oilers, den Kings oder den Rangers kann niemand das alleine stemmen. Es braucht ein Miteinander. Und ein Füreinander.

3.4.5 Gruppenkohäsion

Und dahinter steckt eine Haltung: Wir sind alle wichtig. Wir leisten alle einen wichtigen Beitrag zum Erfolg der Lernenden (und damit zu unserem Erfolg). Aber: Wir können nicht alle alles gleich gut und wir machen nicht alle alles gleich gerne. Wir fokussieren unsere Stärken und anerkennen die Stärken der anderen. Wir sind uns bewusst, dass es Mitspieler (Kollegen) gibt, die aufgrund ihrer Kompetenzen eine besondere Rolle einnehmen. Wir tragen alle dazu bei, dass diese Schlüsselspieler ihre Rolle als Leistungsträger ausüben und den Erwartungen gerecht werden können. Ein Stichwort dazu heißt „Kohäsion". Der Begriff leitet sich ab vom lateinischen Verb cohaerere (zusammenhängen, miteinander verbunden sein). Kohäsion wird als multidimensionales Konstrukt oder Gruppenkonzept begriffen, dessen zugrunde liegendes Verständnis im allgemeinen Sprachgebrauch auch Begriffe wie Gemeinschaftssinn, Teamgeist, Wir-Gefühl oder auch Solidarität umfasst. Dabei beschreibt Kohäsion einen – ständigen Schwankungen und Veränderungen unterliegenden – dynamischen Prozess, der sich durch die emotionale Bindung der Mitglieder untereinander sowie durch die Bindung an eine gemeinsame Aufgabenerfüllung oder Zielerreichung auszeichnet. Zwei Kräftedimensionen sind ausschlaggebend für den Erfolg einer Gruppe: die Sozialkohäsion und die Aufgabenkohäsion.

Die Sozialkohäsion bildet die durch interpersonelle Sympathie geprägte Attraktion (Attraktivität) einer Gruppe ab. Sie beschreibt die Kraftdimension, die sich auf den Wunsch des Einzelnen bezieht, soziale Kontakte mit anderen Mitgliedern zu unterhalten, persönliche Beziehungen aufzubauen und gemeinsame Aktivitäten zu gestalten.

Es liegt auf der Hand, dass in leistungsorientierten Gruppen die Aufgabenkohäsion im Vordergrund steht. Und in diesem Gefüge spielt die Führung nicht nur hierarchisch, sondern als durchgängiges Prinzip eine dynamisierende Rolle. Dabei geht es nicht um das Radfahrermodell der Führung (nach oben bücken und nach unten treten), sondern um eine reife Form von geteilter Verantwortung. Und „reif" ist verbunden mit „übernehmen" und nicht mit „erhalten". Mit der Verantwortung ist es wie mit der Arbeit: Sie findet einen. Und dann gilt es eben „Ja" zu sagen dazu. Das macht die Chefs aus, die Schlüsselspieler, die Leistungsträger, unabhängig davon ob auf dem Eisfeld oder im Schulhaus.

Gruppenkohäsion ist
ein dynamischer Prozess, der dazu führt, dass eine Gruppe in gemeinsamer Anstrengung definierte Ziele erreichen will

Gruppenkohäsion korreliert
› positiv mit Leistungsmotivation und Zufriedenheit
› negativ mit der Drop-out-Rate

Gruppengröße
Je größer die Gruppe, desto geringer die Kohäsion
Gründe: sinkende Interaktionsdichte, weniger Möglichkeit zu aktiver Beteiligung, sinkende Verantwortlichkeit
Motivationsverluste: soziales Faulenzen, Trittbrettfahren, Trotteleffekt

3.4.6 Kreativer Umgang mit Rahmenbedingungen

Schulleitungen (als Einzelpersonen oder als Team) müssen klare Vorstellung haben, wohin die Reise gehen soll. Und: Sie müssen wissen, weshalb. Das heißt: Sie brauchen ein elaboriertes Argumentarium, das ihnen hilft, richtige Fragen zu stellen und weiterführende Antworten zu finden. Damit setzen sie Wegmarken und geben Orientierung. Das steht im Einklang mit den Intentionen einer Lernenden Organisation.

Eine Schule braucht ein gerichtetes Denken und Handeln. Dazu braucht sie verständliche und allgemein einsichtige Ziele. Das ist eine Führungsaufgabe. Die Akzeptanz entsteht durch Transparenz. Wer sein Ziele offenlegt, wer überzeugend darstellt, wie diese Ziele erreicht werden sollen, schafft sich vielleicht nicht unbedingt nur Freunde, aber schafft immerhin Glaubwürdigkeit. Dazu gehört auch zu zeigen, was geht – und was nicht. Und das mit der nötigen Portion Unmissverständlichkeit. Denn wer kein Ziel hat, muss sich nicht wundern, wenn er ganz woanders ankommt.

Aber das einzige Ziel, gegen das ein Mensch sich nicht wehrt, ist sein eigenes. Die Schule braucht deshalb Menschen, die diese Ziele mitentwickeln und sie sich zu eigen machen. Und Menschen, die ohne permanentes Wenn und Aber bereit sind, sich für diese Ziele einzusetzen.

Auch das ist eine Führungsaufgabe: mit Begeisterung, Optimismus und gelassener Entschiedenheit Wege zu eröffnen. Das ist ein permanenter Prozess, in den alle Beteiligten einbezogen sind. Denn der Grad der Veränderung einer Institution (Schule) entspricht dem Grad der Veränderung im Denken und Handeln der beteiligten Personen.

Engagement ist kein Zeitvertrag. Die Schule muss deshalb eine herausfordernde Arbeitgeberin sein. Das trägt bei zu ihrer Glaubwürdigkeit. Wenn von Lernenden verlangt wird, Verbindlichkeiten einzuhalten, gilt das noch viel mehr für die Lehrer. Und wer sich dazu als nicht fähig oder nicht willens erweist, darf nicht unbeschränkte Nachsicht erwarten

Fahne hochzuhalten. Die sportliche Herausforderung besteht darin voranzugehen, indem man dahintersteht. Das setzt eine herzliche professionelle Beziehung voraus. Denn Hand aufs Herz: Man muss doch die Menschen irgendwie mögen, mit denen man unterwegs ist. Sonst macht die gemeinsame Arbeit keinen Spaß. Die Führungsaufgabe besteht aber nicht darin, jeden Morgen reihum alle abzuherzen, sondern darin, die Voraussetzungen zu schaffen, dass sie ihre Arbeit erfolgreich gestalten und dass sie darauf auch ein bisschen stolz sein können.

Zu einer der Kernaufgaben innovativer Schulleitungen gehört es mithin, Ermöglichungsstrukturen zu schaffen. Besonders prickelnd: ein unverfroren-kreativer Umgang mit Rahmenbedingungen und bürokratischen Gängelungsattacken. Das passende Motto: Es ist manchmal einfacher, um Entschuldigung zu bitten, als um Erlaubnis zu fragen.

> **»Das Tor zur Veränderung lässt sich nur von innen öffnen.«**

dürfen. Auch das gehört zur Führung: Personelle Entscheidungen treffen, die man vielleicht aus persönlichen Gründen nicht treffen möchte, aber aus institutionellen Gründen treffen muss. Das ist wie mit dem Kaktus in Grönland. Wenn der dort nicht gedeiht, liegt es weder am Kaktus noch an Grönland. Sie passen einfach nicht zusammen.

Die Schulleitung hat also die Aufgabe, die Reiseleitung zu übernehmen. Es reicht aber nicht, munter und optimistisch die Spitze zu übernehmen, Tempo zu machen und die

3.5 Aus Kindern und Jugendlichen werden Schüler

„Wichtigste Aufgabe der Schule ist es, zielgerichtet und organisiert den jungen Menschen Kompetenzen zu vermitteln: Kenntnisse, Fähigkeiten, Fertigkeiten und Haltungen." Das hat sich der Kanton St. Gallen (ähnlich wie andere Kantone auch) auf die Fahne geschrieben. Der Zweckartikel des Volksschulgesetzes besagt deshalb: „Die Volksschule unterstützt die Eltern in der Erziehung des Kindes zu einem lebensbejahenden, tüchtigen und gemeinschaftsfähigen Menschen. Sie wird nach christlichen Grundsätzen geführt. Sie fördert die unterschiedlichen und vielfältigen Begabungen und Gemütskräfte des Schülers. Sie vermittelt die grundlegenden Kenntnisse und Fertigkeiten, öffnet den Zugang zu den verschiedenen Bereichen der Kultur und leitet zu selbstständigem Denken und Handeln an. Sie erzieht die Schüler nach den Grundsätzen von Demokratie, Freiheit und sozialer Gerechtigkeit im Rahmen des Rechtsstaates zu einem verantwortungsbewussten Menschen und Bürger."

Das ist also das Ziel. Will heißen: Schüler gehen zur Schule, damit sie Kompetenzen erwerben, damit sie in ihren unterschiedlichen und vielfältigen Begabungen gefördert werden, damit sie selbstständig denken und handeln lernen.

Nun wissen wir aber: Der Sinn der Botschaft entsteht beim Empfänger. Die Frage stellt sich deshalb: Kommt das, was die Schule (offensichtlich) will, bei den Lernenden auch tatsächlich so an?

Wenn ein Restaurant sich zum Ziel gesetzt hat, sich mit seiner Küche einen Namen zu machen, muss der Gast die Gewissheit gewinnen: „Hier esse ich gut."

Übertragen auf die Ziele des Bildungssystems heißt das: Die Lernenden müssen den Schulbesuch verbinden mit dem Wunsch, viel zu lernen, weiterzukommen, besser zu werden.

Das Schönste an der Schule

Score	Hauptschule	Realschule	Gymnasium
Freunde	27	39	31
gute Noten	4	0	2
Bildung	9	27	22
frei	20	31	21
nette Lehrer	3	3	6
Sport & Schwimmen	8	14	11
Sonstiges		5	2

Score	Mädchen	Jungen
Freunde	57	40
gute Noten	2	4
Bildung	36	22
frei	33	38
nette Lehrer	5	7
Sport & Schwimmen	12	21
Sonstiges		

Score	bis 13 Jahre	ab 14 Jahre
Freunde	30	65
gute Noten	2	4
Bildung	36	22
frei	37	35
nette Lehrer	8	4
Sport & Schwimmen	21	12
Sonstiges	10	2

Das Schlechteste an der Schule

Score	Hauptschule	Realschule	Gymnasium
Lehrer	7	16	9
Lernen, HA, Arbeiten	14	25	18
Gewalt	7	4	1
frühes Aufstehen	7	6	8
(schlechte) Noten	3	7	7
Setting (Gebäude, WC, Regeln)	15	6	6
Konzentration	10	9	6
Unterricht	11	22	16
Sonstige	5	4	5

Score	Mädchen	Jungen
Lehrer	19	13
Lernen, HA, Arbeiten	29	28
Gewalt	6	6
frühes Aufstehen	10	11
(schlechte) Noten	10	7
Setting (Gebäude, WC, Regeln)	12	13
Konzentration	15	10
Unterricht	24	23
Sonstige	7	7

Score	bis 13 Jahre	ab 14 Jahre
Lehrer	10	22
Lernen, HA, Arbeiten	26	31
Gewalt	7	5
frühes Aufstehen	9	12
(schlechte) Noten	4	13
Setting (Gebäude, WC, Regeln)	13	12
Konzentration	11	14
Unterricht	26	24
Sonstige	7	6

Und auf die Frage, was das Schönste sei an der Schule, müsste die Antwort wie aus der Pistole geschossen kommen: „Hier lerne ich viel!" Und: Ist das auch so? Eine Studie des Transferzentrums für Neurowissenschaften und Lernen an der Universität Ulm ging der Frage nach, was denn aus der Sicht der Lernenden das Schönste und das Blödeste an der Schule sei (Hille 2009). Die Antworten entsprechen aber in keiner Weise den behördlich formulierten Absichten und Zielen. Das Schönste sind nicht Erfahrungen im Sinne von „ich komme weiter", „ich lerne viel" und ähnliche hehre Dinge. Das Schönste an der Schule ist für Kinder und Jugendliche, wenn sie gar keine Schule haben. Bezogen auf das obige Restaurant hieße dies: Die Gäste freuen sich darüber, dass es nichts zu essen gibt.

Ein paar jüngere Kinder können zwar dem Unterricht noch etwas Positives abgewinnen. Für die meisten geht es aber in der Schule um ganz andere Dinge. Mehr noch: Das, was die Schule sich auf die Fahne geschrieben hat, findet sich sogar ganz oben auf der Negativliste (siehe Tabelle Seite 143). Eigentlich bitter. Aber im Prinzip sei die Aufgabe der Schüler gar nicht zu lernen, „sondern zu entkommen. ‚Wie überstehe ich den nächsten Test, die nächste Schularbeit, die nächste Wiederholung am Anfang der Stunde am besten? Wie entkomme ich dabei einer Strafe, einem Tadel oder einem Statusverlust? Die Hauptaufgabe für den Schüler ist, mit einem Minimum an Anstrengung und Unannehmlichkeiten die täglichen Aufgaben irgendwie hinter sich zu bringen.

Schüler entwickeln dazu Strategien: Sie lernen die Körpersprache der Lehrer zu lesen. Jede kleinste Bewegung des Lehrers, jede Veränderung der Stimmlage wird interpretiert, um die Erwünschtheit einer Antwort herauslesen zu können. Schulen sind Tempel der Verehrung von richtigen Antworten. Bis zum Zeugnis müssen jede Menge richtiger Antworten auf den Altar gelegt werden. Dabei helfen die Lehrer immer kräftig mit: Sie kündigen Tests an und sie geben Hinweise, was zum Test kommt. Die schränken das Stoffgebiet ein. Alles nur, um ‚gute Lehrer' zu sein, um einen halbwegs vernünftigen Klassenschnitt hinzubekommen. Sie helfen mit, den Eindruck zu erwecken, dass die Schüler mehr wissen, als das tatsächlich der Fall ist. Je leichter der Nachweis dafür erbracht wird, desto weniger müssen sie sich für das ‚Nicht-Durchbringen' eines Stoffgebietes tadeln lassen. Schüler passen sich dem System an, die guten und auch die schlechten Schüler. Der Unterschied zwischen den beiden ist, dass die schlechten Schüler den Unterrichtsstoff sofort vergessen, während die guten Schüler damit zumindest bis zum nächsten Test warten.

Der anhaltende Drang des Schulsystems, ständig den Lernerfolg der Schüler überprüfen zu müssen, verdirbt jegliche natürliche Lust am Lernen. Wir müssen die Schüler nicht intelligent machen. Sie sind mit Intelligenz geboren. Wir müssen bloß die Dinge unterlassen, die sie dumm machen.

UM LANGEWEILE VORZUBEUGEN BIETET DAS LEBEN VIELE MÖGLICHKEITEN MIT EINER GROSSEN VIELFALT VON MENSCHEN ZU INTERAGIEREN.

NUR DIE SCHULE WILL ALLE GLEICHMACHEN. DARUM IST ES DORT SO LANGWEILIG.

Das alles ist frei zitiert nach dem wunderbaren Buch von John Holt: ‚Aus schlauen Kindern werden Schüler: Von dem, was in der Schule verlernt wird.' Erstauflage 1964 (in Worten: neunzehnhundertvierundsechzig)." So zu lesen in „lernen heute" (2008).

3.5.1 User oder Loser?

Und: Das ist lediglich ein Aspekt. Die entscheidende Frage heißt nämlich: Was davon kommt in welcher Weise beim einzelnen Schüler an? Das Gehirn lernt bekanntlich immer. Die Frage ist nur: was? Um es also noch ein bisschen komplizierter zu machen: Es geht nicht nur um die Frage, was beim Lernenden ankommt. Es geht auch und besonders um die Frage, was er daraus macht. Denn wie heißt doch die Weisheit aus Großmutters Zeiten: Gesagt ist nicht gehört. Gehört ist nicht verstanden. Verstanden ist nicht einverstanden. Einverstanden ist nicht getan. Getan ist nicht beibehalten.

Die moderne Kommunikationstechnologie bringt Geräte auf den Markt, die eine unendliche Fülle von Nutzungsmöglichkeiten bieten. Was davon von wem bei welchen Gelegenheiten in welcher Intensität und mit welchem Ziel benutzt wird, das steht auf einem ganz anderen Display.

Fazit: Ebenso wenig wie die auf einem Handy oder auf dem PC installierte Software etwas aussagt über deren Nutzung, sagen die wohlformulierten Absichten der Schule etwas aus über den Kompetenzzuwachs beim einzelnen Lernenden.

Was in der Schule organisiert und angeboten wird, ist erst einmal die installierte Hard- und Software. Nicht mehr und nicht weniger. Schüler werden erst dann zu „Usern", wenn sie die Angebote nutzen. Und das tun sie nur

dann, wenn es aus ihrer subjektiven Perspektive etwas bringt.

„Schule" kann im Prinzip ohne die Mitarbeit der Schüler funktionieren. Der Unterricht findet gleichsam *an* ihnen statt. Und die Inhalte laufen an den Lernenden ab wie Wasser an Entenflügeln.

„Lernen" aber – und das ist der große Unterschied – Lernen kann nur *mit* den Lernenden und mit ihrer eigenen Aktivität entstehen und geschehen. Kurz: Sie müssen – um es modern zu formulieren – User sein. Und sie müssen sich als User verstehen. Ein User ist „ein Benutzer (auch kurz: Nutzer), eine Person, die ein Hilfsmittel zur Erzielung eines Vorteils (eines Nutzens) verwendet".

Auf die Schule bezogen heißt das: Ein User will Dinge wissen und können, die nützlich sind. Er will Dinge tun können, die nützlich sind (z.B. lernen, um nützliche Dinge zu wissen). Er will Eigenschaften entwickeln (z.B. Beharrlichkeit), die helfen, nützliche Dinge zu tun, um nützliche Dinge zu wissen und zu können. Anschlussfähigkeit heißt das Stichwort. Fit for Life. Das gilt nicht nur fürs Smartphone und für Facebook. Das gilt in gleicher Weise auch für schulisches Lernen. Oder besser: würde gelten.

Denn: „Die Leistungsmotivation von Schülern, ihr Durchhaltevermögen und die Wahl, welche Aufgaben sie angehen, sind direkt mit ihren Erfolgserwartungen und dem subjektiven Wert verbunden, den sie den Aufgaben zumessen." (Wigfield/Eccles 1995) Erwartung mal Wert heißt das Modell hinter dieser Aussage: Die Motivation, ein bestimmtes Verhalten zu zeigen, ergibt sich aus dem Produkt vom Wert der Verhaltenskonsequenz (emotional oder rational) und der subjektiven Erwartung, mit dem Verhalten die erwünschte Konsequenz zu erzielen.

Mit anderen Worten: Es geht nicht darum, was die Schule will. Es geht darum, welchen Wert, welchen Nutzen der einzelne Lernende für sich daraus ableitet. Und in welchem Maß er davon überzeugt ist, dass es ihm gelingt.

3.5.2 Schweinehund-Phasen

Und für dieses Gelingen hat die Schule den Lernenden das Feld zu bereiten. Beziehungsweise: die vier Felder. Ähnlich wie die Fruchtfolge in der Landwirtschaft. Die Vierfelderwirtschaft mit dem jährlichen Wechsel des Anbaugutes bedeutete gegenüber früheren

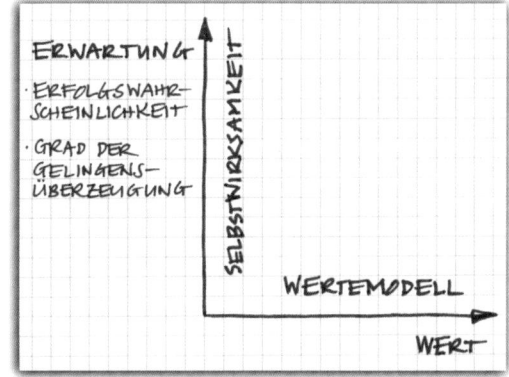

Anbauformen einen deutlich gesteigerten Ertrag. Die Fruchtbarkeit des Bodens war das Ziel. Oder besser: Es ging darum, Ressourcen zu schonen und trotzdem hohe Ernteerträge einfahren zu können.

Und genau das muss auch ein Anspruch der Schule sein. Die Lernenden müssen etwas haben von der Zeit, die sie mit schulischem Lernen verbringen. Im Wort „learning" ist schließlich der Begriff „earning" enthalten. Ernten also. Diese schulische Ernte bedarf im Grunde genommen auch einer Vier-Felder-Wirtschaft. Denn ein schulischer Lernprozess lässt sich – mit ein bisschen Fantasie – in vier Phasen, in eine Art Fruchtfolge, gliedern: Der grauen Nebelphase (GNP) folgen drei Innere-Schweinehund-Phasen (ISP 1–3):

Graue Nebelphase: Der Nebel der Ungewissheit versperrt die Sicht auf die Möglichkeiten

Was nicht klar ist, löst Unsicherheit aus. Unsicherheit und Angst sind schlechte Begleiter, wenn es um schulisches Lernen geht. Menschen lernen zwar auch, wenn sie Angst haben. Aber weniger. Und anders. Angst und Unsicherheit sind hilfreich, wenn es darum geht, anzugreifen oder abzuhauen. Sie sind aber hinderlich, sehr sogar, wenn es darum geht, kreativ zu sein, Dinge miteinander in Beziehung zu setzen, Assoziationen zu wecken und zu nutzen.

Lernende brauchen deshalb Klarheit, freie Sicht auf das, was auf sie zukommt und auf die Art, wie es auf sie zukommt. Transparenz heißt das Stichwort. Wer sieht, wo es lang geht, sieht auch, wie es machbar ist – oder machbar gemacht werden kann.

Transparenz bezieht sich aber auch auf die Bedingungen, unter denen etwas zu geschehen hat. Das heißt: Das Spielfeld muss abgesteckt, die Grenzen müssen gesetzt, die Erwartungen geklärt werden. Gewissheit schaffen, damit der Nebel der Ungewissheit sich lichtet, das ist eine Führungsaufgabe der Schule. Und ein Akt der Fairness. Er findet seine operationalisierte Form in anschaulichen Zielen – Ziele, die dem Lernenden deutlich machen, woran sein Lernzuwachs – also so etwas wie der Ernteertrag – zu erkennen sein wird. Ganz im Gegensatz zur weit verbreiteten Osterhasen-Didaktik: Man versteckt als Lehrer die Eier und lässt die Schüler danach suchen.

Wer weiß, worum es geht und was der Benefit sein wird, kann sich darauf einstellen. Er kann sich die Dinge zurechtlegen, Anknüpfungspunkte schaffen, Vorwissen aktivieren, Hypothesen bilden. Diese Art des gedanklichen Vorstrukturierens determiniert in hohem Maße den Lernerfolg. Denn wer keine Anknüpfungspunkte findet, hat sehr schnell das Gefühl: Das kann ich nicht. Solche unbewussten Entscheide fallen im Sekundenbereich. Und bei wem sich die innere Weiche auf „kann ich nicht" stellt, aktiviert flugs ein ganzes Repertoire an Abwegen und Umgehungsstrategien. Lernende brauchen also Anknüpfungspunkte, von denen aus sich das Was und das Wie gedanklich ordnen und gliedern lassen. Mit einer Effektstärke von .85 (Hattie 2009) kommt dem Vorstrukturieren eine Schlüsselrolle in der erfolgreichen Gestaltung individueller Lernprozesse zu.

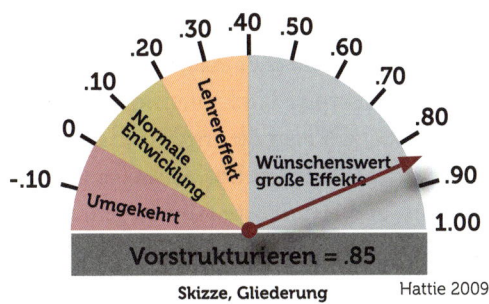

Skizze, Gliederung — Hattie 2009

Innere-Schweinehund-Phase I:
Die am weitesten verbreitete Krankheit heißt Aufschieberitis

Wer weiß, was das Ziel ist – und sei das noch so klar vorgezeichnet und noch so erstrebenswert – hat noch keinen Zeh' bewegt, es auch zu erreichen. Es braucht diesen viel beschworenen ersten Schritt. Und dann noch einen. Und dann noch einen.

Wer sich vornimmt, von jetzt an jede Gelegenheit zu nutzen, die der Alltag an körperlicher Betätigung bietet, wird sich für die Treppe entscheiden und eben nicht für den Lift oder die Rolltreppe. Und von dem Moment an, wo er den Fuß auf die erste Stufe setzt, ist die Wahrscheinlichkeit hoch, dass der nächste Schritt und die nächste Stufe folgen. Es braucht einen Einstieg in den Aufstieg.

Doch die am weitesten verbreitete Krankheit im schulischen Kontext heißt Aufschieberitis. Nichts ist schließlich so dringend, als dass es morgen nicht noch dringender wäre. Die Distanz zwischen Absicht und Handlung ist für viele Lernende in vielen Situationen nicht leicht zu überwinden. Das einzige Mittel, das gegen Aufschieberitis wirkt, heißt deshalb: beginnen. Auf der Packungsbeilage sind keine Nebenwirkungen verzeichnet.

James Paul Gee hat sich mit der Frage beschäftigt, was Computerspiele so unglaublich attraktiv macht. Drei Dutzend Faktoren hat er herausgefunden. Und er rät, die dahinterliegenden Prinzipien für erfolgreiches Lernen zu nutzen (siehe Seite 46). Eines davon: Einstieg ist einfach. Und ein anderes: Man kommt schnell voran (Gee 2007). Kleine machbare Schritte sind also gefragt. Ein solcher kleiner Schritt ist jener vom Vorstrukturieren zur Selbsterklärung. Damit ist gemeint: sich das Ziel gedanklich probehandelnd zu eigen machen. In eigenen Worten erklären können, woran der Erfolg zu erkennen sein wird. Damit ist nicht nur der Anfang gemacht, damit ist man schon mitten drin im Prozess. John Hattie misst der Selbsterklärung und damit dem gedanklichen Beginn mit einer Effektstärke von .64 eine sehr hohe Bedeutung zu (Hattie 2009).

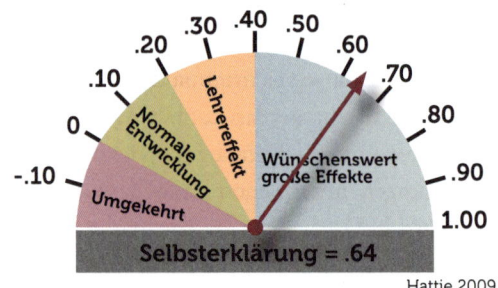

Hattie 2009

Innere-Schweinehund-Phase II: Der Weg des geringsten Widerstandes führt bergab

Schulisches Lernen braucht die positive Erfahrung, dass es beim Lernen etwas zu lernen gibt. Das geschieht dann, wenn etwas entsteht, wenn etwas hervorgebracht wird. Erkenntnisse beispielsweise. Lernende brauchen folglich möglichst häufig das gute Gefühl, etwas durchdrungen und verstanden zu haben. Aha-Erlebnisse nennt sich das gemeinhin. „Heureka, ich hab's!", soll Archimedes weiland ausgerufen haben, als er das nach ihm benannte Prinzip entdeckt hatte und dann außer sich vor Freude nackt durch die Stadt rannte.

Weder ist es im schulischen Kontext üblich, Aufgaben in der Badewanne zu lösen, noch gehört es zu den schulischen Gepflogenheiten, nackt durch die Stadt zu rennen. Was aber selbstverständlicher und häufiger Bestandteil schulischer Arbeit sein sollte ist das, was hinter „Heureka" steht: Das wohltuende Gefühl, zu einer Erkenntnis gelangt zu sein. Aber eben: Erkenntnisse lassen sich nicht erbaden.

Viel häufiger sind sie das Ergebnis von Erfahrungen. Sie sind damit die Folge von eigenen Aktivitäten. Und sie stehen damit in den meisten Fällen auch in Verbindung mit einer gewissen Beharrlichkeit, mit einem konstruktiven Umgang mit Hindernissen und Widerständen. Es reicht eben nicht, sich mit der erstbesten Antwort zufriedenzugeben – weder bei Archimedes noch in der Schule. Wenn es darum geht, Dinge zu durchdringen und etwas hervorzubringen, ist ein gewisses Maß von volitionaler Stärke unabdingbar. Denn schulisches Lernen steht immer auch in einem Spannungsfeld konkurrierender Impulse – zwischen kurzfristigem Lustgewinn und

längerfristigem Ertrag. Wer etwas erreichen will (nicht nur in der Schule), muss fähig und willens sein, kurzfristig auf etwas Verlockendes verzichten zu können im Hinblick auf ein längerfristiges Ziel (siehe auch Seite 186). Der Weg des geringsten Widerstandes führt in der Regel nicht zum Erfolg. Im Gegenteil: Er führt bergab.

Das hat natürlich viel mit Persönlichkeitseigenschaften zu tun. Und wie man weiß: Die sind nicht wie Spinnennetze, sondern eher wie Drahtseile. Daran herumzuzerren lohnt die Mühe nicht. Verhaltensweisen sind aber immer auch abhängig vom Kontext. Und da hat die Schule sehr wohl Einfluss. Sie kann das Umfeld so gestalten, dass die konkurrierenden Impulse reduziert werden. Sie kann schulisches Lernen so organisieren, dass es den Lernenden leichter fällt, dran zu bleiben.

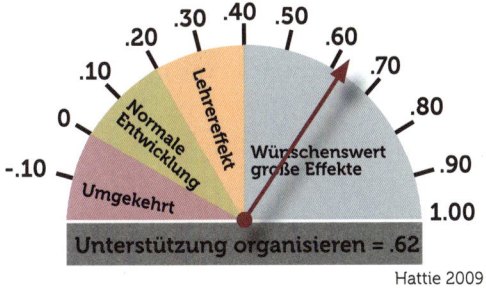

Hattie 2009

Sie kann ihnen auf diese Weise Unterstützung anbieten. Sie kann ihnen aber auch helfen, das methodische und strategische Repertoire zu erweitern. Denn häufig ist es das fehlende „Gewusst-wie", das Lernenden das Gefühl gibt, etwas nicht zu können. Nicht immer heißt „ich kann nicht" auch „ich will nicht". Es kann eben auch „ich weiß nicht wie" bedeuten. Die Gelingensbedingungen spielen in diesem Kontext eine wichtige Rolle. Das sieht auch John Hattie so. Mit einer Effektstärke von .62 zählt die wirksame Unterstützung zu den hochrelevanten Erfolgsfaktoren.

Innere Schweinehund-Phase III: Die Unvollendete – oder: Was nicht fertig wird, ist nichts wert

„Halbbatzig" heißt ein Mundartausdruck in der Schweiz. Ein halber Batzen, das weist auf einen minderen Wert hin. Und wenn etwas nur halbbatzig fertig ist, ist es halt eben nicht besonders wertvoll. Der Wert einer Leistung berechnet sich auch aus der Art, wie sie zu einem Abschluss geführt wird. Wer beispielsweise einen Tag mit körperlicher Arbeit verbracht hat – im Garten oder beim Holzspalten – weiß, wie es sich anfühlt, wenn man am Schluss das Werk betrachten kann. Die Holzscheite sind sauber aufgeschichtet, die Sägespäne sind aufgewischt, das Werkzeug ist ordentlich versorgt, dort wo es hingehört. Das gute Gefühl, etwas getan zu haben, wird verstärkt durch den berechtigten Stolz beim Blick auf das Ergebnis. So ähnlich verhält es sich auch mit schulischer Arbeit. Der sinnlich wahrnehmbare Abschluss setzt dem Prozess die Krone auf. Es tut einfach gut, nach vielen kleinen Siegen über sich selbst, mit Stolz auf das Resultat schauen zu können. Oder um bei der Fruchtfolge zu bleiben: die Ernte einfahren zu können.

Das Klingelzeichen in der Schule verhindert in den meisten Fällen, dass Schüler sich erfolgreich fühlen können. Denn das Klingelzeichen ist nur eine zeitliche Form des Abschlusses. Und dieses wichtige Gefühl, etwas geleistet und damit erfolgreich gewesen zu sein – also jener Erfolg, der zu weiteren Erfolgen führt – das hat nichts damit zu tun, eine Lektion über die Runden gebracht zu haben. Der davonlaufende Erfolg mit all den halbfertigen – oder eben halbbatzigen – Dingen stellt gleichsam eine implizite Entwertung dessen dar, was vorher an Leistungen erbracht worden ist. „It's not over until it's over", sagen die Engländer. Und meinen: Das Spiel ist nicht fertig, bevor der Schiedsrichter abgepfiffen hat. Und von Sepp Herberger stammt eine andere Fußballweisheit: Nach dem Spiel ist vor dem Spiel. Und in der Tat: Es ist viel leichter, mit dem guten Gefühl eines ordentlichen Abschlusses wieder zu beginnen. Aber es ist nicht nur das gute Gefühl, es hat auch ganz praktische Seiten. Wer an einen aufgeräumten Schreibtisch zurückkehrt, findet sich leichter zurecht. Wer jedes Ding an seinen Platz versorgt hat, erleichtert sich die Arbeit. Aber nicht nur das.

Nicht von ungefähr gilt bei vielen Unternehmen eine Clean-Desk-Policy – ein Prinzip des aufgeräumten Schreibtisches. Einerseits werden Arbeitsplätze immer häufiger von mehreren Personen benützt. Da gebietet es auch der Anstand, dass man den Schreibtisch so hinterlässt, wie man ihn selber gerne vorfinden würde: aufgeräumt und sauber. Aber es geht um mehr. Clean Desk Policy ist auch Ausdruck einer Haltung. Die Schreibtische der Mitarbeitenden sind eine Art Fenster ins Innenleben eines Unternehmens. Das gilt auch für die Schule, für die Arbeitsplätze, für die Materialien, für die Ordner und Portfolios der Lernenden. Mehr noch: Eine Clean Desk Policy gilt nicht nur für Räume, Schreibtische und Ordner, das Prinzip des Aufräumens gilt auch für Köpfe. Wer seine Materialien ordnet, wer sie fertigstellt und ablegt, wer aufräumt, schafft damit auch Ordnung auf dem geistigen Dachboden. Denn jedes Denken ist auch immer ein Ordnen. Und mit jedem Ordnen verbindet sich ein Prozess des Vergewisserns. Und ein Prozess des Sicherns von Erkenntnissen. Damit wird eine Klammer gebildet zurück zur Aktivierung des Vorwissens (siehe Tabelle). – Aufräumen, Ordnen, dem Abschluss einen eigenen Wert geben, das trägt wesentlich zur Konsolidierung und damit zur Nachhaltigkeit bei. „Denken ist das Ordnen des Tuns", gab Hans Aebli einst zu bedenken.

Vorwissen aktivieren	Erkenntnisse sichern
Orientierung, Verknüpfungen herstellen, Hypothesen bilden, Ausgangslage klären	Kernaussagen, Dinge auf den Punkt bringen, Gedanken strukturieren, Vergewisserung

Der menschliche Geist ist eng verbunden mit der Fähigkeit zum Ordnen. Ordnen ist kein Selbstzweck, Ordnen schafft Klarheit und gibt Sicherheit. Es ist „das halbe Leben".

3.5.3 Social Brain

Schulisches Lernen verbindet sich eng mit dem Prinzip Leistung. Und Leistungen sind nur dann von Wert, wenn sie eine Herausforderung darstellen. Das heißt: wenn sie auch hätten scheitern können. Damit ist schulisches Lernen auf ein vertrauensvolles Klima angewiesen, auf gute Beziehungen. Denn es gibt kein Lernen ohne Beziehung. „Social Brain" heißt ein Stichwort dazu.

„Bedeutung für einen anderen Menschen zu haben, ‚gesehen' und wertgeschätzt zu werden, ist, wie sich herausstellen sollte, weit mehr als ein psychologisches Desiderat", sagt Joachim Bauer. „Es ist die Voraussetzung für die biologische Aktivierung der sogenannten ‚Motivationssysteme' des menschlichen Gehirns. Das menschliche Gehirn, zumal jenes von Kindern und Jugendlichen, verwandelt aus dem Bereich ‚Beziehung' kommende Inputs in neurobiologische Reaktionen. Diese zeigen sich in der Freisetzung von Neurobotenstoffen und in Veränderungen im Bereich der Genaktivierung (ein als ‚Genregulation' bezeichnetes Phänomen): Wahrgenommen-Werden, soziale Unterstützung, Wertschätzung und die Erfahrung von Gemeinschaft veranlassen die Nervenzell-Netzwerke des Motivationssystems Dopamin (ein Botenstoff für psychische Energie), körpereigene Opioide (Wohlfühlbotenstoffe) und Oxytozin (ein Vertrauens- und Kooperationsbereitschaft förderndes Hormon) zu produzieren. Ein pädagogisches Konzept, welches die Vorgänge ausblenden würde, die mit der persönlichen Begegnung von Lehrenden und Lernenden zu tun haben, wäre daher unpro-

❯❯ Der Schüler lernt den Lehrer. ❮❮

fessionell – jedenfalls aus neurobiologischer Sicht. Ein konsequent unpersönlicher Umgangsstil und ein Verzicht auf jede emotionale Komponente der menschlichen Begegnung haben beim Kind beziehungsweise beim Jugendlichen nicht nur eine Desaktivierung der Motivationssysteme, sondern auch eine Aktivierung der Stress-Systeme zur Folge. Wer also Beziehungsaspekte auszuklammern trachtet, gestaltet trotzdem Beziehung – allerdings auf eine fatale Weise." (Bauer 2012)

Da aber nicht 24 Schüler in einem Zimmer sitzen, sondern 24 mal ein Schüler, 24 mal ein Individuum mit eigenem biografischem Hintergrund, mit eigenen Motiven und entsprechend eigenem Verhalten, präsentieren sich auch die Bedürfnisse entsprechend unterschiedlich. Das ist keine fundamental neue Erkenntnis. Mit einem technokratischen Unwort hat denn die schulische Terminologie diesem Aspekt Rechnung getragen: schülerzentriert.

Ein gewisser Jméno hat offensichtlich nicht so recht gewusst, was das mit dieser Schülerzentrierung auf sich hat. Deshalb hat er am 24.06.08 via Internet die Welt um Rat gefragt:

„Aus gegebenem Anlass mal was Grundsätzliches: Was ist eigentlich ‚Schülerzentrierung'? Hintergrund ist der: Ich hab für eine Freundin einen UB-Entwurf durchgelesen, in dem das Austeilen eines Arbeitsblattes mit eben jener Schülerzentrierung begründet wurde – auf Nachfrage meinte sie dann, sie habe bei ihrer Mentorin gelernt, schülerzentriert sei alles, bei dem die Kleinen arbeiten und nicht wir. Auch ich habe das Credo, man müsse seinen Unterricht ‚schülerzentriert' planen, schon mehrfach vernommen. Näher erläutert wird das irgendwie nie; Google sagt mir: ‚Es wurden keine Definitionen von schülerzentriert gefunden' und fordert mich zu einer Web-Suche auf, die auch nur Definitionen bringt wie: ‚Die Schülerinnen und Schüler in den Mittelpunkt des Unterrichts stellen' (Ach echt, und ich dachte, das sei Selbstdarstellungsbühne für mich ...). Wenn man schlussendlich die Forumssuche benutzt, findet man für ‚schülerzentriert' bzw. ‚Schülerzentrierung' ganze drei Treffer."

Na ja, immerhin: Der Schule geht die Arbeit vorderhand nicht aus, wenn es darum geht, Lernenden zum Erfolg zu verhelfen.

3.6 Eine Schule ist nur so gut wie der einzelne Lehrer

Die Klasse 9a der Johannes-Schule im schwedischen Malmö war ein abschreckendes Musterbeispiel dafür, wie Schule nicht sein soll. Aber nicht nur die Disziplin ließ fast alle Wünsche offen, auch leistungsmäßig präsentierte sich die Klasse in einem desolaten Zustand. Bei allen landesweiten Vergleichstests zierte sie das Tabellenende. Und weil es so miserabel bestellt war um die Schüler der 9a, wurden sie ausgewählt für ein Experiment. Lehrergewerkschaften haben das Experiment zwar vehement bekämpft und Fachleute haben es als vermessen bespöttelt, weil es so simpel angelegt war. Man hat einfach die Lehrer ausgetauscht. Die Klasse 9a erhielt Lehrer, die mit ihren „normalen" Klassen regelmäßig überdurchschnittliche Leistungen erzielt hatten. Und diese neuen Lehrer traten mit einem klaren Ziel ihre Aufgabe an: Die Klasse 9a sollte innerhalb von fünf Monaten an die landweite Spitze klettern. Die Lehrer erhielten dafür in keiner Weise bessere Bedingungen. Nichts dergleichen. Das einzige, was sie zur Verfügung hatten: ihre eigene Kompetenz.

Der Start zu diesem Experiment verlief alles andere als ermutigend. „Eltern begehren auf, die Anforderungen seien zu hart; Schüler schluchzen – und die Lehrer blicken in Abgründe des Nichtwissens, der Mutlosigkeit" (Kucklick 2011). Wochenlang kämpfen die Lehrer gegen die Überzeugung, dass die Schüler der 9a niemals etwas anderes sein könnten als Verlierer. „Und dann, allmählich und als käme eine tiefere Wahrheit ans Licht: erstaunte Blicke der Schüler, weil sie die Binomischen Formeln doch begreifen; ein Freudentanz über ein fehlerloses Englischreferat; die erste Probe der Rockoper, wenn auch noch weitgehend harmoniefrei. Bei der Rückgabe einer Klausur ballt eine Schülerin die Faust wie nach einem gewonnenen Spiel. Ihre Lippen formen das Wort ‚cool'. Vor Weihnachten schließlich die großen landesweiten Tests, die Entscheidung über das Experiment. Es herrscht Fassungslosigkeit: Die 9a hat sich tatsächlich zur drittbesten Klasse des Landes emporgekämpft." (Kucklick 2011)

Noch nie hat ein Experiment so anschaulich und so deutlich belegt, was wissenschaftlich auch in Zahlen ausgedrückt werden kann: An welche Lehrer ein Kind oder Jugendlicher gerät, ist wegweisend für seine (schulische) Laufbahn. Zwischen einem wirklich „guten" Lehrer und einer Niete liegen gewaltige Unterschiede. Und sie können sämtliche sozialen

Unterschiede ausgleichen. Fazit: Die Lehrer spielen erstens eine ganz zentrale Rolle. Zweitens sind nicht alle gleich gut. Und drittens kommen unversehens die Ausreden abhanden – die faulen Schüler, die unfähigen Eltern, die schlechten Rahmenbedingungen.

Es sind nicht die Rahmenbedingungen ...

Lange war und bis in die heutige Zeit hinein ist der Glaube weit verbreitet, das System mache den Unterschied aus. Mehr Geld für die Bildung heißt deshalb eine Devise. Zwar weiß niemand genau, was mit „für die Bildung" gemeint ist. Aber es spielt eigentlich auch keine Rolle. Denn es geht nicht darum, mehr Geld auszugeben. „Es ist nicht wenig Zeit, die wir haben, sondern es ist viel Zeit, die wir nicht nützen", hat Seneca zu bedenken gegeben. Und im Zusammenhang mit der Bildung muss man lediglich „Zeit" durch „Geld" ersetzen. Oder um es unter Mithilfe von Otto Rehagel zu formulieren: Geld schießt nicht nur keine Tore. Es macht auch nicht aus einem schlechten Lehrer einen guten.

Auch andere Kriterien, die gerne als Grund für personelles Unvermögen vorgeschoben werden, sind nicht annähernd so relevant, wie die Kompetenzen des einzelnen Lehrers. Die Klassengröße beispielsweise spielt keine nennenswerte Rolle. Eine Verkleinerung der Klassen kostet zwar einen Sauhaufen Geld, bringt aber die Schüler in ihren Kompetenzen nicht nachhaltig weiter. Und auch die übrigen Systemvariablen bis hin zur Frage des „längeren gemeinsamen Lernens" sind häufig nicht mehr als warme Luft im standespolitischen Bildungsballon.

... es sind die Lehrer

Kaum ein Berufsstand genießt eine vergleichbar hohe mediale Popularität wie jener der Lehrkräfte. Karl Jaspers dachte wohl schon vor fast vier Jahrzehnten an dergleichen, als er schrieb: „Es ist das Schicksal eines Volkes, welche Lehrer es hervorbringt und wie es seine Lehrer achtet". Achtet? Meistens geht man ja nicht gerade zimperlich um mit ihnen. Im Gegenteil: Lehrer bieten sich als beliebte Prügelknaben geradezu an. Und daran sind sie nicht ganz unbeteiligt. „Der Lehrerberuf besitzt verglichen mit dem des Juristen oder des Mediziners ein gewisses Aroma des Nervigen und Unfrohen. Mit Geschichten über unerträglichen Stress und ersehnte Sabbaticals will man in geselliger Runde für gewöhnlich nicht behelligt werden." (Bude 2011)

Eines von unzähligen Beispielen: Die Berner Zeitung (26.05.11) stellte in einem Bericht über den Berner Lehrertag lakonisch fest: „Lehrer, das weiß mittlerweile jedes Kind, arbeiten zu viel, verdienen zu wenig und haben keine Aufstiegsmöglichkeiten. Die Politik quält sie mit immer neuen Reformen und die Gesellschaft mit immer neuen Aufgaben. Respektspersonen sind sie schon lange keine mehr. Kurz: Lehrer sind arm dran. Dies zumindest ist das Bild, das sich über die Jahre in den Köpfen vieler Leute festgesetzt hat. Treten Lehrer ins kollektive Bewusstsein, dann, weil sie öffentlich über schlechte Rahmenbedingungen jammern – wie einst die Bauern." Das bleibt auch der Lehrerschaft selber nicht verborgen: So erklärte der Vorsitzende des Deutschen Philologenverbandes, Heinz-Peter Meidinger, einem Bericht der Süddeutschen Zeitung (26.03.09) zufolge: „Wir werden zu stark über unsere Klagen wahrgenommen. Daran sind wir nicht ganz unschuldig."

3.6.1 Wenig Schmeichelhaftes

Dass die Larmoyanzwerte ihre Epizentren in den Lehrerzimmern haben, das hat natürlich auch tiefere Gründe. Und es hängt mit der Frage zusammen: Wer wird denn eigentlich Lehrer? Welche Merkmale kennzeichnen die Menschen, die sich hierzulande für diesen Beruf entscheiden?

Er bildet selbst Lehrer aus – und sein Urteil über sie fällt wenig schmeichelhaft aus: Udo Rauin, Professor in Frankfurt. Über zwölf Jahre lang hat er 1100 Lehrer unter die Lupe der Forschung genommen. Und er kommt zu wenig schmeichelhaften Ergebnissen:

- Lehrer waren in der Mehrheit keine guten Schüler. Und es handelt sich vorwiegend um Menschen, die sich wenig zutrauen und nicht mutig in die Welt schauen.
- Ein Viertel der Studierenden empfanden das Lehramtsstudium als Notlösung und wollten eigentlich nie Lehrer werden.
- Etwa ein Drittel der Lehramtsstudenten hatten hedonistische Motive: Sie wollten ein einfaches Studium absolvieren, das sich gut mit ihren Freizeitinteressen kombinieren ließ („Vermeidungsstudium"). Anlass zum Studium gab zudem die Erwartung einer geringen Arbeitszeit.
- Ein großer Teil der Lehrer, der über Burn-out klagt, ist frustriert durch einen Beruf, dem er nicht gewachsen ist. „Die über Burn-out klagen, haben wahrscheinlich nie für ihren Beruf gebrannt." […] „Etwa 60 Prozent derer, die sich den Anforderungen des Berufs nicht gewachsen fühlten, waren auch schon im Studium überfordert und wenig engagiert."
- Ein Viertel aller Lehrer ist für den Beruf wenig bis gar nicht geeignet. Und etwas mehr als ein Viertel gab sich in einer Selbsteinschätzung schlechte Noten bei Persönlichkeitsmerkmalen wie Aufgeschlossenheit gegenüber anderen Menschen oder Zuverlässigkeit.

LEHRERSCHAFT OBERHUNDJIKEN 2012

Als Konsequenz fordert Bildungsforscher Rauin, die Hürden für den Beruf radikal zu erhöhen. Darüber hinaus macht er sich stark dafür, den Beamtenstatus und vergleichbare Anstellungen für Lehrer abzuschaffen. Denn eine fast unkündbare Position locke die falschen Menschen an. (Rauin 2007)

Deutlich mehr Lehrer (nämlich 20 000 in 14 Bundesländern) hat Uwe Schaarschmidt von der Universität Potsdam in eine Studie einbezogen. Auch seine Ergebnisse müssen nachdenklich stimmen. Berufserfahrene Lehrer, Neulinge und Studenten wurden in vier Gruppen eingeteilt.

G Gesundheit – hohes aber nicht überhöhtes Engagement, Belastbarkeit und Zufriedenheit. Menschen also, die das, was sie tun, gerne tun. Und Menschen, die sich den Anforderungen gewachsen fühlen.

S Schonung – reduziertes Engagement, relative Zufriedenheit. Menschen also, die zwar da sind, sich aber nicht sonderlich ins Zeug legen und der Arbeit lieber ein bisschen aus dem Wege gehen.

A Selbstüberforderung: hohe Verausgabung und verminderte Erholungsfähigkeit. Eingeschränkte Belastbarkeit. Menschen also, die subjektiv gesehen viel leisten und aus ihrer Perspektive zu wenig Ausgleich (z.B. Anerkennung) dafür erhalten.

B Resignation: reduziertes Engagement bei geringer Erholungs- und Widerstandsfähigkeit. Unzufriedenheit und Niedergeschlagenheit. Menschen also, die sich – wenn es überhaupt noch geht – durch den Schultag quälen müssen.

Nur etwa 17 Prozent aller Lehrer konnten von den Forschern dem – wünschenswerten – G-Profil zugeordnet werden. Je ein knappes Drittel entfallen auf die Risikomuster A und B. Und immerhin jeder Vierte zählt zu jenen, die sich gerne und rasch zurücklehnen (S).

3.6.2 Schicksale des Scheiterns

Genau das – Demotivation nämlich – scheint aber für einen großen Teil des pädagogischen Personals zum beruflichen Alltag zu gehören. Das zeigt sich beispielsweise in einer Studie, die die Lauphana-Universität in Lüneburg durchgeführt hat. Nicht einmal jeder zweite Lehrer glaubt daran, bis zur Pensionsgrenze beruflich aktiv bleiben zu können. Diese negativen Einschätzungen finden ihre Bestätigung in den statistischen Erhebungen: Ein großer Teil der Lehrer wird vor Erreichen des Pensionsalters krankheitshalber aus dem Verkehr gezogen. Das ist aus vielerlei Hinsicht hochgradig bedenklich. Zuerst und vor allem geht es immer um Menschen. Es geht um Menschen, die aus welchen Gründen auch immer, in eine Berufssituation hineingeraten sind, der sie nicht gewachsen waren. Das sind Tausende von individuellen Schicksalen des Scheiterns und des Versagens.

Hinzu kommt: Der Lehrer als Person spielt eine wichtige Rolle hinsichtlich Lernerfahrungen und Lernerfolge der Lernenden. Sie gehören damit auch zu den Betroffenen. Deshalb wurden sie im Rahmen der Studie auch befragt. Und das Ergebnis ließ keine Zweifel offen: Die Unterrichtsqualität steht und fällt aus Sicht der Schüler mit der Souveränität der Lehrer. „Gesunde" Lehrer, Menschen also, die sich und die Situation im Griff haben, werden von den Schülern durchwegs besser eingeschätzt. „Besser" heißt: Sie sind in der Lage, auf die einzelnen Schüler einzugehen, sie werden als herausfordernder erlebt mit gleichzeitig höherer Kompetenz bei der individuellen Unterstützung und genießen in höherem Maße den Ruf, fair und souverän zu sein.

Und nicht zu vergessen: Es geht um eine Menge Geld, Geld, das dem System letztlich entzogen wird. Denn es ist ein volkswirtschaftlicher Nonsens, Unmengen Geld in die Ausbildung von Menschen zu investieren, die sich den Anforderungen des Berufs nicht oder nur unzureichend gewachsen fühlen. Die Lüneburger Studie hat aber noch andere Aspekte zutage gefördert. Unter anderem hat

ARBEIT BIS ZUR PENSIONIERUNG

Schulform	Anteil
GESAMTSCHULE	50,3 %
BERUFLICHE SCHULE	47,1 %
GYMNASIUM	37,7 %
HAUPT-, REAL-, REGIONALE SCHULEN	29,9 %
FÖRDERSCHULE	27,1 %
GRUNDSCHULE	17,9 %

Anteil der Lehrkräfte, die sich vorstellen können, bis zum gesetzlichen Rentenalter zu arbeiten. Getrennt nach Schulform.
Quelle: Universität Lüneburg

sich gezeigt, dass die Lehrer je nach Schulart ihre Zukunft unterschiedlich schwarz sehen (siehe Grafik, Seite 156). Die Gesamtschulen schneiden in dieser Beziehung am besten ab. Immerhin die Hälfte aller Lehrer traut sich zu, bis zur Pensionierung aktiv im Berufsleben zu bleiben. Aber von da an geht's bergab. Das Tabellenende zieren die Grundschulen. Dort sehen nur noch schlappe achtzehn Prozent der Lehrer vor, bis zum vorgesehenen Alter den Beruf ausüben zu können (DAK-Leuphana-Studie 2011).

Diese Situation schönreden zu wollen, das fällt nicht gerade leicht. Reflexartig wird meistens gefordert, den Beruf attraktiver zu machen. Und ebenso reflexartig wird lauthals nach höheren Löhnen und weniger Stunden gerufen. Dabei ist klar: Solche materiellen Anreizsysteme haben eine Halbwertzeit von zwei Tagen. Dann ist auf einem höheren finanziellen und einem tieferen arbeitszeitlichen Niveau alles wieder wie vorher. Das Einzige, was sich ändert, sind die Zahlen in der Buchhaltung und auf den Bankkonten.

3.6.3 Die drei Mal zwei A des Lehrerberufs

Lehrer sind Menschen, die in erster Linie mit anderen Menschen zu tun haben. Es geht um Menschen, nicht um Mathematik. Und es ist klar: Der konstruktive Umgang mit pubertierenden Jugendlichen ist deutlich anspruchsvoller als der Umgang mit dem Dreisatz. Der Dreisatz wehrt sich nämlich nicht. Der Dreisatz hat keine eigenen Ziele. Der Dreisatz hat keine Erfahrungen. Und der Dreisatz muss nicht als cooler Typ glänzen vor seinen Peers. Er hat nämlich keine Peers.

Kein Wunder deshalb, dass viele der krankmachenden Faktoren mit genau diesem Phä-

nomen zu tun haben. Auf dem Stundenplan steht „Mathematik". Also geht es um den Dreisatz oder die Voluminaberechnung von Pyramidenstümpfen. Auf dem Stundenplan steht „Deutsch". Logisch, da geht es um das Gerundium oder die Interpunktion im unvollständigen Satz. Nein, geht es nicht. Im Raum sitzen nämlich nicht Pyramidenstümpfe oder Gerundien, im Raum sitzen Menschen. Und durch die Anwesenheit dieser Menschen bildet sich das, was man Schule nennt. Nur durch sie! Sie sind damit auch das Problem. Denn die Schüler, die nicht zu allem Ja und Amen sagen, sind der wichtigste krank machende Faktor. Das zeigen auch die Studien des Freiburger Mediziners Jochen Bauer. Er legt denn auch einiges Gewicht auf die Feststellung, „dass die Fähigkeit, auch mit schwierigen Schülerinnen und Schülern gelingende Beziehungen zu gestalten, mittlerweile zu einer Kernkompetenz des Lehrerberufs zu zählen ist". Doch, so Bauer weiter: „Die Ausbildung von Lehrerinnen und Lehrern wird den hohen Anforderungen an die Beziehungskompetenz in diesem Beruf nicht gerecht." (Bauer 2008) Fazit: Das Unterrichtsvollzugsbeamtentum ruiniert die Gesundheit. Im Schulalltag begegnen den Lehrern überwiegend schwer kalkulierbare, offene Aufgaben, für die es – zumindest in der Praxis – keine ein für allemal gültige Lösung gibt. Das sollte man als angehender Pädagoge nicht nur wissen, sondern auch gut finden. Denn wer die von vielen Unwägbarkeiten geprägten Situationen nicht mag, sieht sich schnell einmal von Schwierigkeiten umzingelt. Und wird selber zum Problem. Aber: Gute Lehrer sind Lösungen für Probleme, nicht das Problem selber. Inflationär schnell ist man dann mit der Diagnose Burn-out zur Hand. Doch „ob ein Lehrer sich überfordert und ausgebrannt fühlt, hängt nach unseren Erkenntnissen auch stark davon ab, wie kompetent er den Anforderungen des Berufs gegenübertritt" (Schaarschmidt 2010).

Es sind im Wesentlichen drei Stellschrauben, an denen gedreht werden kann. Oder muss: die drei Mal zwei großen A des Lehrerberufs:

Ansprüche und Aufgaben: Beziehungs- und Führungskompetenz

Das englische „Education" verbindet Bildung und Erziehung. Denn jedes Lernen ist Persönlichkeitsentwicklung. Und umgekehrt. Daraus formuliert sich ein Anspruch an den

Lehrerberuf: Es geht darum, Lernenden zum Erfolg zu verhelfen. Und Erfolg, das ist weit mehr, als sie kollektiv mit Prüfungen auf Prüfungen vorzubereiten. Der Fokus gilt dem einzelnen Lernenden, seiner Situation, seinen Zielen. Personalisierung heißt das Stichwort. Weg vom Stoff, hin zu den Lernenden. Das braucht Fachleute, die wissen, wie Menschen lernen. Und die wissen, was Menschen brauchen, damit schulisches Lernen als erfolgreich erlebt wird. Denn zum Erfolg gibt es keine Alternative. Erfolg hat aber immer mit Leistung zu tun. Und mit Hindernissen und Widerständen.

Lehrer brauchen deshalb Führungsqualitäten. Unter anderem deshalb, weil Lernende ein Recht auf Klarheit haben. Sie dürfen klare Grenzen, eindeutige Vereinbarungen und absehbare Konsequenzen erwarten. Wer bei Fehlverhalten immer zuerst diskutiert und zu verstehen versucht und erst danach handelt, verwechselt die notwendige Reihenfolge. Kinder und Jugendliche wissen genau (wie Erwachsene eigentlich auch): Wer viel redet, handelt nicht.

Mit LernCoaching hat sich ein Begriff in der Szene etabliert, der ursprünglich gedacht war (und immer noch gedacht ist) als Bezeichnung für eine neue Professionalität in einer Kultur des Lernens (Müller 1993). Mittlerweile wird LernCoaching aber missbraucht als sozialverträgliche Bezeichnung von Nachhilfeunterricht. Und genau darum geht es nicht. Es geht nicht darum, weiterzufahren wie bis anhin und dann, wenn es nicht funktioniert, einen Coach auf den Plan zu rufen, der den Lernenden behandelt und ihn anschließend gebügelt und gefaltet wieder zurückgibt. Es geht um viel mehr: Es geht darum, die Schule vom Lernenden her zu denken und zu gestalten. Learning Empowerment heißt die entsprechende Kernaufgabe, eine bekräftigende Hilfe zur Selbsthilfe. Lernen soll ja die Menschen aus der Abhängigkeit in die Unabhängigkeit führen. Mit diesem Ziel verbindet sich das Handlungskonzept Empowerment – ursprünglich ein Import aus der Bürgerrechtsbewegung und der sozialen Arbeit in den USA. Learning Empowerment überträgt die dahinterstehenden Grundideen auf schulisches Lernen: Menschen stärken – Ressourcen fördern – personale und soziale Kompetenzen (weiter)entwickeln. In einem Wort: Selbstgestaltungskompetenz. Learning Empowerment beschreibt bekräftigende Prozesse gelingenden Lernens im Hinblick auf die Fähigkeit, sein eigenes Leben erfolgreich gestalten zu können. Und zwar selber. Damit wird Lernen „als das begriffen, was es im Kern ist, eine Aktivität, die sich auf Teilhabe und Partizipation gründet. Der Dialog rückt ins Zentrum, die Beziehungsqualität wird relevant, die Personalisierung der Lernprozesse wird stärker beachtet und die Frage der starken Lernumgebung offen gestellt." (Schley 2009)

Das setzt aber auch voraus, dass Lehrer als souveräne Persönlichkeiten eine vertrauensvolle Beziehung zu den Lernenden aufzubauen und zu kultivieren in der Lage sind. Lernende müssen das Gefühl entwickeln: „Es ist gut und wichtig, dass er (der Lehrer) in meinem Leben ist." Und die Schlüsselfrage für die Lehrer heißt mithin: „Wie schaffe ich das?" Denn Schüler, die eine unterstützende persönliche Beziehung in der Schule erleben, weisen sich über eine positivere Einstellung zum Lernen aus, bekunden deutlich mehr Spaß an der Schule, finden den Unterricht spannender und offenbaren zudem mehr Interesse und Eigeninitiative (Raufelder 2010). Der neuseeländische Bildungsforscher John

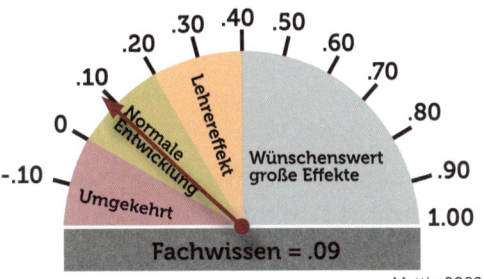

Hattie 2009

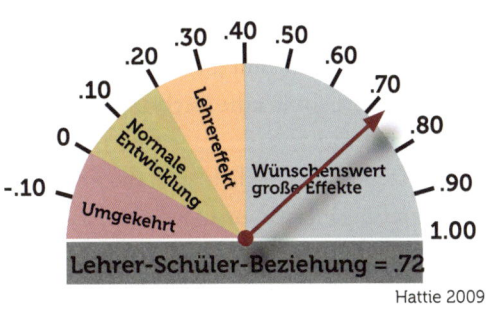

Hattie 2009

Hattie hat mehr als 50 000 Studien zu den Bedingungen erfolgreichen Lernens systematisiert und quantifiziert. Seinen Studien zufolge kommt der Beziehungskompetenz der Lehrer eine ungleich größere Bedeutung zu als deren Fachwissen. Ist eigentlich nicht überraschend: Die perfekten Französischkenntnisse des Lehrers kommen gar nicht zum Tragen, wenn er sich bei den Lernenden – aus welchen Gründen auch immer – als Mensch disqualifiziert hat.

Das bedeutet: Kein Weg führt an der Lehrer-Schüler-Beziehung vorbei – auch wenn es um die viel zitierte und viel geforderte Individualisierung (oder besser: Personalisierung) geht. Der Schlüssel zum Erfolg steckt innen – auch beim Lehrer. Und damit bei seiner Kompetenz zur Gestaltung von konstruktiven Beziehungen. Individualisierung ist keine Methode – das ist eine Haltung.

Auswahl und Ausbildung: Werkstudium als Eignungstest

„Vermehrt finden sich bereits im Studium deutliche Handicaps in Bereichen, die für den Lehrerberuf unverzichtbar sind: etwa in der emotionalen Stabilität, im Selbstvertrauen und im Durchsetzungsvermögen."

(Schaarschmidt 2010) Wer aber souveräne Persönlichkeiten will, die fähig und willens sind, mit unterschiedlich motivierten Lernenden zusammenzuarbeiten – muss diese Menschen suchen und finden. Energie und Entschiedenheit muss in die Auswahl investiert werden, nicht in eine leerlaufende Reparaturintelligenz.

Und da stellt sich natürlich auch die Frage nach den Eingangsvoraussetzungen. Reicht es wirklich, einfach selber ein paar Jahre zur Schule gegangen und passable Prüfungsleistungen erbracht zu haben? Oder müssten nicht angehende Lehrer sich auch und vor allem über Kompetenzen im Umgang mit Menschen ausweisen? Dabei geht es nicht – oder zumindest nicht in erster Linie – um den Umgang mit Menschen, die im gleichen Kirchenchor mitsingen (und die das freiwillig gewählt haben). Sondern es geht um die Fähigkeit zur Gestaltung herausfordernder Situationen für ganz unterschiedliche Menschen. Aber diese Möglichkeiten sind beschränkt.

Deshalb stellt sich die Frage nach einer Art „Lehrerlehre": Begleitend zur Ausbildung an der Hochschule arbeiten die angehenden Lehrer im schulpraktischen Alltag aktiv mit. Um studieren zu können, brauchen sie eine adäquate Arbeitsstelle (wie dies bei Sozialpädagogen zum Teil selbstverständlich ist). Diese Art des berufsbegleitenden Werkstudiums könnte einige Vorteile mit sich bringen. Die vertrauensvolle Zusammenarbeit, den konstruktiven Umgang mit ganz unterschiedlichen Lernenden und das Einfordern von Verbindlichkeiten lernt man nämlich nicht im Hörsaal – sondern indem man mit eben diesen unterschiedlichen Lernenden zusammenarbeitet und Verbindlichkeiten einfordert.

Die Erkenntnis – die bekanntlich auf Erfahrung fußt – ob man sich im Lehrerberuf „zu Hause" fühlt, speist sich aus der gleichen Quelle. Relativ schnell würde sich die Spreu vom Weizen trennen: Wer nach ein paar Wochen oder Monaten erkennt, „das ist nichts für mich", würde weder sich noch die zukünftigen Schüler noch die Staatskasse damit belasten.

Wer aber dabei bleibt, kann der „Ausbildungsschule" bereits wertvolle Dienste leisten. Service Learning heißt ein entsprechendes Stichwort. Der zukünftige Lehrer kann damit Erfahrungen sammeln. Und: Er kann mit echten Fragen aus dem echten Alltag sein Studium sinn- und nutzenstiftend gestalten. Es geht nicht darum, Theorie und Praxis gegeneinander auszuspielen. Es braucht beides – aber nicht je für sich, sondern in ihrer emergenten Verbindung und Vernetzung. Theopraktiker sind gefragt. Mit hoher Wahrscheinlichkeit ergäbe sich wohl ganz von selbst, dass die Ausbildungsschwerpunkte sich verlagerten – weg von fachlichen hin

zu sozialen und personalen Kompetenzen. Natürlich steigen mit einer solchen Art von Ausbildung die Anforderungen. Aber solange sich Studierende mit einem guten Dutzend Wochenstunden durchs Studium schummeln können (Rauin 2007), ist offensichtlich noch Luft nach oben.

Anstellung und Anpassung: Hard but smart

„Während meines neunjährigen Eingewecktseins an einem Augsburger Realgymnasium gelang es mir nicht, meine Lehrer wesentlich zu fördern", hat Bertold Brecht einmal festgehalten. Er hat seine Schule offensichtlich nicht als eine Lernende Organisation erlebt. Das aber braucht es. Die Schule muss sich den Veränderungen in Gesellschaft und Arbeitswelt anpassen. Und zwar aktiv. Und sie muss das offensiv tun, nicht aus einem mehrfach gesicherten Abwehrdispositiv heraus. Der Gap zwischen der Schule und der „richtigen" Welt darf nicht immer größer werden, sonst droht die Glaubwürdigkeit (zumindest aus der Sicht der Lernenden) vollends in die Binsen zu gehen. Anpassung heißt Lernen. Und es kann doch nicht sein, dass eine Institution, die sich das Lernen auf die Fahne geschrieben hat, es selber permanent schwänzt. Denn nur gute Lerner können gute Lehrer sein. Und nur eine lernende Schule kann eine gute Schule sein. Das bedeutet: Die Schule muss sich profilieren als eine Art Kompetenzzentrum für menschliches und organisationales Lernen. Sie muss sich permanent neu erfinden – einmal mehr, einmal weniger. Oder wie man ennet dem großen Teich formuliert: The road to success is always under construction – der Weg zum Erfolg ist immer eine Baustelle. Ohne zuversichtliches Engagement jedes Einzelnen sind solche Neu- und Umbauprozesse aber nicht zu haben. Zu warten, bis „die da oben" die Initiative ergreifen, ist zwar der bequemere, aber meist auch der wenig erfolgversprechende Weg. Nicht top down heißt die Devise, sondern bottom up. Das geht aber kaum, wenn die Lehrer kommen, Stunden geben und dann flugs wieder nach Hause eilen – wie im Laufstall. Dieses Arbeitszeitmodell ist nicht nur ein krank machendes, es ist auch ein durch und durch ineffektives. Die unsäglichen Stundendiskussionen führen in eine falsche Richtung. Und wenn die Leiter an der falschen Mauer steht, führt jeder Schritt einfach schneller an den falschen Ort.

Es braucht kein „Stundengeben", was es braucht, ist Präsenz. Die Schule muss zum Arbeitsort, Arbeit zum gemeinsamen Erlebnis werden – man kommt am Morgen und geht am Abend. Und alles, was zu tun ist, ist Teil dieses Arbeitstages. Das schafft die Voraussetzung zur Zusammenarbeit und zur Nutzung von Synergien. Denn arbeitsorganisatorisch befindet sich die Schule gemächlich auf dem Weg in die Steinzeit. Jeden Tag erfinden alle das Rad wieder neu. Die Ressourcen werden nicht genutzt.

Smart work heißt das Ziel, hard but smart. Die Arbeit mit Lernenden wird kaum je eine leichte und einfache Aufgabe sein. Umso wichtiger ist es, auf einer kooperativen Basis möglichst viele Synergien zu nutzen. Ein Beispiel dafür: professionelle Lerngemeinschaften. Sie sind integraler Teil der Organisation. Die Gruppen treffen sich regelmäßig und leisten Beiträge zur individuellen und institutionellen Entwicklung. Zudem tragen professionelle Lerngemeinschaften wesentlich dazu bei, dass Lehrpersonen sich nicht als Einzelkämpfer fühlen (ein krank machender Faktor übrigens), sondern sozial eingebunden sind (was ein gesund machender Faktor ist).

Die Arbeitsblätter sind noch nicht einmal alle ausgeteilt, flugs meldet sich schon der erste Schüler: „Sie, ich kann das nicht!"
Das kann dreierlei Dinge bedeuten. Erstens: Davon habe ich noch nie etwas gehört (wissen). Zweitens: Wie soll ich das machen (können)? Drittens: Scheißt mich an (wollen)! Oder viertens: Von allem ein bisschen.
Eine Art Gemengelage aus drei Variablen ist also dafür verantwortlich, ob ein Einstieg in eine Aufgabe gefunden wird. Häufig nicht. Denn die „Ich-kann-das-nicht-Reaktion" erfolgt relativ schnell – nicht selten schon nach wenigen Sekunden. Und klar: Wer für sich entschieden hat, etwas nicht zu können, wird

4 Es geht um Kompetenzen.
Und die sollen fit machen fürs Leben

es auch nicht in Angriff nehmen. Und er wird jede Menge Rechtfertigungen zur Hand haben – für sich und für andere.
Das bezieht sich nicht nur auf den Anfang, das gilt für die ganze Dauer eines Prozesses. Lernen (nachhaltiges zumal) wird nur dann zum Erfolg führen, wenn man gedankliche Anknüpfungspunkte finden, wenn man sich passender Methoden bedienen und man den inneren Schweinehund zügeln kann. Meistens in umgekehrter Reihenfolge.

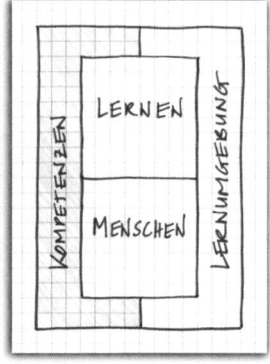

4.1 Lernen muss man können wollen

Multiplikation stammt vom lateinischen *multiplicare* und bedeutet vervielfachen. Das Ergebnis einer Multiplikation von zwei oder mehreren Faktoren wird Produkt genannt. Auch Leistung ist ein Produkt. Auch Leistung vervielfacht sich, wenn mehrere Faktoren sich gegenseitig vervielfachen. Leistung ist das Produkt aus Wissen x Können x Wollen. Nehmen wir an, diese drei Faktoren lassen sich auf einer Skala von 0 bis 10 darstellen. Nehmen wir weiter an, ein Schüler kommt mit einigem Wissen daher – auf der Skala beispielsweise bei 7. Er weiß sich methodisch auch recht gut zu helfen – auf der Skala bei 8. Und nehmen wir zudem an, er ist willig und fleißig – auch etwa bei 8. Die Rechnung ist einfach: 7 x 8 x 8 gibt 448.

4.1.1 Zu etwas fähig sein

Kompetenzen (lat. competere: zusammentreffen, ausreichen, zu etwas fähig sein) verstehen sich allgemein als Fähigkeiten, Fertigkeiten und Haltungen, etwas Bestimmtes erfolgreich zu tun. Kompetenzen sind graduell unterschiedlich ausgeprägt (etwas mehr oder weniger gut können). Sie sind situationsabhängig. Und erlernbar. Das ist die Kurzversion.

Ein bisschen ausführlicher: Hinter dem Kompetenzbegriff verbergen sich gleichsam Fähigkeiten und Fertigkeiten – über das Wissen zu verfügen, um Probleme zu erkennen, das methodische Repertoire zu nutzen, um sie zu lösen und die Bereitschaft an den Tag zu legen, dies auch zu tun. Wenn im schulischen Kontext von Kompetenzen die Rede ist, verbinden sich also sachlich-kategoriale, methodische und volitionale Elemente einschließlich ihrer Anwendung auf ganz unterschiedliche Bereiche in unterschiedlichen Situationen.

Aus einer etwas angehobenen Flughöhe zeigen sich im Kompetenzbegriff folgende Elemente:

> **Disposition:** Kompetenzen sind Leistungsvoraussetzungen. Sie sind einer direkten Beobachtung nicht oder nur beschränkt zugänglich und insofern immer eine Zuschreibung oder ein Konstrukt.

> **Erlernbarkeit:** Kompetenzen sind erlernbar und grenzen sich somit von angeborenen Eigenschaften (wie Begabung) ab. Der Kompetenzerwerb ist damit auch durch pädagogische Maßnahmen beeinflussbar.

> **Situationsbezug:** Kompetenzen werden in Situationen (in- und außerhalb der Schule) mit bestimmten Aufgaben und Anforderungen erworben und können in ähnlichen Situationen wieder zur Anwendung kommen oder auf andere übertragen werden. Kompetenzen sind also kontextspezifische Leistungsvoraussetzungen (und keine allgemeinen, wie zum Beispiel Intelligenz).

> **Wissen und Können:** Kompetenzen verknüpfen beides zur Handlungsfähigkeit. Können wiederum umfasst unterschiedliche Fähigkeiten (kognitive, selbstregulative, sozial-kommunikative) und Fertigkeiten.

> **Motivation und Volition:** Sowohl beim Aufbau als auch bei der Anwendung von Kompetenzen spielen motivationale und volitionale Aspekte eine zentrale Rolle.

4.1.2 Kompetenzen – ein Modell

Einen ansehnlichen Teil ihrer Lebenszeit verbringen Menschen in institutionellen Ausbildungssituationen: Sie gehen zur Schule, sie absolvieren eine Berufslehre oder ein Studium, sie nutzen Weiterbildungsangebote. All das dient in irgendeiner Weise dazu, Kompetenzen zu erwerben und weiterzuentwickeln. Und zwar sollen es Kompetenzen sein, die ihnen helfen, ihr Lernen und ihr Leben erfolgreich zu gestalten – dass sie ein „gutes" Leben führen können. So ist es wenigstens gedacht.

Welche Kompetenzen nötig und hilfreich sind, das hängt natürlich weitgehend davon ab, wo Menschen leben und wie sie leben. Und vor allem: Wie sie leben wollen. Der permanente Wandel in der Gesellschaft verlangt ebenso wie die sich dynamisch verändernden Bedürfnisse der Arbeitswelt auch immer wieder einen neuen Blick auf die Kompetenzen, die durch Aus- und Weiterbildung generiert werden sollen.

„In ‚real time' verwaltet beispielsweise die US-Fluggesellschaft Pan American Airways (Panam) ihr ‚Lager' an Passagierplätzen. Der eigens für die Gesellschaft entwickelte Riesencomputer Panamac (Kosten: 100 Millionen Mark) steht in New York; immer mehr Außenstellen, seit kurzem auch die Panam-Filiale auf dem Frankfurter Flughafen, sind mittels Spezial-Fernschreiber am Panamac angeschlossen. [...] Derartige Ideal-Nutzungen des Computers in ‚real time' sind selbst in Amerika noch rar, da die zahlreichen Anschlüsse (das ‚Tele-Processing-System') sehr teuer sind. Ähnliche Systeme jedoch, bei denen die Betriebsergebnisse per Lochkarte oder Lochstreifen laufend festgehalten, mit geringem Zeitverlust zum Computer geschafft und von ihm ausgewertet werden, finden sich auch in Westdeutschland. [...] IBM-Chef Thomas Watson hatte zunächst von den neuen Geräten nichts wissen wollen. Als in den frühen fünfziger Jahren die ersten Rechenungetüme für kommerzielle Nutzung auftauchten, die mit ihren Tausenden von Röhren ganze Zimmerfluchten füllten und unerträgliche Hitze entwickelten, schätzte Watson den Bedarf der US-Wirtschaft auf höchstens fünf Stück." So berichtete der Spiegel über die neue technische Entwicklung in der Arbeitswelt. Das war 1965. Vor ein paar wenigen Jahrzehnten also schätzte der Chef von IBM, dass die amerikanische Wirtschaft etwa fünf Computer brauche. Und heute steht in praktisch jedem

Haushalt mindestens eines dieser Dinger. Und in allen Hosen- und Handtaschen finden sie sich als Handys und andere Kleinformate. Man braucht gar kein Prophet zu sein, um zu sehen, dass der Wandel in allen Kapillaren der Gesellschaft und der Arbeitswelt immer auch Auswirkungen hat, auf das, was Menschen wissen, können und wollen müssen. Zudem weiß man natürlich heute auch wesentlich mehr darüber, wie Lernen funktioniert und wie es beeinflusst werden kann.

Das Ziel schulischen Lernens muss deshalb heißen: **Selbstgestaltungskompetenz.**

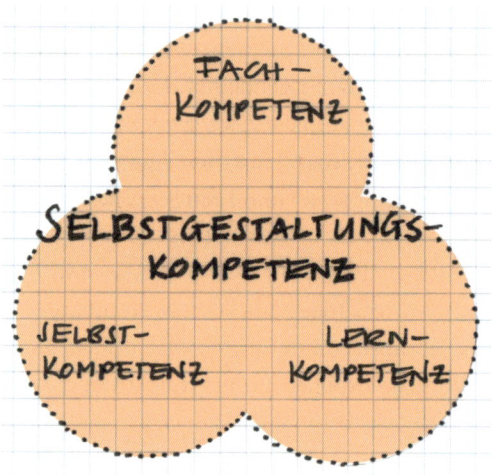

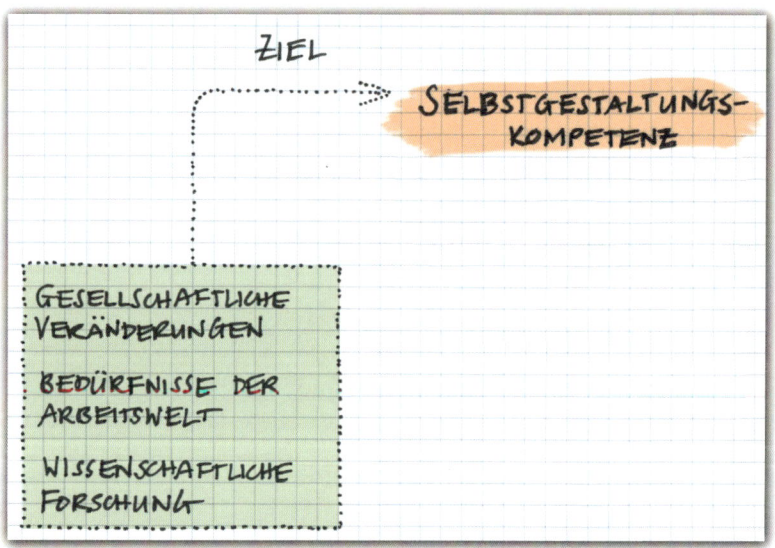

Mit Selbstgestaltungskompetenz ist gemeint: All das, was es braucht, um in dieser sich wandelnden Welt sein Lernen und damit sein Leben erfolgreich gestalten zu können. Und zwar selber. Selbstgestaltungskompetenz ergibt sich aus der Schnittmenge von drei unterschiedlichen Kompetenzbereichen.

Das ist einmal die **Fachkompetenz.** Dabei geht es um das relevante und bedürfnisgerecht verfügbare Wissen. Es geht darum, die „Welt" begreifen und sich aktiv darüber verständigen können. Und da die „Welt" für alle eine andere ist, für den Arzt anders als für den Schreiner, für den Biologiestudenten anders als für den Banklehrling, gibt es keine Fachkompetenz an sich. Fachkompetenz bezieht sich immer auch auf die (sich wandelnden) Bedürfnisse in einem speziellen gesellschaftlichen, beruflichen oder schulischen Feld. Dennoch: eine Kompetenz bildet eine Art Drehscheibe: die Sprachkompetenz – die Fähigkeit zu verstehen und sich ausdrücken zu können.

Hinter **Lernkompetenz** verbirgt sich das ganze methodische, strategische und metakognitive Repertoire, das es braucht, um das eigene Lernen verstehen und aktiv gestalten zu können. Das Gewusst-wie quasi.

Und **Selbstkompetenz** umfasst das Spektrum an personalen und sozialen Kompetenzen, die es erlauben, konstruktive Beziehungen gestalten zu können – zu sich, zu anderen und zu den Dingen, um die es geht. Dazu gehört unter anderem die Fähigkeit, den inneren Schweinehund an die kurze Leine zu nehmen. Ein Mix aus diesen drei Kompetenzen ist in jedem Menschen vorhanden – in unterschiedlicher Weise und in unterschiedlicher Verfügbarkeit. Mit diesen Kompetenzen gestaltet er seine **Aktivitäten.** Und da der Mensch nicht nichtkommunizieren kann, tut er immer etwas. Er tut das in irgendeiner Weise. Dieses Handeln findet in einer wie auch immer gearteten Umwelt statt. Und diese **Umwelt** liefert permanent irgendwelche **Rückmeldungen**. Wer bei Rot über den Fußgängerstreifen geht, erntet böse Blicke der Wartenden. Wer schön schreibt, erhält lobende Worte vom Lehrer. Wer jemandem hilft, die schwere Tasche in die Gepäckablage zu hieven, dem ist ein freundliches Gesicht und ein erleichtertes Danke sicher. Und auch die eigene innere „Umwelt" liefert unentwegt Rückmeldungen. Sie tut das mit Gefühlen, mit guten bei jedem kleinen Sieg über sich selber, mit schlechten, wenn man wieder einmal seinen Vorsätzen untreu geworden ist.

Das heißt: Der Mensch setzt seine Kompetenzen ein und macht dabei **Erfahrungen** – gute oder schlechte. Diese Erfahrungen bilden sich natürlich aus einer subjektiven Sicht auf die Welt. Wer enttäuscht ist, als Letzter

für die Mannschaft gewählt worden zu sein, dem helfen auch aufmunternde Worte wenig. Und spöttische Bemerkungen seiner Mitschüler erst recht nicht.

Die unzähligen kleinen und großen Erfahrungen bilden sich ab in **Erkenntnissen** und in **mentalen Modellen.** Man gewinnt ein Bild über sich und über die eigene Stellung in verschiedenen Umwelten. Wer beispielsweise eben aufgrund mangelnder sportlicher Kompetenzen im Schulsport implizit oder explizit immer als Niete behandelt wird, gelangt wohl über kurz oder lang zur Erkenntnis, dass Sport nichts sei für ihn. Und zwar weit über die Schule hinaus. Wer aber trotz ähnlicher körperlicher Defizite gleichwohl an- und aufgenommen wird, vielleicht einfach, weil er ein flotter und hilfsbereiter Kerl ist, auch der wird zu Erkenntnissen gelangen. Zum Beispiel: Wenn man etwas nicht so gut kann, ist es wichtig, sich in einem anderen Bereich nützlich zu machen.

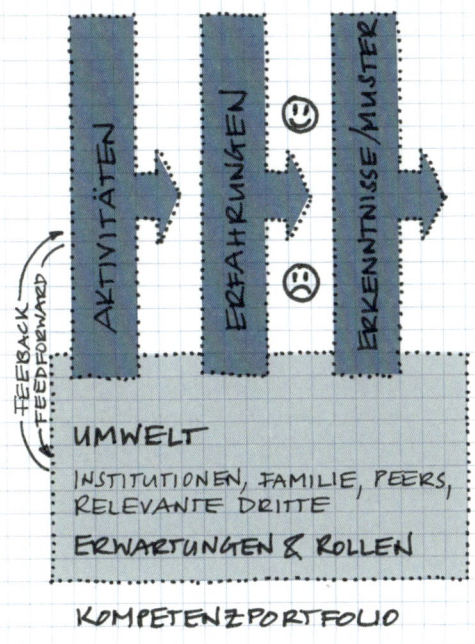

Die gesammelten Erkenntnisse und die sich daraus bildenden mentalen Modelle stehen in wechselwirksamem Zusammenhang mit der Entwicklung von Kompetenzen. Wer laufend die Erfahrung macht, nicht gut schreiben zu können, wird – als ein mögliches Verhalten – dieses Feld möglichst zu meiden versuchen. Er wird damit nicht nur weniger schreiben, sondern wohl auch defensiver und ängstlicher

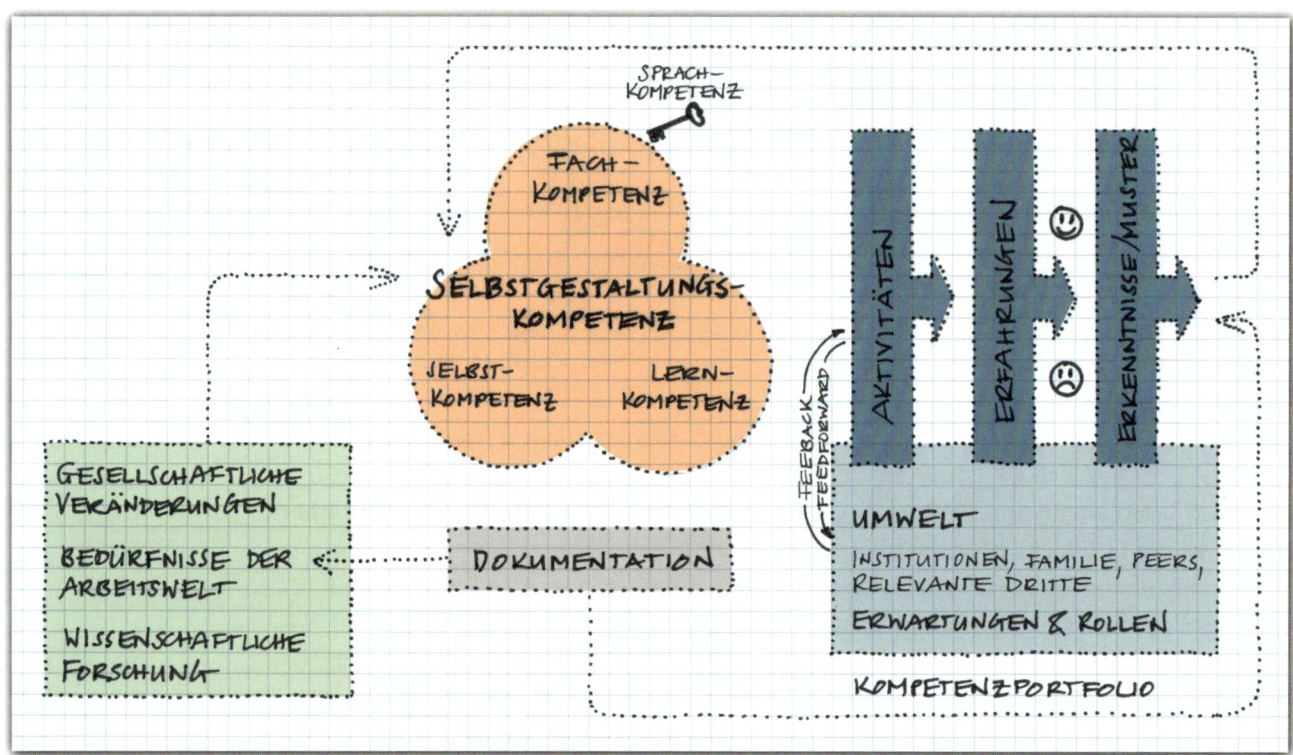

an die Sache herangehen. Und da Menschen bekanntlich lernen, was sie tun, werden bezogen auf das Schreiben die Fortschritte sich in Grenzen halten. Aber die subjektive Gewissheit, nicht gut schreiben zu können, wird auch ihre Spuren im Bereich der Selbstkompetenz hinterlassen. Das heißt: Es entsteht eine Art positive oder negative – und hochkomplexe – Spiralwirkung. Mit dieser Komplexität lässt sich in gewisser Weise umgehen. Dazu gehört unter anderem, dass gerade im schulischen Kontext ein Bewusstsein für die Zusammenhänge geschaffen wird. Lernen ist eben alles andere als eine eindimensionale und monokausale Angelegenheit.

Auf der alltagspraktischen Ebene bietet das Kompetenzportfolio eine Möglichkeit, Kompetenzen quasi dingfest zu machen, Stärken zu fokussieren, den Blick auf das richten, was man kann. (Seite 226)

4.2 Fachkompetenz: Ahead to basics

Das Schulfach, das Fach, steht zumindest sprachlich in direkter Verbindung mit Fachkompetenzen. Sie leiten zur Frage: Was muss man fachlich eigentlich wissen in der heutigen Zeit?

Kaum jemand muss für eine erfolgreiche Lebensgestaltung wissen, dass „dass" eine Konjunktion ist. Oder dass die Zeit bei Geschwindigkeiten nahe der Lichtgeschwindigkeit schneller vergeht. Oder dass die Rigi aus Nagelfluh ist. Oder dass 97 eine Primzahl ist. Wer muss also was wissen? Und wann? Welche Rolle kommt der Schule zu, wenn es um fachliche Kompetenzen geht?

Der Psychologe Thomas Städtler hat dazu eine dezidierte Meinung: „Die Schule versagt vor ihrer Kernaufgabe, elementares Wissen nachhaltig zu vermitteln." Er ortet denn die wahre Bildungskatastrophe in der zunehmenden Flut unnützen Wissens, das den Schülern mit der Gießkanne über die Köpfe gegossen wird. Nicht nur viele Wissenschaftler und Schulpraktiker seien sich dieser Fehlentwicklung bewusst. „Auch spüren Eltern, die ihren Kindern bei den Hausaufgaben helfen wollen, immer wieder ihre eigenen Defizite und die ihrer Kinder und fragen sich, wozu diese gewaltige Stofffülle eigentlich gelernt werden soll. Auch weiß jeder Lehrer von den Lehrern anderer Fächer, wie ungebildet diese in Bezug auf sein eigenes Fach sind. Also wissen es eigentlich alle. [...] Was ist die Ursache der wahren Bildungskatastrophe? Es sind die auf absurde Weise überladenen und hochgezüchteten Lehrpläne. [...] Unsere Schulen betreiben also gut gemeinte Bildungshochstapelei. Diese Einsicht müsste Ansatzpunkt sein für einen Befreiungsschlag, für eine Reform, die im Unterschied zu den gegenwärtig diskutierten sofort wirken würde, keinerlei Strukturänderung und keinen Euro Mehrkosten erforderte: Sorgt endlich für realistische Lernziele! Der Lehrstoff müsste um 90 Prozent gekürzt

werden, auf echtes Schulwissen an Stelle des vorgezogenen Universitätswissens. Wenn wir von den dann verbleibenden zehn Prozent einen Großteil wirklich – eben nachhaltig – vermitteln, erhalten wir ein Vielfaches des bisherigen schulischen ‚Endergebnisses'. [...] Wir müssen aufhören, Schüler und Lehrer und Eltern unter den Druck eines welt- und praxisfremden Ideals namens Allgemeinbildung zu setzen. Die Rehabilitation des alltagsnützlichen Wissens tut not." (Städtler 2011)

Aber wie denn? Das gesellschaftliche Wissen wächst explosionsartig, die Problemschwerpunkte verlagern sich. Und da ist natürlich die Versuchung groß, immer mehr davon in die Lehrpläne hineinzustopfen und gleich auch noch neue Schulfächer einzurichten – von der Medienerziehung und der Astronomie über die Umwelterziehung und die Streitschlichtung bis hin zur Sexualkunde. Und sogar Glück wird zum Schulfach.

Heino blieb freilich bislang unerhört. Der Schlagersänger wollte nämlich erreichen, dass an deutschen Schulen das Fach Volksmusikkunde eingeführt wird. Kein Hobby und kein Thema erscheint zu abseitig, als dass nicht jemand öffentlich eine Änderung des Lehrplans fordert. Verbraucherschützer wollen Verbraucherschutzunterricht, Ernährungsexperten wollen Ernährungsunterricht, Datenschützer wollen Datenschutzunterricht – die Liste ist lang.

Und was kommt dabei heraus? Auf der einen Seite wird das Denken zementiert, die Schüler würden etwas lernen, nur weil es in einem Lehrplan steht. Kein Mensch ist gesünder, nur weil die Lebensmitteldeklarationen umfangreicher sind als die Speisekarte. Und die Schüler werden auch nicht flächendeckend klüger oder lebenstüchtiger, nur weil die Menge dessen, was man „gehabt haben" soll, immer größer wird. Im Gegenteil: Immer schlechtere Ergebnisse bei immer größerer Stoffdichte, so lautet der paradoxe Befund. Aber das scheint nur auf den ersten Blick paradox. Denn mehr Stoff heißt eben keineswegs mehr Wissen. Und schon gar nicht nachhaltig mehr. Das wäre eine doch etwas zu naive Milchbüchleinrechnung. Deshalb: Weniger ist mehr, muss die Devise heißen. Weniger – aber besser. Der Wissensexplosion in der Gesellschaft ist nicht mit einem Mehr an Schulstoff beizukommen. Sondern mit einem Anders.

4.2.1 Armierungswissen

Das ist freilich nicht ganz so einfach: Lehrpläne werden in erheblichem Maße gestaltet von den entsprechenden Experten des Faches. Und es ist klar: Sie sind nicht nur Experten, sie sind auch Interessenvertreter ihres Faches, eine Art Handelsreisende in eigener Sache. Logisch, dass sie kaum von sich aus zum Schluss gelangen: Ein bisschen weniger tut's auch. Nein, sie sind auf Terraingewinn aus. Das hat immer auch mit Menge zu tun. Mehr Mathematik. Mehr Naturwissenschaften. Mehr Deutsch. Aber natürlich auch mehr Musik. Und mehr Sport. Kaum jemand aus der Fächerzunft kommt öffentlich auf die Idee, ein kleineres Stück Stundenkuchen zu wünschen. Aber genau darum muss es gehen. Weniger – nicht mehr. Ahead to basics heißt das Rezept. Vorwärts zum elementaren, zum nützlichen, zum relevanten Wissen. Oder man könnte auch sagen: zum Armierungswissen.

Lernen ist eine Dauerbaustelle. Gebaut wird an der Straße zum Erfolg. Und an den Gedanken- und Wissensgebäuden, die die Straße säumen. Wer aber hohe Gebäude und stabile Konstruktionen will, muss zuerst und vor allem am Fundament arbeiten. Und hier kommt die Armierung zum Einsatz. In den Beton, der gegen Zugkräfte wenig widerstandsfähig ist, wird Stahl zur Aufnahme der Zugkräfte oder zusätzlicher Druckkräfte eingelegt. Die Armierungseisen verbinden die Dinge und halten das Zeugs zusammen. Die geben den Konstruktionen die nötige Stabilität.

Diese Art von Wissen brauchen Schüler - nützliches Wissen, das auf Nachhaltigkeit, Lebenspraxis und Stabilität ausgerichtet ist. Armierungswissen eben.

Denn: Hier ein Mäuerchen auf Sand gestellt, dort ein paar Steine hingepflastert, da etwas liegen gelassenes Material, dort ein zerfallendes Stück Fassade – so sieht kein Gebäude aus, in dem man sich zu Hause fühlen kann.

> »Natürlicher Verstand kann fast jeden Grad von Bildung ersetzen, aber keine Bildung den natürlichen Verstand.«
> (Arthur Schopenhauer)

Und so sieht auch kein Lernen aus, auf das sich etwas aufbauen lässt. Aber genau darum ginge es: Steht das Gedankengebäude auf einer soliden Konstruktion, ist es stabil verankert, dann lässt sich vieles aus- und umbauen. Wer mehr und anderes Wissen braucht – vielleicht weil sich die Bedürfnisse und Ansprüche verändert haben – der erweitert eben seine Kenntnisse und baut einen Erker oder zwei an, er eröffnet sich Raum und Räume, schafft Durchblick und nimmt Wände raus, entrümpelt den geistigen Dachboden und stockt das Gebäude auf.

4.2.2 Das Pareto-Prinzip des Schulwissens

1848 ist europaweit ein Jahr der bürgerlich-revolutionären Erhebungen gegen die zu dieser Zeit herrschenden Mächte der Restauration und deren politische und soziale Strukturen.

1848 konstituiert sich die Schweiz als parlamentarischer Bundesstaat. Die erste Bundesverfassung tritt in Kraft. Jonas Furrer wird erster Bundespräsident und Bern darf sich Bundesstadt nennen.

1848 wird in Kalifornien der erste Goldfund publik und der amerikanische Goldrausch bricht aus.

1848 überlebt der Eisenbahnarbeiter Phineas Gage einen Unfall bei einer Sprengung, die eine drei Zentimeter dicke Eisenstange durch seinen Kopf treibt. Gage liefert mit seinem Verhalten bis zum Tod im Jahr 1860 der Gehirnforschung neue Erkenntnisse.

Und: 1848 wird Wilfried Fritz Pareto in Paris geboren. Seine Familie zieht nach Italien. Er heißt fortan Vilfredo Federico und macht sich einen Namen als Ingenieur, Ökonom und Soziologe. Von ihm stammt unter anderem ein statistisches Phänomen, das als Pareto-Prinzip nicht nur die Zeit überdauert hat, sondern auch immer wieder neue Bestätigungen findet.

Pareto untersuchte die Vermögensverteilung in Italien und förderte Interessantes zutage: 20 Prozent der Familien verfügten über 80 des Vermögens. Vor diesem Hintergrund riet Pareto den Banken, sie sollten sich vornehmlich um das reiche Fünftel der Italiener kümmern und ein Großteil ihres Geschäfts wäre gesichert. Es sollte sich dann aber herausstellen, dass das Pareto-Prinzip nicht nur für die Vermögensverteilung im damaligen Italien gilt. Ein bisschen allgemein formuliert: 20 Prozent des Aufwandes bringen normalerweise 80 Prozent des Ertrages. Und die restlichen 20 Prozent nehmen dann aber 80 des gesamten Aufwandes in Anspruch.

Diese komplett ungleiche Verteilung zeigt sich auch in vielen Alltagssituationen. Etwa 20 Prozent der Mitmenschen verursachen 80 Prozent der Probleme, Unfälle, Streitigkeiten. 20 Prozent der Versicherungsnehmer sind verantwortlich für 80 Prozent der Gesamtschadenssumme. 20 Prozent der Kleider werden während 80 Prozent der Zeit getragen.

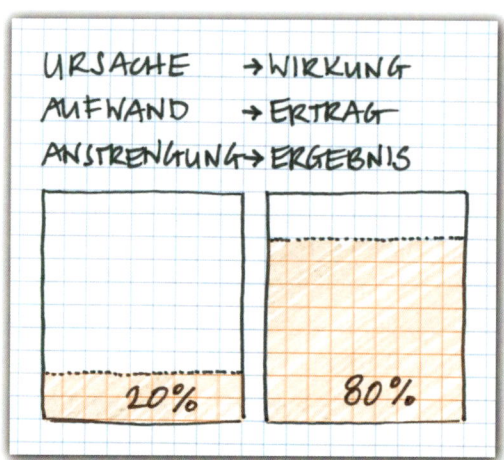

20 Prozent des Inhalts eines Werkzeugkoffers reichen für 80 Prozent aller Fälle. Und so weiter. Und so fort.

Stopfplan

Fast 80 Prozent dessen, was Menschen wissen und können, haben sie außerhalb schulischer Settings erworben, implizit und informell. Das lässt den verlockenden Schluss zu, dass sich das Pareto-Prinzip auch auf schulisches

Wissen übertragen lässt. Und so weit hergeholt ist das wahrscheinlich auch nicht. Denn mit einem Fünftel des heutigen Schulstoffes lassen sich locker vom Hocker 80 Prozent der Alltagssituationen erfolgreich bewältigen. Dennoch stellt sich natürlich die Frage: Würde per Saldo weniger herausschauen? Oder ist die Frage anders zu stellen: Würde mit einem Fünftel des heutigen Stopfplanes nicht vielleicht sogar noch mehr erreicht, wenn statt auf Quantität viel akzentuierter auf die Karte Qualität gesetzt würde? Hand aufs Herz: Die Frage stellen heißt, sie beantworten.

Die Zeit damit verbringen, sie zu verbringen

Aber mal angenommen: Dem Pareto-Prinzip ist eine gewisse Plausibilität nicht abzusprechen. Das ergibt ein spannendes Rechenexperiment, nicht nur was den Stoff, sondern auch was die Zeit anbelangt: Etwa zwölf- bis fünfzehntausend Stunden verbringen Kinder und Jugendliche während den obligatorischen neun Schuljahren in Klassenzimmern und Turnhallen. Nimmt man nur die kleinere Zahl und zieht 20 Prozent davon ab, bleiben etwa zehntausend Stunden. Zehntausend Stunden, das ist die Zeit, die zur Verfügung stünde, um differenzierter mit den individuellen Situationen und Bedürfnissen umzugehen. Es ist die Zeit, die für eine Menge sinnvoller Dinge eingesetzt werden könnte. Denn es ist eine Menge Zeit. Bei einer täglichen Arbeitszeit von acht Stunden sind das 1250 Tage. Und bei etwas weniger als zweihundert jährlichen Arbeitstagen macht das sage und schreibe sechseinhalb Jahre. In Zahlen: 6,5 Jahre.

Und um es noch ein bisschen auf die Spitze zu treiben: Angenommen, die Schüler haben das Pareto-Prinzip mit der schulischen Muttermilch eingeflößt erhalten. Das würde dann beispielsweise bedeuten, dass sie mit 20 Prozent des erforderlichen Aufwandes etwa 80 Prozent der quantifizierbaren Erwartungen zu erfüllen in der Lage wären. Und es würde weiter bedeuten, dass sie im heutigen System über sechs Jahre ihrer schulischen Lebenszeit damit verbringen, sie zu verbringen. Das ist viel. Zu viel. Viel zu viel.

4.3 Lernkompetenz: Gewusst wie

Gewusst wie, das ist nicht nur im Kampf um freie Parkfelder matchentscheidend, das gilt für jede Tätigkeit. Es gilt damit auch fürs Lernen. Denn lernen ist ein Verb. Und wer das – eben lernen – erfolgreich tun will, braucht Kompetenzen. Andere zwar als beim Parken. Aber auch Kompetenzen. Lernkompetenz.

Lernkompetenz versteht sich gleichsam als Fähigkeit, Informationen über Sachverhalte und Zusammenhänge selbstständig oder gemeinsam mit anderen zu encodieren, zu verstehen, auszuwerten und in gedankliche Strukturen einzuordnen. Wenn Lernende Experten für das eigene Lernen werden, dann ist eine Voraussetzung für erfolgreiches, nachhaltiges Lernen gegeben.

Wer ein Auto mit elegantem Schwung in eine Parklücke stellen will, braucht zwei Dinge: ein Auto, eine Parklücke. Und dann braucht er so etwas wie Parkkompetenz. Denn parken ist eine Tätigkeit. Und es ist besser für das eigene und die fremden Autos, wenn man es kann. Je enger die Parklücke, je wuchtiger das Auto und je aufmerksamer die Zuschauer, desto schwieriger ist es, Schwung, Maße und Distanz miteinander in eine schaden(freuden)freie Beziehung zu bringen. Gewusst wie heißt das Motto.

Solche Experten sind fähig und willens, die Welt zu „lesen" und die entsprechenden Informationen in elaborierter Weise zu verarbeiten. Sie verfügen aktiv über das methodische, strategische und metakognitive Repertoire, um das eigene Lernen verstehen und gestalten zu können. Kurz: Sie wissen wie. Und sie wissen sich zu helfen. Die Beschreibung der entsprechenden Prozesse ergibt sich durch die Verwendung der passenden Verben. Denn sie machen deutlich, welche Tätigkeiten ausgeübt werden.

Assoziieren: Da geht es beispielsweise darum, Informationen als solche zu erkennen und wahrzunehmen, sie allenfalls zu ergänzen und sie auf geeignete Weise miteinander in Beziehung zu bringen.

Reduzieren: Andrerseits kann es auch darum gehen zu reduzieren, das Einzelne und Spezielle im Ganzen zu erkennen und näher anzuschauen, Kernpunkte herauszuarbeiten und die Dinge auf den Punkt zu bringen.

VERBALISIEREN (Selbst-)Erklärung

assoziieren
Beziehungen herstellen, vernetzen, folgern, entwickeln, kombinieren

reduzieren
Kernpunkte herausarbeiten, auf den Punkt bringen, verdichten, auswählen

kommunizieren
erklären, argumentieren, präsentieren, veranschaulichen, disputieren

strukturieren
ordnen, vergleichen, Unterschiede und Gemeinsamkeiten finden

VISUALISIEREN sich ein Bild machen

Kommunizieren: Dazu gehört: sich (oder anderen) in eigenen Worten erklären, welche Erfahrungen zu welchen Erkenntnissen geführt haben. Veranschaulichen. Totale und Detail im Zusammenhang darstellen.

Strukturieren: Wer lernt, gibt dem Denken eine Struktur. Inhalte und Ergebnisse sortieren und vergleichen. Unterschiede und Gemeinsamkeiten herausbilden. Muster erkennen und bilden.

Wer lernkompetent ist, verfügt über die Fähigkeit, Informationen zu nutzen und aus etwas (noch) Fremdem etwas Eigenes herauszubilden. Und das geschieht eben durch Aktivitäten. Und damit auch durch Engagement. Und wichtig: Es braucht Kreativität im Sinne der Fähigkeit, smarte und ungewöhnliche Lösungen zu finden und nicht mit der erstbesten zufrieden zu sein. Oder eben ganz einfach: Gewusst wie!

4.3.1 Nachhaltiger Ertrag statt bulimischer Aufwand

Brillante Zusammenspiele, öffnende Pässe, prickelnde Torszenen – das macht den Reiz des Fußballs aus. Wenn jeder einfältige Kick zu einem Tor führen würde – Langeweile pur.

Niemand würde sich das anschauen und niemand würde mittun wollen. Fußball lebt von den Unwägbarkeiten. Der direkte und widerstandslose Weg zum Tor ist die seltene Ausnahme. Und genauso gibt es keinen fadengeraden Durchmarsch zum leichten Verstehen. Im Gegenteil: Verstehen ist ein komplexer und nur zum Teil planbarer Suchprozess. Er gestaltet sich in einer Gemengelage von …

… Vorerfahrungen/Selbstreferenz
(emotionaler) Erfahrungsbezug zu Inhalten/Themen
(emotionaler) Erfahrungsbezug zu eigener Wirksamkeit (gewusst wie)
… Vorwissen
Grad der aktiven Verfügbarkeit
… Kultur
Umgang mit „Fehlern" / Evaluationskultur
institutionelle Wirkung auf Peers („man" ist hier …)
Leistungskultur (darf man ein „Streber" sein?)
… situative Dispositionen
innere (Befindlichkeiten)
äußere (Arrangements, Optionen)
… methodisches/strategisches Repertoire
Umgang mit Widerständen
heuristische Kompetenz (Lösungsfindung)
Lern- und Arbeitstechnik

Alle paar Jahre verdoppelt sich derzeit das Quantum an verfügbaren Fakten. Was davon wertvoll bleiben könnte, lässt sich weder nach Regeln entscheiden noch überhaupt abschätzen. „Wir ertrinken in Informationen, aber uns dürstet nach Wissen", hat Zukunftsforscher John Naisbitt einmal erklärt. Von 400 000 Reizen, die auf uns einströmen, verarbeitet das Bewusstsein gerade mal einen einzigen; ganze 0,00025 Prozent des Wahrgenommenen erreichen das Gedächtnis. Alles Übrige wird ausgeblendet oder es löst sich in Nichts auf – ein lebenswichtiger Vorgang, denn das Gehirn muss alles Unwichtige durchwinken. Doch auch jenseits der radikalen Selektion ist der Weg zum Wissen – zum nachhaltigen zumal – noch weit und beschwerlich.

Denn nur kundige Verarbeitung – Lernkompetenz also – destilliert aus den Datenfluten brauchbare Erkenntnisse. Filtern, Kombinieren, Verdichten, Strukturieren, Vergleichen und ähnliche Aktivitäten sind erforderlich, damit von dem, was uns um die Sinne saust, auch etwas hängen bleibt. Und dann sollte es ja möglichst auch noch etwas sein, das uns weiterbringt.

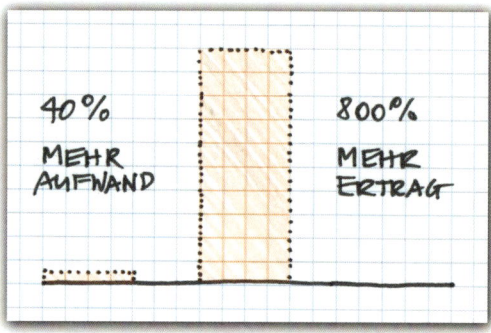

Aber es macht sich allemal bezahlt. Wer durch elaborierte Formen des Verarbeitens danach trachtet, mehr zu wissen und zu können, muss zwar im Moment mehr leisten – um etwa 40 Prozent steigt der Aufwand. Aber bei einem längerfristig höheren Ertrag um 800 Prozent lohnt sich das durch alle Böden hindurch.

> »Eine **Schulstunde** ist eine Zusammenkunft, bei der **viele hineingehen** und **wenig herauskommt**.«

Um es zu verdeutlichen: Wer sich nicht damit zufrieden gibt, etwas „gehabt" und „behandelt" zu haben, wer also etwas generieren und hervorbringen will, wird sich vertieft mit den Dingen auseinandersetzen müssen. Und das gibt logischerweise mehr zu tun, als einfach auswendig zu lernen zum Zwecke der Widergabe an Proben und Prüfungen.

Auf längere Sicht liegt der Ertrag um Lichtjahre über dem, was man normalerweise von Banken als Zins für sein Kapital erhält. Die Wirtschaft bietet noch andere passende Begrifflichkeiten. Aufwand beispielsweise. Das bulimische Auswendiglernen ist ein solcher Aufwand. Nachhaltiges Lernen dagegen versteht sich als Investition. Und Investitionen zielen auf einen Return on Investment ab. Dieser Return kann größer oder kleiner sein, je nachdem, wie geschickt man es macht. Das gilt in besonderer Weise fürs Lernen. Denn Lernen hat einen gigantischen Return. Aber eben: Wenn man es geschickt anstellt. Wenn man weiß wie. Wenn man es als Investitionen betrachtet – und entsprechend kompetent handelt. Lernkompetent.

4.3.2 Eine Handvoll Lernen – denn Lernen ist mehr Handwerk als Mundwerk

Lernkompetenz lässt sich in eine Handvoll Teilkompetenzen aufschlüsseln, die aber je miteinander in wechselwirksamer Beziehung stehen. Dass es gerade fünf Teilkompetenzen – eine Handvoll eben – sind, das ist eher zufällig. Nicht zufällig ist aber der Begriff „Hand". Denn damit Lernen leicht von der Hand geht, müssen Lernende ins Handeln kommen. Lernkompetenz versteht sich mitunter auch als eine Art Handwerk. Ein Handwerk mit goldenem Boden überdies, mit einer erfolgsverheißenden Zukunft also.

1.
Orientierungskompetenz: Statt Wüste oder Nebel

Das Szenario ist aus Western oder Abenteuerfilmen wohlbekannt: Ausgemergelte und verschwitzte Menschen irren durch die Wüste. Auf der Suche nach Wasser treffen sie wieder auf die eigenen Spuren. Verzweifelt müssen sie erkennen, dass sie im Kreis gelaufen sind. Das passiert aber keineswegs etwa nur in den Filmstudios von Hollywood. Menschen laufen ohne optische oder akustische Orientierungshilfe im Kreis – selbst wenn sie versuchen, eine Richtung einzuhalten. Und mit verbundenen Augen schafft man gerade mal schlappe zwanzig Meter geradeaus. Im Maximum.

Auch Lernprozesse bergen das Risiko, dass man im Kreis geht – weniger in der Wüste auf der Suche nach Wasser als vielmehr in der grauen Nebelphase auf der Suche nach einem Anfang. Fehlt die Orientierung, stochert man halt ein bisschen im Nebel. Das wird definiert als „nicht wissen, was man tut; entscheiden, ohne die Fakten zu kennen; ohne ausreichende Informationen handeln; ungezielt suchen". Es ist das, was man tut, wenn man nicht weiß, was man tun soll. Das ist häufig nicht nur wenig zielführend, fehlende Orientierung führt auch zu Verunsicherung, macht Angst. Und das wiederum ist ein schlechter Begleiter, wenn es um erfolgreiches Lernen geht. Deshalb: Lernende brauchen die Kompetenz, sich zu orientieren. Man muss das, was geschieht oder geschehen soll, sinnvoll einordnen können. Eine Vorstellung bilden, sich die zugänglich machen, ein Bewusstsein entwickeln für deren Sinn und Bedeutung gehört dazu. Das braucht, damit man sich zurechtfindet, Bezüge zur inneren Landkarte (zum Beispiel Vorwissen) ebenso wie zu äußeren Bezugssystemen. Dazu gehören auch Erwartungen – eigene und fremde.

2.
Richtungskompetenz: Da sein, bevor man angekommen ist

Die Möwe Jonathan hebt sich durch ihre individuelle Lebensweise von ihren Artgenossen ab. Diese setzen ihre beschränkten und mittelmäßigen fliegerischen Fähigkeiten nur zur Futtersuche ein, als Mittel zum Zweck. Sie fliegen, um zu leben. Jonathan dagegen will besser werden in dem, was er tut. Er will leben, um zu fliegen. Lernen, sich neue Welten erschließen, darin sieht Jonathan den Sinn seines Daseins. Mit seinem Roman hat der Pilot Richard Bach ein Kultbuch geschaffen. Man kann viel erreichen, wenn man wirklich will, heißt das Motto. Aber man muss wissen, was man will. Oder in den Worten von Richard Bach: Man muss schon da sein, bevor man angekommen ist.

Es genügt nicht, fleißig zu sein – das sind Ameisen auch. Die Frage muss auch sein:

Wofür sind wir fleißig? Lernende müssen fähig sein, sich ein Bild zu machen dessen, was das Ergebnis ihrer Leistung sein soll. Sie

>> **Wer nicht weiß, wohin** er will, darf sich **nicht wundern,** wenn er ganz **woanders ankommt.** <<

müssen handlungsleitende Ziele formulieren oder sie sich zu eigen machen können. Damit versetzen sie sich in die Lage, sich proaktiv und vorausschauend zu verhalten, Gelingensbedingungen zu antizipieren und Widerstandsressourcen zu mobilisieren. Das war schon Aristoteles klar: „Es gibt zwei Dinge, auf denen das Wohlgelingen in fast allen Verhältnissen beruht. Das eine ist, dass Zweck und Ziel der Tätigkeit richtig bestimmt sind, das andere aber besteht darin, die zu diesem Endziel führenden Handlungen zu finden."

3. Erschließungskompetenz: Baum der Erkenntnis

„Anders als noch in den 1970er Jahren scheinen Kinder, die Abenteuer unter freiem Himmel erleben, die sich schmutzig machen, sich Kratzer holen, eine aussterbende Spezies zu sein. [...] Der Aktionsradius der gegenwärtigen Kindergeneration verlagert sich zunehmend auf das Hausinnere. Das Gebiet, in dem sie auf eigene Faust umherstreifen dürfen, hat sich in drei Jahrzehnten so drastisch verkleinert, als lauerten Heckenschützen hinter jedem Müllcontainer. Vor allem kommen Kinder immer seltener in Kontakt mit der Natur", stellt Andreas Weber ernüchtert fest. Ihnen fehle eine Welt, wie sie Tom Sawyer erlebte: Gräben zum Frösche fangen, Seen zum Angeln, Bäume zum Klettern. (Weber 2010) Dabei geht es nicht einfach um körperliche Aktivitäten. Es geht auch und vor allem ums Lernen. Denn jeder erkletterte Baum ist auch eine Art Baum der Erkenntnis. Die Baumspitze ist dabei vielleicht das Ziel. Aber das Resultat darf nicht den Weg korrumpieren, gibt Edgar Allan Poe zu bedenken: „Nicht in der Erkenntnis liegt das Glück, sondern im Erwerben der Erkenntnis." Lernende brauchen möglichst häufig das beglückende Gefühl, etwas verstanden zu haben.

Ob in der Natur oder im Schulzimmer heißt also das Ziel: auf den Baum der Erkenntnis klettern (auch wenn es nur gedanklich ist) und sich nicht mit dem Fallobst zufrieden geben. Klettern ist eine angemessene Methode, wenn es um den Baum geht. Für andere Arten, sich die Dinge zu eigen zu machen, brauchen die Lernenden entsprechend andere Kompetenzen. Sie müssen sich beispielsweise Informationen beschaffen und sie bewerten können. Und sie müssen diese Informationen zu verarbeiten in der Lage sein. Stichwort „verarbeiten": Die Verarbeitungstiefe determiniert die Nachhaltigkeit. Oder um beim Baum zu bleiben: Was nicht in die Wurzeln geht, geht nicht in die Krone.

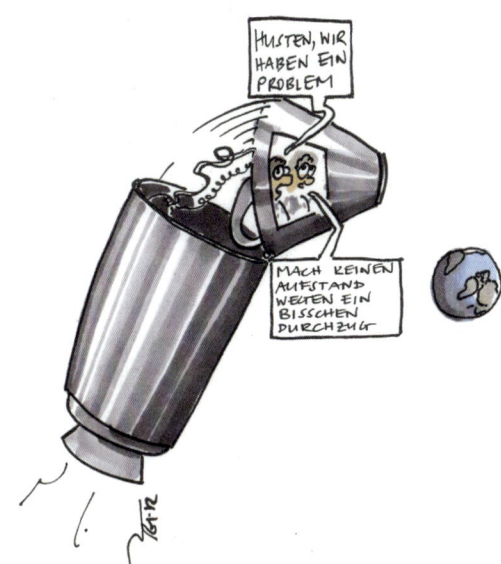

4. Problemlösekompetenz: Houston, wir haben hier ein Problem

Zwei Sätze prägen die Geschichte der Raumfahrt. Einer handelt von kleinen Schritten und großen Sprüngen. Er stammt von Neil Armstrong und markiert den spektakulärsten Erfolg des Programms: die erste Mondlandung. Der andere fällt ein knappes Jahr später: „Houston, wir haben hier ein Problem." Es ist der Kommandant von Apollo 13, Jack Swigert, der diesen lapidaren Satz zur Erde funkt. Eine maßlose Untertreibung, wie sich zeigen sollte. Denn der Flug von Apollo 13 entwickelte sich zu einem dramatischen Wettlauf. 87 Stunden kämpften die Astronauten über die Grenzen der Belastbarkeit hinaus mit der Technik und um ihr Leben – und die Welt bangte mit. Wenn es sich nicht um eine wahre Geschichte handelte – man würde es als Erfindung Hollywoods abtun. Denn das Wunder wurde Realität: Es gelang den Astronauten doch noch, in die Landekapsel umzusteigen. Sie wurde am 17. April 1970 von einem Kriegsschiff aus dem Pazifik gehoben. Die drei Männer entstiegen ihr als Helden. Sie hatten in vielen heiklen und dramatischen Situationen Problemlösekompetenz an den Tag gelegt.

Zwar steht das Problem am Anfang des Wortes, die Lösekompetenz ist es aber, um die es geht, also den lösungsorientierten Umgang mit Situationen, die nicht so sind, wie sie sein sollten – im Weltall und beim Lernen auf der Erde. Lernen kann mitunter in unwegsames Gelände führen. Unwegsam heißt meist auch unbequem. Und anstrengend. Lernende brauchen also die Kompetenz, mit solchen Widerständen konstruktiv umzugehen. Nicht: sie zu umgehen. Wer sich im manchmal sumpfigen Gelände des Lernens bewegt, muss damit rechnen, dass nicht alles gleich auf Anhieb gelingt, muss Hindernisse bewältigen können, muss allenfalls Umwege gehen, muss noch einmal von vorne beginnen – und vielleicht ein weiteres Mal. Da können ein paar methodische und metakognitive Fähigkeiten keinesfalls schaden. Denn, so Abraham Maslow, „wer als einziges Werkzeug einen Hammer kennt, für den ist jedes Problem ein Nagel". Probleme erkennen, sehen, wo es „knorzt", Strategien anpassen, mit kreativem Probehandeln, Selbsterklärungsversuchen und anderen Methoden an die Dinge herangehen, das hilft Lernenden, sich neue Wege zu erschließen und Möglichkeiten zu finden, einen unbefriedigenden Zustand gegen Widerstände durch kluges und kreatives Denken und Handeln in einen erwünschten Zustand zu überführen.

5. Evaluationskompetenz: Auf Kurs bleiben

Für all jene, die früher unterwegs waren, gab es Karten – Wanderkarten, Stadtpläne, Velokarten, Straßenkarten. Man hat sich ein Ziel vorgenommen, die Route bestimmt. Und dann ging's los. Je nach Sicherheitsbedürfnis musste von Zeit zu Zeit ein Blick auf die Karte geworfen werden. „Aha, jetzt sind wir hier bei dieser Brücke. Da vorne sieht man schon die Weggabelung. Dort geht es dann rechts." Alles klar, weiter ging's. Die moderne Technik und das sie begleitende Marketing haben der Menschheit dann das Navigationssystem beschert. Zuerst zaghaft in den Luxusautos, dann flächendeckend bis in alle Utensilien hinein. Die freundliche Stimme in der Sonnenbrille weist darauf hin, dass nächstens eine Abzweigung zu erwarten sei. Oder das Handy fordert freundlich, aber bestimmt, man möge doch bitte wenden – sogar mitten im Tunnel. Wer unterwegs ist, wird satellitengesteuert auf Kurs gehalten.

Auch wer lernt, ist unterwegs. Aber für diesen Weg gibt es noch kein GPS. Deshalb braucht es die Kompetenz des Lernenden. Es braucht die Kompetenz zur laufenden Evaluation. Es geht einerseits darum, das Ziel nicht aus den Augen zu verlieren. Es geht aber auch darum, den Weg immer wieder den Gegebenheiten anzupassen. Das verlangt, offen zu sein für die expliziten oder impliziten Rückmeldungen, auf die Signale zu achten, quasi wie im Straßenverkehr, um durch das eigene Verhalten die Erfolgswahrscheinlichkeit möglichst hoch zu halten.

Wenn es ums Lernen geht, sind alle Ziele eigentlich nur Zwischenziele. Trotzdem – oder gerade deswegen: Auch sie gilt es zu erreichen. Denn schließlich sollen die Aktivitäten ja zu einem Erfolg führen. Freilich, auf diesem Weg zum Erfolg gibt es Abzweigungen zuhauf. Solche, die man kommen sieht, die einen bewussten Entscheid erfordern. Andere, auf denen man sich einfach plötzlich wiederfindet – hoppla, da wollte ich ja gar nicht hin. Man kann also leicht vom eingeschlagenen Weg abkommen. Das ist an sich noch kein Problem. Denn bekanntlich erhöhen Umwege die Ortskenntnis.

Allerdings: Damit es Umwege geben kann, braucht es einen Weg, einen vorgesehenen, mit einem einigermaßen klaren Ziel. Was soll erreicht werden? Und wie komme ich dahin? Das Ziel darf nicht den Weg korrumpieren. Und umgekehrt. Aufs Lernen bezogen heißt das: Wenn das Ziel nur im Erreichen einer Note besteht, wirkt sich das fast zwangsläufig negativ aus auf die Art, wie man lernt. Zum Beispiel kann es das Ziel der Nachhaltigkeit korrumpieren.

Erfolgreiches Lernen hat also nicht nur mit einem Ergebnis zu tun, sondern ebenfalls mit einem Weg. Es kann sein, dass man zwar zu einem bestimmten Resultat gelangt. Aber das Zustandekommen – zum Beispiel die Zeit, die man dafür gebraucht hat – steht in keinem vernünftigen Verhältnis zum Ertrag. Dann muss man sich mal kritisch mit der Art des Vorgehens auseinandersetzen. Andrerseits kann es auch sein, dass man zwar das formulierte Ziel nicht erreicht, dafür aber auf den Umwegen zu wichtigen Erkenntnissen gekommen ist. Dann steht die Frage im Raum: War das Ziel überhaupt relevant?

Lernkompetenz

	A	B1	B2	C
Orientierungskompetenz	Wenn sich mir eine Aufgabe stellt, kann ich mir „unterwegs" einen Plan zurecht legen. Wenn ich ein paar Hinweise erhalte, kann ich die Ähnlichkeit zu Aufgaben erkennen, mit denen ich mich bereits einmal beschäftigt habe (aha, das ist doch wie ...).	Ich kann mir bei neuen Aufgaben und Themen erklären, um was es genau geht. Ich kann die Dinge gedanklich ordnen. Ich kann zum Beispiel in Form von Skizzen, mit welchen Dingen, die mir schon bekannt sind, eine Aufgabe zu tun hat. Ich kann zum Beispiel die Dinge den wichtigsten Kompetenzrastern zuordnen.	Ich kann neue Aufgaben und Themen in Beziehung setzen zu Kompetenzrastern oder anderen Referenzwerten. Ich kann erklären, um was es gedanklich zurechtlegen und ihnen eine Struktur geben (z.B. in Form von Skizzen oder Mindmaps), so dass ich weiss, wo und wie ich den Faden aufnehmen kann. Und ich kann auch sehen, wo die Bedeutung eines Themas für mich liegt.	Ich kann mir erklären, um was es bei einem Thema geht. Zu diesem Zweck kann ich die Dinge vorstrukturieren, ihnen eine Ordnung geben (z.B. Skizzen, Mindmaps, Advance Organizer, Dispositionen) und sie in Verbindung bringen mit den Kompetenzrastern. Ich kann Bezüge herstellen zu Bekanntem und so mein Vorwissen aktivieren. Das heisst: Ich kann vielfältige Beziehungen herstellen zwischen mir und dem, was „gefragt" ist. Entsprechend kann ich mir meine Befindlichkeit ebenso bewusst machen wie den Wert und Nutzen einer Arbeit.
Richtungskompetenz	Ich kann ein Ziel grob umreissen und auf diese Weise eine ungefähre Vorstellung entwickeln von dem, was von mir erwartet wird.	Ich kann mir, wenn ich nachfrage oder mich konzentriere, vorstellen, wie ein Ergebnis aussehen und was ich unternehmen könnte, um es zu erreichen. Das hilft mir, ein entsprechendes Ziel beschreiben zu können.	Ich kann mir meistens ein Bild machen, von dem, was zu tun ist. Diesen nächsten Schritt kann ich als Ziel so formulieren, dass ich weiss, wie ich vorgehen will und was dabei herauskommen soll. Häufig gelingt es mir auch, mögliche Stolpersteine in meiner Planung zu berücksichtigen.	Ich kann mir anschauliche Vorstellungen der erwünschten Ergebnisse entwickeln. Diese Vorstellungen kann ich in SMARTE Zielformulierungen kleiden. Ich kann darstellen, an welchen Kriterien zu erkennen sein wird, dass das Ziel erreicht ist. Diese Bezugsnormen kann ich auch in Form von Beispielen aufstellen. Ich kann Gelingensbedingungen herausarbeiten, also mögliche Hindernisse antizipieren und die erforderlichen Ressourcen organisieren.
Erschliessungskompetenz	Wenn mir jemand sagt, wie ich vorgehen soll, kann ich Dinge so lernen, dass ich mich auch über längere Zeit daran erinnere.	Ich kenne verschiedene Methoden, wie ich lernen kann, so dass ich die Sachen besser verstehe. Und wenn ich daran denke, kann ich die Methoden (z. B. Karten aus 11x22) auch anwenden, so dass ich die Dinge besser behalte.	Ich kann mir fehlende Informationen beschaffen (z.B. aus Nachschlagewerken) und sie mit vorhandenen Informationen verbinden. Mittels verschiedener Methoden kann ich in Situationen und bei Themen, die mir vertraut sind, verschiedene Lerntechniken so anwenden, dass ich das Gefühl habe, die Dinge zu begreifen. Ich nutze zu diesem Zweck die Lernkarten (z.B. 11x22) systematisch.	Ich kann mir auf vielfältige Weise Informationen beschaffen, sie miteinander vergleichen, sie gewichten und miteinander verbinden. Aus den Informationen kann ich die Essenz herausarbeiten, indem ich aus unterschiedlichen Verarbeitungstechniken (z.B. 22x33) die wirkungsvollsten zur Anwendung bringen kann. Ich kann die Lernergebnisse dingfest machen, so dass ich sie auch nach längerer Zeit rekonstruieren, reproduzieren und in Zusammenhänge stellen kann.
Problemlösekompetenz	Wenn ich bei einem Problem nicht mehr weiter weiss, reicht meistens ein kleiner Hinweis und ich kann einen Weg finden (zum Beispiel Skizzen machen oder andere fragen), um zu einer Lösung zu kommen.	Wenn sich mir ein Problem stellt (z.B. Schwierigkeiten einen Anfang zu finden oder nicht mehr weiter wissen) kann ich meistens selbstständig eine Lösung entwickeln, wie es weiter gehen könnte. Komme ich trotzdem nicht weiter, frage ich andere, wie sie es machen würden.	Wenn sich mir Hindernisse in den Weg stellen oder wenn ich nicht zufrieden bin, kann ich Überlegungen anstellen und Ideen entwickeln, ob und wie ich anders an die Dinge herangehen könnte. Dabei kann ich mich vor allem auf Vorgehensweisen stützen, die mir in anderen Situationen auch schon geholfen haben. Ich überlege und erkläre mir verschiedene Möglichkeiten und entscheide mich bewusst für die erfolgsversprechenste Variante.	Ich kann meistens originelle Wege finden und kreativ an die Dinge herangehen, da ich mir jeweils überlege, wie ich es auch noch machen könnte. Dabei kann ich Strategien und Methoden nutzen, die ich mir aufgebaut habe, indem ich bewusst auch schaue, wie andere es machen. Dieses Repertoire an Ideen hilft mir auch, Lösungsansätze gedanklich durchzuspielen (so könnte es gehen), um aus Sackgassen herauszufinden. Dabei bin ich auch in der Lage, die Methoden dem Verlauf der Arbeit anzupassen.
Evaluationskompetenz	Ich kann das Ergebnis einer Arbeit kontrollieren und korrigieren, wenn mir jemand sagt, worauf ich achten soll.	Ich kann eine Arbeit überprüfen (und mache das meist auch), um zu sehen, was ich besser oder anders machen könnte. Meistens gelingt es mir, Fehler oder Mängel zu finden, die ich verbessern kann.	Ich kann die Resultate meiner Arbeit vergleichen mit Bezugsnormen (z.B. Zielformulierung, Checkliste, Beispiel) und Abweichungen feststellen. Ich kann Dinge, die nicht stimmig sind und mit denen ich nicht zufrieden bin, verbessern, damit das, was ich mache, auch möglichst gut ist. Ich kann auch andere nach ihrer Meinung fragen, damit ich zu Lösungen kommen kann, die sich sehen lassen können.	Ich kann mir mithilfe verschiedener Bezugsnormen (Zielformulierung, Checklisten, Beispiele, eigene Ansprüche) bewusst machen, welche Kriterien erfüllt sein müssen, damit etwas „gut" ist. Während der Arbeit ist es mir ein Anliegen, laufend Verbesserungen anzubringen. Bei Unsicherheiten schaue oder frage ich deshalb nach. Ergebnisse überprüfe ich immer auf ihre Qualität und Rückmeldungen von anderen nutze ich, um die Dinge noch besser machen zu können.

Tabelle: Kompetenzraster Lernkompetenz (Institut Beatenberg)

Lernkompetenz

	WORAN IST DIE KOMPETENZ ZU ERKENNEN? (KRITERIEN / INDIKATOREN)	Selbst- beurteilung Skala 1 - 10	Fremd- beurteilung Skala 1 - 10	SCHNITT
Orientierungs- kompetenz	*Erfolgreich lernen heisst: das Chaos im Kopf ständig neu ordnen.* **Sich einen Überblick verschaffen:** Vorstrukturieren, skizzieren, eine Ordnung bilden, sich die Puzzlesteine zurechtlegen (mentales Puzzle), sich erklären können, um was es geht.			
	Wir werden die Welt verstehen, wenn wir uns selbst verstehen. **Eigene Situation klären:** Sich der eigenen Disposition (Befindlichkeit, Beziehung zu Aufgabe/Thema) bewusst sein. Sich erklären können: wo stehe ich in Bezug auf … Individuellen Nutzen/Wert einer Aufgabe/Arbeit erkennen.			
	Grundlage jeder Erkenntnis ist die Erfahrung. **Bezüge herstellen zu Bekanntem:** Vorwissen aktivieren. Assoziieren und gedankliches Netzwerk spinnen (womit hat das zu tun/Beziehung zwischen mir und dem, was „gefragt" ist).			
Richtungs- kompetenz	*Das einzige Ziel, gegen das ein Mensch sich nicht wehrt, ist sein eigenes.* **Klares Ziel formulieren:** Anschauliche Vorstellungen entwickeln von dem, was als Ergebnis entstehen soll. Ziel SMART formulieren – also präzis, messbar, eigenwirksam, relevant und terminiert.			
	Ein Gramm gutes Beispiel wirkt mehr als ein Zentner Worte. **Bezugsnormen aufstellen:** Woran wird – sinnlich wahrnehmbar – zu erkennen sein, dass das Ziel erreicht ist? Qualitätskriterien. Referenzwerte verbalisieren. Beispiele (etwa so …) zum Vergleich heranziehen.			
	Man muss schon da sein, bevor man angekommen ist. **Gelingensbedingungen herausarbeiten:** Prozesse gedanklich vorwegnehmen. Immaterielle und materielle Voraussetzung erkennen. Mögliche Hindernisse antizipieren und entsprechende Ressourcen organisieren.			
Erschliessungs- kompetenz	*Es gibt keine dummen Fragen – nur Dumme, die nicht fragen.* **Zielführende Fragen stellen:** Effizient recherchieren (Wissen zusammentragen). Sich die zweckdienlichsten Quellen erschliessen (gewusst wo) und nutzen. Relevante Informationen erkennen, vergleichen, gewichten, verbinden.			
	Was nicht in die Wurzeln geht, geht nicht in die Krone. **Sich die Dinge verfügbar machen:** Aus etwas Fremdem etwas Eigenes machen. Verarbeitungstechniken anwenden, Verarbeitungstiefe erzeugen. Essenz herausarbeiten. Transformieren (den Dingen eine Form geben).			
	Alles Denken ist Zurechtmachen. **Lernergebnisse dingfest machen:** Sich vergewissern/Gewissheit verschaffen. Rekonstruieren und reproduzieren – auch nach längerer Zeit. Erkenntnisse (was) und Prozesse (wie) reflektieren. Zusammenhänge herstellen.			
Problemlöse- kompetenz	*Ich weiss nicht, wer das Wasser entdeckt hat, aber es war kein Fisch.* **Mehrere Lösungen finden:** Kreative und originelle Wege finden. Dinge aus anderen Perspektiven betrachten (so könnte man es auch sehen). Ideen und Beispiele nutzen (wie machen es andere).			
	Denken ist reden mit sich selbst. **Inneres Probehandeln:** Lernprozesse (Schritte zum angestrebten Ziel) antizipieren. Mögliche Lösungsansätze und zu erwartende Ergebnisse (wenn–dann) gedanklich durchspielen.			
	If you keep doing what you do, you keep getting what you get. **Aus Sackgassen herausfinden:** Strategien, Methoden und Instrumente aktiv dem Verlauf anpassen (so geht es nicht, was jetzt …?). Gedankliche Beweglichkeit. Elemente einer Situation sortieren. Sich bewusst machen, was sicher ist.			
Evaluations- kompetenz	*Die Dinge sind nie so, wie sie sind. Sie sind das, was man aus ihnen macht.* **Wissen, was „gut" ist:** Bezugsnormen kennen (nach welchen Kriterien wird etwas von wem beurteilt?). Referenzieren – Ergebnisse mit einem Referenzwert in Beziehung setzen. Qualität zuordnen können.			
	Die Arbeit an der Sprache ist Arbeit am Gedanken. **Laufend Verbesserungen anbringen:** Monitoring – Korrekturen als integralen Teil des Arbeitens verstehen. Checks and balances, Fehler als Lernchance nutzen. Bei Unsicherheiten nachschauen und klären.			
	Es gibt keine unnützen Erfahrungen – nur ungenutzte. **Feedbacks einholen:** Ergebnisse präsentieren und dokumentieren. Rückmeldungen und Vergleichsmöglichkeiten suchen und Reaktionen konstruktiv nutzen (Feedforwards).			

Tabelle: Indikatorenliste Lernkompetenz (Institut Beatenberg)

4.4 Selbstkompetenz: Auf die Dauer nützt nur Power

Was kann man tun, um die Zukunft eines Kindes vorauszusagen? Wie kann man erkennen, ob es in der Schule – und später im „richtigen" Leben – erfolgreich sein wird, ob es viele und gute Freunde hat, ob es Drogen konsumiert oder sonst wie delinquent wird? Kurz: ob es sich zu einer stabilen und zufriedenen Persönlichkeit entwickelt?
Ganz einfach: Man lässt ihm die Wahl, zwischen einer verführerischen Süßigkeit jetzt – oder zwei davon später. Wenn es über eine längere Zeit willens und fähig ist, auf das eine Stück zugunsten eines zweiten zu verzichten, dann sind die Aussichten auf ein harmonisches Leben intakt. Und das Verrückte daran: Es funktioniert! Walter Mischel hat es unter Beweis gestellt. Er kann die Zukunft voraussagen können – mit einer Tüte Marshmallows. Walter Mischel ist aber kein Wahrsager. Er war Professor an der Columbia und vorher an der Stanford University. Und ein bestechend einfaches Experiment hat ihn berühmt gemacht. Der sogenannte Marshmallow-Test. Vierjährige Kinder wurden einzeln in einen Raum geführt und an einen Tisch gesetzt. Vor ihnen auf dem Tisch lag ein Teller. Mischel oder jemand aus seinem Team legte ein Marshmallow auf den Teller und erklärte dem Kind: „Du kannst das jetzt gleich essen, wenn du willst. Wenn warten kannst, bis ich wieder komme, kriegst du ein zweites davon." Das war alles. Dann wurden die Kinder mit der Versuchung allein gelassen – und dabei heimlich gefilmt.
Einige hörten nicht einmal richtig zu – sie machten sich stante pede über das Marshmallow her. Und weg war es. Andere konnten durchaus ein paar Momente widerstehen, dann war es aber um ihre Standfestigkeit geschehen und die süße Versuchung verschwand im Mund. Viele der Kinder wollten aber unbedingt ein zweites Marshmallow erhalten. Mit ganz unterschiedlichen Strategien schafften sie es, sich nicht verführen zu lassen, die Zeit über die Runde zu bringen und zum Ziel zu kommen.
Walter Mischel ging es aber nicht um den kurzfristigen Effekt. Sein Ziel war viel weiter gesteckt. Er wollte wissen, welche Bedeutung der Impulskontrolle und dem Belohnungsaufschub zukommen, wenn es um akademischen, emotionalen und sozialen Erfolg geht. Oder anders gefragt: Wie wichtig ist es für eine erfolgreiche Lebensgestaltung, kurzfristig auf etwas Verlockendes verzichten zu können im Hinblick auf längerfristige Ziele.
Die Lebenswege der Kinder wurden deshalb von den Forschern rund um Walter Mischel aufgezeichnet. Sie wollten wissen: Entwickeln sich jene, die das Marshmallow gleich gierig verschlungen hatten anders als jene, die sich beherrschen und auf das zweite warten konnten?
Und die Ergebnisse hatten (und haben es immer noch) in sich: Die Kinder, die sich und die süßen Verlockungen „im Griff" hatten, führten später als Erwachsene ein in jeder Beziehung erfolgreicheres und sorgenfreieres Leben als die anderen. Sie waren in der Regel

höher gebildet, gesünder, sozial besser eingebunden und auch wirtschaftlich erfolgreicher.

4.4.1 Sirenengesänge des Alltags

Menschen sind immer wieder hin- und hergerissen zwischen langfristigen, vernunftgeleiteten Zielen einerseits und der Aussicht auf unmittelbaren Lustgewinn andrerseits. Einer Verlockung zu widerstehen erfordert oftmals ein beträchtliches Maß an Selbstkontrolle – der Fähigkeit eben, kurzfristigen Versuchungen nicht leichterdings zu erliegen.

Mit dieser Balance von Impuls und Kontrolle bekundete schon Odysseus seine liebe Mühe. Allerdings ging es nicht um Süßigkeiten, sondern um den betörenden Gesang der Sirenen. Diese weiblichen Fabelwesen lockten mit

> **»Das Glück muss entlang der Straße gefunden werden, nicht am Ende des Weges.«**

ihren verführerischen Klängen die vorbeisegelnden Seefahrer an, um sie zu töten. Doch Odysseus ließ sich nicht abschrecken. Er folgte seiner Neugier, um sich dem Gesang der Sirenen aus nächster Nähe hingeben zu können. Die Zauberin Kirke riet ihm, die Ohren seiner Gefährten mit geschmolzenem Wachs zu verschließen und sich selbst an den Mast des Schiffes fesseln zu lassen. Gesagt, getan. So konnte er die verführerischen Klänge der Sirenen zwar vernehmen. Aber als er ihnen hingerissen folgen wollte, banden die Gefährten seine Seile wie vorher ausgemacht noch fester. Außer Hörweite gekommen, verlor der Zauber seine Wirkung.

Die Strategie ist aufgegangen. Aber eben: Odysseus musste sich fesseln lassen. Denn ihm war bewusst: Seine Willenskraft allein würde nicht ausreichen, um den tödlichen Verlockungen zu entgehen.

Den heutigen Menschen geht es nicht wesentlich anders. Sie stehen immer wieder vor der Herausforderung, an den Sirenengesängen des modernen Alltags vorbeizusteuern. Und die Versuchungen sind heutzutage nicht minder verführerisch als weiland die Sirenen auf ihrer Insel. Zudem: Die Strapazen einer Seereise muss man schon gar nicht auf sich nehmen: Die Verlockungen liegen auf dem Silbertablett bereit. Man muss nur zugreifen. Oder nicht einmal das: Ein Mausklick oder ein Knopfdruck reicht.

Und das nicht zu tun, dem Bedürfnis nicht nachzugeben, das ist schwierig. Forscher der University of Chicago sind der Frage nachgegangen, welchen Bedürfnissen (erwachsene) Menschen widerstehen können – und welchen nicht. Und nicht ganz überraschend: Am wenigsten erfolgreich war der Widerstand, wenn es ums Bedürfnis ging, Computer oder Fernseher zu nutzen (Hofmann/Vohs/Baumeister 2012).

4.4.2 Selbstdisziplin macht den Unterschied

Nach einem einzelnen Liegestütz fühlt sich die Oberarmmuskulatur immer noch an wie Pudding. Wer sich alle Schaltjahre einmal keuchend durch den Wald schleppt, gewinnt keinen Fitnesspreis. Und nach dem einmaligen Verzicht auf das obligate Stück Torte nützt es nichts, gleich schon mal vor den Spiegel zu rennen – die Schwimmringe um den Bauch werden sich nicht zurückgebildet haben. Nachhaltiger Erfolg bedarf eben auch der Anstrengung. Ohne Fleiß kein Preis, pflegte man früher zu sagen. Das gilt ohne Einschränkung auch heute noch. Auch und gerade wenn es um schulisches Lernen geht. „Kinder und Jugendliche sind sich mittlerweile bewusst, dass ihr zukünftiger beruflicher und materieller Erfolg stark von ihrem Lernerfolg abhängt", stellt Urs Moser fest. „Zugleich haben die Betonung von Freizeit, die Wertschätzung von sozialen Kontakten und die kritische Haltung gegenüber Autoritäten zugenommen. Der hohe Stellenwert des Wohlbefindens behindert die Bereitschaft, sich der Anstrengung des Lernens zu unterziehen. Dieser gesellschaftliche Wandel verschärft den Konflikt zwischen Schule und Freizeit, zwischen Lernen und Wohlbefinden. Stärker als je zuvor muss schulisches Lernen mit außerschulischen Tätigkeiten und Freizeitaktivitäten konkurrieren, was sich bis ins Schulzimmer bemerkbar macht, wenn etwa Schüler mit Lehrpersonen über Leistungsanforderungen verhandeln und gute Schüler als ‚Streber' abqualifiziert werden." (Moser 2012) Auf der einen Seite erwarten und erhoffen sich junge Menschen einen Platz an der Sonne. Man will es „gut haben". Das ist nicht nur verständlich, es ist auch legitim. Auf der anderen Seite sinkt die Bereitschaft, dafür ein paar Unbequemlichkeiten in Kauf zu nehmen. Das ist aber auch und vielleicht auch ursächlich ein gesellschaftliches Phänomen. Das Sozialforschungsinstitut TNS Emnid wollte von 3000 Eltern wissen, was sie von der Schule erwarten. Drei Viertel von ihnen stellen sich auf den Standpunkt, dass die Schule keinen hohen Leistungsanspruch stellen sollte. Und da manifestiert sich ein latenter Widerspruch zwischen impliziten und expliziten Erfolgserwartungen einerseits und der Bereitschaft, dafür die Ärmel hochzukrempeln.

Schulisches Lernen braucht das gute Gefühl des Augenblicks. Es hat aber immer auch eine längerfristige Perspektive – und damit auch eine Wirkung, die erst in der Zukunft liegt. Nichts da mit „subito". Nichts da mit Abkürzung. Nichts da mit passivem Konsum.

>> **Der Geist ist wie ein Fallschirm – er funktioniert nur, wenn er offen ist.** <<
(Thomas R. Dewar)

Der Dreh- und Angelpunkt heißt Selbstdisziplin – die wirkungsvolle Regulation des Selbst durch das Selbst. Das hat einen überragenden Einfluss auf den Bildungserfolg, ebenso wie auf die psychische Gesundheit und sogar auf ein gelingendes, relativ problemfreies Leben. Kurz: Selbstdisziplin determiniert den Schul- und Studienerfolg (mehr noch: den Lebenserfolg) weitaus stärker als jede andere Variable.
Eine der bedeutendsten Forschungsarbeiten, die es dazu überhaupt gibt, ist die „Dunedin Multidisciplinary Health and Development Study". Federführend daran beteiligt war Terrie E. Moffitt. Alle 1037 Kinder, die zwischen April 1972 und März 1973 in Dunedin, einer Stadt auf der Südinsel von Neuseeland, geboren wurden, waren quasi die Versuchspersonen. Über drei Jahrzehnte hinweg wurden die Kinder und ihre Familien in regelmäßigen Abständen besucht, befragt und untersucht. Die Lebenswege waren – wie nicht anders zu erwarten war – sehr unterschiedlich verlaufen. Den einen ging es in vielerlei Hinsicht gut, sie waren beruflich erfolgreich, lebten in einem stabilen und harmonischen Umfeld, erfreuten sich einer ausgezeichneten psychischen und physischen Gesundheit. Andere

waren von der Schule geflogen, auf die schiefe Bahn geraten, fanden sich im Drogenmilieu oder in anderen sozial, wirtschaftlich und gesundheitlich schwierigen Situationen. Die Forscher trafen auf so ziemlich alles, was das Leben an Schicksalen zu bieten hat.
Und eines zeigte sich mit aller Deutlichkeit: Die Fähigkeit, sein Leben im Gleichgewicht zu halten, den inneren Schweinehund an der kurzen Leine zu führen, seine Impulse kontrollieren und sich mit der nötigen Disziplin an längerfristigen Zielen orientieren zu können – das machte letztlich den Unterschied aus. Bei der Selbstkontrolle trennen sich die Wege. Immer ein bisschen – aber immer weiter.

4.4.3 Exekutive Funktionen – Schlüssel zum Lernerfolg

Die Fähigkeit zur Selbstregulation ist Grundlage für selbstverantwortliches, eigenaktives und selbstwirksames Lernen und Arbeiten. Sie ist ebenfalls Grundlage für das friedliche Zusammenleben in Gemeinschaften. Die Kompetenz, konstruktiv umzugehen mit sich selber, mit anderen und mit den Dingen, um die es geht, diese Kompetenz beruht auf gut ausgebildeten exekutiven Funktionen.

Im engeren Sinne gehört dazu erst einmal die **Inhibition von Handlungen und Aufmerksamkeit**, also die Fähigkeit, etwas trotz bestehender Impulse nicht zu tun. Es ist wie eine Art Stoppsignal zwischen Reiz und Reaktion. Stoppsignale hindern Automobilisten daran, einfach drauflos zu fahren. Stattdessen treten sie auf die Bremse und vergewissern sich, ob sie die Fahrt fortsetzen können. Sie haben sich und ihr Vehikel unter Kontrolle. Und sie haben ein Ziel vor Augen.

Die Schule bietet sowohl in der Interaktion mit anderen als auch bezogen auf die Arbeit eine nicht abreißende Flut von Möglichkeiten, genau das nicht zu tun, was man eigentlich tun sollte oder wollte. Und damit man sein Schulleben nicht mit dem Dauerfrust des „Hätte-ich-doch-nur ..." zubringen muss, braucht es eben die Fähigkeit, Handlungsimpulsen zu widerstehen oder von Störreizen unbeeinflusst weiterzuarbeiten. Wer sein Verhalten im Griff hat, kann seine Aufmerksamkeit den Dingen widmen, die ihn den angestrebten Zielen näher bringen.

Zu den exekutiven Funktionen zählt auch das **Arbeitsgedächtnis**. Damit ist die Fähigkeit gemeint, aufgabenrelevante Informationen vorübergehend im Kurzzeitgedächtnis präsent zu halten, um mit ihnen zu arbeiten. Fünf bis sieben Elemente (Wörter, Zahlen) kann das Arbeitsgedächtnis mit seiner begrenzten Speicherkapazität über wenige Sekunden pendent halten. Das ermöglicht das Weiterdenken und bildet so die immer neue Grundlage für weitere Operationen. Ohne Arbeitsgedächtnis würde das Denken quasi im leeren Raum stattfinden. Also gar nicht. Wenn es dagegen gut funktioniert, kann es mit den jeweils verfügbaren Informationen so jonglieren, dass sich die Handlungsalternativen vermehren lassen. Es macht aus wenig immer ein bisschen mehr.

Mit einem gut geschmierten Arbeitsgedächtnis Fahrt aufnehmen und sich nicht ablenken lassen – das kann auch in einer Sackgasse enden. Damit das nicht geschieht, tritt die **kognitive Flexibilität** auf den Plan. Diese Fähigkeit erlaubt es, sich schnell auf geänderte Anforderungen oder neue Situationen einzustellen und zu reagieren. Sie hilft, Personen und Situationen aus anderen Perspektiven zu betrachten, lustvoll neue Lösungswege zu suchen, sich zu überlegen, ob man Dinge auch ganz anders machen könnte. Zudem schafft sie die Voraussetzung, offen zu sein für die Argumente anderer, aus Fehlern zu lernen und generell mit Veränderungen konstruktiv umzugehen.

Das, was man schon weiß und kann, muss man nicht mehr lernen. Lernen findet deshalb immer in einer Zone der nächsten Entwicklung statt. Man tastet sich in ein Gelände vor, das man eben noch nicht kennt. Und um das in aussichtsreicher Weise gestalten zu können, dafür sind die exekutiven Funktionen die Basis, die Voraussetzung, sich rasch und erfolgreich an neuartige, unerwartete Situationen anzupassen. Die exekutiven Funktionen versetzen Menschen in die Lage, nicht routinierte Situationen gelingend gestalten zu können. Sie dienen damit der unmittelbaren längerfristigen Verhaltensoptimierung. Eben: dem Lernen.

Wer besser werden will im Wattebäuschchenwerfen kommt nicht umhin, Stellungsspiel und Wurftechniken zu vervollkommnen. Das Ziel, locker und leichten Schrittes wie ein junges Reh durch den Wald zu joggen, ist nicht im Bett liegend zu schaffen, sondern nur durch entsprechendes Training. Und wer erfolgreich lernen und verstehen will, kann sich das abschminken, wenn die kurzfristigen Verlockungen sich dem langfristigen Ziel immer siegreich in den Weg stellen. Erfolg ist nicht im Konjunktiv zu haben.

Ziel muss es deshalb sein, die exekutiven Funktionen zu trainieren. Dazu bedarf es vor allem Lernarrangements, die die Lernenden ins Tun bringen. Denn wer aktiv ist, dem fällt es leichter, mit konkurrierenden Impulsen umzugehen, als wer sich passiv der geistigen Trockenfäule aussetzt. Sich fokussieren und konkurrierende Impulse kontrollieren, das ist bedeutend einfacher zu schaffen, wenn die möglichen „Konkurrenzquellen" minimiert werden. Und die Gelingenswahrscheinlichkeit steigt parallel zur lustvollen Eigenaktivität der Lernenden. Ins Tun kommen heißt

folglich die Devise. Menschen lernen ja bekanntlich, was sie tun. Und wenn sie eben durch ihre eigene Aktivität mit konkurrierenden Impulsen umzugehen lernen, dann lernen sie – genau das.

Aufgabe der Schule ist es vor diesem Hintergrund, sich einem generierenden Lernen verpflichtet zu fühlen, das die Eigenaktivität der Lernenden ins Zentrum stellt. Und das wiederum setzt bei den Lernenden ein Gefühl der Machbarkeit voraus. Das bedarf der orientierenden und Sicherheit gebenden Zielklarheit. Und es bedarf schützender und stützender Arrangements – zum Beispiel durch eine Flüsterkultur in den Lernräumen.

4.4.4 Selbstkompetenz – trennt die Spreu vom Weizen

Selbstkompetent sind Menschen dann, wenn sie über Schlüsselfähigkeiten wie Selbstkontrolle, Engagement, Verlässlichkeit, Optimismus und Achtsamkeit verfügen. Und: Wenn sie diese sozialen und personalen Kompetenzen auch einsetzen, um ihre Beziehung zu sich, zu anderen und zu den Dingen zu stärken – wenn sie sich emotional intelligent verhalten.

Selbstkontrolle: Zutaten
Volition Prozess der Bildung und Realisierung von Absichten
Inhibition Unterbindende Selbstkontrolle von Handlungen
Persistenz Beharrlichkeit und Ausdauer im Hinblick auf ein Ziel
Resilienz Widerstandsfähigkeit (Stehaufmännchen)
Coping Bewältigungsstrategien für schwierige Situationen

1.
Selbstkontrolle: Maler oder Pinsel?

Eine der Grundfragen des Lebens heißt: Will man lieber Maler oder Pinsel sein? Gestalter oder Werkzeug? Die Antwort braucht kein langes Grübeln: Maler, Gestalter – ist ja logisch. Wer will denn schon gerne ein Pinsel sein? Aber es fällt wesentlich leichter, die Antwort zu geben als dann auch entsprechend sein Leben (und Lernen) zu gestalten. Oder wie Nietzsche es formuliert hat: „Dem wird befohlen, der sich nicht selber gehorchen kann."

Denn wer Gestalter sein will, muss sich auf entsprechende Fähigkeiten und Einstellungen stützen können. Er muss sehen, was ansteht, und nicht wie ein Schluck Tee darauf warten, bis ihn jemand liebevoll beim Händchen nimmt. Wer den Dingen (und seinem Leben) eine Gestalt geben will, muss zumindest gedanklich die Ärmel hochkrempeln und beginnen. Und da weder im Leben noch beim Lernen immer alles wie geschmiert läuft, braucht es die Fähigkeit dranzubleiben, es aushalten zu können, wenn mal ein bisschen Gegenwind aufkommt und nicht gleich alles auf Anhieb gelingt. Es braucht das, was man auch den langen Atem nennt – mit Niederlagen umgehen können, sich von widrigen Umständen nicht aus der Bahn werfen lassen. Das macht den Unterschied zwischen Malern und Pinsel. Es ist die mentale Stärke, das Commitment mit sich selber. Das allerdings gedeiht nicht unter einer Glasglocke. Stärke kann sich nicht entwickeln, wenn immer gleich jemand zu Stelle ist, der die Steine aus dem Weg räumt – sogar schon die, die noch gar nicht da sind. Junge Menschen brauchen Gelegenheit, sich zu beweisen. Das führt zur Erfahrung, Situationen durch eigene Fähigkeiten und Eigenschaften kontrollieren und beeinflussen zu können. Locus of control nennt sich das in der Fachsprache. Menschen, die die Überzeugung gewonnen haben, den Lauf der Dinge selber beeinflussen zu können, weisen sich über einen höheren Grad an Selbstkontrolle aus und sind als Folge davon eben auch erfolgreicher in Lern- und Arbeitssituationen. Und überhaupt im Leben. Kurz: Sie sind die Maler, Gestalter – und nicht die Pinsel.

2.
Engagement: Fliegende Fische

Apropos Maler: „Es gibt den, der aus der Sonne einen gelben Fleck macht. Und es gibt den, der aus einem gelben Fleck die Sonne macht", hat Pablo Picasso einst zu bedenken gegeben. Was er meinte: Nicht, was man macht, ist entscheidend, sondern, wie man es macht. Darauf kommt es an.

Einen anschaulichen Beweis dafür liefert der wohl berühmteste Fischmarkt der Welt – der Pike Place Fish Market in Seattle. Die Fische, die man dort zu kaufen kriegt, sind nicht besser oder schlechter als anderswo. Und trotzdem liegen die Umsätze bei Pike's um Dimensionen über jenen vergleichbarer Märkte. Der Grund: die Menschen, die dort arbeiten.

Die Arbeit auf einem Fischmarkt präsentiert sich von außen gesehen nicht gerade attraktiv. Es ist kalt, feucht, glitschig und der Geruch ist feinen Nasen auf die Dauer auch nicht gerade zuträglich. So ist es auch in Seattle. Und wie immer im Leben boten sich auch den dortigen Fischverkäufern in Seattle drei Möglichkeiten: love it, leave it or change it. Sie entscheiden sich für eine Änderung – aber nicht des Fischmarktes, sondern ihrer Einstellung. Sie entscheiden sich, Spaß zu haben an ihrer Arbeit und Spaß zu haben mit ihren Kunden. Sie entscheiden sich, die Arbeit zu

mögen. Und da jede Veränderung letztlich Selbstveränderung ist, waren sie fortan keine gewöhnlichen Fischverkäufer mehr. Der Pike Place Fish Market wurde für die Besucher zur Stätte von Erlebnissen. Die Verkäufer warfen sich die Meerestiere zu – „sechs Krabben nach Montana" – boten Showeinlagen und zeigten den Besuchern auf ganz unterschiedliche Weise: Wir haben Freude an dem, was wir tun, und wir wollen auch Ihnen eine Freude bereiten. Das war und ist das eigentliche Erfolgsrezept: Die Fischverkäufer sind mit dem ganzen Herzen und der ganzen Aufmerksamkeit bei der Arbeit. Das empfiehlt sich auch, wenn es gilt, fliegende Fische zu fangen.

Aber nicht nur dann. Erfolgreiche Menschen tun nicht, was sie mögen, sie mögen, was sie tun. Sie wollen gut sein und sich gut fühlen. Die Leistung ist für sie eine Quelle der Zufriedenheit mit sich und der Welt.

3.
Verlässlichkeit: Rettung vor dem Galgen

„Ich sei, gewährt mir die Bitte, in eurem Bunde der Dritte!" So lässt Friedrich Schiller den Tyrannen Dyonis seine Bewunderung in Worte fassen. Grund für sein ungewöhnliches Anliegen: Damon, zum Tod verurteilt, nutzt seinen „Urlaub" nicht aus, um abzuhauen. Im Gegenteil: Allen Widrigkeiten zum Trotz schafft er es, gerade noch rechtzeitig zurückzukommen, um seinen Freund, der an seiner Stelle hätte gehängt werden sollen, vor dem Galgen zu retten. Er hat die Bürgschaft eingelöst und sich als verlässlicher Partner erwiesen.

Die (schulische) Arbeitswelt ist immer mehr eine Welt der Kooperation. Lernen findet in sozialen Bezügen statt. Und wenn es um Zusammenarbeit geht, will man sich verlassen können auf die Partner. Sie müssen einen ja nicht gerade vor dem Galgen retten. Verlässlichkeit ist aber nicht eine Sache „der anderen". Verlässlichkeit beginnt immer bei der gleichen Person: bei der eigenen. Das ist nämlich genau die Person, die immer beteiligt ist, wenn im eigenen Leben etwas nicht so läuft, wie man es sich vorgestellt hat. Moderne Lernarrangements betonen den Fokus auf den einzelnen Lernenden. Individualisierung heißt eines der entsprechenden Schlagwörter. Damit verbindet sich eine Art Systemwechsel: weg von der kollektiven hin zur individuellen Verbindlichkeit. Im Wesentlichen geht es darum, persönlich relevante Ziele anzuvisieren, Vereinbarungen zu treffen, Verantwortung zu übernehmen. Das setzt eine Art „Verbindlichkeitsfähigkeit" voraus: Man muss sich beim eigenen Wort nehmen können.

Verlässlichkeit beschränkt sich nicht auf den Umstand, dass man etwas tut. Der Freund wäre am Galgen erblasst, wie es bei Schiller moderat heißt, wenn Damon seine Verpflichtung nicht durch und durch ernst genommen hätte. Und wie so oft waren es die Details, die dem Verlauf die Richtung gaben – die Pünktlichkeit zum Beispiel, die in letzter Sekunde verhinderte, dass der Daumen sich senkte. Das heißt, wie es eine Verlässlichkeit anderen Menschen und sich selbst gegenüber gibt, gibt es auch eine Verlässlichkeit der Sache gegenüber. Qualität nennt man das auch. Denn was es verdient, gemacht zu werden, verdient es auch, richtig gemacht zu werden. Und wenn allen Bemühungen zum Trotz etwas in die Hosen geht, werden verlässliche Menschen das nicht zu vertuschen versuchen. Sie werden es einfach nächstes Mal besser machen wollen.

4.
Zuversicht: Vier-Minuten-Barriere

Roger Gilbert Bannister war Neurologe. Das ist ein durchaus ehrenwerter Beruf. Und Roger Bannister übte ihn nach bestem Wissen und Gewissen aus. Neurologen gibt es aber viele. Geschichte geschrieben hat Roger Bannister in einem ganz anderen Bereich. Am 6. Mai 1954 lief er auf der Leichtathletikanlage der University of Oxford die Meile in einer Zeit von 3:59,4. Weltrekord! Und was für einer! Bannister hatte eine mentale Schallmauer durchbrochen. Denn bis zu diesem Zeitpunkt herrschte Konsens darüber, dass kein Mensch eine Meile unter vier Minuten zurücklegen könne. Und da es bis zu diesem Zeitpunkt aller Versuche zum Trotz niemand geschafft hatte, lag die Vermutung nahe, der menschliche Organismus sei dazu gar nicht in der Lage. Bis eben dieser Roger Bannister kam. Er war überzeugt, die „Vier-Minuten-Barriere" zu überwinden. Es gelang. BBC konnte der Welt nicht nur in überschwänglichen Worten die neue Rekordmarke verkünden. Über den Äther fand auch eine andere Botschaft Verbreitung: Es ist machbar! Und was dann folgte, war der sogenannte Bannister-Effekt – eine Art Dammbruch. Denn im gleichen Jahr liefen neben ihm noch 37 weitere Läufer unter vier Minuten und im folgenden Jahr waren es bereits über 300. Ein Rekord jagte den anderen.

Ein anderes Beispiel zeigt nicht minder deutlich, dass Grenzen meist nicht dort sind, wo sie sind, sondern dort, wo wir sie ziehen. Die Olympischen Spiele 1968 in Mexiko waren Schauplatz eines sensationellen Weltrekords. Der Amerikaner Bob Beamon landete im Weitsprung bei unglaublichen 8,90 Metern. Das bedeutete eine Verbesserung der Rekordmarke um über einen halben Meter.

Ein Sprung mit einer Steigerung in diesem Ausmaß, das überstieg die Vorstellungskraft bei weitem. Denn davor hatte es dreißig Jahre gedauert, um den Weltrekord häppchenweise um insgesamt lediglich gute zwanzig Zentimeter zu steigern – von Jesse Owens 1935 (8,13) zu Ralph Boston 1965 (8,35). Verantwortlich gemacht für Beamons phänomenalen Sprung wurden die besonderen Verhältnisse im Höhenklima Mexiko Citys. Und die Meinung war schnell gemacht: Diese Weite kann nicht mehr übertroffen werden. Die (falsche) Ursachenzuschreibung verfehlte ihre Wirkung nicht. Über zwanzig Jahre lang wurde die Schallmauer nicht durchbrochen. Doch dann – 1991 – kam Mike Powell und schaffte es: 8,95. Nur wenige Jahre später legte der Kubaner Ivan Pedroso nach: 8,96.

>> **Der schlechteste Versuch** ist der, **den man nicht macht.** <<

Das heißt: Wie Grenzen und Barrieren wahrgenommen und interpretiert werden, ist von maßgeblicher Bedeutung für Selbstwirksamkeit und Leistungsfähigkeit. Die Möglichkeiten werden häufig begrenzt von dem, was wir für unmöglich halten. Der zuversichtliche Glaube an die eigenen Fähigkeiten determiniert deshalb in hohem Maße die Aktivitäten und damit die Ergebnisse. Optimismus, die Überzeugung, etwas bewegen und bewirken zu können, das ist ein Königsweg zum guten Gelingen. Solche Überzeugungen lassen sich aber nicht vom Internet downloaden, sie sind das Ergebnis entsprechender Erfahrungen. Deshalb: Lernwege müssen gepflastert sein mit Erfolgserlebnissen.

Die Überzeugung, den Dingen und Situationen einigermaßen gewachsen zu sein, entlastet und entkrampft. Sie versetzt die Lernenden in die Lage, ein stückweit über den Dingen zu stehen, nicht alles immer so wahnsinnig ernst nehmen zu müssen. Sich selber auch nicht.

5.
Achtsamkeit:
Gespenster und Tyrannen

„Ein Gespenst geht um in Deutschland. Es ist klein und aus Fleisch und Blut, doch wenn es nachts in der Zimmertür steht, sind die Eltern hilflos gegen Geschrei und Nörgelei, die alles Hätscheln und Kosen, alle Nachgiebigkeit und Liebe nicht verhindern können", schreibt der Spiegel. Und gibt dem Gespenst einen Namen: Kleiner Tyrann. Dieses kleine Gespenst ist dermaßen gefürchtet, dass ein entsprechendes Buch[1] zum Bestseller avancierte. Grund: Es trifft auf einen bloßliegenden Nerv, der, so der Spiegel weiter „pocht und klopft und schmerzt – und zwar nicht nur bei jenen, die Kinder haben oder mit ihnen umgehen. Die Frage, wie Kinder zu erziehen sind und wie es gelingt, sie zu guten Erwachsenen zu machen, treibt die ganze Gesellschaft um. [...] Nie gab es bei uns weniger Kinder, und nie war die Sorge um sie so groß. Eine subtil apokalyptisch gestimmte Gesellschaft, gebeutelt von elementaren Ängsten, befühlt am Kind die eigene Verletzlichkeit und prüft die eigene Verfassung: Wie tauglich für die Zukunft? Und warum sind wir überfordert von einem Vorgang, der bis vor kurzer Zeit sozusagen nebenher gelang – nämlich den Nachwuchs zu erhalten und großzuziehen?" (Schmitter 2008)

Zweierlei wird erkennbar: Schwierigkeit und Wichtigkeit. In einer konsumsatten und verwöhnten Gesellschaft gestaltet es sich offensichtlich immer schwieriger, soziale und personale Kompetenzen in der Erziehung zu thematisieren. Vor allem: es glaubwürdig zu tun. Vielleicht sind die Kompetenzen, die es braucht, zu lange vernachlässigt worden, um die Kompetenzen, die man will, jetzt zum Thema von Bildung und Erziehung zu machen. Oder anders: Es fehlt den Alten, was die Jungen brauchen.

Denn die Wichtigkeit genau dieser Kompetenzen drängt sich immer mehr in den Vordergrund – der Fähigkeit, mit Konflikten konstruktiv umzugehen, der Bereitschaft und der Fähigkeit zur Kooperation, der Bereitschaft und der Fähigkeit zuzuhören und sich sozialverträglich einzubringen, sich nützlich zu machen, anderen mit Respekt zu begegnen und die eigenen Bedürfnisse ab und an zurückzustellen.

Daniel Goleman hat mit seinem gleichnamigen Buch[2] den Begriff der emotionalen Intelligenz weltweit ins Bewusstsein gerufen. Und er hat anschaulich dargelegt, in welchem Ausmaß soziale und personale Kompetenzen für Lebenserfolg und Lebenszufriedenheit verantwortlich sind. Seinen Überlegungen zufolge setzt sich emotionale Intelligenz aus folgenden Faktoren zusammen:

- Eigene Emotionen kennen: Die eigenen Gefühle erkennen und akzeptieren, während sie auftreten. Diese Fähigkeit ist ent-

---

1 Winterhoff, Michael:
 Warum unsere Kinder Tyrannen werden

2 Goleman, Daniel: EQ – Emotionale Intelligenz. Hanser. München 1996.

scheidend für das Verstehen des eigenen Verhaltens und der eigenen Antriebe.
- Emotionen beeinflussen: Gefühle so handhaben, dass sie der Situation angemessen sind (statt zu dramatisieren oder zu verharmlosen). Dazu gehört die Fähigkeit, sich selbst zu beruhigen und Gefühle der Angst, Gereiztheit, Enttäuschung oder Kränkung abzuschwächen und positive Gefühle zu verstärken. Dies hilft bei der Überwindung von Rückschlägen oder belastenden Situationen.
- Emotionen in die Tat umsetzen: Emotionen so beeinflussen, dass sie bei der Erreichung von Zielen helfen. Dies ist der Kern der Selbstmotivation und fördert die Kreativität sowie die Häufigkeit von Erfolgserlebnissen. Dazu gehört auch, dass jemand in der Lage ist, kurzfristige (emotionale) Vorteile und Verlockungen hinauszuschieben und impulsive Reaktionen zu unterdrücken. Diese längerfristige Perspektive ist die Grundlage jeglichen Erfolges.
- Empathie: Dies ist das Fundament zwischenmenschlicher Beziehungen. Ein Mensch, der erkennt, was andere fühlen, kann viel früher die oftmals versteckten Signale im Verhalten anderer erkennen und herausfinden, was sie brauchen oder wollen.
- Umgang mit Beziehungen: Diese Fähigkeit oder Kunst der Gestaltung von Beziehungen besteht im Wesentlichen im Umgang mit den Gefühlen anderer Menschen. Es ist die Grundlage für eine reibungslose Zusammenarbeit in nahezu allen beruflichen Umfeldern. Es ist zugleich die Voraussetzung für Beliebtheit, Wertschätzung und Integration in eine Gemeinschaft, andererseits aber auch für Leadership Ability.

Kurz: Lern- und Lebenserfolg stehen und fallen mit der Beziehung – der Beziehung zu sich selber, der Beziehung zu anderen und der Beziehung zu den Dingen, um die es geht.

■ Fortsetzung auf Seite 198

4 ES GEHT UM KOMPETENZEN

Selbstkompetenz

	A	B1	B2	C
Selbstkontrolle	Ich kann einfache Aufgaben selbstständig beginnen und erledigen, wenn sie klar umrissen sind. Häufig bin ich aber auf Anweisungen und Ermahnungen angewiesen. Während der Arbeit kann ich mich jeweils für kurze Zeit konzentrieren, wenn ich ab und zu darauf hingewiesen werde.	Ich kann die mir übertragenen Arbeiten planen und mich gedanklich damit auseinandersetzen, wenn ich weiss, was von mir erwartet wird, und wenn ich dabei unterstützt werde dabei. Wenn ich einmal angefangen habe, kann ich bei einer Arbeit dranbleiben und mich nicht ablenken lassen.	Ich kann mich rasch auf eine Aufgabe einlassen, sie gedanklich strukturieren und mich von meinem Vorhaben leiten lassen. Dabei kann ich mögliche Schwierigkeiten und Hindernisse erkennen und sie meist überwinden – auch wenn es mir manchmal schwerfällt. Dinge, die ich mir vorgenommen habe, kann ich meist zu einem befriedigenden Ende bringen.	Ich kann selber erkennen, was zu tun ist und es fällt mir leicht, die Dinge nach dem Prinzip „grad mache" in Angriff zu nehmen. Wenn ich mich mit etwas beschäftige, kann ich mich vertiefen und dranbleiben, auch wenn nicht alles auf Anhieb gelingt und ich mehrere Anläufe unternehmen muss. Dabei macht es mir keine Mühe, allfällige Störquellen auszublenden und über längere Zeit beharrlich ein Ziel zu verfolgen. Dinge, die ich beginne, kann ich in der Regel auch zu Ende führen und dabei auch den Details Beachtung schenken.
Engagement	Ich kann mich dann in die Pflicht nehmen, etwas zu tun oder zu lernen, wenn eine Konsequenz droht oder eine Belohnung wartet. Es sind aber Kontrollen nötig, damit ich es nicht beim erstbesten Resultat bewenden lasse.	Ich kann mich mit Dingen befassen, wenn sie mich interessieren. Manchmal kann ich Aufgaben auch in Angriff nehmen, unabhängig davon, ob ich etwas kriege dafür. Es hilft mir, mich von den Ideen anderer anregen zu lassen. Und wenn mich etwas fasziniert, kann ich aktiv dabei sein.	Wenn es mir wichtig ist, kann ich motiviert ein Ziel verfolgen und mehr tun als das, was verlangt wird. Das ist eigentlich häufig der Fall. Ab und zu ist es aber nötig, dass ich mir einen Ruck geben kann, um den Erwartungen (auch den eigenen) gerecht zu werden. Gerne lasse ich mich von anderen Enthusiasmus anstecken.	Ich kann mir und der Welt um mich herum ein echtes Interesse entgegenbringen. Dinge zu wissen und zu können, gut zu sein in dem, was ich unternehme, ist mir ein Anliegen. Entsprechend kann ich mir und anderen Fragen stellen und den Dingen auf den Grund gehen. Ich kann die Arbeit so gestalten, dass sie mir Spass macht und ich eigentlich nie das Gefühl habe, gestresst zu sein. Meist kann ich mich denn auch mit Freude ans Werk machen und andere mit dieser Begeisterung anstecken.
Verlässlichkeit	Ich kann Aufträgen gerecht werden, wenn ich hin und wieder darauf aufmerksam gemacht werde und man sich an mögliche Konsequenzen erinnert.	Ich kann klar umrissene Aufträge erledigen und wiederkehrende Pflichten meist einhalten, bin dabei aber auf Hinweise und Kontrollen angewiesen. Auch an Vereinbarungen kann ich mich in der Regel halten, wenn sie eingefordert werden.	Ich kann Abmachungen treffen und ich kann sie in der Regel auch einhalten, wenn die Bedingungen (Zeiten, Qualität, etc.) klar geregelt sind. Mit Aufträgen und Pflichten kann ich meist zuverlässig umgehen, auch wenn kleinere Hindernisse zu überwinden sind. Ich nehme Verantwortlichkeiten ernst und es ist mir nicht egal, etwas nicht klappt.	Was ich tue, tue ich nach bestem Wissen und Gewissen. Als jemand, auf den man sich verlassen kann, kann ich Vereinbarungen eingehen und mich an die Verbindlichkeiten halten – das betrifft auch Details wie Pünktlichkeit und Ordnung. Ich kann Verantwortungen übernehmen für mich und andere und mich entsprechend zuständig fühlen. Wenn etwas nicht läuft wie vorgesehen, schaue ich zuerst, wie ich es anders machen könnte.
Zuversicht	Ich kann mir vorstellen, erfolgreich zu sein, bei dem, was ich tue, wenn ich nicht auf mich alleine angewiesen bin. Wenn mir etwas gelingt, macht mir das Mut.	Ich kann mich auf Situationen und auf Arbeiten einstellen, die mir vertraut sind. Es macht mir Freude, wenn ich Dinge gelingen. Wenn ich keine Angst vor dem Scheitern haben muss, kann ich mich auch an schwierigere Dinge heranwagen. Und ich kann es schätzen, wenn die Stimmung entspannt ist.	Wenn ich mich sicher fühle (z.B. wenn ich nicht alleine bin), kann ich offen auf Menschen und Situationen zugehen und mich mit einem gewissen Selbstvertrauen einlassen auf das, was kommt. Ich kann meist Lösungen finden. Mit Menschen, die ich kenne, kann ich humorvoll umgehen und so eine gute Atmosphäre unterstützen.	Ich kann zuversichtlich an mich und meine Fähigkeiten glauben und mich entsprechend auf Menschen und Dinge einlassen. In den meisten Situationen suche ich zuerst nach Lösungen – und finde sie auch häufig. Das bestärkt mich jeweils. Meist bin ich mit mir zufrieden und kann diese entspannte Art auch nach aussen tragen. Ich kann auch gut mit Humor umgehen, gerne lachen – auch über mich – und so zu einem entkrampften Klima beitragen.
Achtsamkeit	Ich kann Grenzen (z.B. mein/dein, nein) akzeptieren und sorgfältig mit Dingen umgehen, wenn mir jemand klar sagt, was ich darf und was nicht. Wenn es darauf ankommt, kann ich mich anständig und freundlich verhalten (z.B. grüssen, bitte und danke sagen).	Mit anderen, die ich gut mag, kann ich zusammen arbeiten, zuhören und ihren Anliegen Respekt zollen. Ich kenne die wichtigsten Anstandsregeln und wende sie meist an. Dazu gehört auch, dass ich hilfsbereit bin und anderen nützlich machen kann. Mit Dingen kann ich sorgfältig umgehen. Manchmal brauche ich bei all dem noch etwas Unterstützung und Ermahnung.	Ich kann mich aktiv am Lerngeschehen beteiligen und mich für gemeinsame Lösungen und positive Entwicklungen einsetzen, wenn ich merke, dass andere mich dabei unterstützen. Ich kann die Bedürfnisse der anderen erkennen und respektieren und ich kann sorgfältig umgehen mit Dingen und Informationen, die mir anvertraut sind. Den meisten Menschen gegenüber verhalte ich mich höflich, freundlich und anständig.	Ich kann aktiv die Zusammenarbeit mit anderen suchen und mich in Gruppen nützlich machen. Ich kann mich offen und konstruktiv mit anderen und mit Konflikten auseinandersetzen. Dabei spielt es keine Rolle, ob es sich um persönliche Belange oder um Sachfragen handelt. Ich kann Verantwortung übernehmen, auch wenn es unpopulär ist. An die Spielregeln kann ich mich ohne Probleme halten. Höflichkeit und Respekt sind für mich selbstverständlich. Das zeigt sich im Umgang mit den anderen, mit den Dingen – und auch in meiner äusseren Erscheinung.

Tabelle: Kompetenzraster Selbstkompetenz (Institut Beatenberg)

Selbstkompetenz

	WORAN IST DIE KOMPETENZ ZU ERKENNEN? (KRITERIEN / INDIKATOREN)	Selbst-beurteilung Skala 1 - 10	Fremd-beurteilung Skala 1 - 10	SCHNITT
Selbstkontrolle	*Die Hälfte der Tat besteht darin, angefangen zu haben.* **Sofort beginnen:** Dinge nicht vor sich herschieben, sondern „grad mache". Strategien gegen „Aufschieberitis" erfolgreich anwenden, um sofort in Aufgaben und Themen einzusteigen. Den Faden aufnehmen.			
	Der Weg des geringsten Widerstandes führt immer bergab. **Beharrlich dranbleiben:** Beharrlich bei der Sache sein, sich nicht ablenken lassen. Mit Widerständen konstruktiv umgehen und Störungen ausblenden. Sich vertiefen und konzentriert arbeiten. Geduld an den Tag legen.			
	It's not over until it's over. **Sauber abschliessen:** Arbeiten „mit Herzblut" zu Ende bringen und dabei auch die Details pflegen. Materialien und Werkzeuge versorgen und alles in Ordnung bringen. Jedes Ding an seinen Ort zurück.			
Engagement	*Ich habe keine besondere Begabung. Ich bin nur besonders neugierig.* **Interesse entgegenbringen:** Offen und neugierig sein, sich für die Menschen und Dinge interessieren. Hypothesen bilden und Fragen stellen. Ziele und Vorstellungen entwickeln und den Spuren folgen.			
	Das Leben ist nichts, wenn man nichts aus ihm macht. **Den Dingen auf den Grund gehen:** Es wissen und können wollen. Dinge in Zusammenhänge bringen. Gut sein wollen in dem, was zu tun ist. Sich Quellen erschliessen. Nachfragen. Nicht aufgeben. Eine hohe Qualität anstreben.			
	Das Wichtigste am Können ist das Wollen. **Begeistert ans Werk gehen:** Freude am eigenen Tun entwickeln. Sich begeistern können für Aufgaben und Themen. Die Arbeit mit Originalität und Phantasie verbinden. Andere mit Begeisterung anstecken.			
Verlässlichkeit	*Der richtige Augenblick kommt nie. Er ist immer jetzt.* **Vereinbarungen eingehen und einhalten:** Erwartungen klären und entsprechend vertragsfähig sein können. Sich Vereinbarungen und Aufträgen – und den entsprechenden Menschen – gegenüber verpflichtet fühlen.			
	Wer in kleinen Dingen zuverlässig ist, ist es auch in grossen. **Gewissenhaftigkeit pflegen:** Abmachungen als etwas verstehen, das es einzuhalten gilt. Sich durch Zuverlässigkeit (man weiss, woran man ist) auszeichnen – auch in den Details. Sehen, was zu tun ist.			
	Wer etwas will, sucht Wege. Wer etwas nicht will, sucht Gründe. **Verantwortung übernehmen:** Sich zuständig fühlen und Verantwortung übernehmen – auch für andere. Bei sich selber anfangen mit dem Bessermachen, wenn etwas nicht so läuft, wie es sollte.			
Zuversicht	*Du weisst nicht, wie viel du kannst, bevor du aufstehst und es versuchst.* **An seine Fähigkeiten glauben:** Mit Optimismus und dem Glauben an den Erfolg an die Dinge herangehen. Sich die Situationen und Ergebnisse, die gelungen sind, bewusst machen. Mit dem nächsten machbaren Schritt beginnen.			
	Die beste Art, ein Problem loszuwerden, ist sein Lösung. **Konstruktiv nach Lösungen suchen:** Von dem ausgehen, was funktioniert hat. Sich leiten lassen von der Frage, was es braucht, damit ein Vorhaben gelingt. Fehler und Misserfolge als Chance zum Besserwerden nutzen.			
	Lache über dich selbst, bevor es ein anderer tut. **Über der Sache stehen:** Entspannt und entkrampft an die Dinge herangehen. Humorvoll – mit einem Augenzwinkern – mit sich und mit den Mitmenschen umgehen können. Über sich selber lachen können.			
Achtsamkeit	*Gute Manieren bestehen aus lauter kleinen Opfern.* **Sich höflich und respektvoll verhalten:** Bedürfnisse der anderen erkennen und Grenzen respektieren. Auch die äussere Erscheinung als „Botschaft" verstehen. Sich auszeichnen durch Freundlichkeit und Hilfsbereitschaft.			
	Suche nicht andere, sondern dich selbst zu übertreffen. **Konstruktiv zusammenarbeiten:** Zu- und hinhören. Andere Meinungen respektieren. Sich nützlich machen. Eigene Interessen und Meinungen einbringen – aber wenn nötig auch hinter gemeinsame Ziele zurückstellen.			
	Das Leben ist wertvoll, behandle es mit Sorgfalt. **Sorgfältig mit Dingen umgehen:** Einrichtungen und Gegenstände mit Sorgfalt behandeln. Abfälle in den Eimer. Materialien in Ordnung bringen und sauber versorgen. Verursacherprinzip: Dinge in Ordnung bringen, Schäden melden.			

Tabelle: Indikatorenliste Selbstkompetenz (Institut Beatenberg)

fünftes Gebot

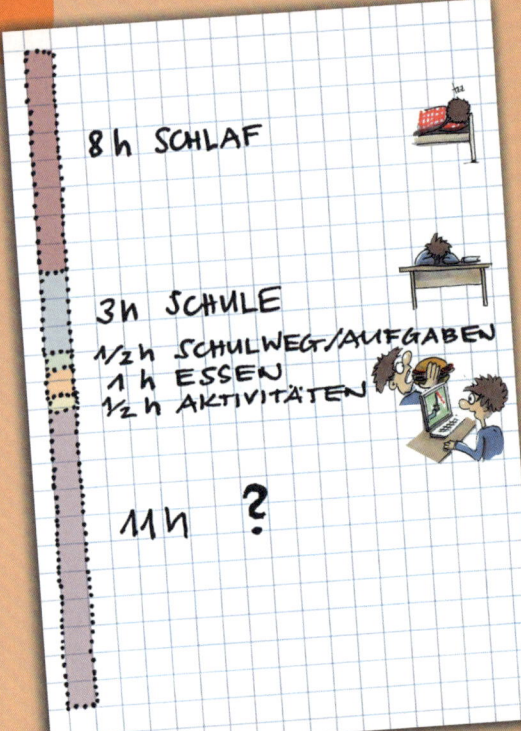

"Denkt ans fünfte Gebot", hat Erich Kästner geraten, "schlagt eure Zeit nicht tot!" Das war vor mehr als einem halben Jahrhundert. Recht hat er, heute mehr denn je.
Kleines Beispiel gefällig: Etwa 300 Millionen Minuten pro Tag (das sind 3995 Jahre pro Woche) beschäftigen sich die Menschen rund um den Globus mit Angry Birds. Das ist ein Computerspiel. Man schleudert bis zu sechs erboste Vögel in eine Gruppe grüner Schweine, die sich hinter einer Ansammlung von Holzbalken, Glasscheiben und Steinquadern verstecken. Hat man die Schweine plattgemacht, geht's weiter zum nächsten Level. Mehr nicht. Level für Level das Gleiche. Auf dreihundert Levels.
An etwas leiden die Menschen heute ganz offensichtlich nicht: an einem Mangel an Zeit. Im Gegenteil!
Der Tag hat vierundzwanzig Stunden. Daran hat sich nichts geändert. Was sich aber grundlegend verändert hat, ist die Art und Weise, wie Jugendliche mit diesen vierundzwanzig Stunden umgehen.
Im Durchschnitt schlafen sie etwa sieben bis acht Stunden. Bleiben also noch sechzehn.
Umgerechnet auf ein ganzes Jahr verbringen sie täglich etwa drei Stunden in der Schule. Bleiben noch dreizehn.
Auch wieder umgerechnet auf ein ganzes Jahr brauchen sie etwa eine halbe Stunde für Aufgaben und Schulweg, etwa eine Stunde fürs Essen und hochgerechnet etwa eine halbe Stunde für Aktivitäten. Bleiben elf Stunden.
Elf Stunden pro Tag müssen Jugendliche heutzutage also über die Runden bringen.
Und da zeigt sich nun ein wesentlicher Unterschied zur Zeit Erich Kästners. Damals hat das „Leben" viel mehr Zeit in Anspruch genommen. Kinder und Jugendliche waren in selbstverständlicher Weise eingebunden in die Bewältigung des Alltagslebens. Und dieses Alltagsleben hat implizit auch einen wesentlichen Teil der „Erziehung" übernommen. Das heißt auch: Die Eltern waren vom Zeitumfang her weniger gefordert zu erziehen, weniger gefordert, Nein zu sagen und Grenzen zu setzen. Das hat das „Leben" übernommen.
Heute ist viel mehr explizite Erziehung gefordert. Denn heute sind es im Schnitt elf Stunden pro Tag, die irgendwie gestaltet werden müssen. Das ist für die meisten jungen Menschen alles andere als einfach. Denn gleichzeitig mit der großen Menge an Zeit steht ihnen auch eine riesige Fülle an Bequemlichkeiten zur Verfügung. Und es braucht entsprechend viel innere (oder äußere) Struktur, um nicht in einen Zeit-Totschlag-Modus zu fallen.
Und wenn man sieht, wie viel Zeit Kinder und Jugendliche vor Bildschirmen verbringen – nach eigenem

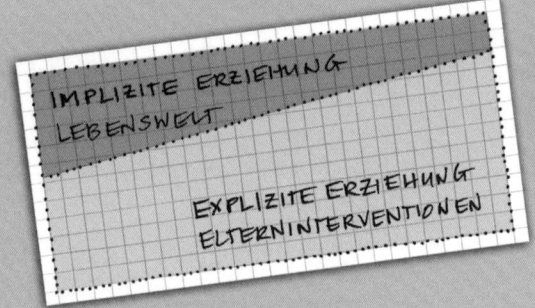

Bekunden meistens deshalb, dass es ihnen nicht langweilig ist – dann wird klar: Die meisten in der Halbtages-Generation sind überfordert, mit so viel Zeit einigermaßen gescheit umzugehen.

Und auch für die Eltern steigen die Ansprüche, denn sie sind in einem schwierigeren Umfeld über eine viel längere Zeitdauer mit einer Erziehungsfunktion betraut. Oder ein bisschen plakativer: Heute müssen Erziehende mehr als zehn Stunden am Tag potenziell „Nein" sagen – und sich mit den entsprechenden Reaktionen des Nachwuchses auseinandersetzen. Da geht manch einem die Luft aus. Und die Lust auch.

Natürlich gibt es Kinder und Jugendliche, die mit sich und der freien Zeit umgehen können und/oder in unterstützende Strukturen (zum Beispiel Sportclub) eingebunden sind. Aber andere – viele?, die meisten? – eben nicht. Und wer einmal drin ist, in dieser dumpfen Lethargiespirale, kommt so schnell nicht raus. Bei der kleinsten Anstrengung stellt das Gesicht seine Mimik auf Zumutung, die Augen drehen sich in alle Richtungen und dem Mund entfährt ein langgezogenes Stöhn-Grunz-Gemisch.

Ein Mehr an Zeit führt also nicht zu einem Mehr an Leistung, weder qualitativ noch quantitativ. Im Gegenteil. Es macht krank. In einer Studie wurden Krankheitssymptome bei Jugendlichen erhoben. Gegen die Hälfte von ihnen fühlte sich erschöpft und jeweils etwa ein Fünftel von ihnen klagte über Kopfschmerzen, Bauchweh oder Appetitlosigkeit. Die gleiche Erhebung bei Jugendlichen, die neben ihrem normalen Schulalltag noch an einem zeitlich, körperlich und mental herausfordernden Zirkusprogramm teilgenommen hatten, führte zu einem ganz anderen Ergebnis. Zu einem gesunden!

Ein bisschen provokativ könnte man also sagen: Schulstress ist ein Ergebnis von Unterforderung. Wer sich gewohnt ist, etwas zu tun, erledigt etwas mit links, das bei Couch-Potatoes zu einem Anfall von Schnappatmung führt.

Also: Wenn man will, dass etwas getan wird, muss man jemanden fragen, der viel tut.

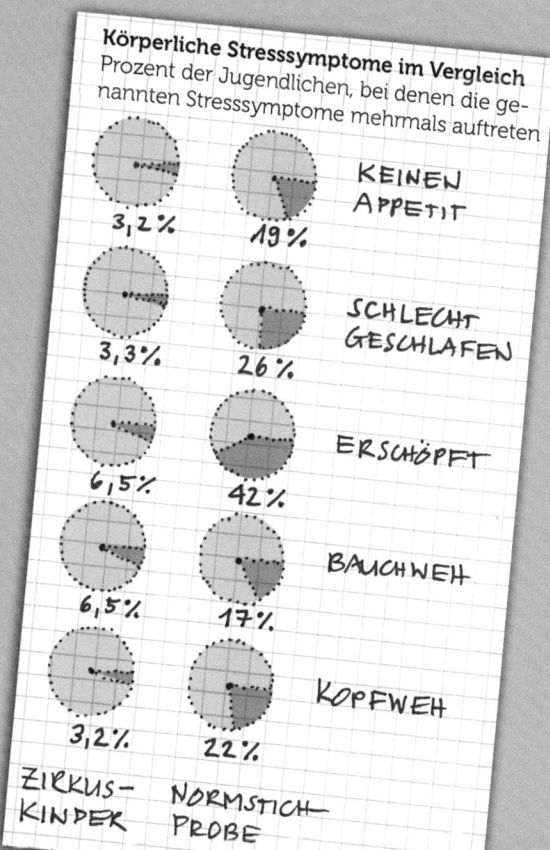

4.5 „Es geht nicht" geht nicht

Wer klagt und jammert hat sofort viele Freunde. Im Chor singen sich Klagelieder halt mächtiger – so als eine Art Hymnen der Verbrüderung all jener, die unter despotischen Chefs, nicht enden wollendem Stress oder der Ungerechtigkeit der Welt leiden. Und es wird viel gelitten im Bildungssystem. Die Verkürzung der Gymnasialzeit hat die Jugend ihres letzten kläglichen Restchens Lebensfreude beraubt. Und dann, unter Aufbietung der letzten Kraftreserven der Matura oder dem Abitur entronnen, bricht die Arbeitslast an der Universität wie eine Lawine donnernd auf die leidgeprüften Studierenden nieder. Um diese unmenschlichen Belastungen ohne bleibende gesundheitliche Schäden ertragen zu können, empfiehlt es sich, ab und zu ein Sabbatical einzulegen und sich vor allem die Zeitfenster für die Work-Life-Balance weit, weit zu öffnen. Denn wer die Last der Ausbildung nicht durch angemessene Erholungsphasen und therapeutischen Beistand abzufedern in der Lage ist, dem droht der freie Fall von der Metaebene.

> **Das Geheimnis des Könnens liegt im Wollen.**
> (Aristoteles)

Was soll der Quatsch, haben sich drei junge Männer gesagt. Und sie stellten unter Beweis, was möglich ist, wenn man weiß, was man will. Und wenn man bereit ist, eine herausragende Leistung zu erbringen. „Dies ist keine Geschichte über Genies", stellt Mischa Täuber von vornherein klar. „Keiner der drei jungen Männer kann im Kopf die 17. Wurzel einer 13-stelligen Zahl berechnen. Keiner hat einmal gelesene Bücher jederzeit abrufbar im Gedächtnis. Keiner spielt Simultanschach gegen mehrere Gegner. Die drei sind vor ihrem Studium nie sonderlich aufgefallen. Sie haben in der Schule keine Klasse übersprungen und auch kein Super-Abi gemacht. ‚Der eine oder andere meiner früheren Lehrer würde staunen, wenn er wüsste, wie ich studiert habe,' sagt einer. Die anderen nicken. [...] Sie sind stolz. Sie haben geschafft, was ihnen keiner zugetraut hätte. In der Rekordzeit von zwei Semestern absolvierten sie einen auf sieben Semester angelegten Bachelor, danach in zwei weiteren Semestern einen an sich viersemestrigen Master. Für diese Extremleistung braucht es einen mächtigen Willen. Zumal die drei zur gleichen Zeit noch eine Berufsausbildung absolviert haben – in anderthalb statt der üblichen drei Jahre." (Täubner 2012) Eine Extremleistung zugegeben – drei Ausbildungen parallel absolvieren und mit Erfolg abschließen. Und das in einem mickrigen Bruchteil der Zeit, der normalerweise dafür aufzuwenden ist. Es war ein Dauersprint auf der Langstrecke, der ihnen eine volle Leistung abverlangte, so dass, wie sie sagen „der Kopf manchmal dicht war". Kein Wunder: 38 Klausuren schrieben sie in einem halben Jahr, im Schnitt sechs pro Monat, manchmal zwei an einem Tag. Dazu kamen regelmäßig irgendwelche Aufsätze oder andere Arbeiten. Und das alles neben einer – ebenfalls im Eiltempo absolvierten – Berufsausbildung, die an sich schon als Fulltime-Job gilt.
Das Beispiel setzt – wie jedes andere Beispiel auch – eine Marke. Ein Existenzbeweis. Es zeigt, was möglich ist. Auch wenn es eine Ausnahme darstellt, es ändert nichts an der Tatsache, dass es geht. Wenn man will. Und wenn man – wie im Fall der drei Sprintstudenten – bereit ist, füreinander einzustehen. Jedes solche Beispiel wird implizit zur Bezugsnorm für alle anderen Leistungen. „Es geht

nicht" geht nicht mehr. „Ich will nicht" muss es fürderhin heißen. Oder „ich kann nicht". Nicht „es", sondern „ich".

4.5.1 Das Potenzial liegt unten

Eine zentrale Aufgabe schulischer Ausbildungen besteht darin, (junge) Menschen wirkungsvoll zu unterstützen beim Aufbau und der Entwicklung jener Kompetenzen, die ihnen helfen, stolz zu werden auf das, was sie tun.
Dabei ist klar: Im Zentrum steht nicht das auswendig gelernte Schulwissen. Wiederkäuen, das kann man nämlich getrost den Kühen überlassen. Abstrakte, blutleere Wissensfragmente machen zwar die Reproduktion und deren Taxierung einfacher. Aber sie bringen die Menschen vom Lernen ab – und zwar nachhaltig. Denn ein wesentlicher Teil des Entwicklungspotenzials liegt brach: Lern- und Selbstkompetenz.
Lernen muss man – wie jede Aktivität – können. Und man muss das Können wollen.
Bei den meisten Gefängnissen sieht man die Gitter nicht. Auch das schulische Lernen wird hinter unsichtbaren Gittern gehalten, gefangen im Was. Aber es geht um das Wie. Es geht um die Kompetenz, sein eigenes Lernen zu verstehen und zu gestalten. Es geht damit um ein elaboriertes Repertoire an Methoden und Strategien. Und es geht um die Freude, mit dieser Kompetenz lustvoll umzugehen. Es geht darum, Lernen geil zu finden. Das setzt natürlich voraus, das Können zu wollen. Es braucht Selbstkompetenz, es braucht den konstruktiven und herausfordernden Umgang mit sich selber. Und es braucht die Fähigkeit und die Bereitschaft, sich nützlich zu machen. Nutzen und genießen sind etymologisch enge Verwandte.

Soziale und personale Kompetenzen in Verbindung mit einem vielfältigen und kreativen Gewusst-wie – das macht junge Menschen fit fürs Leben in einer sich rasch verändernden Gesellschaft. Und das muss deshalb ein Hauptziel schulischen Lernens sein. Aber: Das setzt voraus, dass die Lernenden ihre Potenziale zu nutzen lernen. Alle! Und die liegen nicht oben an der Spitze des Eisbergs. Sie liegen unten. Wie die Perlen. Die schwimmen auch nicht an der Oberfläche.

Das Verhalten von Menschen, ihre Entwicklung, ihre Art zu sein und das Leben zu gestalten, das sind immer auch Ergebnisse der Welten, in der die Menschen ihre Zeit verbringen. Denn die Umgebung beeinflusst, was Menschen tun. Und sie beeinflusst damit, was aus ihnen wird.

5 Und was braucht es dazu?
Eine effektive Lernumgebung

Wer inmitten von Büchern aufgewachsen ist, wird aller Wahrscheinlichkeit nach einen anderen Zugang zum geschriebenen Wort haben, als wer ab und zu mit dem Telefonbuch eins auf den Deckel gekriegt hat. Und wer in den Bergen neben dem Skilift aufwächst, wird wohl eher seine Zeit auf den Pisten oder im Tiefschnee verbringen als wer in der Oase die Kamele zur Tränke führt.

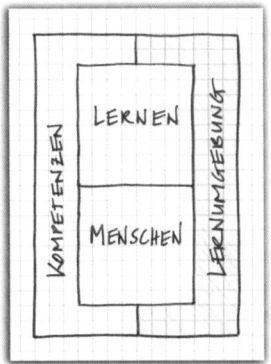

5.1 Sag' mir, wo du bist. Und ich sag' dir, wie du wirst

Ein Säugling aus dem Soldatenwaisenhaus in Davenport wurde von einem prominenten Paar adoptiert. Das ist für sich gesehen nichts Besonderes. Als sich dann aber herausstellte, dass das Kind geistig schwer behindert war, drohten die Adoptiveltern mit einer Klage. Die staatliche Aufsichtsbehörde beauftragte in der Folge den Psychologen Harold M. Skeels, die Intelligenz aller Kinder im Heim regelmäßig zu messen. Man wollte verhindern, dass „geistig minderwertige Kinder nicht traurige Bürden höhergestellter Familien werden." So zumindest stand es in einem Buch über die „Iowa Child Welfare Research Station". Das war 1941. Nach damals üblicher Lehrmeinung war klar: Intelligenz wird vererbt. Und sie verändert sich nicht nennenswert.

Bei seinen ersten Untersuchungen im Heim stellte Skeels fest, dass zwei der Kinder schwere geistige Behinderungen aufwiesen. Sie lagen in ihren Testresultaten weit unter der gängigen Norm. „Die Kleinen waren bemitleidenswerte Kreaturen", hielt Skeels später fest. „Sie waren weinerlich, hatten Rotznasen und schütteres, strähniges und farbloses Haar; sie waren abgemagert, zu klein für ihr Alter und hatten kaum Muskeln. Traurig und träge wippten sie den ganzen Tag mit dem Oberkörper und wimmerten."

Skeels ließ sie mangels geeigneter Möglichkeiten in die „Schule für Schwachsinnige" nach Woodward verlegen. Sie kamen auf eine Abteilung mit geistig behinderten Frauen im Alter von 18 bis 50 Jahren. „Damit hätte die Geschichte zu Ende sein können", stellt Reto U. Schneider in seinem neuen Buch der verrückten Experimente lapidar fest. Aber eigentlich begann sie erst jetzt. Denn als der Psychologe sechs Monate später in Woodward vorbeischaute, erkannte er die beiden Mädchen kaum wieder. Sie rannten munter herum, spielten und benahmen sich auch sonst wie ganz normale Kinder in diesem Alter. Kaum zu glauben! Skeels testete die Kinder – und er kam ob der spektakulären Fortschritte aus dem Staunen nicht mehr heraus.

Was war geschehen? Die Frauen auf der Abteilung hatten sich der beiden Kleinen angenommen. Sie spielten mit ihnen, nahmen sie mit auf Ausflüge, bastelten mit ihnen Spielzeuge, schenkten ihnen Bücher. Skeels vermutete, dass diese liebevolle und anregende Betreuung die Mädchen aus ihrer Lethargie geholt hatte. Doch er blieb skeptisch. In gewissen Abständen nahm er neue Abklärungen vor. Die Ergebnisse zeigten: keine Spur mehr einer Behinderung!

Nun war sich Skeels sicher: Es lag an der Umgebung, an der Art und Weise, wie die Kinder ihr Leben erlebten. Trotz großer Bedenken der Aufsichtsbehörde startete der Psychologe „ein kühnes Experiment", wie er es nannte: Dreizehn weitere Kleinkinder wurden auf verschiedene Abteilungen der „Schule für

Schwachsinnige" verlegt, wo sich die Frauen liebevoll und aktiv um sie kümmerten. Und die Ergebnisse bestätigten die Skeels in allen Teilen. Da sie aber weder ins politische noch ins wissenschaftliche Denkmuster der damaligen Zeit passten, legte Skeels 1946 seine Professur und die Leitung der psychologischen Dienste von Iowa unter Protest nieder. Und hier hätte die Geschichte ein zweites Mal zu Ende sein können.

War sie aber nicht. Zwanzig Jahre später machte sich Skeels auf die Suche nach „seinen" Kindern. Es interessierte ihn zu erfahren, was wohl aus ihnen geworden war. Kreuz und quer bereiste er das Land und nach drei Jahren hatte er tatsächlich alle gefunden. Es tat ihm gut zu sehen, dass die dreizehn Kleinen, die von den behinderten Frauen betreut worden waren, es zu einem „guten" Leben und zu bescheidenem Wohlstand gebracht hatten. Doch die Geschichte ist noch immer nicht zu Ende: Am 28. April 1968 erhielt Harold M. Skeels den Joseph P. Kennedy Award. Der Preis wurde ihm und seiner Forscherkollegin Marie P. Skodak von Louis Branca überreicht, einem Absolventen der Universität von Minnesota. In seiner Laudatio sagte der: „Ich saß in einer Ecke und tat den ganzen Tag nichts anderes, als mit dem Oberkörper zu wippen, bis diese zwei etwas unternahmen. Wenn ich heute Abend hier bin, dann, weil sie mir Liebe und Verständnis entgegenbrachten." Louis Branca war eines der dreizehn Kinder. (Schneider 2011)

5.2 Effektive Lernumgebungen

Die Schule ist eine Welt, in der Kinder und Jugendliche eine Menge Zeit verbringen. Und je nachdem, wie die Schule sich als Umgebung gestaltet und geformt hat, werden die Lernenden Vorstellungen und Einstellungen entwickeln, wie schulisches Lernen funktioniert. Und sie werden sich entsprechend verhalten. Denn Lernende sind sowohl gestaltender wie auch sich anpassender Teil einer Schul- und Lernkultur. Kultur leitet sich ab von den lateinischen Bedeutungen für „bearbeiten, wohnen, pflegen, den Acker bestellen" – all das eben, was der Mensch selbst gestaltend hervorbringt. Aus diesem Verständnis leitet sich der Begriff „Lernumgebung" ab. Es ist all das – Menschen, Räume, Materialien in ihrer wechselseitigen Beziehung – was schulisches Lernen beeinflusst.

Die Organisation for Economic Co-operation and Development, besser bekannt unter dem Kürzel OECD, hat dem Bildungswesen mit der PISA-Studie seinerzeit ein Ei ins Nest gelegt, an dem heute noch allenorts unter lautem Gegacker herumgebrütet wird. Die vier Buchstaben stehen mittlerweile im Kreuzworträtsel nicht mehr für eine italienische Stadt, sondern für ein Informationsgeschenk, auf das viele gerne verzichtet hätten. Denn es hat die beschauliche Ruhe und die satte Selbstzufriedenheit in den sakralen Hallen der Bildung nachhaltig gestört und viel aufgescheuchte Hektik ausgelöst.

Die gleiche OECD hat sich nun zum Ziel gesetzt, den Mitgliedstaaten nicht nur eine Bezugsnorm für die Qualität ihrer Bildungssysteme anzubieten. Sie will ihnen auch zeigen, wie man es anders – und vor allem besser – machen könnte. ILE heißt das Projekt, Innovative Learning Environments. Ausgangspunkt war die Frage: Was kennzeichnet innovative Lernumgebungen? Um die Frage auch gleich noch zu ergänzen: Was kennzeichnet nicht nur innovative, sondern auch und vor allem effektive Lernumgebungen? Denn Innovation alleine ist ja kein Qualitätsmerkmal.

Eine ganze Reihe von Fachleuten hat der OECD Antworten geliefert auf diese Fragen. Sie wurden zusammengetragen in einem Buch[1].

Daraus lässt sich ersehen, was die Ziele schulischen Lernens sein sollen, das als aktiver und kreativer Prozess organisiert ist: Es soll die Entwicklung von nachhaltigen fachlichen als auch und vor allem von sozialen und personalen Kompetenzen evozieren, die in der modernen, sich rasch verändernden Gesellschaft erforderlich sind. Dazu gehört das selbstverständliche Bewusstsein von Lernen als lebenslangem, selbstbestimmtem und lustvollem Teil menschlicher Existenz. Konkret geht es unter anderem um Kooperations- und Kommunikationsfähigkeit, um kritisches Denken und die Fähigkeit, mit vielfältiger

---

[1] The Nature of Learning. Using research to inspire practice. Edited by Hanna Dumont, David Istance and Francisco Benavides. Centre for Educational Research and Innovation. OECD. 2010

Information umgehen zu können, um Orientierungswissen und tiefes Verstehen statt des üblichen trägen bis toten Wissens.

Ein solches modernes und kompetenzorientiertes Lernverständnis verlangt nach einer entsprechenden Lernumgebung. Dazu lassen sich aus der umfangreichen Dokumentation der OECD ein paar Big Points herauslesen, eine Art Standard für das, was wirkt.

5.2.1 Individuelle Verbindlichkeiten

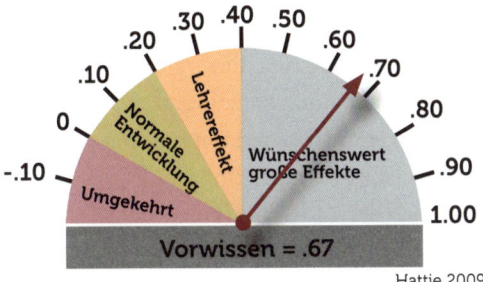

Hattie 2009

Eine effektive Lernumgebung berücksichtigt die individuellen Unterschiede zwischen den Lernenden einschließlich ihres Vorwissens und ihrer Vorerfahrungen.

Klar: Lernen heißt ja, etwas Neues verbinden mit etwas, was schon da ist. Und da gibt es eben gewaltige Unterschiede. Heterogenität heißt das Stichwort. Wer also will, dass Lernen effektiv und damit erfolgreich vonstatten geht, muss den Lernenden den Faden dort in die Hand geben, wo sie sich gerade befinden. Das hat jedoch nur zu einem bescheidenen Teil mit dem fachlichen Lernstand (wenn es so etwas überhaupt gibt) zu tun. Im Grunde genommen ist es ganz einfach: Da ist der einzelne Lernende. Und jetzt geht es darum, individuelle Verbindlichkeiten zu schaffen und ihm die dabei nötige Hilfe zur Selbsthilfe angedeihen zu lassen. Aber warum einfach, wenn es kompliziert auch geht? Der Forderung nach „mehr Individualisierung" wird in weiten Teilen des Bildungssystems hektisch mit ausgetüftelten Verfahrensplanungen beggnet, die den Zeitgeist der Industrialisierung verströmen. Vielleicht ist es ja kein Zufall, dass Individualisierung und Industrialisierung zum Verwechseln ähnlich klingen. Es geht eben genau nicht um ein individualisiertes Lehren. Individualisierung ist keine Methode. Und es gibt keine Didaktik der Individualisierung. Das ist schon im Ansatz absurd. Im Zentrum steht keine Didaktik, keine Methode, keine Diagnose, keine Verplanung der Schüler, im Zentrum steht etwas durch und durch Menschliches – das aktive Interesse am Einzelnen nämlich, an seiner Entwicklung, an seinem Erfolg. Es ist letztlich ein anderes Verständnis von dem, was Schule ist und was Schule soll. Sich in den Dienst des Erfolgs stellen nämlich, des Erfolgs des Einzelnen. Das hat natürlich Konsequenzen, tiefgreifende sogar, für das System und für den Lehrerberuf. Individualisierung verlangt nach einer neuen Professionalisierung. Nicht mehr und nicht weniger.

5.2.2 Aktives Engagement

Eine effektive Lernumgebung verlagert den Aktivitätsschwerpunkt zu den Lernenden als wichtigste Akteure. Sie initiiert deren aktives Engagement und ihre Fähigkeit, mit Widerständen zielführend umgehen zu können. Dabei kommt dem Verständnis des eigenen Lernens eine hohe Bedeutung zu.

Klar: Lernen, das kann einem niemand abnehmen. Wirklich klar? Das Leibniz-Institut hat mittels Videostudien den Unterricht an Gymnasien und Realschulen dokumentiert. Fazit: Eine „überaus starke Dominanz des Lehrers". Egal wie groß die Klasse war oder wie weit die Leistungen der Schüler auseinanderlagen – die Monokultur des Lehrers als Alleinunterhalter zog sich durch alle Aufnahmen. Eine Studie zum Englischunterricht ergab beispielsweise, dass alle Schüler zusammengenommen (!) im Durchschnitt pro Unterrichtsstunde nur gerade elf Minuten redeten. In einer Zahl: 11. Den größten Teil der Unterrichtszeit beanspruchten mithin die Lehrer. (Spiewak 2009) Übrigens. Englisch ist eine Sprache. Das kommt von „sprechen"... Deshalb sei es an dieser Stelle wiederholt: Lernen ist ein Verb – ein Prozess des eigenaktiven Gestaltens. Und das können letztlich eben nur die Lernenden selber. Was sie brauchen ist Orientierung, Zielklarheit. Und manchmal kann auch eine Portion Empowerment nicht schaden.

5.2.3 Hohe Anforderungen

Eine effektive Lernumgebung stellt hohe Anforderungen, ohne zu überfordern. Schwierig, aber machbar heißt die Devise. Und beides ist hochgradig subjektiv. Denn alle Situationen stellen die Menschen vor bestimmte Anforderungen. Wie diese Anforderungen wahrgenommen werden, das hängt unter anderem vom Erfahrungshintergrund des Individuums ab. Dabei fällt der Blick natürlich immer auch auf die Fähigkeiten, die man zu aktivieren können glaubt, um den Anforderungen gerecht zu werden – oder eben nicht. Und auch dieser Blick ist getrübt durch den biografischen Hintergrund. Die Selbstwirksamkeitsüberzeugungen beispielsweise spielen hier eine dominante Rolle.

Lernen basiert auf Leistungen. Leistungen machen dann Spaß, wenn sie im Bereich der Herausforderung liegen – jenseits von Angst und Langeweile sozusagen. Flow nennt Mihaly Csikszentmihalyi dieses gute Gefühl des Im-Tun-Seins. Voraussetzung: das Gefühl von Machbarkeit. Menschen tun nur, was drin liegt. Sonst zaubern sie eine Umgehungsstrategie nach der anderen aus dem Hut. Da nützt das bestgemeinte „das schaffst du schon" meist relativ wenig.

Nun kann es nicht die Idee sein, dass jeder Lehrer für jeden einzelnen seiner Schüler ein individuelles Herausforderungs-Programm zusammenstellt. Nein, es geht darum, die Lernenden in die Lage zu versetzen, es für sich selber zu tun.

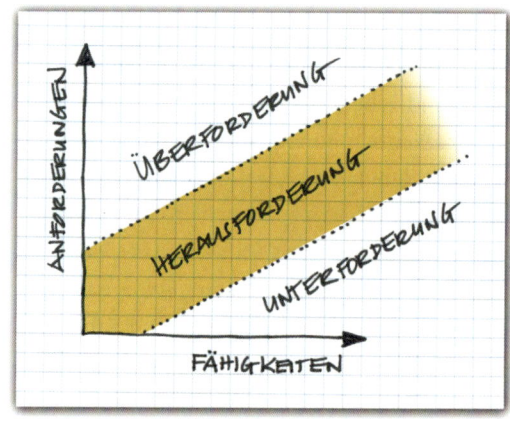

5.2.4 Wirkungsvolle Kooperation

Eine effektive Lernumgebung trägt der sozialen Natur des Lernens ausreichend Rechnung und kultiviert wirkungsvolle Formen der Zusammenarbeit. Voneinander und miteinander lernen, sich unterstützen, die Vielfalt (und damit die vielfältigen Kompetenzen) der Lernenden nutzen, um das geht es.

Im Vordergrund steht dabei nicht die Idee, hin und wieder eine Gruppenarbeit ins Programm aufzunehmen. Das ist didaktisch gedacht. Vom Lernen und vom Lernenden her stellt sich das anders dar. Kooperation muss sich aus dem heraus ergeben, was getan wird. Wer sich austauschen oder sich vergewissern will, braucht keine Gruppenarbeit. Er braucht beispielsweise die selbstverständliche Möglichkeit, zu einem anderen Schüler gehen zu können, der ihm bei einem anstehenden Problem weiterhelfen kann. Und zwar dann, wenn er es braucht. Das Ziel bestimmt den Weg. Das ist außerhalb der Schule völlig normal. Wem sich in der Arbeitswelt eine Frage stellt, der kann und will auch nicht warten, bis irgendeinmal eine Gruppe zusammenkommt. Er geht ganz einfach hin zum nächsten Arbeitskollegen, der ihm den nötigen Hinweis geben kann. Das heißt: Kooperation ist nicht ein didaktisches Arrangement. Zusammenarbeit ist gleichsam ein integrales Grundprinzip schulischen Lernens. Etwas alleine hervorbringen, dabei bedürfnisgerecht die Expertise anderer nutzen, Dinge in Gruppen erarbeiten – alles ist im Prinzip jederzeit möglich. Und so – als Selbstverständlichkeit eben – ist kooperatives Lernen zu organisieren, auch räumlich.

5.2.5 Formative Rückmeldungen

Eine effektive Lernumgebung setzt Beurteilungsformen ein, die auf die individuellen Lernziele abgestimmt sind und bevorzugt formative Rückmeldungen.

Wenn der Koch die Suppe laufend kostet und sie verbessert, ist das formativ. Wenn die Suppe dann auf dem Tische steht und der Gast sie isst, dann ist es summativ. Normalerweise dominiert in der Schule ein summatives Beurteilungssystem: Schüler machen etwas. Dann wird geschaut, was dabei herausgekommen ist. Mit ein bisschen Nachhelfen passen die Resultate unter die Gauss'sche Kurve. Voilà! Formativen Rückmeldungen steht ein ganz anderer Gedanke zu Gevatter. Die Evaluation versteht sich als integraler Teil des Prozesses. „Controlling" ist ein englischer Begriff dafür, der weniger mit Kontrolle und mehr mit Steuerung zu tun hat. Und genau darum geht es: Die laufenden Rückmeldungen dienen dazu, den Prozess – quasi entwicklungsbegleitend – zu einem erfolgreichen Ergebnis zu steuern. Formative Evaluation dient also dem Lernen. In letzter Konsequenz würde das bedeuten, dass alle Schüler erfolgreich sind. Es ist aber nicht nur die Art der Evaluation (formativ statt summativ), die den Unterschied ausmacht. Es sind auch die Bezugsnormen, die wesentlichen Einfluss haben auf das, was, und auf die Art, wie gelernt wird. Denn das, was hinten rauskommen soll, beeinflusst das, was vorne geschieht. Wenn hinten Noten rauskommen sollen, tun die Lernenden

Hattie 2009

eben das, was es braucht, um passable Noten zu erhalten. Und da gibt es ja durchaus ein paar über Generationen erprobte Strategien. Effektive Lernumgebungen stimmen aber die Evaluation auf die individuellen Ziele und Verbindlichkeiten ab. Der einzelne Schüler wird mit seinen Commitments verglichen. Und eben: formativ. Zum Ziel gehört damit auch immer die gelingende Gestaltung des Weges. Denn alle sind ja daran interessiert, dass die Ziele auch tatsächlich erreicht werden.

5.2.6 Relevanter Lebensbezug

Eine effektive Lernumgebung fördert Verknüpfungen zwischen Fächern und zwischen Aktivitäten innerhalb der Schule. Und: Sie vernetzt schulisches Lernen mit außerschulischem Geschehen.

Lernen braucht Sinn und Bedeutung. Das ist ungefähr das Gegenteil von isolierten, abstrakten und leblosen Unterrichtsinhalten, das Gegenteil also von Gerundien und Pyramidenstümpfen.

Der Duden ordnet den Begriff „Relevanz" den Modewörtern zu. Doch eigentlich ist es nur ein Ausdruck für die Bedeutsamkeit oder Wichtigkeit, die etwas in einem bestimmten Zusammenhang für jemanden hat. Dabei kann sich die Relevanz auf den Prozess beziehen (zum Beispiel mit dieser oder jener Person zusammenarbeiten) ebenso wie auf ein Thema (zum Beispiel persönliche Betroffenheit). Und klar: Je mehr die Dinge in erkennbare Zusammenhänge gestellt werden, je mehr sie in Beziehung stehen zu individuellen Lebenssituationen, desto größer ist das Assoziationspotenzial. Oder ein bisschen einfacher ausgedrückt: Desto näher sind die Dinge den Menschen. Und „Nähe" wiederum steht in direktem Zusammenhang mit „Relevanz". Das Nähe-Distanz-Modell (Müller 2001) trägt diesen Überlegungen Rechnung. Es stellt das Was und das Wie von Lernprozessen miteinander in Beziehung. Je höher der Grad an persönlicher Betroffenheit und je höher der Grad an eigener Gestaltung, desto mehr Nähe wird geschaffen. Und das, was einem nahe liegt, ist vertraut, gibt Sicherheit – und der Zugang ist einfach. Im Gegensatz dazu muss Distanz überbrückt werden. Und je größer die gefühlte Entlegenheit, desto aufmüpfiger und selbstbewusster zieht normalerweise der innere Schweinehund an der Leine.

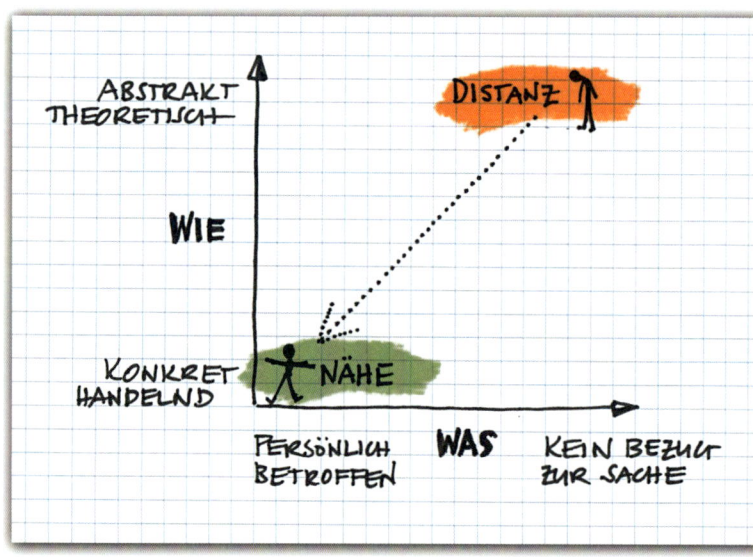

5.2.7 Motivierende Beziehungen

Beziehungen sind eine Rutschbahn nach oben, hat Karl Farkas einmal festgestellt. Und in der Tat: Wenn es gelingt, schulisches Lernen so zu gestalten, dass die Lerner das Geschehen mit sich und ihrer Lebenssituation in eine positive Beziehung setzen, dann geht die Rutschbahn ab nach oben. Dabei geht es vorab einmal um verlässliche, vertrauensvolle und gleichzeitig herausfordernde Lehrer-Schüler-Beziehungen. Denn man weiß: Sie bestimmen nachhaltig den individuellen Lernerfolg. Aber „Beziehungen" meint viel mehr – das Bild, das man von sich selber hat beispielsweise. Und in diesem Zusammenhang kommt dem schulischen Selbstkonzept (academic self-concept) eine Schlüsselfunktion zu. Es speist sich aus dem „Wissen" über die eigenen Fähigkeiten, Vorlieben, Überzeugungen und Absichten in schulischen Bereichen. Nicht minder wichtig für das schulische Selbstkonzept sind aber die emotionalen Faktoren, also die Einstellung und Befindlichkeiten gegenüber der eigenen Person in schulischen Bereichen.

■ Fortsetzung auf Seite 212

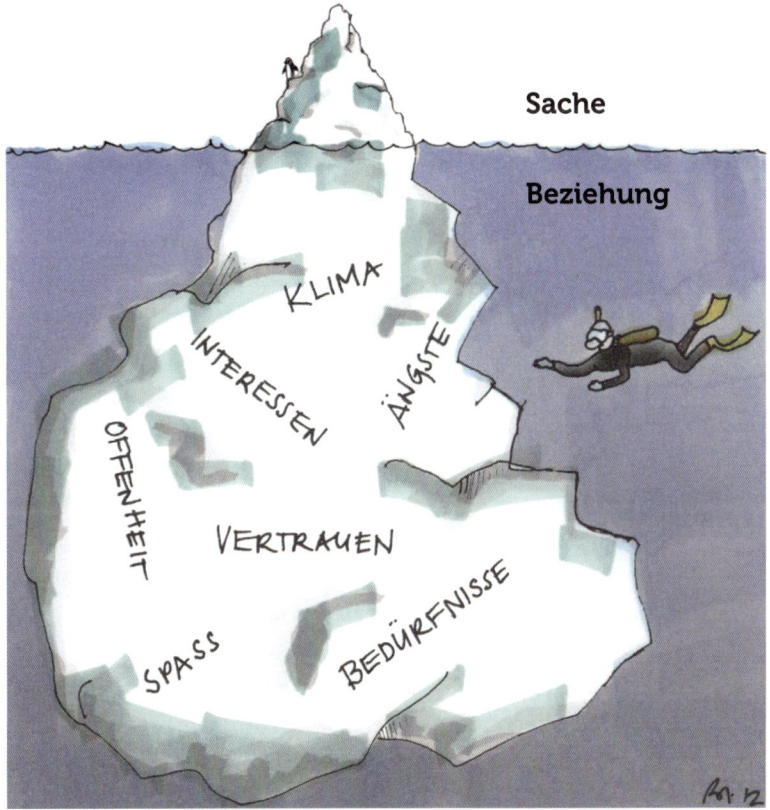

Energie für die Beziehung

Beziehung hat Konjunktur. Die einschlägigen Studien kommen alle zu gleichen oder ähnlichen Ergebnissen: Schulischer Lernerfolg ist zu einem hohen Maße das Ergebnis „guter" Beziehungen zwischen Lehrpersonen und Lernenden. John Hattie beispielsweise ortet hier eine – außerordentlich hohe – Wirkungsstärke von .72. Und Jochen Bauer ist sich sicher, dass die Fähigkeit zur Beziehungsgestaltung sich zu einer Schlüsselkompetenz im Lehrerberuf entwickelt hat.

Weshalb „entwickelt"? Was ist denn anders geworden? Noch bis vor wenigen Jahrzehnten gaben die Institutionen (Kirche, Militär, Schule, Familie) enge Strukturen vor. Ihre Vertreter wiesen sich über eine entsprechend hohe Funktionsautorität aus. Was „der Herr Pfarrer" oder „der Herr Lehrer" sagten, war Gesetz. Und das Gemisch von Macht und Ansehen duldete keinen Widerspruch.

Doch den Institutionen kommt die Autorität mehr und mehr abhanden. Und je weniger sich die Repräsentanten hinter struktureller Sicherheit („wer nicht spurt, fliegt") verstecken können, desto mehr ist natürliche Autorität gefragt. Wer als Mensch in Erscheinung tritt und nicht als Funktionär, braucht entsprechend Souveränitätskompetenz. Und eben: die Fähigkeit zur Beziehungsgestaltung. Dabei ist wichtig: Es geht nicht um Anbiederung. Eine gute professionelle Beziehung äußert sich nicht in der Länge der Haare, in der Anzahl Piercings, der Gesamtfläche der Tatoos oder der Farbkombination des Outfits. Verhalten und Auftreten als Berufsjugendlicher sind keine Gewähr für eine erfolgreiche Zusammenarbeit. Aber genau darum geht es: „zusammen" und „Arbeit". Dreh- und Angelpunkt ist das Interesse am einzelnen Lernenden. Die Schule – und damit jeder Lehrer – stellt sich in den Dienst des Erfolgs des einzelnen Schülers. Und eben: Das lässt sich nicht mit Piercings machen, sondern mit verlässlicher Leistung. Mit Dienstleistung.

Die Taxifahrer-Metapher

Ein Taxifahrer muss gewisse Basisanforderungen erfüllen. Die erste und wichtigste: Er muss fähig sein, Auto zu fahren. Ohne das läuft (beziehungsweise fährt) gar nichts. Auf dieser Basiskompetenz bauen dann die weiteren Fähigkeiten auf, die einen guten Taxifahrer ausmachen. Es ist beispielsweise durchaus hilfreich, wenn er die Stadt, deren Straßen und die wichtigsten Adressen kennt – oder mindestens mit dem Stadtplan umgehen oder das Navigationsgerät bedienen kann. Oder es ist (auch im Hinblick aufs Trinkgeld) dienlich, wenn er freundlich ist und hilfsbereit, wenn er Fragen beantworten und Auskünfte erteilen kann. Aber eben: Das alles nützt nichts, wenn er nicht in der Lage ist, Auto zu fahren.

Ähnliches gilt auch für die Lehrpersonen. Auch bei ihnen schadet es nichts, wenn sie etwas wissen, wenn sie Auskunft geben und Fragen beantworten können. Aber ihre ganze Fachkompetenz kommt nicht zum Tragen, wenn es ihnen an der Basiskompetenz fehlt – an der Fähigkeit, konstruktive professionelle Beziehungen gestalten zu können.

Das Energiemodell der schulischen Beziehungsgestaltung

Der Energiebedarf ist erheblichen Schwankungen ausgesetzt. Über die Mittagszeit wird beispielsweise mehr gekocht – mit entsprechenden Auswirkungen auf den Strombedarf. Die Produktion von elektrischer Energie muss sich auf diese Bedarfsschwankungen ausrichten. Es gibt Bandenergie zum Beispiel aus Fluss- oder Kernkraftwerken, die permanent Strom ins Netz speisen. Für die Bedarfsspitzen kann dann – zum Beispiel mittels Speicherkraftwerken – die nötige zusätzliche Energie bereitgestellt werden. Die Bandenergie dient dem Normalbedarf, die Spitzenenergie ist auf die temporären Bedarfsspitzen ausgerichtet.

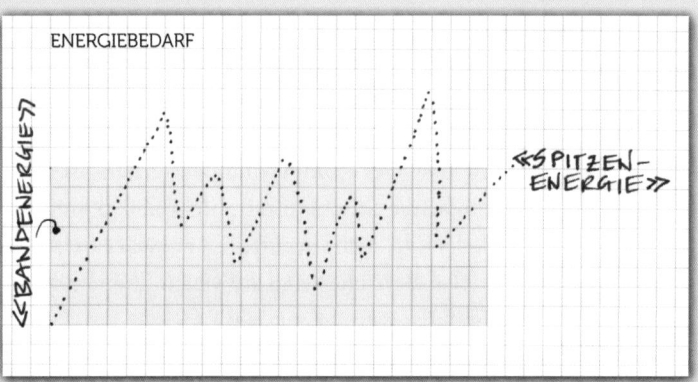

Auch die professionellen Beziehungen in der Schule verlaufen nicht gleichförmig. Auch da gibt es Bedarfsspitzen, dann nämlich, wenn spezielle Ereignisse eintreten. Die Lernenden geben ihr Leben ja nicht an der Schulhaustüre ab. Sie nehmen sich mit, mit all ihren emotionalen Befindlichkeiten, die ihr Verhalten mehr oder weniger sichtbar beeinflussen.

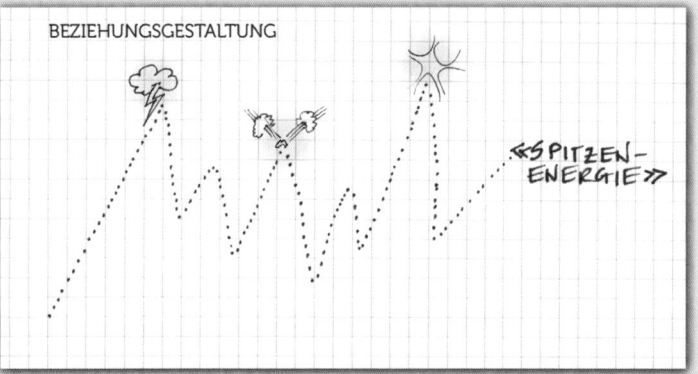

Wenn die schulische Beziehungsgestaltung sich nur auf diese Bedarfsspitzen ausrichtet, sind die betroffenen Menschen jedes Mal aufs Neue in erheblichem Maße gefordert. Denn jedes Mal beginnt man quasi bei Null. Oder sogar darunter. Das heißt: Wer bei jeder Gelegenheit eine Beziehung erst einmal aufbauen muss, ist schnell einmal überfordert, ähnlich wie ein Speicherkraftwerk, das den gesamten Energiebedarf decken soll. Professionelle Beziehungen bedürfen einer Art Bandenergie. Es ist eine Daueraufgabe. Denn letztlich steht und fällt die Zusammenarbeit mit dem Vertrauen. Und Vertrauen aufbauen heißt: regelmäßige Einzahlungen aufs Beziehungskonto leisten. Wer es schafft, in der schulischen Alltagsarbeit eine vertrauensvolle Beziehung zu den Lernenden aufzubauen, wird in speziellen Situationen nur wenig zusätzliche Energie zu investieren haben. Beziehungsarbeit ist deshalb zuerst und vor allem Alltagsarbeit. Bandenergie quasi.

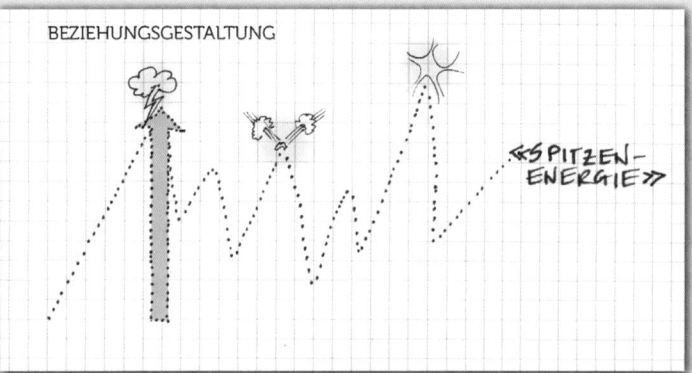

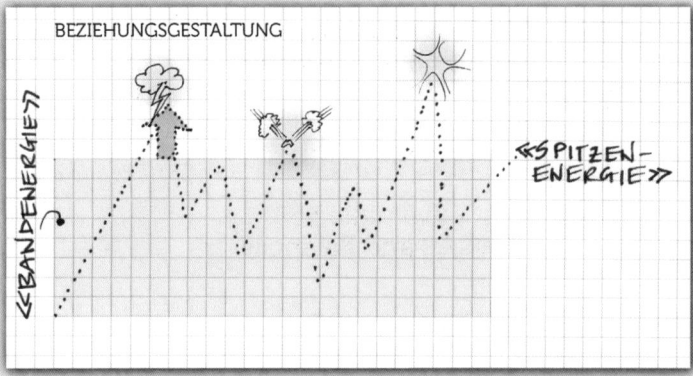

5.3 Lernrelevante Faktoren

Lernen und Lernkompetenz – dahinter verbirgt sich ein komplexes Geschehen. Lernen ist immer individuell und persönlich. Damit ist klar: Der Komplexität des Lernens ist mit einfachen Strickmustern nicht beizukommen. Jedenfalls nicht nachhaltig, zumal es sich in vielen Bereichen und auf vielen Ebenen der Fremdsteuerung entzieht.

Dennoch gibt es im schulischen Kontext einige Faktoren, die sich im Hinblick auf den individuellen Lernerfolg beeinflussen lassen. Die Rede ist von lernrelevanten Faktoren. Es sind jene Faktoren, die im Hinblick auf eine effektive Lernumgebung in den Blick genommen werden müssen. Denn sie bergen das Potenzial, dem schulischen Lernen ganz neue Wege zu eröffnen. Und diese Wege werden mit höherer Wahrscheinlichkeit zum Erfolg führen, wenn es gelingt, das Zusammenspiel der lernrelevanten Faktoren bedürfnisgerecht zu arrangieren.

5.3.1 Orientierung / Referenzwerte

„Angenommen, jemand fährt in dunkler Nacht auf Nebenwegen nach Paris. Plötzlich taucht im Scheinwerferlicht ein Ortsschild auf. Der Fahrer kennt den Ort nicht. Aber er nimmt die Karte hervor. Und er sieht: Ah, da liegt diese Ortschaft. Und er kann erkennen, wie weit es noch geht bis Paris. Und wo die Autobahn verläuft. Anders gesagt: Er kann sich orientieren. Das gibt Sicherheit. Orientierungslosigkeit dagegen schafft Unsicherheit. Unsicherheit macht Angst und führt zu Abhängigkeiten. Das gilt auch und gerade fürs Lernen. Denn lernen soll ja von der Abhängigkeit in die Unabhängigkeit führen. Allerdings: In tradierten schulischen Settings dreht sich die Orientierung um den Lehrer. Er ist die Orientierung. Er sagt, wann was zu geschehen hat. Er sagt, was gut ist und was nicht. Die entsprechenden Anpassungsleistungen werden honoriert. Das schafft Abhängigkeiten. Doch eben: Die schulische Settings müssen den Lernenden Orientierung bieten auf ihrem Weg in die Unabhängigkeit." (www.updatenet.net)

Grundlage erfolgreichen Lernens ist folglich eine transparente und einsichtige Orientierung – quasi eine inhaltliche Landkarte. Es geht darum zu wissen, was man können könnte. Es geht darum, die Erwartungen abzustecken. Und es geht darum zu erkennen, wo man selber steht.

Dabei wird unterschieden zwischen formeller und informeller Orientierung. Formelle Orientierung bezieht sich grob gesagt auf die Sache und Sachverhalte. Und sie manifestiert sich in vielfältigen Formen der Darstellung dieser Sachverhalte. Die Hausordnung ist eine beliebte Form davon. Aber wie man weiß: Das Vorhandensein einer Hausordnung steht erst einmal in keinem direkten Zusammenhang mit dem Verhalten von Menschen. Einer Hausordnung – um bei diesem Beispiel zu bleiben – muss in irgendeiner Weise Leben eingehaucht werden. Die Frage ist also, wie die relevanten Menschen mit dieser Hausordnung umgehen. Damit wird die informelle Orientierung umschrieben. Wenn es also in der Hausordnung heißt „Wir sind pünktlich", werden die Menschen nicht rechtzeitig zur Arbeit erscheinen, einfach weil das so in der Hausordnung steht. Sie werden es tun, wenn die Bezugspersonen mit ihrem Verhalten zeigen: Das gilt! Normen setzen und Normen einfordern, das sind zwei ganz verschiedene Paar Schuhe. Welche fundamentalen Wirkungen aber davon ausgehen, das zeigen unter anderem die Experimente in Groningen (Seite 89).

In der schulischen Praxis haben sich Kompetenzraster als Instrumente und Methoden der Orientierung über Jahre bestens bewährt. Kompetenzraster beschreiben, was man können könnte. Sie kommen als Matrix daher. In der Vertikalen sind jene Kriterien aufgeführt, die ein Fachgebiet inhaltlich bestimmen

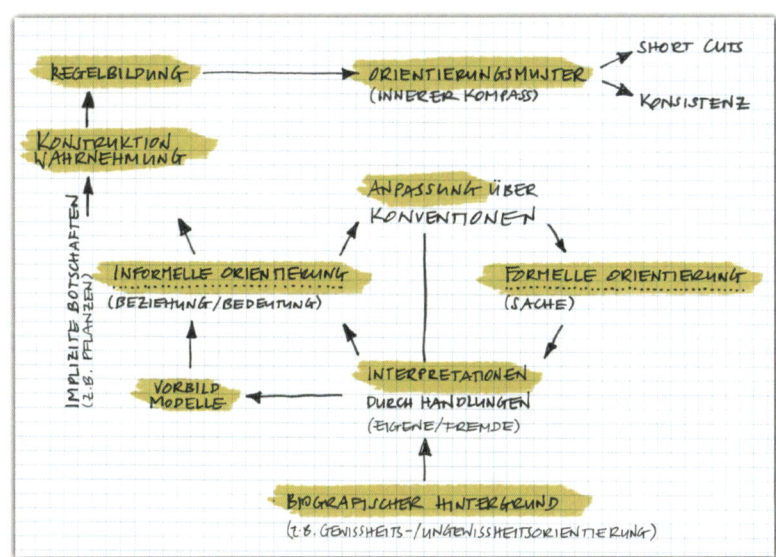

(was?). In der Horizontalen werden zu jedem dieser Kriterien vier bis sechs Niveaustufen definiert (wie gut?). Kompetenzraster stecken einen Entwicklungshorizont ab, in dem sie in differenzierter Weise den Weg beschreiben von einfachen Grundkenntnissen bis hin zu komplexen Fähigkeitsstufen.

Die Beschreibungen machen es für die Schüler möglich, sich zu orientieren, sich und ihre Arbeiten mit den formulierten Kompetenzen in Beziehung zu bringen. Aber auch für Leh-

Bild: Kompetenzraster Deutsch am Institut Beatenberg

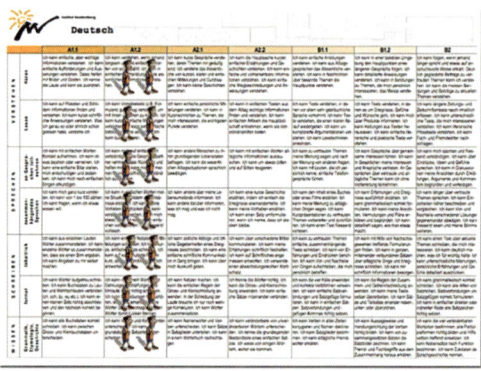
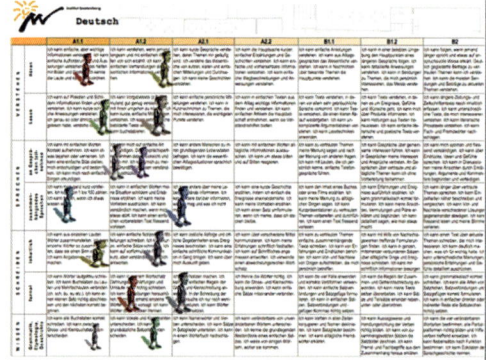
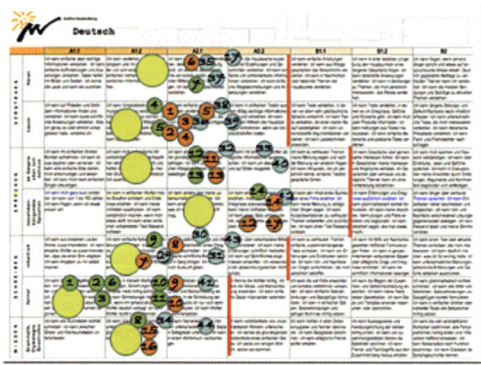
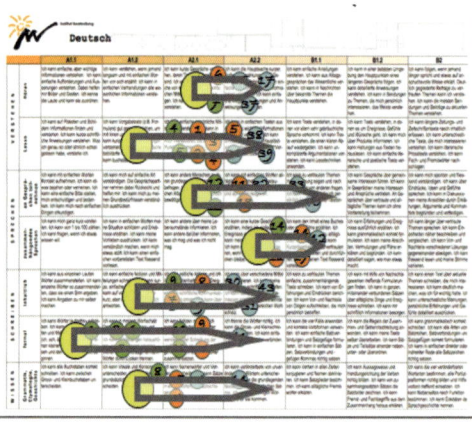

rer und Eltern gilt die gleiche „Landkarte". Nun ist es aber keineswegs die Idee, dass die Lernenden sich im Stile imaginärer Durchschnittsschüler in geschlossener Marschkolonne vorwärts bewegen – schön gleichmäßig von Schuljahr zu Schuljahr. So funktioniert das Lernen nicht. Und so sind die Menschen nicht. Zum Glück.

Im Gegenteil, nichts da mit Gleichschritt: Die Lernenden bringen sehr unterschiedliche Kenntnisse und Fähigkeiten mit. Ihre Entwicklung verläuft alles andere als gleichförmig und linear, sondern in allerlei Sprüngen, auf unerklärlichen Umwegen, manchmal schnell, wie wenn alles selbstverständlich wäre, und dann wieder schüttelt man erstaunt den Kopf und meint man sogar Rückschritte zu erkennen.

Kompetenzraster machen diese Unterschiede nicht nur sichtbar. Sie machen sie auch auf einfache Weise handhabbar.

Zu diesem Zwecke absolvieren die Lernenden Tests, die der Standortbestimmung dienen. Die Resultate finden sich in Form von großen Punkten auf den Kompetenzrastern. Die Resultate sind weder gut noch schlecht, sie zeigen einfach, was der Lernende zu diesem Zeitpunkt weiß und kann. Das entstehende Profil versteht sich als eine Art Startlinie. Es versetzt Schüler und Lehrer in die Lage, von da aus die jeweils nächsten Schritte zu planen. Die entsprechenden Lernnachweise zeigen sich dann in Form von kleinen Punkten auf dem Kompetenzraster. Jeder Schritt wird zum Fortschritt. Und auf diese Weise entwickelt sich das individuelle Profil immer weiter. Die Zahlen auf den Punkten kennzeichnen die Nummern der jeweiligen Dokumente (Lernnachweise) im Portfolio. Mit Markierungen (zum Beispiel farbigen Linien) können die Anforderungen der angestrebten weiterführenden Ausbildung auf dem Kompetenzraster abgebildet werden. Damit wird Transparenz geschaffen: Da stehe ich. Dahin will (oder muss) ich. Und dazwischen ist Handlungsbedarf.

Kompetenzraster machen auf vielfältige und differenzierte Weise Situationen und Entwicklungen sichtbar. Einerseits zeigen sie die Ausgangssituation auf der Basis der Testresultate. Die folgenden Leistungsergebnisse werden laufend sichtbar gemacht mit den farbigen Klebepunkten. Eine Arbeit kann durchaus auch auf den Kompetenzrastern mehrerer Fachbereiche ihre Entsprechung finden. Wer nämlich einen englischen Text über die Stadt London ins Deutsche übersetzt und dazu eine Powerpoint-Präsentation gestaltet, muss a) den englischen Text verstehen, sich b) mit einem geografischen Thema befassen, c) einen deutschen Text schreiben und sich d) über Informatikkenntnisse ausweisen. Damit wird die Interdisziplinarität schulischer Arbeiten augenfällig.

Den unterschiedlichen Ergebnissen entsprechend werden die Punkte hingeklebt. Jeder Punkt ist eine Art Erfolgserlebnis. Und die individuelle Entwicklung wird erkennbar. Man sieht auf einen Blick, wo und wie es vorwärts gegangen ist. Es zeigt aber auch, wo allenfalls Akzente zu setzen sind im Hinblick auf die individuellen Ziele.

Kompetenzraster – und alle anderen Formen der Orientierung – dienen den Lernenden idealerweise als Systeme formativer Rückmeldung. Sie unterstützen sie auf ihrem Kurs – wie einen Segler. Er kann sich nicht einfach ins Boot setzen und hoffen, der Wind treibe ihn schon an den richtigen Ort. Er muss sich die Bedingungen zunutze machen und die zur Verfügung stehenden Mittel optimal einsetzen. Er muss Wind- und Wetterverhältnisse berücksichtigen, Veränderungen wahrnehmen und seine Strategie flexibel anpassen. Kurz: Er muss beurteilen. Und: Er muss entscheiden. Selber. Immer und immer wieder. Denn er sitzt am Steuer. Im Gegensatz zur Galeere: Dort hat einer das Kommando. Der gibt nicht nur das Ziel an, sondern auch den Takt. Für alle gleich!

5.3.2 Auseinandersetzung / Verstehen / Nachhaltigkeit

Ein wichtiges Ziel schulischen Lernens besteht ja darin, dass Kompetenzen erworben und erweitert werden – und zwar über den nächsten Augenblick und über die nächste Prüfung hinaus. Nachhaltigkeit heißt das Stichwort. Damit wird eine Aussage gemacht

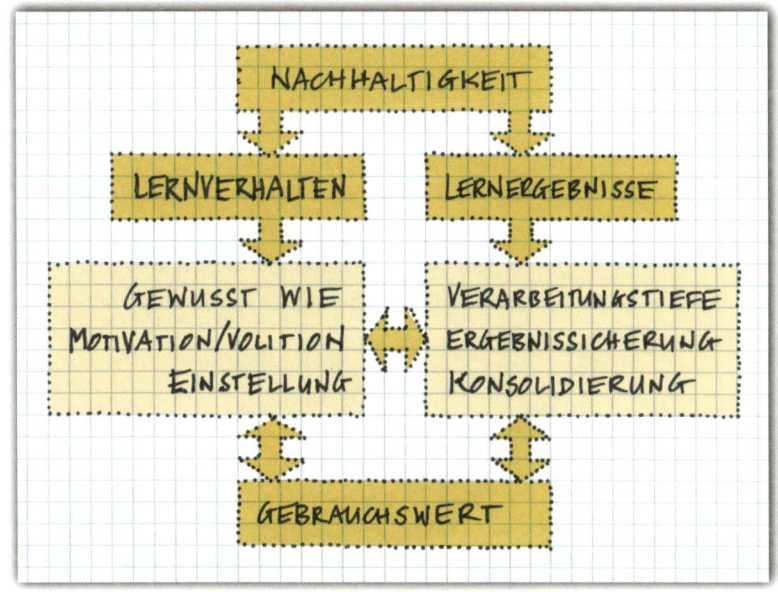

zur Dauer der Wirkung schulischen Lernens. Meistens werden damit die Lernergebnisse gemeint. Also beispielsweise: Wenn ein Schüler heute weiß, wie man die Lösungsmenge einer Ungleichung bezüglich der Grundmenge Z bestimmt und die Lösungsmenge in aufzählender Form angibt – weiß er das morgen auch noch? Oder übermorgen? Oder in einem Jahr? Das hängt, rein „lerntechnisch" gesehen, von verschiedenen Faktoren ab. Dazu gehört einmal die **Verarbeitungstiefe**. Verstehendes Lernen ist ja nicht ein Prozess des Speicherns, sondern des neu Konstruierens: selber etwas gestalten, etwas hervorbringen. Damit wird aus Information Bedeutung gemacht. Die Faustregel heißt: je tiefer die Verarbeitung, desto höher die Nachhaltigkeit. Lernergebnisse bedürfen aber auch der Sicherung, der Verankerung. Damit ist nicht ein mechanistisches Üben gemeint. Es geht mehr darum, sich zu vergewissern, sich noch einmal Klarheit zu verschaffen. Wie ist das jetzt mit der Lösungsmenge? Oder heißt es Grundmenge? Eine probate Form der **Ergebnissicherung** sind Selbsterklärungen. Sich (oder anderen) erklären können, wie etwas funktioniert, erhöht die Nachhaltigkeit in beträchtlichem Maße.

Und dann müssen Lernergebnisse der **Konsolidierung** zugeführt werden. Denn sie sind oftmals wie frisch gepresster Obstsaft: Wenn man den in ein Glas gießt, ist er noch trüb und undurchsichtig. Lässt man ihn aber eine Zeitlang stehen, dann setzt sich das Trübe. Und der Most wird klar. Man sieht durch. Mit Lernergebnissen verhält es sich ähnlich. Auch sie müssen sich quasi setzen, damit man den Durchblick hat.

Nachhaltigkeit bezieht sich nun aber keineswegs nur auf die Lernergebnisse, nein, es geht – und vielleicht sogar noch mehr – auch um das Lernen selbst. Besser werden bei dem, was man tut, heißt also das Ziel. Oder anders gesagt: Beim Lernen das Lernen lernen – so dass die Freude daran ein Leben lang anhält. Doch offensichtlich spielen die Schüler dabei nicht so richtig mit. „Wenn man von außen (quasi mit dem ethnologischen Blick) auf das Ganze schaut", stellt Klaus Holzkamp nicht ohne Sarkasmus fest, „hat man den Eindruck, dass Schüler in der Schule eher stören. Die Schule würde besser funktionieren und das Ergebnis wäre für alle befriedigender, wenn sie nicht da wären. Weil ihre Anwesenheit in der Schule ja nun aber unumgänglich ist, muss man diesen Störeffekt möglichst klein halten. Also etablierte man zur Schadensbegrenzung das umfassende Kontrollsystem, wie wir es heute in verschiedenen Varianten vorfinden. […] So gesehen wäre die Schule also eine Einrichtung, um die Schüler zu dem zu zwingen, was sie doch eigentlich selber wollen müssten, nämlich in ihrem eigenen Interesse zu lernen." (Holzkamp 1991)

Lernen, das soll ja mehr sein als bloße schulische Situationsbewältigung und mehr als Anpassung an die offenen und versteckten schulischen Kontrollmechanismen. Dafür sind die Menschen und ist die Zeit zu kostbar. Eigentlich wäre Lernen doch geil – etwas, das man gerne tut. Und weil man es gerne tut, möchte man es möglichst häufig und möglichst lange tun. Diese Art von Nachhaltigkeit zu erzeugen, das ist Aufgabe der Schule.

DAS UNTERRICHTEN WIRD DURCH DAS WEGLASSEN DER SCHÜLERSCHAFT MASSGEBLICH VERSCHÖNERT.

Eine der Voraussetzungen – eine Menge kreativer Ideen, wie man aus Problemen Lösungen machen kann. Dieses **Gewusst-wie**, das methodische Instrumentarium, auf dem man virtuos und lustvoll zu spielen in der Lage ist, das gibt schon mal einen guten Boden.

Da institutionelles Lernen ja selten frei ist von inneren und äußeren Hindernissen, Widersprüchlichkeiten und Interessenkonflikten, kommt den **motivationalen und volitionalen Aspekten** eine gewichtige Bedeutung zu. Nur wer Bock hat auf Lernen, kriegt den Fuß auf den Boden.

Und dann ist das Lernverhalten natürlich auch stark geprägt von **Einstellungen, Haltungen und mentalen Modellen**, denen entsprechende Erfahrungen zugrunde liegen. Und die müssen positiv sein, damit institutionelles Lernen als etwas auch längerfristig Erstrebenswertes erscheint.

Lernverhalten und Lernergebnisse beeinflussen sich wechselseitig in einer Art – positiver oder negativer – Spiralwirkung. Gesteuert wird der Prozess über den Gebrauchswert. Wer dem, was er zu lernen hat, keinen Gebrauchswert zuerkennen kann, wird sich wenig um die Nachhaltigkeit dessen bemühen, was er tut und wie er es tut.

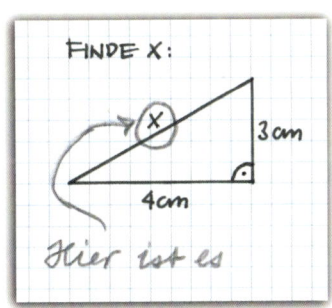

LernJobs –
Lernanlässe mit Langzeitwirkung

In wirkungsvoller Weise Einfluss nehmen auf die Nachhaltigkeit von Lernergebnissen und Lernverhalten kann die Schule unter anderem mit der Art und Weise, wie sie Ziele, Aufträge und Aufgaben gestaltet. TaskDesign wird das auf neudeutsch genannt – vielleicht auch, damit man mit dem Begriff „Aufgabengestaltung" nicht falsche Assoziationen weckt. Denn es geht um eine etwas andere Philosophie des Designs von Lernanlässen.

Natürlich sind im Prinzip die besten Aufgaben die, die das Leben stellt. Einfach so. Denn alles Wissen nützt nichts, wenn man sich nicht zu helfen weiß. Die schulischen Arrangements haben diesem Aspekt in möglichst hohem Maße Rechnung zu tragen.

Dennoch: Auch in einem engeren Verständnis von Schule finden sich Mittel und Wege, Lernanlässe auf eine Art und Weise zu initiieren, die eine nachhaltige Entwicklung von Kompetenzen evoziert. Vieles dreht sich dabei um die Kombination von individuell relevantem Ergebnis und inspirierendem Gewusst-wie. Letzteres bildet die Grundlage für eigenaktives Hervorbringen und damit für individuelle Lernstrategien in entsprechend eigenem Tempo. Das heißt: Wirkungsvolle Lernaufgaben in einer kompetenzorientierten Lernkultur eröffnen Optionen. Sie schaffen aber auch Transparenz hinsichtlich der Erwartungen. Lernende haben sich die Ziele zu eigen gemacht und fühlen sich den Anforderungen gewachsen. Bedenkenswerte Hinweise liefern die Antworten auf die Frage, was Computerspiele so attraktiv macht (Seite 46). Denn diese Kriterien haben durchaus auch ihre Relevanz für die Gestaltung schulischer Lernanlässe. LernJobs sind entsprechend aufgebaut.

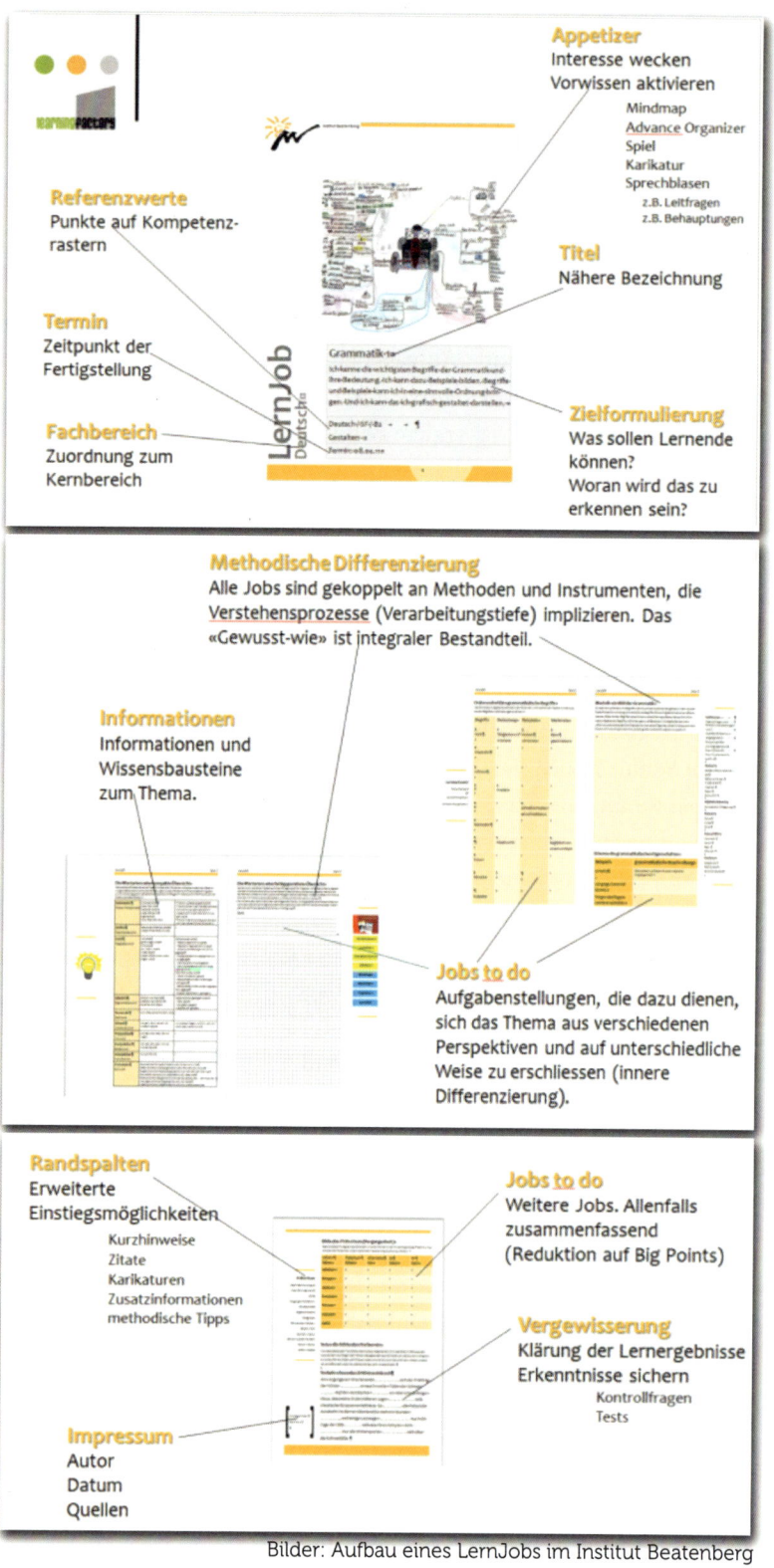

Im Institut Beatenberg hat man sich einer neuen Kultur des TaskDesigns verschrieben. Das Resultat sind LernJobs, die schon auf den ersten Blick zeigen: Da ist etwas anders.
Die Titelseite versteht sich als Appetizer. Er soll Interesse wecken, Spannung erzeugen, Vorwissen aktivieren. Das kann mit unterschiedlichen methodischen Ansätzen geschehen – Advance Organizer, Leitfragen, Hypothesen – möglichst in einer lockeren und munter machenden grafischen Form.
Das zweite wichtige Element der Titelseite ist die klare Zielformulierung. Was soll das Ergebnis sein? Woran wird die Kompetenzentwicklung zu erkennen sein?
Die beiden Innenseiten bieten Informationen. Die sind wenn immer möglich so gestaltet, dass es sich lohnt, sie aufzubewahren. Ergänzende Informationen und Arbeitsunterlagen können in den LernJob wie in einen Umschlag eingelegt werden. Im Zentrum steht das Initiieren von zielführenden Aktivitäten. Da bieten sich den Lernenden natürlich unterschiedliche Vorgehensweisen und Sozialformen an. Integraler Bestandteil ist immer eine methodische Differenzierung mit dem Ziel, das entsprechende Repertoire der Lernenden systematisch zu erweitern. Das heißt: Sie lernen beim Lernen das Lernen. Und es heißt weiter: LernJobs offerieren implizit auch Gelingensbedingungen, das Gewusst-wie eben.
Die Rückseite enthält ergänzende Jobs to do. Sie bietet aber auch Möglichkeiten zur Vergewisserung und zur Ergebnissicherung. Dazu können kleine Test ebenso gehören wie Formen der Selbsterklärung. Das heißt: Mit den auf der letzten Seite initiierten Aktivitäten wird der Bogen gespannt zurück zum Ziel auf der Auftaktseite.

Bilder: Aufbau eines LernJobs im Institut Beatenberg

LernJobs eignen sich hervorragend, auf einer niederschwelligen Ebene Veränderungen des Lern- und Arbeitsverhaltens zu evozieren. Gleichzeitig schaffen sie Synergiemöglichkeiten. Eine koordinierte „Aufgabenstrategie" in einer Schule (oder darüber hinaus) mit entsprechend festgelegten Formatvorlagen birgt ein gewaltiges Synergiepotenzial.

Zudem verlagern clever gestaltete LernJobs den Aktivitätsschwerpunkt zu den Lernenden. Sie assistieren quasi dem Lehrer und versetzen ihn in die Lage, die Zeit in individuelles Coaching zu investieren.

5.3.3 Arrangements / Lernorganisation

„Eine Schule, auch Bildungsanstalt oder Lehranstalt genannt, ist eine Institution, deren Aufgabe das Lehren und Lernen ist, also die Vermittlung bzw. Weitergabe von Wissen und Können durch Lehrer an Schüler." Ende Zitat. Wikipedia. Stand Mai 2012.

Ein anderes Zitat stammt von Klaus Holzkamp: „Das ‚Lernen' in der Schule wird – dem allgemeinen Verständnis nach – in erster Linie vom Lehrer oder der Lehrerin vollzogen. Sie ‚lehren', was die Schüler ‚lernen'. Auch in den meisten Theorien über den schulischen Lernprozess geht man davon aus, dass Lernen wesentlich als Lehren vor sich geht. Lernen ohne Lehren wird häufig nur als Vorform, Wildwuchs anerkannt, der – wenn etwas Sinnvolles daraus werden soll – alsbald durch Lehren aufgegriffen werden muss. So sind auch die Lerninhalte in der Schule erst einmal mit Lehrinhalten gleichgesetzt. Was da gelernt = gelehrt werden soll, ist durch Richtlinien der ehrwürdigen Institution Schule auf verschiedenen Ebenen geregelt." (Holzkamp 1991)

Schulisches Lernen ist also mehrheitlich – dem offenkundigen Verständnis folgend – so organisiert, dass das Lehren möglichst störungsarm über die Bühne gehen kann. Folgerichtig sind die herkömmlichen Organisationsstrukturen einer Schule aus der Perspektive des Lehrens gezimmert worden. Schuleinheiten werden aus Effizienzgründen (was nicht mit Effektivität zu verwechseln ist) immer größer. Die Lektionen ergießen sich einem strikten Zeitregime folgend über Jahrgangsklassen in Räumen, die dafür konzipiert sind, dass vorne jemand sagt, was hinten zu lernen ist. Und periodisch werden die Schüler auf ihre Fähigkeit getestet zu erraten, welche Antworten sie geben müssen, um dann ausrechnen zu können, ob und wieweit sie dem Lehren gewachsen sind.

Wenn nun aber – nur mal angenommen – die Schule aus der Perspektive des Lernens zu arrangieren wäre, dann, na ja, dann wäre wohl einiges anders. Moderat ausgedrückt. Aber es täte dem Bildungswesen gut, wenn ein bisschen mehr von diesem Geist des Lernens durch die Schulen wehte. Beispiele dafür gibt es ja landauf landab einige. Sie versuchen, sich aus dem Lehrparadigma zu befreien. Statt über Veränderungen zu lamentieren und

> **»Verbringe die Zeit nicht mit der Suche nach einem Hindernis – vielleicht ist keines da.«**
> (Franz Kafka)

vielleicht ein paar laue Retuschen vorzunehmen, gehen sie ganz neue Wege. Sie machen vieles von Grund auf anders als die meisten anderen Schulen. Es sieht nicht mehr wie Schule aus. Es klingt nicht mehr wie Schule. Es riecht nicht mehr wie Schule. Auf diesem

Weg lassen sie sich auch immer mal von der Devise leiten, dass es manchmal einfacher ist, um Entschuldigung zu bitten als um Erlaubnis zu fragen. Und was passiert? Alle Lehrer kommen ins Lehrergefängnis. Quatsch, das ist leer. Niemand kommt in den Knast! Im Gegenteil! Die Schule wird zu einer sogenannten Leuchtturmschule. Sie wird mit Auszeichnungen überhäuft. Und auch die Politiker dürfen in diesem Leuchten ein bisschen mitglänzen. Dabei verfügen solche Schulen meist über die gleichen Mittel wie alle anderen und auch die viel geschmähten Rahmenbedingungen sind die gleichen. Wo liegt der Unterschied? Ganz einfach: Sie machen etwas anderes. Sie sind kreativer und mutiger. Sie nutzen die Spielräume. Sie warten nicht darauf, dass „die da oben" sie bei der Hand nehmen und auf den Weg führen. Den Weg finden sie nämlich selber – und sonst machen sie sich einen. Dabei erinnern sie sich an Franz Kafka: „Verbringe die Zeit nicht mit der Suche nach einem Hindernis – vielleicht ist keines da."

Die Autonomie der kleinsten Einheit

Die Perspektive des Lernens beginnt schon bei der Schulgröße. Mit „small is beautiful" hat Ernst Friedrich Schumacher 1973 eine Rückkehr zum menschlichen Maß in der Wirtschaft gefordert. Und ein paar Jahrzehnte später baut Zukunftsforscher Andreas Reiter auf die gleiche Botschaft: small is beautiful. Er plädiert für eine Wirtschaft der Nähe: „Die globalen Turbulenzen und die wachsende geo- und finanzpolitische Volatilität in Europa lenken den Blick vom Großen immer wieder ins Kleine. In diesen Umbruchzeiten sehnen sich die Menschen mehr denn je nach starker lokaler Verankerung und regionaler Identität. [...] Denn die große weite Welt (so sehr man auch mit ihr wirtschaftlich und über soziale Medien vernetzt ist) ist vor allem eines: zu groß, zu weit. Der Mensch ist – anthropologisch – auf kleine Gemeinschaften konditioniert, in denen er Nähe und Vertrauen aufbauen kann. Interessanterweise haben auch die Nutzer von sozialen Netzwerken eine überschaubare Zahl an Kontakten, im Durchschnitt stehen sie mit 133 Personen in Kontakt (Quelle: Bitkom). Nur im kleinen Kreis gelingt schließlich die soziale Kontaktpflege." (Reiter 2011)

Als es weder Facebook noch Twitter gab, untersuchte der britische Anthropologe Robin Dunbar den Zusammenhang zwischen dem Gehirn von Säugetieren und der Gruppengröße, in denen diese Säuger leben. Dabei fand er heraus: Das menschliche Gehirn kann nur eine begrenzte Zahl von Kontakten verarbeiten. Die theoretische kognitive Grenze der Anzahl von Menschen, mit denen eine Einzelperson soziale Beziehungen unterhalten kann – die sogenannte Dunbar-Zahl – liegt bei etwa 150. In dieser Beziehung ist das menschliche Gehirn immer noch auf dem Stand der Haarigen vor vielen tausend Jahren. Es ist eine Art Plädoyer für einen Rollback. Und es ist beileibe nicht das einzige. Imperien und Monopole verkörpern eine Macht, der man sich leicht ausgeliefert fühlen kann. Der Blick in die Geschichte zeigt: Das Streben nach machtvoller Größe hat in Wirtschaft, Gesellschaft und Politik ungleich mehr Verlierer als Gewinner produziert. Zudem ist schnelles Wachstum wohl eher eine neue Erscheinung. Noch um 1900 herum war knapp die Hälfte der erwerbstätigen Bevölkerung selbstständig. Es war die Zeit, in der Theodore Roosevelt als Präsident die Geschicke Amerikas lenkte. Sein Motto: „Tu, was du kannst mit dem, was du hast, und dort, wo du bist." Er setzte auf den Einzelnen, im Vertrauen auf seine Stärken und seinen Unternehmergeist. Ganz im Sinne des Philosophen Ralph Waldo Emerson, der der Welt nicht nur für jede Gelegenheit ein passendes Zitat hinterlassen hat, sondern auch eine Haltung: Self-Reliance, die Fähigkeit, sich auf sich selbst zu verlassen.

Stärke die Autonomie der kleinsten Einheit, heißt gleichsam die Devise. Aber: Autonomie kriegt man nicht einfach unter den Weihnachtsbaum gelegt. Die muss man sich erarbeiten. Was heißt das für die Schulen? Sich überlegen, wie man die Schule auch noch anders, ganz anders vielleicht, organisieren könnte. Zum Beispiel vertikale Strukturen. Was heißt das? Normalerweise sind Schulen, dem Jahrgangsprinzip folgend, horizontal organisiert. Unterstufe, Mittelstufe, Oberstufe. 7. Klasse, 8. Klasse, 9. Klasse. Undsoweiter. Eine horizontale Organisation zeichnet sich nicht gerade durch besonders viel Durchlässigkeit und Flexibilität aus. Das liegt in der Natur der Sache. Aber genau das braucht es in

Horizontal
5 Jahrgänge
à 5 Klassen zu 24

Vertikal
4 kleine Schulen in der Schule
à je 150

besonderem Maße, wenn Lernen vom Lernen her organisiert werden soll: Durchlässigkeit und Flexibilität. Eine Möglichkeit: Kleine, überschaubare Schulen in der Schule, Einheiten, die nicht nur viel persönlicher sind, sondern auch „handhabbarer". Eben: Small is beautiful – man hat die Kleinen einfach lieber.

Das Drei-Kreise-Modell: Schule renaturieren

Gesetzt ist: Die Schule steht im Dienste der Schüler. Sie soll ihnen helfen, lebenstüchtige, verantwortungsbewusste, kreative, glückliche

Erwachsene zu werden. So gesehen, stellt Klaus Holzkamp fest, „wäre das Lernen in der Schule also im unmittelbaren vitalen Interesse der Schülerinnen und Schüler. Andererseits aber spielen diese in dem vorgesehenen Arrangement offensichtlich nicht so richtig mit, müssten zum Lernen gezwungen werden, aber lassen sich irgendwie nicht recht zwingen, leisten Widerstand, entziehen sich, mogeln sich durch; selbst denen gegenüber, die sich anpassen und mitmachen, scheint häufig Misstrauen angebracht." (Holzkamp 1991) Wie für die Institution gilt auch für die Individuen: Stärke die Autonomie der kleinsten Einheit – den einzelnen Lernenden also. Denn Lernorganisation ist immer auch (und vor allem) Selbstorganisation.

Unter der Prämisse, dass schulisches Lernen genauso vielfältig ist, wie es die Menschen in dieser Schule sind, richtet sich der Fokus auf den Umgang mit diesen Unterschieden. Diversity Management nennt sich modern das, was eigentlich normal und von alters her selbstverständlich ist: dass Menschen miteinander etwas tun und dabei voneinander profitieren – im Idealfall zum Nutzen der Gemeinschaft. Also geht es eigentlich nicht darum, etwas Neues zu erfinden. Es reicht, das Alte und Natürliche wiederzuentdecken und zu pflegen. So ähnlich, wie man es heute allenorts mit kanalisierten Bachläufen macht: Man renaturiert sie. Fachsprachlich: die Wiederherstellung von naturnahen Lebensräumen. Voilà! Die Organisation einer Schule dient dem Zweck, Lebensräume zu schaffen, die der Natur des Lernens entgegenkommen. Und wie bei den Bachläufen hat das zur Folge, dass Begradigungen und Kanalisierungen dem Lauf des individuellen Lernens Platz machen müssen.

Oder anders gesagt: Es braucht offene und bedürfnisgerechte Arrangements auf der Grundlage einer Vereinbarungs- und Einforderungskultur, um konstruktiv mit der natürlichen Vielfalt der Lernenden und des Lernens umgehen zu können. Ein solcher Gewinn an Flexibilität geht aber immer einher mit einem „Verlust" an Struktur. Ähnlich wieder wie beim Bachlauf: Der wird auch weiterhin in einem Bett geführt sein, aber der natürliche Spielraum wird größer und die Artenvielfalt nimmt entsprechend zu. Es wird alles im wahrsten Sinne des Wortes lebendiger.

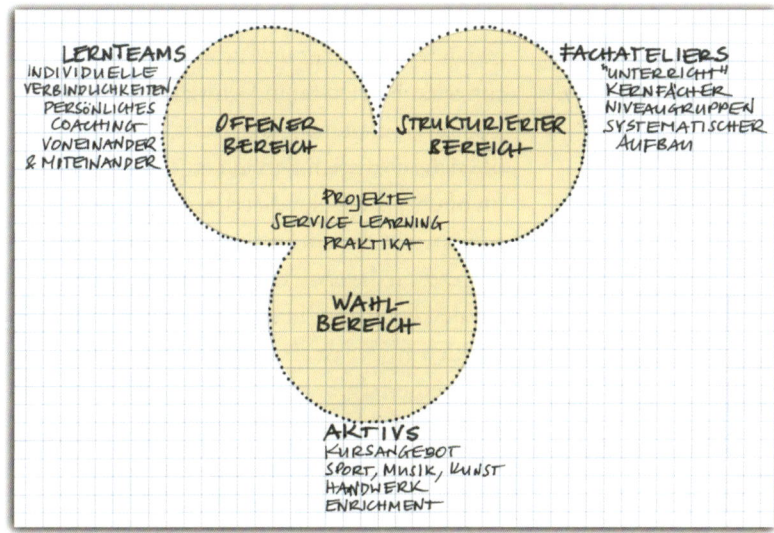

Dieses Prinzip der lebendigen, geführten Offenheit findet sich im Drei-Kreise-Modell der Schulorganisation (Müller 2001). Das erklärte Ziel dahinter: Jeder Schüler hat seine eigene Schule – in der Schule drin. Dahinter verbirgt sich aber keineswegs ein Jahrmarkt der Beliebigkeit. Im Gegenteil. Grundlage sind klare Verbindlichkeiten – individuelle halt. Deshalb bildet der **offene Bereich** den schulorganisatorischen Dreh- und Angelpunkt. Lernteam wird das genannt oder Lernatelier, Lernbüro, Lernraum, was dem persönlichen Arbeiten der Lernenden Raum gibt. Dieser offene Bereich sieht aus wie ein Großraumbüro. Die Lernenden haben ihre eigenen Arbeitsplätze. Und sie setzen sich mit den Dingen auseinander, die für sie persönlich relevant sind. Sie nutzen dabei die Expertise der anderen Schüler. Voneinander und miteinander heißt die Devise. Das setzt die gewünschte Möglichkeit voraus, sich zu bewegen, zu anderen hinzugehen, sich zu unterhalten. Damit das nicht störend wirkt, braucht es erstens ausreichend „Verkehrsfläche" und zweitens eine respektvolle Flüsterkultur. Hilfreich sind reichhaltige Materialinseln (Bücher, Nachschlagewerk, LernJobs) in den Arbeitsräumen, die den Lernenden für ihre Aktivitäten zur Verfügung stehen.

Allen Lernenden steht ein Coach (Lehrer) zur Seite. Die Coachs haben ihre Arbeitsplätze auch in den Lernteams. Damit können die Lehrerzimmer aufgehoben und anderen Zwecken zugeführt werden. Die Coachs haben als Folge der räumlichen Nähe die Möglichkeit, sich „ambulant" und bedürfnisgerecht in die Lernprozesse der Schüler einzubringen und Hilfe zur Selbsthilfe zu leisten – so viel wie nötig, so wenig wie möglich.

Sinnvollerweise sind die offenen Lernformen alters- und leistungsmäßig gemischt zusammengesetzt. Das hat den positiven Effekt, dass jedes Jahr der größere Teil der Schüler bleibt und damit die Kultur (flüstern, Leistung ...) zum Selbstläufer wird.

Der **strukturierte Bereich** – vielleicht noch etwa ein Viertel der Arbeitszeit – dient dem systematischen Aufbau der fachlichen Basiskompetenzen. Er erinnert am ehesten noch an „Unterricht", findet aber häufig in Niveaugruppen statt. Als Basis für die Einteilung – für jedes Fach separat natürlich – können beispielsweise die Kompetenzraster herangezogen werden. Das heißt: Wer etwa gleich weit ist, lernt und arbeitet im strukturierten Bereich (zum Beispiel Fachatelier genannt) zusammen. Die Aufträge und Ziele, die sich aus diesem Bereich ergeben, werden im offenen Bereich weiterbearbeitet. Hausaufgaben in diesem Sinne gibt es nicht mehr. Abgesehen davon, dass ihr negativer Effekt auf den familiären Haussegen ohnehin wesentlich größer ist als der positive Effekt auf den Lernerfolg.

Die persönlichen Interessen und/oder die Ansprüche der weiterführenden Ausbildung sind Motive für die Auswahl der Kurse im **Wahlbereich**. Aufgabe der Schule ist es, ein vielfältiges Angebot an Kursen zu organisieren. Dabei lassen sich Kooperationen mit außerschulischen Partnern (zum Beispiel Sportvereine) schmieden. Eines der Ziele heißt Enrichment – also die Erweiterung der Angebotsvielfalt aus allen möglichen Lebensbereichen.

Übergreifend und quasi als Schnittmenge dieser drei Kreise können verschiedene Arten von **Projekten**, Praktika und Specials das Spektrum an Lernarrangements im Prinzip beliebig erweitern und als Schwerpunkte in einem Jahresprogramm zu Traditionen aufgebaut werden.

Das Drei-Kreise-Modell besticht durch eine einfache Struktur, die aber dem einzelnen Lernenden eine Vielfalt an Möglichkeiten eröffnet. Das Ziel, jedem Schüler seine eigene Schule, lässt sich auf jeden Fall damit verwirklichen. Aber logisch: Das zieht einen Rattenschwanz von Konsequenzen nach sich. Schulisches Lernen sieht dann anders aus – einfach weil die Menschen etwas ganz anderes tun.

5.3.4 Evaluation / Bezugsnormen

Evaluation ist entlehnt aus dem französischen évaluer, das sich aus dem lateinischen valere (die Kraft haben, bei Kräften sein) ableitet. Evaluieren trifft also Aussagen zur Wertigkeit eines Geschehens oder eines Ereignisses. Das heißt: Schulische Evaluation kann (und soll)

Werte schöpfen. Wichtig dabei: Den Evaluationsabsichten kommt eine präformierende Wirkung zu. Das Ziel bestimmt den Weg. Die Evaluation, also die Bewertung und Beurteilung, beginnt demzufolge nicht erst, wenn etwas „fertig" ist. Sie setzt bereits bei der Ausgangslage und den klaren Bezugsnormen an. Das heißt: Man muss wissen, worauf es ankommt. Denn erfolgreich kann man nur sein, wer sich im Klaren darüber ist, wer was unter „Erfolg" versteht. Konsequenz: Auf den Anfang kommt es an. Die Investition in den Anfang ist eine Investition ins Gelingen. Und „Investition" heißt in diesem Zusammenhang: Klarheit schaffen. Denn „eine gute Note haben" hat beispielsweise nicht im Entferntesten etwas mit Klarheit zu tun. Transparenz entsteht dann, wenn Lernende sich ein Bild machen können dessen, worauf es ankommt. Die Bezugsnormen versetzen sie in die Lage, beurteilen zu können, wie „gut" sie unterwegs sind. Und wo allenfalls Handlungsbedarf besteht. Nun gibt es ja ganz verschiedene Bezugsnormen und Referenzwerte.

Die **individuelle Bezugsnorm** zielt ab auf den Vergleich mit sich selber. Ausgangspunkt ist eine eigene Leistung in einem Bereich. Also beispielsweise: Was war bis jetzt die Bestzeit über einen Kilometer? Das ist die Bezugsnorm, die Zeit, die es zu schlagen gilt. Und das gelingt dann. Oder es gelingt nicht. Aber der Referenzwert ist klar. Nicht die Zeit des Spitzenläufers dient als Benchmark, die eigene Leistung.

Ganz anders die **soziale Bezugsnorm**. Hier dient der Durchschnitt der „Gleichen" als Referenzwert. Also beispielsweise: Liegt die Leistung über oder unter der Durchschnittszeit der Altersgruppe? Und wie viel? Diese Art des Vergleichens dominiert das schulische Evaluationsverhalten. Nur: Was mit der Zeit über einen Kilometer noch einigermaßen klar dargestellt werden kann, gestaltet sich mit schulischen Leistungen schon erheblich schwieriger. Noten an sich lassen sich ja gut in Durchschnitte umrechnen und dann auch auf Kommastellen genau vergleichen. Das Problem beginnt vorher: beim Zustandekommen der Noten. Und da weiß man ja aus unzähligen Studien: Noten sind weder reliabel, noch valide und schon gar nicht objektiv.

Die **sachliche Bezugsnorm** beschreibt Referenzwerte und Standards möglichst präzise. Das schafft die Voraussetzung, um eigene Leistungen damit in Beziehung zu setzen. Ein Beispiel dafür: Kompetenzraster und die dahinter liegenden Checklisten (siehe Seite 213).

In ähnlicher Weise funktioniert die **intentionale Bezugsnorm**. Hier ist der Vergleichswert allerdings eine (persönliche) Zielformulierung. Mit dem Ziel wird nicht nur die Latte gelegt, sondern auch der Anlauf bestimmt. Die erwünschte Zukunft ist vorzugsweise in eigenen Worten formuliert (Selbsterklärung). Je anschaulicher und relevanter ein Ziel, desto höher ist die Erfolgswahrscheinlichkeit.

Die **personale Bezugsnorm** nimmt andere

Bezugsnormen
Als Bezugsnorm bezeichnet man in der Leistungsbewertung die Art des Maßstabes, nach dem eine Leistung – zum Beispiel in der Schule – bewertet wird.

Ergebnis Quantifizierbarer Outcome	**individuelle Bezugsnorm** > Vergleich mit sich selber		**Fachkompetenz** fachliches Wissen und Können
	soziale Bezugsnorm > Vergleich mit anderen		
Prozess Art und Weise des Vorgehens	**sachliche Bezugsnorm** > Vergleich mit Standards	in Bezug auf …	**Lernkompetenz** Methoden- und Strategierepertoire
	intentionale Bezugsnorm > Vergleich mit Zielformulierung		
Bedingungen Ressourcen (z.B. Zeit, Mittel, Alter …)	**personale Bezugsnorm** > Vergleich mit „Vorbild"		**Selbstkompetenz** soziale und personale Fähigkeiten
	kontextuelle Bezugsnorm > Vergleich mit Erwartungen		

(in Bezug auf …)

Reliabilität

Grad der Genauigkeit der Messung eines bestimmten Merkmals. Wiederholte Anwendung – gleiches Ergebnis

Validität

Misst der Test das, was er zu messen vorgibt? Mehrere Lehrpersonen – gleiche Noten

Objektivität

Ausschalten von intersubjektiven Einflüssen. Durchführung / Auswertung / Interpretation

Formative vs. summative Evaluation

Wenn der Koch die Suppe während des Kochens probiert und wenn nötig verfeinert, ist das formativ.
Wenn die Suppe dann auf dem Tisch steht und die Gäste sie probieren, ist das summativ.
Die formative, die fortlaufende, Evaluation dient also dazu, dass die Resultate zum Genuss werden.

Menschen zum Vorbild. Das Verhalten oder die Leistung anderer Personen liefert den Vergleichswert („So wie ..."). Solche Rollenmodelle liefern eine Art „Beschreibung ohne Worte" und eigenen sich speziell auch, wenn es um soziale oder personale Kompetenzen geht.

„So machen wir es hier" oder „das macht man so" weist auf eine **kontextuelle Bezugsnorm** hin. Es geht also um einen Vergleich mit kollektiven Erwartungen.

Schulische Evaluation – das sieht nach einer komplexen Geschichte aus. Und es ist es auch tatsächlich. Denn es kommt darauf an – es kommt immer darauf an, wer etwas mit welchem Referenzwert in Beziehung setzt. Aber das ist noch nicht alles. Denn es stellt sich auch die Frage: Bezieht sich der Vergleich auf eine fachliche Kompetenz – also kann jemand sein Wissen unter Beweis stellen. Oder spielt die methodische Kompetenz eine Rolle. Oder gilt es gar, die sozialen und personalen Fähigkeiten in die Bewertung miteinzubeziehen. Und ob das nicht schon genug der Undurchsichtigkeit wäre: Soll die Art und Weise des Vorgehens (auch) bewertet werden? Und spielen auch die Bedingungen (Zeit, Alter ...) eine Rolle? Oder geht es nur um den quantifizierbaren Output? Oder um eine Mischung von allem?

Kompetenzorientiertes Lernen verlangt nach einem differenzierten Umgang mit Lernleistungen. Wie im Wörterbuch: „Entwicklung" kommt vor der „Selektion". Will heißen: Die Evaluation hat in erster Linie dem Weiterkommen zu dienen. Dem Erfolg. Kompetenzraster sind dabei speziell dienliche Tools. Zusammen mit dem Portfolio als direkter Leistungsvorlage unterstützen sie wirkungsvoll eine formative und kompetenzorientierte Art des Umgangs mit Lernleistungen.

Ein Portfolio versteht sich als eine zielgerichtete Sammlung von Arbeiten. Die Dokumente zeigen die individuellen Bemühungen, Fortschritte und Leistungen der Lernenden. Dabei kann unterschieden werden zwischen einem Sammelportfolio (alle relevanten Arbeiten werden aufbewahrt) und einem Präsentations- oder Kompetenzportfolio. Damit stellen die Lernenden ihre Entwicklung dar und zwar anhand von Kompetenzrastern, Best-Practice-Beispielen, Zertifikaten und anderen aussagekräftigen Dokumenten. Sichtbar werden soll dabei die Art und Weise, wie die Ergebnisse erreicht worden sind. Und: Viele Lernende erbringen außerhalb der Schule herausragende Leistungen – die sind sehr aktiv im Sport und trainieren fünfmal die Woche, spielen intensiv ein Instrument und treten regelmäßig auf, hüten Kinder, sind verantwortlich für das Sekretariat des Jugendclubs, pflegen alte Leute. All diesen und einer Menge anderer Tätigkeiten ist eines gemeinsam: Sie fördern Kompetenzen verschiedener Art und stärken die Persönlichkeit. Deshalb ist es wichtig, dass solche außerschulischen Aktivitäten ihren Niederschlag finden in einem Kompetenzportfolio.

5.3.5 Lernort

Die Käfighaltung ist passé, Kleingruppenhaltung ist in. Tiergerechter als der alte Käfig soll die nämlich sein. Immerhin: Jedem Huhn stehen 890 Quadratzentimeter Platz zur Verfügung. Der Platzbedarf für Hühner ist klar geregelt. Jener für Schüler auch. In einem Urteil des Oberverwaltungsgerichts in Bremen wurde ein Gymnasium verpflichtet, eine Schülerin aufzunehmen. Es ging dabei nicht um Leistungen, sondern um die Frage des Platzes. Spannende Frage: Wie viel Platz braucht ein Schüler? 1994 wurde ein Richtwert für Schulbauten festgeschrieben: Zwei Quadratmeter sind pro Schüler zu berechnen. Dazu kommen zehn Quadratmeter Verkehrsfläche vor der Tafel. Das zeigt einmal, welches Lernverständnis sich in den Paragrafen verbirgt: Es gibt die Schüler, die hinten sitzen und dann gibt es ein Vorne mit einer Tafel (oder einer modernen Variante davon). Und die Bilder, die man real oder im Internet unter dem Begriff „Klassenzimmer" findet, liefern eine augenfällige Bestätigung.

Wenn man nun davon ausgeht, dass der Raum die Übersetzung eines Lernverständnisses ins Sichtbare ist, muss das zu denken geben. Denn die Umgebung wirkt determinierend auf das Verhalten der Menschen. Deshalb spricht man ja auch vom Raum als drittem Pädagogen. Räume dienen der Ästhetik und der Inspiration, locations have emotions. Sie bringen eine bestimmte Form der Wertschätzung zum Ausdruck. Oder eben nicht. Räume stehen aber auch im Dienste der Funktionalität. Damit stellt sich die Frage: Für welches Lernen sollen sie zur Verfügung stehen? Und klar: Wenn der Aktivitätsschwerpunkt nicht mehr „vorne", sondern bei den Lernenden sein soll, muss sich das auch in der Raumgestaltung zeigen. Wenn Schüler voneinander und miteinander lernen sollen, braucht das eine bestimmte Art der Raumorganisation. Gelernt wird ja aber nicht nur in einem dafür bereitgestellten Raum. Lernen kann man überall. Und man tut es auch. Das heißt: Lernen hat immer eine Örtlichkeit. In ihrem Rahmen kann die Schule darauf Einfluss nehmen. Muss sie auch – und vielleicht noch viel bewusster – wenn man sich vor Augen führt, welche förderliche oder hinderliche Bedeutung der Örtlichkeit des Lernens zukommt. Der Einflussbereich der Schule bezieht sich im Wesentlichen auf vier Ebenen der Lernortgestaltung.

Mikro-Umgebung: Damit ist der eigentliche Arbeitsplatz der Lernenden gemeint. Wie persönlich ist dieser Arbeitsplatz eingerichtet? Wie funktional?

Meso-Umgebung: Der Raum, der die Arbeitsplätze beherbergt. Wie anregend ist der Raum gestaltet? Wie liebevoll ist er gepflegt? Welchen Funktionen dient er? Welches Lernen macht er möglich? Welches verhindert er allenfalls?

Makro-Umgebung: Die Schule mit ihrer gesamten Infrastruktur. Was strahlt sie aus?

Lädt sie ein? Bildet sie eine gestaltete Einheit? Mondo-Umgebung: All das, was außerhalb der Schulgebäude liegt – die „Welt". Sie bietet ein unerschöpfliches (und unausgeschöpftes) Reservoir an Lernanregungen – meist erst noch gratis und franko.

5.3.6 Interaktion

Der Lösung ist es völlig wurscht, wie das Problem entstanden ist. Und eigentlich muss man auch nichts über das Problem wissen, um zu Lösungen zu gelangen. Das Problem hilft niemandem weiter. Und doch scheint das Problem viel wichtiger zu sein als die Lösung. Ein kleiner Test dazu: Die Suchmaschine Google liefert zum Stichwort „Problem" 4 330 000 000 Ergebnisse. Zum Stichwort „Lösung" wird sie nicht ganz so fündig: lediglich 104 000 000 Ergebnisse. Die Gesellschaft scheint Probleme zu mögen. Und die Schule ist ein Abbild davon. Doch wer lernen will, muss ins Gelingen verliebt sein. Nicht ins Scheitern. Nicht ins Problem. Verliebt ins Gelingen – diese Empfehlung des Philosophen Ernst Bloch gilt fürs Lernen ebenso wie für die gesamte Interaktion im Kontext von Schule und Lernen.

Im Zentrum schulischer Interaktion steht deshalb immer die Lösung. Eine solche lösungs- und entwicklungsorientierte Interaktion folgt der Logik des Gelingens. Und macht Betroffene zu Beteiligten. Das setzt aber ein Interesse an den Lernenden und an ihrem Erfolg voraus. Damit ist aber keineswegs etwa eine pseudotherapeutische fürsorgliche Belagerung gemeint. Viel wichtiger und wirkungsvoller ist ein entspanntes, unverkrampftes Miteinander. Und eine große Portion Humor. Das entblößt schulisches Lernen vom schwarzen Mantel der Schwere.

Interaktion findet statt, ob man will oder nicht. Doch dem interaktiven Zufall lässt sich mindestens ein bisschen nachhelfen. Die Formel heißt 3 – 2 – 1: drei Prinzipien, zwei Methoden, ein Ziel.

Drei Prinzipien
1. Sachen klären (Ziele, Wege, Bedürfnisse): Investition „vorne" spart Aufwand „hinten"
2. Menschen stärken: Lösungsorientierte Hilfe zur Selbsthilfe folgt der Logik des Gelingens
3. Ergebnisse wertschätzen: Erfolge machen offen für neue Lern-Erfahrungen.

Zwei methodische Ansätze
1. Feedbacks: Rückmeldungen sind wie Wegmarken. Sie zeigen, ob man auf Kurs ist. Das setzt aber eine bestimmte Qualität der Feedbacks voraus. Basis einer solchen Qualität sind aber nicht Tricks und Kniffe. Es ist zuerst und vor allem das bewusste Wahrnehmen der einzelnen Lernenden. Und zwar als Daueraufgabe. Denn wer jemandem ein Feed-

Positives Feedback
Welche Entwicklungen habe ich erkannt? Benennen

Konstruktive Kritik
Was war (im Vergleich zum Ziel) noch nicht ganz ok? Genau: Beispiele!

Aufbauendes Gesamtfeedback
Empowerment: Wo sind die Entwicklungsansätze? Next practice?

back geben will, muss ja substanziell etwas zu sagen haben. Natürlich gibt es auch ein paar taugliche „Gerüste". Eines davon: der Feedback-Hamburger. Er wirkt in drei einfachen Schritten. Erstens: Positives benennen – und zwar möglichst konkret. Zweitens: Differenz zu Erwartungen und/oder Abmachungen darlegen. „Noch nicht ..." heißt der Schlüsselbegriff, denn „noch" impliziert eine Entwicklung. Drittens: Zur Veränderung anstiften und Optimierungsperspektiven entwickeln.

2. Bilanzgespräche: Präsenz und aktives Interesse am Einzelnen sind Voraussetzungen für eine nutzbringende professionelle Beziehung. Eine Art Kürprogramm, das stark auch von situativen Einflussfaktoren geprägt ist, von Stimmungen, von der Tagesform. Mit regelmäßigen Bilanzgesprächen werden in Ergänzung dazu strukturelle Nägel eingeschlagen. Sie sind das Pflichtprogramm. Und wie beim Eiskunstlaufen zählt eben beides – die Kür naturgemäß ein bisschen mehr fürs Publikum. Dennoch – oder gerade deswegen: Bilanzgespräche (zum Beispiel in einem Wochenrhythmus) wirken in hohem Maße strukturbildend. Regelmäßig sind die Lernenden aufgefordert, Bilanz zu ziehen. Was waren die Ziele? Was ist wie erreicht worden? Was hat geklappt? Und was nicht? Welche Schlüsse sind daraus zu ziehen?

Und nicht zu unterschätzen in der Wirkung: Die Lernenden schaffen regelmäßig Ordnung. Sie räumen auf – ihre Gedanken, ihre Arbeitsplätze, ihre Materialien. Und wer aufgeräumt hat, kann nachher in aufgeräumter Stimmung die nächsten Schritte in Angriff nehmen. Bilanzgespräche verstehen sich als eine erweiterte Form einer Clean Desk Policy. Sie verlaufen deshalb immer nach dem gleichen Schema. Das versetzt die Lernenden in die Lage, sich gezielt darauf vorzubereiten. Und genau das ist eigentlich der wichtigste Teil von Bilanzgesprächen.

Ein Ziel

Eine lösungsorientierte Interaktion zielt auf eine konstruktive Beziehung – zu sich und zu anderen. Doch Beziehung funktioniert nicht über Appelle. Schon Vierjährige erhalten zweihundert bis vierhundert Appelle pro Tag. Sie funktioniert über Interesse – aktives Interesse am Gelingen.

5.4 Rahmenfaktoren

Die sechs lernrelevanten Faktoren sind eingebettet in vier Rahmenfaktoren. Dabei geht es in erster Linie um Haltungen, Einstellungen, mentale Modelle. „Wir machen uns Bilder der Tatsachen. Das Bild ist ein Modell der Wirklichkeit", hat Ludwig Wittgenstein einst festgestellt. Mit diesen Vorstellungen gehen Menschen durch die Welt. Und in die Schule. Sie erwarten von den Personen um sie herum bestimmte Verhaltensweisen. Das erlaubt unter anderem, Geschehnisse vorauszusehen. Man weiß im Voraus, dass ein Bleistift zu Boden fällt, wenn man ihn loslässt. Ergeben sich indes Diskrepanzen zwischen Erwartungen und Realität, weckt dies Gefühle wie Unbehagen, Verwirrung, Frustration oder – wenn es besser ist als erwartet – auch Freude, Erleichterung, Glück.

Und da schulisches Lernen ja nur unter der Bedingung stattfindet, dass Menschen anwesend sind, ist natürlich entscheidend, welche „Welten" sie in die Schulwelt tragen.

5.4.1 Menschenbild

Unter Menschenbild wird die Vorstellung, das Bild verstanden, das jemand sich vom Wesen der Menschen macht. Es beinhaltet das, was man über – den oder die – Menschen weiß beziehungsweise zu wissen glaubt. Und es hilft, sich als soziales Wesen in einem sozialen Umfeld zu orientieren und zu handeln. Allerdings: Das innere Bild steuert auf unbewusste Weise das Verhalten. Klar, wer davon ausgeht, dass alles faule Säcke sind, denen man zeigen muss, wo der Hammer hängt, wird diese Haltung in vielfältiger Weise in sein Alltagshandeln übertragen. Das innere Bild findet seine Entsprechung im Umgang mit den Lernenden. Auf die Schule bezogen heißt das: Mit welchem Bild (und also auch

> **Das Wenn-Dann-Prinzip**
> **Jede Veränderung ist Selbstveränderung**
>
> **Wenn** ich etwas will, **dann** muss ich etwas tun (ich, nicht die anderen).
> **Wenn** ich will, dass die Schüler höflich sind, **dann** mache ich Folgendes: ...
> **Wenn** ich will, dass meine Kollegen mit mir zusammenarbeiten, **dann** ...
> **Wenn** ich will, dass sich die Eltern für die Schule interessieren, **dann** ...
> **Wenn** ich will, dass die Lernenden sich aktiv engagieren, **dann** ...
>
> Die Liste lässt sich beliebig ergänzen.

mit welcher Haltung) tritt eine Lehrperson den Lernenden gegenüber? Welche Erwartungen knüpft sie an die Begegnungen?

Die Welt ist so, wie wir sie sehen (wollen). Pygmalion, ein griechischer Künstler, schuf eine Frauengestalt aus Elfenbein und verliebte sich in sie. So bat er denn inständig darum, sie möge lebendig werden. Sein Wunsch wurde erfüllt. Eine Figur wurde lebendig. Eine Vorstellung wurde Realität. Als „Pygmalion-Effekt" bekannt, heißt das: Die Menschen konstruieren sich ihre Welt. Die inneren Bilder der Erfahrungen werden nach außen projiziert und geben die Kulissen ab, die als Welt, als Realität, als Wahrheit wahrgenommen werden.

Übertragen auf die Schule bedeutet das: Lehrpersonen haben diejenigen Lernenden, die sie sich vorstellen.

Auch hier gilt damit: Jede Veränderung ist Selbstveränderung. Wer andere Lernende, andere Eltern, andere Kollegen oder eine andere Gesellschaft haben will, hat zwei Möglichkeiten.

1. Er wechselt sie aus. Das wird schon bei den Kollegen schön anstrengend sein. Und bei der Gesellschaft wird's dann vollends herkulisch.

2. Er gewinnt ein anderes Bild von ihnen. Das ist zweifelsohne einfacher, als sie auszuwechseln. Aber auch hier sind Grenzen gesetzt – zwar nur im eigenen Kopf, aber die sind manchmal noch schwieriger zu überwinden.

Beim Gutsein erwischen

Das Bild, das sich Lehrpersonen von den Lernenden machen, tragen sie in ihrem biografischen Rucksack mit. Da jedoch jeder vergangene Tag zum Teil der Biografie wird, ist die Haltung den Lernenden gegenüber mit den entsprechenden Auswirkungen auf das eigene Verhalten immer auch ein Ergebnis der jüngeren Berufsgeschichte. Ein fiktives Beispiel aus einem fiktiven Lehrerzimmer: Kollege Motzer-Unbill macht seinem Ärger Luft: „Dieser Kevin, das war heute wieder ein Affentheater mit ihm. Der lässt jeden Respekt vermissen." Kollegin Groll-Missmut pflichtet ihm bei: „Was heißt ‚heute'? Das ist schon lange so und wird immer untragbarer. Da müsste mal endlich jemand was tun." Andere beteiligen sich aufgeregt an der Diskussion: „Die ganze Klasse ist ein Überlebenstraining. Man kommt sich mehr als Raubtierbändiger vor denn als Lehrer. Von normalem Unterricht ist in dieser Klasse selten mehr zu reden." Zustimmendes heftiges Kopfnicken. „Mit dem heutigen Schülermaterial ist es überhaupt sehr schwierig. Die machen immer mehr, was sie wollen." Die Glocke mahnt zum Aufbruch. Alle verlassen das Lehrerzimmer und begeben sich in ihren Klassen. Schnitt!

Das Denken bestimmt die Gefühle, immer ein bisschen und ob man will oder nicht. Und je mehr solche Diskussionen, desto mehr Konturen erhält die Folie im Hinterkopf, die dann die Wahrnehmung entsprechend steuert. Kevin, die Klasse und das Schülermaterial werden es immer schwerer haben.

Aber es geht auch anders: Die positiven Beispiele haben nämlich genau die gleiche Wirkung – einfach in eine andere Richtung. Kollege Gutmut-Zuversicht freut sich wie ein kleines Kind: „Kevin hat heute alle Hausaufgaben dabei gehabt. Und die Grafik, die er gemacht hat: super. Ich habe gar nicht gewusst, dass der so gut zeichnen kann." Kollege Mutmacher trifft Kevin nach der Pause auf dem Korridor. „He, Kevin, ich habe gehört, dass du eine tolle Grafik gestaltet hast. Kannst du sie mir mal zeigen?" „Klar, gerne, Herr Mutmacher, ich habe mir echt Mühe gegeben. Wann soll ich sie Ihnen zeigen?"

Die Betrachtungskultur prägt die schulischen Menschenbilder. Und diese Betrachtungskultur lässt sich steuern. Ganz einfach: Man einigt sich beispielsweise darauf, dass jeder jeden Tag eine positive Erfahrung an die große Glocke hängt. Catch them being good, heißt diese Haltung jenseits des großen Teichs – die Lernenden beim Gutsein erwischen. Das zieht unvermeidlich die Mundwinkel nach oben, die eigenen und jene der anderen. So einfach ist das? So einfach ist das! Mehr auf den Käse und weniger auf die Löcher schauen!

5.4.2 Rollenverständnis

Menschen leben die Rollen, die sie sich geben oder die ihnen zugewiesen werden. Mit diesen Rollen verbinden sich Erwartungen, Werte, Handlungsmuster. Ein eindrückliches Experiment dazu hat Philip G. Zimbardo im Sommer 1971 gestartet. Aber: „Unsere für zwei Wochen geplante Untersuchung über die Psychologie der Haft musste aufgrund der Auswirkungen der Situation auf die teilnehmenden Studenten bereits nach sechs Tagen vorzeitig beendet werden. In nur wenigen Tagen wurden unsere Strafvollzugsbeamten zu Sadisten und unsere Gefangenen zeigten Anzeichen von Depressionen und extremem Stress", weiß Philip G. Zimbardo zu berichten.

Was war passiert? Zwei Dutzend normale und durchschnittliche Studenten wurden ausgewählt, an einem Experiment teilzunehmen. Ort der Handlung: Die Stanford University in Palo Alto. Dort, im Keller, wurde ein „Gefängnis" eingerichtet. Die Szenerie: Die ausgewählten Studenten wurden in zwei Gruppen eingeteilt – Wärter und Gefangene. Ein paar Tage später wurden die Gefangenen „verhaftet": Echte Polizisten nahmen sie öffentlich wegen bewaffneten Raubes und Einbruchs fest, klärten sie über ihre Rechte auf und brachten sie auf die Polizeiwache. Mit verbundenen Augen hatten sie in Untersuchungszellen zu warten. Später wurden sie zum Institut überführt und nach Aufnahme ihrer Personalien in extra für dieses Experiment eingerichtete Zellen gesperrt. Die „Wärter" wurden mit Uniformen, von der Polizei geliehenen Gummiknüppeln und Sonnenbrillen ausgestattet. Und so, wie sie daherkamen, verhielten sie sich auch. Sie befahlen beispielsweise die Gefangenen zu beliebigen Tag- und Nachtzeiten zu Zählappellen aus den Zellen.

Bereits am Morgen des zweiten Tages brach ein Aufstand aus. Die Gefangenen blockierten die Zellentüren, rissen ihre Nummern von den Kitteln und zogen sich die Strümpfe vom Kopf. Die Wärter schlugen den Aufstand nieder, indem sie mit Feuerlöschern eisiges Kohlendioxid in die Zellen sprühten und die Gefangenen dadurch zwangen, die Türen freizugeben. Danach wurden ihnen Kleidung und Betten entzogen. Und fortan demütigten die Wärter die Gefangenen bei jeder Gelegenheit.

>> **Bei gleicher Umgebung lebt doch jeder in einer anderen Welt.** <<
(Arthur Schopenhauer)

Das Experiment geriet sehr schnell außer Kontrolle. Einige der Wärter zeigten sadistische Verhaltensweisen, speziell bei Nacht, wenn sie vermuteten, dass die angebrachten Kameras nicht in Betrieb seien. Teilweise mussten die Experimentatoren einschreiten, um Misshandlungen zu verhindern. Nach nur sechs Tagen (zwei Wochen waren ursprünglich geplant) wurde das Experiment abgebrochen.

Philip G. Zimbardo – Professor an der Stanford University – wollte mit dem Versuch in Erfahrung bringen, inwieweit der Kontext und die Rollenmuster das Verhalten von Menschen beeinflussen. Und es ist ihm eindrücklich gelungen.

Was tut der Lehrer, wenn er nicht lehrt?

Das ist in der Schule nicht anders. Rolle und Status machen aus den Menschen das, was sie machen. Für den verhaltensoriginellen Schüler ist der Unterricht eine fortwährende Castingshow, die fleißige Streberin meldet sich auch bei jenen Fragen, die gar nicht gestellt worden sind und dem gestrengen Lehrer kommt es nicht einmal in den Sinn, den Fünfer gerade sein zu lassen. Man verhält sich rollenkonsistent, so halt, wie man aufgrund innerer Modelle und vermuteter Erwartungen glaubt, sein zu müssen. Der Flug über die Weltrekordhöhe im Stabhochsprung (immerhin 6,14 m) ist deshalb ein Nasenwasser im Vergleich zum Sprung über den eigenen Schatten.

Eine kompetenzorientierte Lernkultur, eine Verlagerung des Aktivitätsschwerpunktes zu den Lernenden, das verlangt von allen Akteuren, etwas anderes zu tun und etwas anderes zu sein. Es geht nicht um eine aufgepeppte Neuauflage des Lehrerlis- und Schülerlisspiel. Es geht um neue Rollen und um eine neue Rollenverteilung. Und was heißt das für die Lehrer? Nicht mehr Lehrer sein – oder nur noch in beschränktem Rahmen. Doch was tut der Lehrer, wenn er nicht mehr lehrt? Die Kompetenzentwicklung der Lernenden unterstützen, sich in den Dienst der individuellen Zielerreichung stellen, Hilfe zu Selbsthilfe leisten. Mit Betonung auf „Selbst".

„Zu lange hat das Paradigma des Lehrens und damit verbundenen die Frage der wirksamen Lehre die Professionsdebatte bestimmt", stellt Wilfried Schley kritisch fest. „Fragen der Heterogenität, der Integration, der Verhaltensdispositionen rangierten unter Belastungsmerkmalen und Störgrößen des pädagogischen Betriebs." Eine zeitgemäße Variante des Systems Schule stellt jedoch das Lernen ins Zentrum. „Lernen", so Wilfried Schley weiter, „wird als das begriffen, was es im Kern ist, eine Aktivität, die auf Teilhabe und Partizipation gründet. Der Dialog rückt ins Zentrum, die Beziehungsqualität wird relevant, die Personalisierung der Lernprozesse wird stärker beachtet und die Frage der starken Lernumgebung offen gestellt. Damit verbunden werden die Systeme der äußeren Differenzierung zunehmend kritisch bewertet und die Praxis der Leistungsbeurteilung ebenfalls kritisch angeschaut. Für viele PädagogInnen stellt dieser Wandel allerdings eine große Belastung und Irritation dar. Was lange galt, gilt plötzlich nicht mehr. Die klassische Position des Führens einer Klasse als homogen gedachter Lerngruppe trägt nicht mehr. Die Routinisierung des LehrerInnenhandelns beeinträchtigt sogar die gewünschten Ziele. Der Unterricht verläuft energiearm und manchmal werden Störungen von den SchülerInnen als willkommene Abwechslung geschätzt, die die oft erlebte Monotonie unterhaltsam durchbrechen. Das Rollenspiel ist eingeschliffen: Fragen und Antworten, Aufgaben und Lösungen, Lernschwierigkeit und Förderung, Anweisung und Befolgung. [...] Dennoch hat diese falsche Routine der ‚angenehmen Trägheit' ihren Preis. Die Potenziale vieler SchülerInnen werden nicht erreicht, ihre Verantwortlichkeit zu wenig gestärkt, die Disziplinierungsfunktion der Lehrpersonen stärker benötigt. Schule bleibt unter ihren Möglichkeiten. LehrerInnen leiden unter Erschöpfung, ‚Burn-out' und ‚Bore-out' sind keine seltenen Merkmale individuellen Scheiterns." (Schley 2009)

LearningEmpowerment

Damit die Schule nicht zu einem saft- und kraftlosen Laden verkommt, braucht es zwei Dinge: Saft und Kraft. Neudeutsch: Power. Und daraus ergibt sich die Antwort auf die Frage, was Lehrer tun (sollen), wenn sie nicht lehren: LearningEmpowerment. Oder zu gut deutsch: Lernermächtigung. Aber das klingt furchtbar. Empowerment hat da einen ganz anderen Klang. Und eine ganz andere Wirkung. Wer „Empowerment" sagt, spürt, wie sich der Körper leicht anspannt, wie die Hände zupacken wollen. Es geht Kraft aus von diesem Begriff. Man kann ihn gar nicht lahmarschig aussprechen. Es ist kein Wort für Weichspüler.

LearningEmpowerment stellt der vornehmlich defizitorientierten Perspektive eine Ausrichtung auf Potenziale und Ressourcen gegenüber. Und das ist zugleich die Rolle der Lehrer (oder besser: der Coachs): Stärken stärken, die Lernenden dabei unterstützen, ihre Potenziale zu nutzen, ihnen zum Erfolg verhelfen. Das funktioniert nicht über Appelle. Das funktioniert über Beziehung, über Zielorientierung, über Verbindlichkeit, über Begeisterung, über Leistungsfreude – über Saft und Kraft eben.

Und das wirkt ansteckend. Resonanzphänomene heißt das entsprechende Stichwort. Menschen leben ständig in Resonanz mit Impulsen. Das können Rhythmen und Klänge sein, der Atem eines Menschen, neben dem man läuft, eine (un)angenehme Stimmung in einer Gruppe. Affekte stecken an – Missmut ebenso wie Spaß, Bitterkeit ebenso wie Enthusiasmus, Gähnen ebenso wie Lächeln. Es entsteht die sprichwörtliche gemeinsame Wellenlänge. Mehr noch: Wer zu erkennen glaubt, dass ein anderer ihn mag, verhält sich freundlicher und wärmer – mit dem Effekt, dass das Gegenüber ihn tatsächlich mehr mag. Umgekehrt: Wer Zurückweisung fürchtet, verhält sich reservierter und kühler – und riskiert einen Korb.

> **»Es gibt kein Tier, für das man so viel tut wie für die Katz.«**

Solche Resonanzphänomene machen nicht halt vor den Schulhaustüren. Eine energiearme, bürokratische Ansammlung von Erbsenzählern löst entsprechende Resonanzen aus. Die Menschen in einem solchen Umfeld schleppen sich mit arretierter Spartaste durch den schulischen Alltag und achten darauf, alles was auch nur ein bisschen nach Leistung riecht, großräumig zu meiden. Andrerseits macht ein entkrampftes Arbeiten mit aufgestellten Menschen so viel Spaß, dass alles viel leichter und beschwingter von der Hand geht.

Schrittmacher

Überall, wo sich Menschen treffen, entwickeln sich unzählige Impulse, mit denen sich mitschwingen ließe. Aber das schafft der Mensch gar nicht. Das überfordert ihn heillos. Deshalb geht er immer mit dem – subjektiv empfunden – stärksten Impuls in eine resonante Verbindung. Das lässt sich leicht feststellen, wenn man sich zu Fuß durch eine Stadt bewegt. Hunderte von Menschen hinterlassen ihre akustischen Fußabdrücke. Aber sobald man hinter dominierend klappernden Absätzen herläuft, fällt man fast automatisch in den entsprechenden Schrittrhythmus.

Als Schrittmacher (Pacemaker) bezeichnet man etwas oder jemanden, der eine bestimmte Geschwindigkeit oder Frequenz vorgibt. Im Laufsport werden darunter die „Hasen" verstanden, jene Läufer, die vom Start weg über eine bestimmte Distanz ein hohes Tempo anschlagen, um den Favoriten zum Rekord zu führen. Nicht Rekorde, dafür aber ein gleichmäßiger Rhythmus, das ist ein Ziel bei der Implantation von Herzschrittmachern. Hier wie dort geht es um Impulse, die auf Resonanz stoßen.

Für die Schule stellt sich die Frage: Where is the power? Wer setzt die stärksten Impulse? Wem folgt die Resonanz? Wer sind die Schrittmacher? Die Stimmungsmacher? Und: Wohin führt der Schritt? Es versteht sich von selbst, dass in dieser Beziehung die Lehrpersonen zuvorderst in der Pflicht stehen. Von ihnen müssen starke Impulse ausgehen. Wenn es dienlich ist, können (müssen) sie auch „Hasen" sein. Oder für einen gesunden Rhythmus sorgen. Sie leisten Schrittmacherdienste für den Erfolg der Lernenden. Sie sorgen für EmPOWERment.

Generalisten

Die Kompetenz, Lernende zu „empowern" ist ein Produkt (nicht die Summe!) aus verschiedenen sich gegenseitig beeinflussenden Faktoren – in verschiedenen Rollen. Das heißt: LearningEmpowerment gründet auf einem multiplen Kompetenz- und Rollenmodell. In der Zusammenarbeit mit Lernenden sieht das Drehbuch ganz unterschiedliche Rollen vor. Und dann gibt es die Rollen, die sich an kein Drehbuch halten, in die man hineinstolpert, zu denen man kommt wie die Jungfrau zum Kinde. Und nicht in jeder Rolle fühlt man sich gleichermaßen wohl und kompetent.

Schulische Lernarrangements gliedern sich grob in einen offenen, einen strukturierten und einen Wahlbereich. Dieses Drei-Kreise-Modell (Seite 223) geht davon aus, dass die Lehrpersonen nach Drehbuch in unterschiedlichen Funktionen tätig sind. Und dass sie sich dabei auf unterschiedliche Kompetenzen müssen stützen können.

A Eine – wichtige – Rolle ist jene des persönlichen Coachs. Was heißt das: Alle Lernenden haben eine direkte Bezugsperson, einen „Schrittmacher". Dieser Coach leistet jene Hilfe zur Selbsthilfe, die die Lernenden brauchen, um möglichst selbstkompetent ihr Lernen zu gestalten. Das setzt seitens des Bezugscoachs die Bereitschaft und die Fähigkeit voraus, mit Lernenden tragfähige professio-

nelle Beziehungen einzugehen. Dazu gehört die Kompetenz, individuell machbare Verbindlichkeiten zu vereinbaren – und sie einzufordern. Diese Rolle muss man ebenso mögen wie die Lernenden, um die es geht. Denn man muss sich für sie interessieren, für ihre Situationen, für ihre Möglichkeiten, für ihre Ziele. Und man muss wollen, dass sie es schaffen. Diese Rolle des Sparringpartners ist für beide Seiten nicht immer nur bequem. Zumal je nach Alter der Lernenden noch weitere Interessen und Anliegen auf unterschiedlich konstruktive Weise ins Feld geführt werden – Eltern, andere Lehrpersonen, zukünftige Ausbildner und so weiter. Der Coach sieht sich damit unvermittelt auch immer in der Rolle des Jongleurs mit vielen und zum Teil widersprüchlichen Anliegen. Und bei allem ist es wichtig: Er nimmt zwar eine prinzipiell supportive Rolle ein – aber er gibt bei Bedarf den Schritt an. Und er stellt sich in den Weg, wenn die Entwicklung in eine falsche Richtung laufen sollte. Und er tut das in einer entspannten Weise, so dass „seine" Lernenden es schätzen, dass er in ihrem Leben ist.

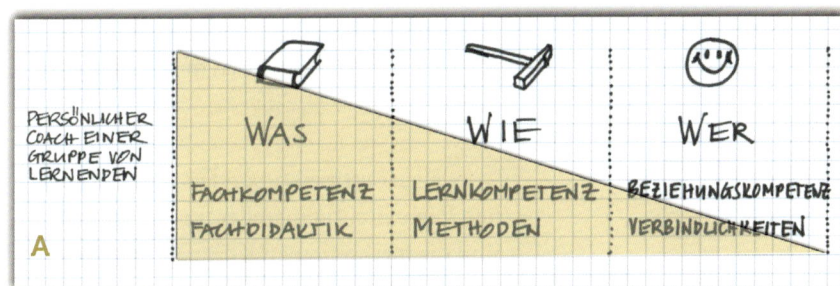

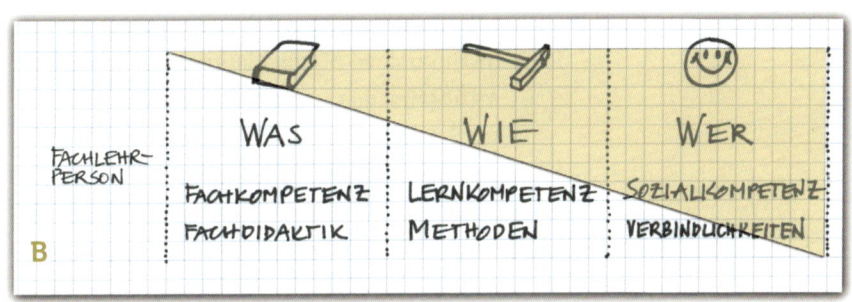

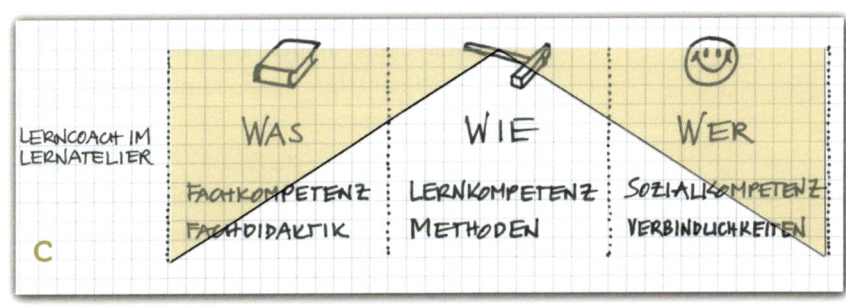

B In den strukturierten und den Wahlbereichen der Schule stehen fachliche und vor allem fachdidaktische Kompetenzen im Vordergrund. Oder vielleicht eher: mathetische. Denn die Mathetik (Wissenschaft vom Lernen / Seite 60) blickt aus der Perspektive des einzelnen Schülers auf das, was fachlich ansteht. Das heißt: In der Rolle des Fachcoachs geht es vorrangig darum, den einzelnen Lernenden Wege zu relevanten fachlichen Kompetenzen zu eröffnen. Sie sollen erfahren und erleben, dass es jenseits von „Stoff" und „Prüfung" eine Menge Spaß macht, etwas zu wissen und zu können. Und dass es Wochen oder Monate später ebenso viel Freude bereitet, es immer noch zu wissen und zu können. Der nachhaltige Wert ist eines der zentralen Ziele. Und dieser Wert bildet sich unter anderem durch die vielen positiven Erfahrungen, die eigenen Lebenswelten immer ein bisschen besser verstehen und sich aktiv darüber verständigen zu können. Um sich solchen Intentionen verschreiben zu können, brauchen Fachcoachs nicht nur ein gerüttelt Maß an kompetentem Enthusiasmus für „ihr" Fach, sie müssen gleichermaßen begeistert die Lernenden dabei unterstützen können, Relevanz zu finden, das Wissen mit anderen Fachbereichen und vor allem mit den persönlichen Lebenswelten in Beziehung zu setzen.

C In allen Settings, besonders aber in offenen Bereichen (Lernatelier, Lernteam etc.) sind die methodischen Kompetenzen der LernCoachs gefordert. Dazu gehört nicht nur ein elaboriertes Wissen über Lernprozesse, es braucht auch ein reiches Repertoire an methodischen Möglichkeiten. Ziel ist es aber nicht etwa, den Lernenden auf jedes „Ich-weiß-nicht-wie-das-geht" wie aus der Pistole geschossen einen Tipp zu geben oder eine Methode zu offerieren. Die eigene Lernkompetenz versetzt die Coachs in die Lage, jene Fragen zu stellen, die den Lernenden helfen, selber auf adäquate Strategien zu kommen. Dabei geht es nicht nur um Lernstrategien im engeren Sinne, sondern auch um die Art des Vorgehens, bis hin zur Gestaltung zwingender Arrangements.

Jede der unterschiedlichen Rollen erfordert bestimmte Haltungen, Fähigkeiten und Fertigkeiten. Diese Rollenkompetenzen an sich fordern heraus. Immer wieder neu und immer wieder anders, weil auch die Situationen der Lernenden immer wieder neu und anders sind. Soweit, so gut. Doch hinzu kommt, dass die Rollen nicht trennscharf voneinander abzugrenzen sind. Rollen vermischen sich mit Rollen und erfordern entsprechend multiple Kompetenzen. Damit kommen natürlich Generalisten wesentlich besser zurecht als Fachexperten.
Ein Generalist, so spottet der Spezialist, kapiere von immer mehr immer weniger. Der Experte, kontert der Generalist, wisse zwar viel, aber von ganz wenig.
Die Schule ist bis weit hinauf nicht eine Institution, die den Erfolg ihrer Lernenden hochspezialisierten Fachexperten verdankt. Den besten internen Marktwert haben folglich Mitarbeiter mit breitem, aber fundierten Know-how, die in Zusammenhängen denken, die Bedürfnisse ihrer Lernenden differenziert wahrnehmen und situationsadäquat handeln können.

Souveränitätskompetenz: Auch sitzend über den Dingen stehen

Wenn Schüler nach dem „guten" Lehrer gefragt werden, fallen die Antworten recht einheitlich aus. Der gute Lehrer ist jemand, der sich für die Lernenden als Menschen interessiert und der an ihrer Entwicklung Anteil nimmt, der fair und respektvoll mit ihnen umgeht. Gute Lehrer sind – aus der Schülerperspektive – ein Rollenmodell für ein engagiertes und zuversichtliches Leistungsverhalten. Sie zeichnen sich aus durch

Flexibilität – auch in der Art, wie sie ihre Arrangements gestalten. Zuerst und vor allem aber wünschen sich junge Menschen geerdete Persönlichkeiten, die auch mit schwierigen Situationen souverän umgehen können. Klar, das bietet Orientierung und vermittelt auf eine gewisse Weise auch Sicherheit. Souveränität ist mit Sicherheit einer der Schlüsselbegriffe, wenn es um die Kompetenzen von Lehrpersonen geht. Diese Fähigkeit, auch sitzend über den Dingen zu stehen, ist die Voraussetzung für ein im wahrsten Sinne des Wortes gesundes Lern- und Arbeitsklima. Das bezieht sich einerseits auf fachliche Aspekte. Wer sich in dieser Beziehung als souverän erweist, wer sich also lösen kann vom vermeintlichen Diktat des Stoffs, gibt sich den mentalen Raum, flexibel, unverkrampft und mit einer gewissen Leichtigkeit an die Menschen und an die Dinge heranzugehen. Der Humor hat in einem solchen Klima ebenso Platz wie konzentrierte Anspannung. Es ist die Wechselwirkung, die Balance, die es ausmacht. Und das setzt natürlich die Fähigkeit voraus, die Gunst der Situation nutzen zu können, einen Blick zu haben für die Möglichkeiten, die Kompetenz, positiv gestaltend auf das Klima einzuwirken. Solche atmosphärendidaktische Fähigkeiten und Fertigkeiten verlangen nach einer anderen Flughöhe, nach Übersicht und Überblick, damit man vor lauter Bäumen den Wald nicht aus dem Blick verliert. Mit Augenmaß agieren heißt die viel zitierte Forderung – aber Augenmaß ist aus der Froschperspektive nicht das Gleiche wie aus der Sicht des Adlers. Gar nicht.
Dieses Augenmaß aus der Perspektive des Darüberstehens ist auch vonnöten, wenn es darum geht, Verbindlichkeiten einzufordern. Und da haben die Lernenden klare Erwartungen: Sie wünschen sich Lehrpersonen, die nicht nur reden, sondern die den Worten auch Taten folgen lassen. Es geht um Berechenbarkeit, aber auch um Glaubwürdigkeit. Und es geht irgendwo ganz weit hinten auch darum, sich ernst genommen zu fühlen. Denn wer eine Verbindlichkeit eingeht, wer eine Aufgabe (welcher Art auch immer) übernimmt, hat letztlich auch einen Anspruch auf Konsequenzen – positive ebenso wie negative. Denn was keine Konsequenzen hat, ist auch nichts wert. Verbindlichkeiten zu gestalten und mit ihnen konsequent und souverän umzugehen – das ist zweifelsfrei eine der Schlüsselkompetenzen in einer modernen Lernumgebung. Und es macht den Erfolg aus.

5.4.3 Lernverständnis

Das Verständnis, das Menschen vom Lernen haben, beeinflusst, wie sie im schulischen Kontext ihre Aktivitäten gestalten. Und wie sie darauf Einfluss zu nehmen versuchen. Wenn Eltern fragen: „Habt ihr nie mehr richtig Schule?", dann haben sie ein Bild davon, wie „richtig Schule" aussieht. Und wenn Lernende sich von der Vorstellung leiten lassen, dass es einfach darum gehe, gute Noten zu kriegen, dann werden sie sich in ihrem Verhalten von eben dieser Vorstellung leiten lassen. Weshalb sollte es den Lehrpersonen anders gehen. Auch sie haben Bilder davon, was unter schulischem Lernen zu verstehen ist. Und auch bei diesen Bildern haben die biografischen Erfahrungen den Pinsel geführt. Der Mensch ist ein Produkt seiner Biografie. Das ist bei Lehrpersonen in Bezug auf ihr Lernverständnis keinen Deut anders. Sie haben subjektive Theorien über schulisches Lernen entwickelt, die sich unbewusst und unkontrolliert im Alltagshandeln manifestieren. Die menschliche Biografie ist ja nicht einfach eines Tages abgeschlossen. Beziehungsweise: Wenn es soweit ist, wird man sich auch keine Gedanken mehr machen können – weder zum schulischen Lernen noch zu etwas anderem. Bis es aber so weit ist, verändert sich die Biografie mit jedem neuen Tag ein bisschen. Und damit lässt sich auch das Bild vom Lernen weiterentwickeln – je mehr man sich mit den entsprechenden Fragen auseinandersetzt. Und noch wichtiger: Je mehr man das Praxisspektrum schulischen Lernens erweitert. Wer sein professionelles Repertoire durch immer neue Handlungsoptionen ergänzt, kann entsprechend immer wieder neue Erfahrungen sammeln und Erkenntnisse gewinnen – und sich quasi eine neue Berufsbiografie verpassen.

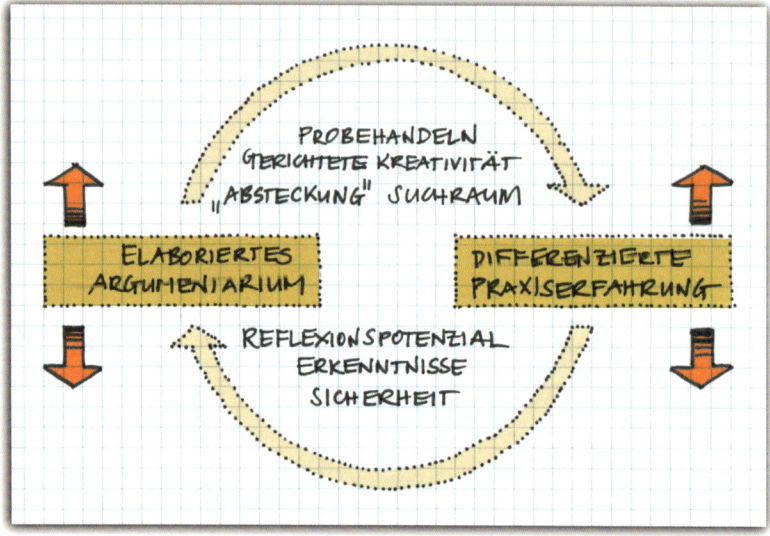

Mit anderen Worten: Es entsteht eine positive Wechselwirkung zwischen einem elaborierten Argumentarium und einer differenzierten praktischen Erfahrung.

Ein vielfältiges und „armiertes" Wissen über das, was Lernen ausmacht, ist die Grundlage für die Gestaltung kreativer Lernarrangements. Zu diesem Wissen gehören relevante Erkenntnisse aus der Wissenschaft ebenso wie Beispiele aus der modernen Praxis. Von Lehrpersonen sollte man deshalb – auch in ihrem eigenen Interesse – erwarten, dass sie sich auf dem Laufenden halten über das, was die Wissenschaft ihnen an praxisrelevantem Wissen liefert. Und es muss ihnen ein vitales Anliegen sein, immer wieder über den eigenen Gartenzaun hinauszublicken und sich kundig zu machen, was andernorts läuft.

Ein solches – sich laufend erweiterndes – elaboriertes Wissen über das professionelle Wie verhindert wilde Hüftschüsse und ein beliebiges Probehandeln. Im Gegenteil: Der Suchraum lässt sich auf einem fundierten Know-how bewusst und reflektiert erweitern. Die entsprechend zunehmende Vielfalt an Handlungsoptionen macht Mut, „andere" und durchaus auch originelle, kreative Ansätze in die schulischen Lernarrangements umzusetzen. Das führt zu immer neuen praktischen Erfahrungen. Die wiederum tragen mit ihrem Reflexionspotenzial dazu bei, dem Argumentarium auf dem gesicherten Boden der Erfahrung weitere Erkenntnisse beizufügen.

Man kann es auch andersrum anschauen: Wer sich bequemerweise mit seinem einmal erworbenen Wissen über schulisches Lernen begnügt, wird kaum neue Erfahrungen machen (wollen/müssen). Und er wird damit auf seinem beschränkten Argumentarium sitzen bleiben. Das – das Sitzenbleiben – passt dann ja auch gut zu einem tradierten Schulverständnis.

5.4.4 Funktionsverständnis

Ötzi und Konsorten kannten noch keine Schuhe. Sie wickelten Tierfelle um Waden und Füße. Aus diesem primitiven Kälteschutz entwickelten sich im Verlaufe der Zeit die Stiefel. In klimatisch wärmeren Regionen wurden Sohlen aus Palmblättern als Schutz gegen den heißen Boden unter die Füße gebunden. Schuhe und ihre Vorläufer erfüllten primär eine Schutzfunktion. Dabei blieb es aber nicht. Schuhe wurden zum modischen Accessoire und wer einen Blick auf des anderen Füße warf, konnte mit hoher Trefferquote etwas über sozialen Status oder Gruppenzugehörigkeit des Trägers sagen.

Sandalen aus Gold- oder Silberblech trugen zum Beispiel im alten Ägypten nur Pharaonen und Sandalen nur hohe Beamte und Priester. Das Volk ging barfuß. Bei den alten Griechen wurde eine Verordnung erlassen, die die Verwendung von Juwelen auf Sandalen regelte. Im Mittelalter ließ sich aus der Länge der Schuhspitze bei den damals modernen Schnabelschuhen die Zugehörigkeit zu einem bestimmten Stand ablesen. Und zur Zeit des Sonnenkönigs war es nur dem König und hohen Adligen gestattet, rote Absätze zu tragen. Aber so tief muss man gar nicht in die Geschichte wühlen. Auch heute sind Schuhe keineswegs einfach Schuhe. Schuhe dienen ganz unterschiedlichen Zwecken. Diese Funktionen können ganz offensichtlich sein, wie bei Fußballschuhen. Sie können aber auch indirekte Botschaften aussenden. Badelatschen sind sicher geeignet, um an den Strand zu gehen. Sie können aber auch ein Lebensgefühl (zum Beispiel von jugendlicher Unbekümmertheit) zur Schau stellen. Springerstiefel riechen häufig nicht nur nach Fußschweiß, sondern auch nach politischer Gesinnung. Und auf Highheels stöckelt frau nicht – oder zumindest nicht in erster Linie – ihrer fußbekleidenden Funktion wegen den Shops entlang über das Pflaster, das die Welt bedeutet.

Ein anderes Beispiel: Welches Trinkgefäß ist das beste? Auf diese Frage gibt es nur eine Antwort: „Es kommt drauf an." Es kommt drauf an, wofür man es braucht. Für das Kleinkind ist das Weinglas ebenso wenig geeignet wie für die Biketour. Der Espresso schmeckt aus der Babyflasche suboptimal (um nicht scheußlich sagen zu müssen). Und den feinen italienischen Rotwein trinken nur Banausen ohne Not aus dem Pappbecher. Ob ein Trinkgefäß „gut" ist, hängt also davon ab, wer es wofür braucht. Anders gesagt: Es kommt darauf an, welchem Zweck es dient. Das gilt nicht nur für Trinkgefäße.

Wer sein Fahrrad braucht, um damit Waren zu transportieren, stellt besondere Anforderungen an das Vehikel. Mit dem Dreirad eines Kindes kann er ebenso wenig anfangen wie

mit einem superleichten Rennrad. Der Mountainbiker wiederum käme mit dem Transportrad weder über Stock noch über Stein. Das passende Fahrrad per se gibt es nicht. Ob für Schuhe, Trinkgefäße, für Fahrräder oder für was auch immer – es gibt eine Art Funktionsgesetz: Form follows function, die Form muss der Funktion folgen.

Vorlesung im Hörsaal. Was sonst?

„Es ist das Gesetz aller organischen und anorganischen, aller physischen und metaphysischen, aller menschlichen und übermenschlichen Dinge, aller echten Manifestationen des Kopfes, des Herzens und der Seele, dass das Leben in seinem Ausdruck erkennbar ist, dass die Form immer der Funktion folgt." Die Form folgt der Funktion – der das gesagt hat, heißt Louis Sullivan. Und er hat es auch noch weitaus poetischer zum Ausdruck gebracht: „Ob es der gravitätische Adler in seinem Flug oder die geöffnete Apfelblüte, das sich abplagende Arbeitspferd, der anmutige Schwan, die sich abzweigende Eiche, der sich schlängelnde Strom an seiner Quelle, die treibenden Wolken, die überall scheinende Sonne, die Form folgt immer der Funktion, und das ist das Gesetz." Der amerikanische Architekt Louis Sullivan wird als „Vater der Hochhäuser" bezeichnet. Er übte Ende des 19. Jahrhunderts großen Einfluss auf die damalige Architektur in den Staaten aus. Sein Grundsatz, dass die Form der Funktion folge (und zu folgen habe), lässt sich ohne Weiteres von Architektur auf Trinkgefäße und Fahrräder übertragen. Und auf die Schule! Denn was für (fast) alles andere gilt, gilt auch für die Bildungseinrichtungen. Welche Funktion sollen sie haben? Welchen Zwecken sollen sie dienen?

Ein Beispiel: Hörsäle sind – wie der Name unschwer erkennen lässt – ersonnen und gebaut worden, damit Menschen zuhören. Sie hören beispielsweise jemandem zu, der eine Vorlesung hält. Die intendierte Funktion der Veranstaltung überträgt sich von den Begrifflichkeiten über die Architektur auf die Menschen. Jemand steht vorne und trägt vor. Hinten sitzen jene, die zuhören. Sie können vielleicht eine Frage stellen, sie können mal den Kopf drehen und sich mit den Sitznachbarn links oder rechts unterhalten – und dann hat sich's. Denn Begrifflichkeiten und Raumorganisation lassen keinen Zweifel aufkommen, worum es geht bei einer Vorlesung im Hörsaal. Das Funktionsverständnis steht damit in keinem Widerspruch zur Art, wie gelehrt wird. Freilich, die Frage stellt sich: Passt das Funktionsverständnis – nach allem, was man über menschliches Lernen weiß – noch in die heutige Zeit? Ausgangspunkt ist damit die Frage nach dem Selbstverständnis der Institution. Als was versteht sie sich? Worin sieht sie ihre Funktion?

Wenn eine Schule sich beispielsweise dem Ziel verschreibt, dass ihre Lernenden ein hohes Maß an Selbstständigkeit erwerben sollen (Funktion), dann müssen notwendigerweise

Die Vorlesung „Angewandte Bewegungslehre" findet im Hörsaal 37B statt.

die Arrangements so gestaltet werden (Form), dass Selbstständigkeit gefordert und gefördert wird. Eine solche Schule wird zwangsläufig anders daherkommen müssen als eine, die ihre vorrangige Funktion darin sieht, Lernende auf Prüfungen zu trimmen.

Passung oder Vergewaltigung?

Die Arbeit in und an Bildungssystemen sind deshalb nicht von der Frage zu trennen: Was soll das Ganze eigentlich? Welches Funktionsverständnis liegt dem zugrunde, was getan wird (oder getan werden soll)? Denn dem Funktionsverständnis kommt gewissermaßen eine übergeordnete Rolle zu, die eines Metaverständnisses. Menschenbild, Lern- und Rollenverständnis aller Akteure finden sich direkt und indirekt in der Definition dessen, was die Funktion der Schule sein soll.

Schulisches Lernen hat dann eine hohe Wahrscheinlichkeit des Gelingens, wenn das, was die Beteiligten sich vorstellen, dem entspricht, was getan wird. Das heißt: Wenn jemand à tout prix auf eine Prüfung hin getrieben und getrimmt werden will, dann ist es absolut in Ordnung, wenn die Maßnahmen diesem Ziel untergeordnet werden. Erstens verfolgen alle Beteiligten die gleiche Absicht. Und zweitens tun sie das ganz bewusst. Die Passung ist entsprechend hoch. Nur, meistens liegen die Dinge im schulischen Kontext nicht ganz so offen zutage. Und meistens stimmt die Passung dann auch nicht so ganz.

Das kann einerseits daran liegen, dass das (unbewusste) Wenn mit dem Dann nicht korrespondiert. Wer beispielsweise immer noch mit dem Muster „ohne Druck machen die gar nichts" durch die schulische Landschaft irrt, wird auf seinem Handlungsweg auf hundertfache Weise direkt und indirekt zu spüren bekommen: Da stimmt etwas nicht!

Es kann andrerseits natürlich auch daran liegen, dass das Funktionsgesetz vergewaltigt wird. Das ist dann der Fall, wenn die Funktion der Form folgen muss. Ein Beispiel gefällig für diesen Kopfstand? Erkenntnis: Lernende sind unterschiedlich und lernen entsprechend auf ihre je eigene Weise. Folgerung: Personalisiertes Lernen. Wenn nun aber die äußere Form dominiert, wenn personalisiertes Lernen im Schraubstock von Stundentakt und Prüfungen stranguliert wird, dann wird auch hier schnell einmal klar: Da stimmt etwas nicht!

6 Genuss des Nutzens
Gebrauchsorientierung – denn Lernen muss sich lohnen

In die Bildung wird viel investiert – viel Geld, aber auch viel Zeit. Wobei? Handelt es sich wirklich um Investitionen? Das wäre dann der Fall, wenn die Jahre und das Geld sich irgendwie lohnen würden, wenn man also einen „Return on Investment" hätte. Aber eben: Wann hat sich Bildung gelohnt? Vielleicht dann, wenn der einzelne Lernende möglichst häufig die Erfahrung macht: Ich bin froh, dass ich dies oder jenes weiß und kann. Und diese Erfahrung macht er dann und dort, wo man solche Erfahrungen gemeinhin zu machen pflegt: im Alltagsleben. Das heißt: Bildung lohnt sich dann, wenn sie zu etwas zu gebrauchen ist. Wenn sie dazu beiträgt, das Alltagsleben gelingend gestalten zu können. Gebrauchswert heißt das Stichwort.

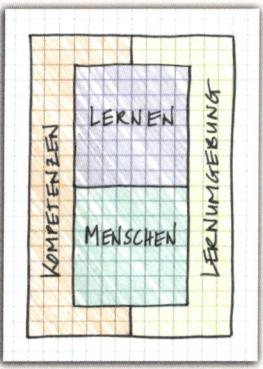

6.1 Fehlinvestitionen

„Doch das Jahr der Innovationen ist noch nicht mal halb vorbei, da geht den Genossen fast schon wieder die Puste aus. ‚Das ist nichts, wofür man schnellen Applaus bekommt', sagt der SPD-Chef Franz Müntefering. Und Kanzler Gerhard Schröder hat erkannt, es bestehe eine zeitliche Kluft zwischen den ‚gefühlten Belastungen und den aus ihnen entstehenden Erfolgen.'" Das war 2004. Und stand im „Spiegel". Titel: Die Bildungsblase.

Mittlerweile haben Blasen so etwas wie Konjunktur. Von der Dotcom- über die Banken- zur Immobilienblase – alle haben sie nicht nur die Schlagzeilen beherrscht, sondern auch unzählige Menschen in Elend und materiellen Ruin gestürzt. Man hat sich auf Pump Aktien zugelegt oder Immobilien oder beides, weil es trendig war und die vermeintlichen Schnäppchen mit hohen Renditen lockten. Doch in allzu vielen Fällen entsprachen innerer Wert

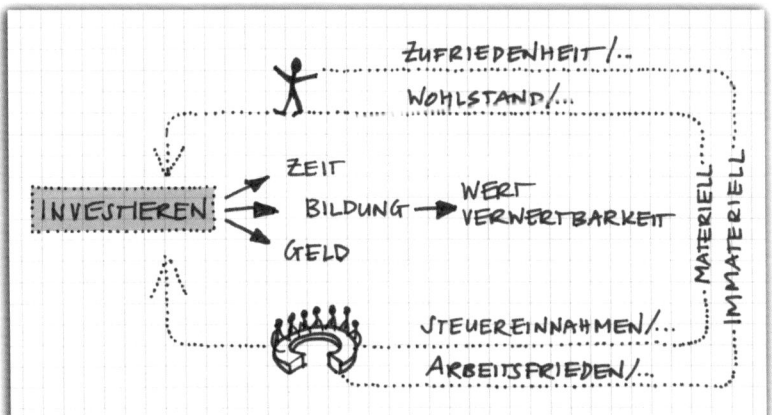

und Verwertbarkeit nicht annähernd dem, was man bezahlt und nicht im entferntesten dem, was man sich versprochen hatte. Das kollektive böse Erwachen folgte auf dem Fuße und ging einher mit entsprechend lautem medialem Getöse. Flugs wurden die politischen Kanonen in Stellung gebracht und die gängigen Feindbilder zum Abschuss freigegeben. Als dann das letzte Restchen warme Luft den Blasen entwichen war, blieben eine Menge Verlierer zurück. Und die anderen gingen zum Courant normal über.

Bei der Bildung ist das ein bisschen anders. Die bläst sich im Stillen auf. Ähnlich hingegen klingen die Heilsversprechen, wenn es um Bildung geht: je höher die Bildung, desto dicker das Portemonnaie und schicker das Leben. Da lohnt sich's zu investieren.

Die Individuen investieren erst einmal viel Lebenszeit in das, was gemeinhin als Bildung bezeichnet wird. Sie gehen tausende von Stunden zur Schule. Und wenn in der Zwischenabrechnung zu viel Zeit zu wenig Bildung gegenübersteht, kann ja mit Nachhilfe und Ähnlichem noch ein bisschen nachgebessert und die Bilanz entsprechend geschönt werden. Dafür sind dann die Eltern zuständig, die ja häufig ebenfalls mit Zeit und Geld in Vorlage gehen und klotzig in den potenziellen Bildungserfolg ihres Nachwuchses investieren. Aber auch die Staatskassen sind weit geöffnet. Es wäre politischer Selbstmord, über Geld zu reden, wenn es um Bildung geht – um höhere Bildung selbstverständlich. Da ist aber nicht nur die Bildung höher, auch die Kosten sind es. Mit jeder Schulstufe wird es sprunghaft teurer. Und auch der Wasserkopf wächst exponentiell.

Und wenn schon alle mehr Zeit und mehr Geld in die Verheißung „Bildung" investieren, muss ja auch etwas rausschauen dabei. Und auch hier gilt: je höher die Bildung, desto höher die Ansprüche und die Gewinnerwartungen.

Der Staat erwartet, dass besser ausgebildete Bürger eine höhere Wertschöpfung generieren und dass damit letztlich auch mehr Geld in die Kasse sprudelt (und weniger für soziale und ähnliche Leistungen ausgegeben werden muss). Zudem könnte eine Verbesserung der wirtschaftlichen Situation auch zu stabilen Verhältnissen und einer höheren Lebenszufriedenheit beitragen. Für den Staat und in Wechselwirkung dazu auch für die Wirtschaft lohnt sich also die Investition in die höhere Bildung.

Auch die Individuen stehen fortan auf der Sonnenseite. Denn höhere Bildung führt ja zu höherem materiellem Wohlstand und zu höherer Lebenszufriedenheit. Wirklich? Bildung wird von den Beteiligten nicht zuletzt nach ökonomischen Kriterien beurteilt. Das heißt: Sie stellen sich – mehr oder weniger bewusst – immer auch die Frage nach dem Benefit. Und da kommt man wohl nicht um die Feststellung herum: Die Bildungsrendite sinkt. Abschlüsse nehmen rasant zu. Alles unter dem Gymnasium zählt immer weniger. Entsprechend geht der Wert von Abschlüssen die Kellertreppe hinunter. Bei den Hauptschulen in Deutschland hat der Wert das dunkle Kellerloch bereits erreicht.

Also: Lohnt sich die Investition in die Bildung wirklich?
Die Antwort heißt nein.
Die Investition in die Bildung lohnt sich nicht, wenn aufgeblasene Institutionen eine Menge warmer Luft produzieren, die zwar nach Bedeutsamkeit riecht, aber kaum einen relevanten Gebrauchswert aufweist. Und eine ganze Menge dessen, was heute als Bildung in den Regalen der Institutionen steht, sind schlicht und einfach Ladenhüter. Im „normalen Leben" werden Ladenhüter verramscht, gleich welches Label da drauf steht. Aber das Bildungssystem ist eben nicht die normale Welt.

So bemisst sich beispielsweise der Wert einer Doktorarbeit nicht am Nutzen für die Welt, sondern am „Fortschritt für die Wissenschaft". Klar, die „spätbarocke Frömmigkeits-

>> **Man muss ins Gelingen verliebt sein, nicht ins Scheitern.** <<
(Ernst Bloch)

literatur" ist fürwahr kein Stammtischthema. Und auch die „militärsoziologische Untersuchung über die politische Enthaltsamkeit als Traditionselement der chilenischen Armee bis 1973" ist nicht dazu angetan, die Pausengespräche nachhaltig zu beleben. Was hingegen auf großes allgemeines Interesse stoßen könnte ist „der Gebisszustand von Unteroffizieren im Sanitätsdienst im Vergleich zu Unteroffizieren im Truppendienst der deutschen Bundeswehr". Wer weiß: Vielleicht haben die Unteroffiziere im Sanitätsdienst eine bislang unbekannte Zahnputztechnik kultiviert.
Und dann bedarf die Welt schleunigst dieses bedeutungsschwangeren Wissens. Eher zu den Nischenprodukten dürfte die „spätmittelalterliche Passionsfrömmigkeit in Böhmen: Der Passionstraktat ‚Extendit manum' des Heinrich von St. Gallen" zählen.

Deshalb noch einmal die Frage: Lohnt sich die Investition in die Bildung wirklich?

Die Antwort heißt: Ja!
Investition in Bildung lohnt sich. Sie lohnt sich allemal. Die Frage bedarf aber der Präzisierung: In welche Bildung? Denn Bildung ist nicht einfach Bildung. Und „Wir investieren in die Bildung" ist nicht per se eine gute Idee. Es kommt doch einfach darauf an, mit welchem Return on Investment zu rechnen ist. Und zwar nicht in geschönten Bilanzen, die dem kurzfristig darstellbaren Erfolg dienen, sondern in nachhaltiger Entwicklung und alltagspraktischem materiellem und immateriellem Nutzen.

Deshalb lässt sich die Frage ergänzen: Gehen die Investitionen in eine berechtigungs- oder in eine gebrauchsorientierte Bildung?
Ein berechtigungsorientiertes Bildungssystem weist ein hohes Blasenrisiko auf. Es birgt die Gefahr, dass zu viele Ressourcen in einen an sich geschlossenen Kreislauf gelangen, der sich eigendynamisch immer mehr aufbläht. Zur Bildungsblase eben.

6.2 Gebrauchsorientierte Bildung

Bildung und Lernen sollen die Menschen von der Abhängigkeit in die Unabhängigkeit begleiten. Selbstgestaltungskompetenz, die Fähigkeit, sein Leben in die eigenen Hände zu nehmen, das ist dabei eines der zentralen Ziele. Und es muss vor dem Hintergrund der gesellschaftlichen Entwicklungen das für die Schulen handlungsleitende sein. Das verlangt nach einer gebrauchsorientierten Bildung. Und das geht ans Eingemachte:

1. Den Stopfplan entrümpeln

Es macht nicht nur keinen Sinn, es ist sogar hochgradig kontraproduktiv, wenn Lehrer und Schüler im Laufschritt durch das dichte schulische Themengestrüpp hecheln. Weniger ist mehr. Wertschöpfung stellt sich ein, wenn die Dinge in ihren Zusammenhängen verstanden werden. Den Stopfplan kann man deshalb radikal zusammenkürzen. Mit 20 Prozent des Aufwandes lassen sich 80 Prozent des Nutzwertes erreichen. Ein Weniger beim Stoff – das führte zu einem Mehr an Gelassenheit – und würde dem gesunden Menschenverstand etwas mehr Raum geben. Bei Letzterem macht der Mensch die Hälfte des Begriffes aus. Das kann schon mal nicht so schlecht sein, wenn es ums Lernen geht. Immanuel Kant, ein Fan des gesunden Menschenverstandes, hat drei Maximen dazu formuliert. Eine davon: Selber denken. Passt ausgezeichnet. Na gut, ist ja schließlich auch von Kant.

Aber auch ohne den Kant'schen Beistand würde das, was man gesunden Menschenverstand nennt, dem Bildungswesen eigentlich gut anstehen. Er bezeichnet, so Wikipedia, „erstens die Vorstellung eines Normalverstands, eines simplen und durchschnittlichen Urteilsvermögens, das keine methodischen Umwege geht und nicht durch Lehrmeinungen oder Vorurteile in seinem Urteil getrübt wird; zweitens ein empirisch arbeitender Verstand, der konkrete, anschauliche Urteile, auf Basis alltäglicher (Lebens-)Erfahrung fällt und eher auf praktische Anwendung ausgerichtet ist als auf abstrakte Theorie; drittens die Vorstellung von einem allgemein von mündigen Menschen geteilten Verständnis der Dinge, das in seinen Urteilen auf die (wirklichen und möglichen) Urteile aller anderen Rücksicht nimmt." Da hätte Kant wohl seine helle Freude daran. Und nicht nur er.

2. Wissen zu Nutzen machen

Wissen muss zu Nutzen werden. Anschlussfähigkeit heißt das Ziel – und zwar anschlussfähig an die „richtige" Welt. Raus aus der Luftblase, down to earth – das ruft nach verwertbarem Gebrauch dessen, was gelernt wurde. Und verwertbar ist zuerst und vor allem das Gewusst-wie. Inhalte bilden nämlich nicht,

der Dreisatz ist keine Kompetenz. Doch um genau das geht es: um Kompetenzen. Und um Kompetenzerleben, um das Glücksgefühl des „Ich hab's!". Und um die Erfahrung, es auch später noch zu wissen und zu können. Mit „Nachhaltigkeit" lässt sich diese auf eine längerfristige Perspektive ausgerichtete Arbeit am Armierungsnetz des Wissens zusammenfassen. Das geht einher mit einem ebenso nachhaltigen Aufbau von Fähigkeiten und Fertigkeiten zur selbstkompetenten Gestaltung des Lernens – und des Lebens. Und zwar nicht erst in einer fernen Zukunft. Lernen an sich, Lernen als Tätigkeit muss einen Wert und einen Nutzen haben. Nicht von ungefähr ist „Nutzen" etymologisch eng verwandt mit „Genuss". Und auch dazu hat Immanuel Kant etwas zu sagen: „Genießen ist das Wort, womit man das Innige des Vergnügens bezeichne." Eine gebrauchsorientierte Bildung beschränkt den Nutzen mitnichten auf die utilitaristische Verwertbarkeit. Die ist zwar keineswegs zu vernachlässigen. Im Gegenteil: Der praktische Nutzen steht in wechselwirksamem Zusammenhang mit dem Genuss – der Freude am Können, dem Innigsten des Vergnügens, wenn man Kant glauben will. Und es gibt keinen Grund, es nicht zu tun.

3. Verbindlichkeiten schaffen

Lernen ist Persönlichkeitsentwicklung. Und umgekehrt. Denn ein Lernen jenseits der Vermittlungsillusion nimmt die Menschen in die Verantwortung. Das erfordert Leistungen – und Freude daran. Kant, schon wieder er, hat das zu seiner Zeit in seiner Sprache so formuliert: „Der Hang zur Gemächlichkeit ist für den Menschen schlimmer als alle Übel des Lebens. Es ist daher äußerst wichtig, dass Kinder von Jugend auf arbeiten lernen." Und er hat auch noch eine Ergänzung dazu geliefert: „Alle Stärke wird nur durch Hindernisse erkannt, die sie überwältigen kann." Das gilt auch fürs schulische Lernen. Es ist widerständig, es ist herausfordernd. Und Stärke – oder moderner: Selbstwirksamkeit – entsteht eben dann, wenn diese Herausforderungen erfolgreich gemeistert werden können. Stärke ist das Ergebnis vieler kleiner Siege über sich selbst. Grundlage dafür (und Ziel zugleich) ist Selbstkompetenz – die verlässliche Beziehung zu sich, zu anderen und zu den Dingen, um die es geht. Das verbindet sich mit dem subjektiven Gefühl von Machbarkeit, jenseits von Angst und Langeweile. Und das wiederum verlangt von der Schule eine Abkehr vom System der kollektiven Verbindlichkeit (alle tun das Gleiche) hin zu einem System der individuellen Verbindlichkeiten. Und nach einer Kultur der Verbindlichkeit von Verbindlichkeiten. Verbindlichkeiten verbinden – im wahrsten Sinne des Wortes. Man fühlt sich gebunden. Man fühlt sich aber auch verbunden mit dem, was man tut. Das Lernen ist an die eigene Person gebunden. Es wird zu einer ganz persönlichen Angelegenheit.
Dabei sollen sich die Lernenden auf bedürfnisgerechte Unterstützung verlassen können, auf Hilfe zur Selbsthilfe, auf Empowerment. Schließlich soll das, was getan wird, und das, was dabei entsteht, von den Lernenden als Erfolg gewertet werden können. Zum Erfolg gibt es keine Alternative. Das stärkt den Glauben an die eigenen Fähigkeiten. Und es schafft Zuversicht, gibt Mut, Mut, sich des eigenen Verstandes zu bedienen. Das ist übrigens auch von Kant. Und dem gibt es nichts beizufügen.

Lösungen von Seite 10

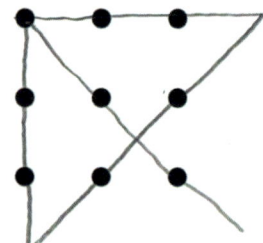  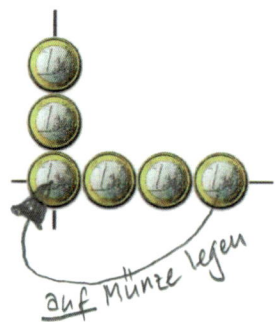

Quellenverzeichnis

Antonovski, Aron: Salutogenese. Zur Entmystifizierung der Gesundheit. dgvt. Tübingen. 1997
Atkinson, John William: Einführung in die Motivationsforschung. Klett. Stuttgart. 1975
Bandura, Albert: Self-efficacy: the experience of control. Freeman. New York. 1997
Batthyany, Sacha: Die erste Reise des Lebens. Der Schulweg wird häufig aus dem Auto erfahren. In: NZZ Online. 19.08.2007
Bauer, Joachim: Die Bedeutung der Beziehung für schulisches Lernen. In: Fitzner, Thilo/Kalb, Peter E./Risse, Erika (Hrsg.): Reformpädagogik in der Schulpraxis. Julius Klinkhardt. Bad Heilbrunn. 2012
Bauer, Joachim: Freiburger Studie: Was Lehrer krank macht. Größte Belastung: aggressive Schüler und Eltern. PR Uni Freiburg. 09.07.2008
Bude, Heinz: Bildungspanik. Was unsere Gesellschaft spaltet. Carl Hanser Verlag. München. 2011
Dapp, Thomas/Rollwagen, Ingo: Investitionen in Lerninnovationen statt Geld für Bürokratie. Deutsche Bank Research. Frankfurt am Main. 2009
Deci, Edward L./Ryan, Richard M.: Die Selbstbestimmungstheorie der Motivation und ihre Bedeutung für die Pädagogik. Zeitschrift für Pädagogik. 39. Jg. Nr. 2. 1993
Doskoch, Peter: Das Geheimnis des Erfolgs: der lange Atem. In: Psychologie heute. Mai 2006
Eikenbusch, Gerhard: Was wissen wir über „Lernen"? In: Pädagogik. 1/2010
Ernst, Heiko: Nur die Harten kommen in den Garten. In: Psychologie heute. Mai 2006
Esser, Barbara: Kampfzone Klassenzimmer. Disziplin in der Schule. In: Focus Schule. 10.11.2007
Europäische Kommission: Eurobarometer 2007. Brüssel. 2007
Feldmann, Klaus: Paedilex: Stichworte kritischer Erziehungswissenschaft. www.feldmann-k.de/texte/bildung-und-erziehung.28/articles/paedilex.html2008/2011
Fend, Helmut: Theorie der Schule. Urban und Schwarzenberg. München u.a. 1980
Fend, Helmut: Schule gestalten. Systemsteuerung, Schulentwicklung und Unterrichtsqualität. VS Verlag. Wiesbaden. 2008
Fuchs, Carina: Selbstwirksam lernen im schulischen Kontext. Kennzeichen – Bedingungen – Umsetzungsbeispiele. Klinkhardt Forschung. Bad Heilbrunn. 2005
Fullan, Michael: Die Schule als lernendes Unternehmen. Konzepte für eine neue Kultur in der Pädagogik. Klett-Cotta. Stuttgart. 1999
Füller, Christian: Grundschul-Rebellin erhält Courage-Preis. In: Spiegel online. 04.06.2009
Füller, Christian: Zehn Jahre Wirrwarr. In: Spiegel online. 02.12.2011
Furger, Michael: Die Lehrlingslücke. Unternehmen kämpfen um jeden qualifizierten Schulabgänger. In: NZZ online. 26.06.2011
Gee, James Paul: What video games have to teach us about learning and literacy. Palgrave Macmillan. New York. 2007
Girmes, Renate: (Sich) Aufgaben stellen. Kallmeyer. Seelze. 2004
Goleman, Daniel: Soziale Intelligenz. Wer auf andere zugehen kann, hat mehr vom Leben. Droemer. München. 2006.
Großbongardt, Annette: Furcht vor dem Scheitern. In: Spiegel Wissen. 2/2011
Gut, Philipp: Teures Versuchslabor. In: Weltwoche. 20/2007
Hattie, John: Visible Learning. A Synthesis of over 800 Meta-Analyses relating to achievement. Routledge. New York. 2009
Hildebrandt, Antje: Die Horror-WG. Wie sich die Drehbuchautoren von RTL II die Jugend von heute vorstellen. In: Welt kompakt. 14.09.2011
Hille, Katrin: Wie lernen wir? In: Infodienst – Das Magazin für kulturelle Bildung. Nr. 86/2007
Hille, Katrin: Das Schönste und das Blödeste an Schule. In: Enderlin, Oggi (Hrsg.): Ihr seid gefragt! Qualität von Ganztagsschule aus Sicht der Kinder und Jugendlichen. Themenheft 12. Deutsche Kinder- und Jugendstiftung. Berlin. 2009
Hille, Katrin: Wunderwerk Gehirn. Im Gespräch mit ... In: Kovács, H. & Kaltenthaler, B. (Hrsg.): Unser Kind wird spielend schlau. BLV Buchverlag. München. 2009
Hille, Katrin: Transfer: Von der Theorie in die Praxis. In: Müller, M. & Terbuyken, G. (Hrsg.): LERNtheoriEN. Von der Wissenschaft in die Praxis und zurück (pp. 57–73). GGP. Rehburg-Loccum. 2010
Hille, Katrin: Bringing research into educational practice: Lessons learned. Mind, Brain and Education, 5, 2/2011

Hofmann, Wilhelm/Vohs, Kathleen/Baumeister, Roy: What people desire, feel conflicted about, and try to resist in everyday life.
In: Psychological Science, 23, 6/2012

Holzkamp, Klaus: Lehren als Lernbehinderung. In: Forum Kritische Psychologie 27. Argument-Verlag. 1991

Kahl, Reinhard/Spiewak, Martin: Nur bedingt wissenschaftlich. Die Erziehungswissenschaften haben in der Forschung und der Lehrerausbildung versagt. Eine Polemik. In: Die Zeit. 11/2005

Leffers, Jochen: Lernziel Witzischkeit. Lachseminare für Lehrer. In: Spiegel online. 19.06.2002

Lehtinen, Erno: Institutionelle und motivationale Rahmenbedingungen und Prozesse des Verstehens im Unterricht.
In: Reusser, K./Reusser-Weyeneth, M.: Verstehen. Psychologischer Prozess und didaktische Aufgabe. Hans Huber. Bern. 1997

Meier-Rust, Kathrin: Das Oberstufen-Dilemma. In: NZZ am Sonntag. 21.09.2008

Melzer, Wolfgang/Sandfuchs, Uwe (Hrsg.): Was Schule leistet. Funktionen und Aufgaben von Schule. Juvena. Weinheim und München. 2001

Meyer, Hilbert: UnterrichtsMethoden. Theorieband. Cornelsen-Scriptor. Frankfurt/M. 1988, 2. Auflage

Moffitt, Terrie E. et al.: A gradient of childhood self-control predicts health, wealth and public safety. PNAS. 2011

Moser, Urs: Wenn Pädagogen zu sehr wollen. Eine Wegleitung in sieben Punkten. Was in der Schule wirkt – und was nicht.
In: Das Magazin. 13/2012

Moser, Urs/Stamm, Margrit/Hollenweger, Judith (Hrsg.): Für die Schule bereit? Lesen, Wortschatz, Mathematik und soziale Kompetenzen beim Schuleintritt. Sauerländer. Oberentfelden. 2005

Müller, Andreas: Nachhaltiges Lernen. Oder: Was Schule mit Abnehmen zu tun hat. Pepp Medien. Beatenberg. 1999

Müller, Andreas: Lernen steckt an. hep-verlag. Bern. 2001

Müller, Andreas: Wenn nicht ich, ...? Und weitere unbequeme Fragen zum Lernen in Schule und Beruf. hep-verlag. Bern. 2002

Müller, Andreas: Erfolg! Was sonst? Generierendes Lernen macht anschlussfähig. hep-verlag. Bern. 2004

Müller, Andreas: Eigentlich wäre Lernen geil. Wie Schule (auch) sein kann: alles ausser gewöhnlich. hep-verlag. Bern. 2006

Müller, Andreas: Mehr ausbrüten, weniger gackern. Denn Lernen heisst: Freude am Umgang mit Widerständen.
Oder kurz: Vom Was zum Wie. hep-verlag. Bern. 2008

Oelkers, Jürgen: Lehrpläne als Steuerungsinstrument. In: Criblez, L. et al. (Hrsg.): Lehrpläne und Bildungsstandards. hep-verlag. Bern. 2006

Oelkers, Jürgen/Oser, Fritz: Die Wirksamkeit der Lehrerbildungssysteme in der Schweiz. Nationales Forschungsprogramm 33.
Schweizerische Koordinationsstelle für Bildungsforschung. Bern/Aarau. 2000

Paetow, Michael: Wie haben wir das nur überlebt? ... wir Kinder aus den 50ern, 60ern und 70ern. Weltbild Verlag. Augsburg. 2005

Raufelder, Diana: Erfolgreich lernen: eine Frage der Beziehung. In: Gehirn & Geist. 11/2010

Rauin, Udo: Im Studium wenig engagiert – im Beruf schnell überfordert. Studierverhalten und Karrieren im Lehrerberuf.
Kann man Risiken schon im Studium prognostizieren? In: Forschung aktuell. Uni-Magazin. Frankfurt. 2007/03

Reiter, Andreas: Small is beautiful: Ökonomie der Nähe. http://blog-ztb-zukunft.com/2011/12/06/okonomie-der-nahe. 06.12.2011

Reusser, Kurt/Reusser-Weyeneth, Marianne: Verstehen. Psychologischer Prozess und didaktische Aufgabe. Hans Huber. Bern. 1997

Roth, Gerhard: Bildung braucht Persönlichkeit. Wie lernen gelingt. Klett-Cotta. Stuttgart. 2011

Ruep, Margret: Gemeinschaftsschule für Baden-Württemberg – eine zukunftsorientierte Herausforderung. In: Lehren & Lernen 10/2011.
Neckar-Verlag. 2011

Schaarschmidt, Uwe (Hrsg.): Halbtagsjobber? Psychische Gesundheit im Lehrerberuf – Analyse eines veränderungsbedürftigen Zustandes.
Beltz Verlag. Weinheim und Basel. 2004

Schaarschmidt, Uwe: Beruf mit Risiken. In: Gehirn & Geist. 11/2010

Schäfer, Annette: Ohne Hierarchien geht es nicht. In: Psychologie heute. 9/2008

Schley, Wilfried: Sozialpsychologie der Schulentwicklung. In: Journal für Schulentwicklung. StudienVerlag. Innsbruck. 4/2001

Schley, Wilfried: Empowerment oder wie die Leidenschaft der LehrerInnen die Leidenschaft der SchülerInnen beflügelt. In: Journal für Schulentwicklung. StudienVerlag. Innsbruck. 4/2009

Schmitter, Elke: Diktatur der Unschuldigen. In: Spiegel online. Ausgabe 20/2008

Schneider, Günther/North, Brian/Koch, Leo: Europäisches Sprachenportfolio. Berner Lehrmittel- und Medienverlag. Bern. 2001

Schneider, Reto U.: Das neue Buch der verrückten Experimente. Goldmann Verlag. München. 2011

Senge, Peter: Die fünfte Disziplin. Kunst und Praxis der lernenden Organisation. Klett-Cotta. Stuttgart. 1997

Shute, Chris: Edmond Holmes and 'The Tragedy of Education'. The Educational Heretics Press. Nottingham. 1998

Spahn-Skrotzki, Gudrun: Bildung zur Verantwortung gegenüber dem Leben. Fächerübergreifender Unterricht als Weg zu verantwortlichem Handeln im ökologischen und bioethischen Kontext. Julius Klinkhardt. Bad Heilbrunn. 2010

Spiewak, Martin: Alle zum Einzeltraining. In: Die Zeit. 26.02.2009

Spitzer, Manfred: Im Netz. In: Frankfurter Allgemeine Zeitung. 22.11.2010

Städtler, Thomas: Kürzt die Lehrpläne um 90 Prozent. In: Focus Schule online. 12.09.2011

Steingart, Gabor: Kampf dem Raubkatzenkapitalismus! In: Frankfurter Allgemeine Zeitung. 17.10.2006

Täubner, Mischa: Flotter Dreier. In: Brand eins. 3/2012.

Tenorth, Heinz-Elmar: Professionalität im Lehrerberuf. In: Zeitschrift für Erziehungswissenschaft. 9/2006

Weber, Andreas: Lasst die raus! Das Kinderrecht auf Freiheit. In: Geo. 8/2010.

Wigfield, Allan/Eccles, Jacquelynne et al.: Development of Achievement Motivation. In: Eisenberg, Nancy: Handbook of child psychology: Vol 3. Social , emotional, and personality development. Wiley. New York. 2006

Wüllenweber, Walter: Die Hilfsindustrie. In: Stern. 8/2011

Weitere Quellen:

Studie der Universität Lüneburg (http://www.schulen-entwickeln.de/tl_files/Dateien/Studien/DAK-Leuphana-Studie_Lehrergesundheit.pdf)

http://lernenheute.wordpress.com/2008/01/15/die-aufgabe-der-schuler-ist-es-nicht-zu-lernen-sondern/ 15.01.2008

Wer steckt dahinter?

Ein Schreiber mit Sinn für das Visuelle arbeitet zusammen mit einem Gestalter, der die Materie kennt:

Andreas Müller
(mue@institutbeatenberg.ch)
Sportsozialisiert. Nach Aus- und Weiterbildung aktiv als Lehrer. Wechsel in den Journalismus. Seit 25 Jahren Besitzer und Direktor des Instituts Beatenberg (www.institutbeatenberg.ch). Dozent, Ausbildner, Schulveränderer und „Wanderprediger" für eine zukunftsorientierte Lernkultur (www.learningfactory.ch). Autor zahlreicher Bücher und anderer Publikationen.

Roland Noirjean
(r@noirjean.ch)
Hat viele Jahre die Entwicklungen im Institut Beatenberg als LernCoach mitgeprägt und findet, dass Lernen bewegt (www.lernenbewegt.ch). Hat aus der Passion einen Beruf gemacht: den Dingen eine Gestalt zu geben – mit Zeichenstift, Pinsel und Maus und vor allem mit einem Kopf voll guter Ideen. Illustrator verschiedener Bücher und vielem mehr (www.noirjean.ch).